R₂

BIBLIOTHEQUE

STENDHAL

présenté par Michel Déon
de l'Académie française

LE ROUGE ET LE NOIR

LUCIEN LEUWEN

LA CHARTREUSE DE PARME

BIBLIO THEQUE
FIXOT

Stendhal par Michel Déon   9

Sa vie   17

Stendhal à l'écran   46

Le Rouge et le Noir   49

Lucien Leuwen   185

La Chartreuse de Parme   333

Son œuvre   479

Autres lectures   483

Bibliographie   489

Son époque   490

STENDHAL
par
Michel Déon
de l'Académie française

Il est né Henri Beyle en 1783 et il est mort en 1842, à cinquante-neuf ans, somme toute assez âgé pour l'époque où la durée de vie restait fort inférieure à la moyenne d'aujourd'hui. On le connaît bien plus sous son pseudonyme, Stendhal, que sous son vrai nom. Il a d'ailleurs abusé des pseudonymes. Paul Léautaud en a dénombré plus de cent, mais celui de « Stendhal » l'a emporté sur tous les autres masques de ce Grenoblois. Ses écrits ont d'abord connu une fortune inégale et difficile au XIXe siècle, malgré l'estime de ses pairs — Balzac et Prosper Mérimée —, puis une gloire soudaine, éclatante, exactement comme il le prévoyait, quand des écrivains — de très loin ses cadets — ont redécouvert ses romans, ses nouvelles, ses essais, ses souvenirs. Sagement, sans un brin d'amertume, il avait donné cinquante ans à son œuvre après sa mort pour sortir du purgatoire. Elle est désormais en pleine lumière, au programme des universités, traduite dans toutes les langues, entourée des soins précieux de fervents érudits qui confient tous les trimestres le fruit de leurs recherches à la Revue du Stendhal Club.

A Grenoble même qui le bouda longtemps pour avoir écrit qu'il n'aimait ni l'air ni l'esprit de sa ville natale, un musée a recueilli ses reliques : portraits, dessins de sa main, manuscrits, meubles, petits souvenirs d'un homme terriblement émouvant dans sa sincérité.

Qu'on regarde bien les dates entre lesquelles s'inscrit la vie de Stendhal : elles sont prodigieusement fertiles pour un homme à l'esprit en éveil. Stendhal a sept ans à peine quand la Révolution gagne la province, bouleverse la routine d'une existence monotone, donne le pouvoir à la rue. Les structures d'une société conservatrice, fermée, dogmatique, bigote et moralisatrice, s'effondrent brusquement, laissant place à l'arbitraire, souvent à l'hystérie, à la délation, aux vengeances, au choc des fanatismes. Pour un enfant, c'est un spectacle permanent. Il voit des soldats saigner à coups de baïonnette un émeutier. Son père, Chérubin Beyle, avocat au Parlement, est arrêté sous la Terreur et enfermé à Sainte-Marie-d'en-Haut. Les prêtres, dont la discipline a pesé si lourd sur son enfance, sont obligés de se cacher ou de s'habiller en civil. Ajoutons à cela que sa sensibilité précoce a été éveillée par un chagrin fou : il a perdu son exquise et ravissante mère à six ans, et à l'âge de raison il est déjà en conflit avec un père pourtant fort aimant, mais un père quand même.

De ces heures chaudes, Stendhal gardera un enthousiasme romantique pour les révolutions et les complots, à la condition que, paradoxalement, la rue n'impose pas sa loi. Il verra vite en Bonaparte, puis en Napoléon, un héros comme il aurait pu en imaginer un : superbe d'ambition, dénué de scrupules, maniant les foules en rusé politique. Il trouvera la monarchie balourde, ennuyeuse à force de bon sens et de raison et répugnant par trop aux aventures martiales.

Cette attitude ambiguë caractérisera Stendhal toute sa vie : libéral mais servant un tyran, irrité par l'esprit bourgeois mais applaudissant la répression qui renvoie l'ouvrier dans son taudis, snob comme un pot de chambre et maniant, dans ses romans, des duchesses, des princes, des marquis, mais préférant — et de loin — dans sa propre vie la compagnie des joyeux fêtards, des chanteuses, des comédiennes, des danseuses, des écrivains.

Il semble d'ailleurs que, toute son existence, son propre contraire l'ait attiré. A peine le jeune « citoyen » Beyle semble-t-il voué aux Belles Lettres (il remporte le Premier Prix de son collège) *qu'il s'engage dans l'étude des mathématiques et remporte égale-ment un premier prix pour un essai sur l'*Introduction à l'analyse infinitésimale. *Pourtant, après étude de ses cahiers, un docte stendhalien (et polytechnicien) nous assure que le jeune Beyle était brouillon,* « plus habile à se servir des formules retenues par sa mémoire qu'à fournir des raisonnements justes.» *Alors, comment expliquer ? Un seul mot donne, peut-être, la clé : énergie. L'éner-gie le dévore, anime son style, ses romans, sa vie de diplomate et de touriste. Il est là, partout présent, insufflant à toute heure du jour sa débordante vitalité. Il voudrait embrasser le monde, la science, la littérature, le théâtre sans pour autant renoncer au reste dès qu'il arrive à Paris en 1799. Et comme on ne saurait tout embrasser, il renonce à l'École polytechnique, se fait pistonner à l'Intendance de l'armée d'Italie, et part en campagne à dix-huit ans. Cette chance lui vaut de découvrir la vie, c'est-à-dire l'amour (surtout physique), la musique, le théâtre lyrique, le voyage et... l'ennui de la vie de garnison. Il sait bien que quelque chose en lui brûle de se manifester mais il mettra longtemps à le définir et à le préciser.*

De retour à Paris, le goût des actrices le pousse vers le théâtre. Il ébauche des dizaines de pièces sans jamais les terminer. Les scènes que l'on connaît sont lourdes, dépourvues de naturel, dé-monstratives à l'excès. Son génie n'est pas là, et comme il est suprêmement intuitif, il abandonne l'idée d'un succès à la scène et part se livrer... au commerce de l'épicerie à Marseille. Pour la vérité de ce nouvel avatar, il faut ajouter qu'au théâtre de la cité phocéenne joue une charmante et intelligente (et légère aussi) jeune comédienne, Mélanie Guilbert, dite Louason, dont des an-nées après il empruntera quelques traits pour Lamiel, *un roman inachevé. Leur liaison dure six mois. Stendhal se lasse vite du commerce... et de l'amour tranquille. Sa nature instable et ambi-tieuse reprend le dessus, et il retourne au service de l'Intendance, Commissariat des guerres.*

On voyage bien, et à l'œil, dans les fourgons de l'armée. Les emplois se succèdent. Il ira jusqu'à Moscou après l'Allemagne et l'Autriche, mais n'assistera pas à Waterloo, bien qu'il en ait par la suite, dans La Chartreuse de Parme, *donné le plus vivant, le plus crédible des récits.*

En fait, sa vraie vie n'a jamais été dans les diverses fonctions qu'il a occupées. Sa vraie vie est d'un esthète : lecteur boulimique, amoureux de l'amour, critique et historien de l'art, fou de musique et d'opéra, voyageur aux aguets, il note tout, publie des articles en France et en Angleterre. Pour ses premières nouvelles, il pille allègrement les manuscrits italiens des bibliothèques de Milan ou de Rome, les traduit fort librement, gardant seulement le nœud de l'intrigue. Ces récits brefs, pas toujours achevés, sont les bancs d'essai d'un auteur qui ne se sent pas encore prêt et s'impatiente. Accueilli dans les milieux littéraires, il est imprudent, paradoxal, adversaire méprisant des idées reçues, elliptique et en même temps si charmant que, quand il ne les agace pas, ses amis l'adorent.

Où trouve-t-il le temps au milieu de tant de voyages harassants, de conversations échevelées dans les cercles littéraires, de travaux obscurs pour subvenir à son maigre train de vie, où trouve-t-il encore le temps de mener une incessante vie amoureuse qui passe par de multiples hauts et bas ? Séducteur classique, il s'acharne et se désespère si on le repousse, se dégoûte et s'enfuit avec mépris si on l'accepte trop vite. Il est naïf avec les femmes les plus rouées et roué avec les naïves. D'une passion contrariée par ses maladresses—et quelques fréquentations légères—il tirera un éblouissant traité : De l'Amour. Ainsi rien n'est perdu dans sa vie en apparence superficielle et trépidante.

Quand l'ère napoléonienne s'achève, il s'installe à Paris, fréquente les milieux littéraires à la mode, écrit des centaines d'articles, rédige des guides de voyage, brosse à grands traits une histoire de la peinture italienne, une biographie de Rossini. En réalité, cette période qui durera jusqu'en 1830 n'est pas la meilleure période de sa vie. Il dilue son talent, bâcle des essais et des mémentos qui restent de la littérature alimentaire.

Nous dirons qu'il y a peut-être deux sortes d'écrivains : ceux dont le génie s'impose dès le jeune âge et ne saurait attendre, et ceux dont le génie est lente maturation, travail invisible et inconscient de l'esprit et du cœur. Stendhal appartient à la deuxième catégorie. Il lui faut d'abord vivre avant de raconter la vie, quitte à être blessé, meurtri, mais avec fierté comme un ancien combattant que les incertitudes de l'amour et du destin ont tout de même laissé debout. En 1830, il a mûri quand il entreprend la rédaction du Rouge et le Noir. *L'idée lui en est venue à la lecture d'un fait divers savoyard. Un jeune séminariste (Antoine Berthet) s'était épris de la mère des enfants qu'il enseignait. Elle était devenue sa maîtresse. Le mari avait chassé le précepteur recueilli aussitôt par une famille de bonne noblesse. Là encore Antoine avait séduit l'héritière, mais chassé de nouveau et croyant avoir été dénoncé, il se vengeait sur sa première maîtresse, la blessait d'une balle et manquait son suicide. C'est toute l'intrigue du* Rouge et le Noir. *On pourrait dire que Stendhal n'a rien inventé, qu'il a même assez scrupuleusement respecté le canevas. Mais le canevas seul, car, le sujet l'inspirant, il y ajoute sa subtile connaissance des rapports sociaux en province, un portrait implacable du milieu populaire dans lequel est né Berthet, alias Julien Sorel, de la petite noblesse (les Rênal), de la noblesse de Cour (les La Mole). Enfin tout ce qui différencie la plate relation du fait divers tel qu'on peut la lire dans la presse d'alors, c'est le style de Stendhal qui explose, emporte tout sur son passage. L'auteur est présent à chaque page, imposant sa voix, fulgurant, déchirant aussi car Julien Sorel, malgré son hypocrisie et son ambition, est la malheureuse victime du malaise social de l'époque. Les caractères émouvants des femmes sont noblement partagés entre le devoir et la passion.*

*Avec ce roman, Stendhal a réussi un coup de maître, pas le premier puisqu'il a été précédé en 1827 d'*Armance *où le sujet (l'homosexualité du héros) est traité en demi-teinte avec prudence, mais, au contraire d'*Armance, Le Rouge et le Noir *est à la fois un roman passionnel qui ouvre l'ère romantique avec éclat et une critique acerbe de la société dans laquelle il vivait d'ailleurs peu, préférant fréquenter les ateliers des peintres (Delacroix), les cafés littéraires, les maisons de mauvaise vie. Ce qui importe avec* Le Rouge et le Noir, *avant que cette simple histoire devienne un des grands romans français du XIXe siècle, c'est que son écriture a révélé Stendhal à lui-même. Il a mené à bien une œuvre difficile, il a pris des risques — politiques et littéraires — et il a triomphé des embûches de son roman.*

Ayant pris confiance, il aborde la rédaction d'une seconde fresque, moins ample mais plus précise : Lucien Leuwen. *Ici il ne s'agit pas de revendications sociales, d'ambition et de frustration, mais d'un amour que l'on pourrait qualifier de « bon chic bon genre ».* La pulsion heureuse qui démarra ce roman se maintint plusieurs mois, puis se dilua. Stendhal semble s'être lassé d'une histoire où, en fait, il ne se passe presque rien, comme il est normal dans une ville de garnison en province. Quelques lignes en marge du manuscrit suggèrent que l'auteur gardait en réserve un plan pour la fin. Ce plan n'est pas très convaincant et on peut penser que si Stendhal avait achevé ce roman, il aurait suivi une pente plus naturelle et modifié son dessein. Tel quel, Lucien Leuwen *est* une fresque capitale pour la compréhension et l'étude de la société sous Louis-Philippe, Roi des Français. Lucien n'est pas un officier hors du commun, c'est un jeune homme riche qui ne sait pas quoi faire de sa vie. Mme de Chasteller n'éblouit pas par son intelligence, elle est même, dirons-nous, étrangement conventionnelle par instants, mais son inconsistance même ajoute à la vérité du personnage et de son milieu social. Stendhal excelle à peindre une société provinciale et les sournoiseries de la vie politique. Avec moins de violence que Le Rouge et le Noir, Lucien Leuwen *raconte* encore le rêve, souvent naïf, de Stendhal.

Ce rêve atteindra sa perfection somnambulique dans le plus célèbre de ses romans : La Chartreuse de Parme *(1838), écrit ou dicté en cinquante-deux jours pendant un congé à Paris. Stendhal lâche la bride à son imagination et peint une intrigue étourdissante sur fond de paysage italien. Tout ce qu'il a aimé de son pays d'adoption entre dans la composition du roman, mais sans artifice, avec un grand naturel, un élan passionnel qui emporte le lecteur. Une fois de plus, il nous faut admettre que — plus que l'intrigue parfois assez mièvre ou trop exaltée pour être crédible —, c'est l'écriture du romancier qui emporte la conviction, sa présence constante dans les moments d'enthousiasme comme sa morosité quand son héros échoue.

Fabrice del Dongo, le héros de La Chartreuse de Parme, *est une impudique projection de l'ego stendhalien. Les femmes lui sauvent plusieurs fois la vie jusqu'au jour où l'une le déterminera à quitter ce monde pour l'ombre protectrice d'un monastère. Il a déçu son entourage par sa frivolité, ses caprices et son délire romantique. L'Europe qui monte à l'horizon n'a plus besoin de charmeurs et de frivoles comploteurs. Dieu merci, il y a dans ce roman qui a toujours enthousiasmé, de génération en génération, ses jeunes* lecteurs, des figures plus inoubliables que ce sauteur de Fabrice. La duchesse de Sanseverina est une des grandes figures du roman français. Autour d'elle, tout semble terne, même le comte Mosca auquel Stendhal prête l'intelligence et la ruse d'un Talleyrand, pour en faire le personnage le plus réellement troublant de son œuvre.

Si nous osions conseiller les lecteurs de ce premier volume, nous dirions : ne plongez pas dedans pour l'unique plaisir de l'intrigue ! Stendhal a pu se servir de l'anecdote, bien ou mal, mais il est surtout immense par sa sincérité et un art un peu fou que l'on a conservé ici. Tout est respecté, sauf quelques-unes de ces longueurs dont un lecteur averti sait qu'elles reposent le conteur quand le froid le saisit. Ces longueurs, on espère qu'ensuite elles paraîtront trop courtes quand la curiosité poussera le néophyte stendhalien à lire dans leur intégralité les œuvres de son nouvel auteur. Alors on peut promettre à l'initié l'ivresse d'une communion d'esprit, une pénétrante complicité qui conduit droit à tous les écrits intimes de Stendhal, les plus passionnants du XIXe siècle français. Stendhal apparaît en libérateur de nos passions et de nos refus. Malgré (ou à cause de) son cosmopolitisme, il se dresse comme le prototype même de l'écrivain français, ou du Français tout court, tel que le décrit Stendhal lui-même dans San Francesco a Ripa : « La gaieté, l'envie de s'amuser de tout et, toujours l'étourderie, le courage, la bonté formaient les traits les plus saillants de ce singulier caractère, et l'on pouvait dire à la louange de la nation qu'il en était un échantillon parfaitement réussi. »

MICHEL DÉON

STENDHAL

(1783-1842)

SA VIE

Les environs de Rome, gravure de Thomas.

Aussi loin que remonte la mémoire de Stendhal, elle le reporte à l'âge de trois ans, lorsque sa cousine se penche vers lui : ...« *je la vois encore, une femme de vingt-cinq ans qui avait de l'embonpoint et beaucoup de rouge* [...] *"Embrasse-moi, Henri", me disait-elle. Je ne voulus pas. Elle se fâcha. Je mordis ferme.* »

Était-ce au front ou à la joue ? Il ne le sait plus exactement. En tout cas, il avait assez de dents pour que l'aventure fasse le tour de la famille...

Henri Beyle naît le 23 janvier 1783 d'un père dévot, austère, renfermé, prénommé Chérubin, avocat au parlement de Grenoble et d'une mère « *charmante* », Henriette Gagnon. « *J'abhorrais mon père quand il venait interrompre nos baisers... j'étais amoureux de ma mère. Je me hâte d'ajouter que je la perdis quand j'avais sept ans.* » Après avoir donné deux sœurs cadettes à Henri, la jeune femme est morte d'une fausse couche. « *Là commence ma vie morale. Ma tante Séraphie osa me reprocher de ne pas pleurer assez... "Comment, ma petite maman est morte ! Mais comment ? Est-ce que je ne la reverrai plus ?"* »

Un abbé ami de la famille présente ses condoléances. L'enfant, d'instinct, déteste les prêtres pour leur seule qualité de prêtre et s'étonne lui-même de cette aversion, mais ce qu'il observe alors le remplit de stupeur. Le visiteur s'approche de son père et l'embrasse : « *Je trouvais mon père bien laid. Il avait les yeux gonflés et les larmes le gagnaient à tout moment... "Mon ami, ceci vient de Dieu", dit enfin l'abbé ; et ce mot, dit par un homme que je haïssais à un autre que je n'aimais guère, me fit réfléchir profondément* ». Si Dieu est méchant, c'est qu'il n'existe pas. Et s'il existe, il faut en dire du mal !

Entre son père et sa tante maternelle, Séraphie, aussi revêche que sa mère était douce, dans l'étroite maison de la rue des

Chérubin Beyle, le père de Stendhal.

Vieux-Jésuites, la vie s'écoule, lugubre, sous la férule de précepteurs. M. Beyle engage M. Joubert, morne pédant montagnard auquel succédera l'abbé Raillane : « *un noir coquin* [...] *petit, maigre, très pincé, le teint vert, l'œil faux avec un sourire abominable* ». En vérité, Henri souffre surtout du manque de liberté, mais chez ce garçon de dix ans, isolé sur les ordres de son père — il lui est interdit de fréquenter les enfants du « commun » — les sentiments s'exaspèrent. Il n'a pour toute compagnie, hormis les oiseaux en cage de l'abbé Raillane, que ses deux sœurs, Pauline, tendrement aimée, et la petite Zénaïde, née en 1788, qu'il déteste et soupçonne d'être l'espionne de son père. Heureusement, il y a les escapades dans la propriété de campagne de Furonières, à deux lieues de Grenoble. Henri y goûte des moments inoubliables de liberté. Il se promène en montagne, rêve dans la grande allée bordée de tilleuls, éclate de rire à la lecture de *Don Quichotte* et s'enivre, avec des larmes de volupté, de *La Nouvelle Héloïse*. La fréquentation assidue de son grand-père Gagnon, qui habite à quelques pas de la rue des Vieux-Jésuites, lui est également d'un tendre et chaud réconfort. Vieillard aimable, portant beau, médecin en vogue qui connut Voltaire, Henri Gagnon prend la religion fort gaiement.

« *Un jour, mon grand-père dit à l'abbé Raillane : "Mais, monsieur, pourquoi enseigner à cet enfant le système céleste de Ptolémée que vous savez être faux ?" "Monsieur, il explique tout et d'ailleurs il est prouvé par l'Église". Mon grand-père ne put digérer cette réponse et souvent la répétait, mais en riant ; il ne s'indignait jamais contre ce qui dépendait des autres. Or mon éducation dépendait de mon père.* »...

M. Beyle et Séraphie étant confits en dévotion et royalistes, Henri se passionne pour les idées nouvelles, se découvre « *ré-*

*La propriété de Furonières, que son père possédait,
à deux lieues de Grenoble.*

publicain enragé ». Il s'enthousiasme à la mort de cet « *imbécile* » de Louis XVI et fait la preuve, sous la Terreur, de son caractère « *atroce* » en lançant à son père : « *On t'a placé sur la liste comme* notoirement *suspect de ne pas aimer la République, il me semble* certain *que tu ne l'aimes pas.* » Le grand avantage de la Révolution est encore la disparition de l'abbé Raillane...

Il arrive à Paris le lendemain du coup d'État de Bonaparte

En 1796, an V de la République, se crée l'École Centrale de Grenoble. Henri a eu l'idée qu'il qualifie lui-même de « *géniale* » de s'intéresser aux sciences. Grâce à son grand-père, il obtient son inscription, mais ne se révèle pas immédiatement un élève éblouissant. M. Gagnon ironise sur son air lourdaud devant le tableau noir : « Tu ne savais que nous montrer ton gros derrière ! » Trois ans plus tard, à force d'acharnement, il obtient le premier prix de mathématiques. Son sort est décidé. Il sera dirigé vers Polytechnique.

Le 10 novembre 1799, au lendemain du coup d'État du 18-Brumaire, il arrive à Paris avec la ferme intention de ne pas se présenter au concours d'entrée. Il rêve de devenir « *Le plus grand poète de tous les temps* ». Il veut vivre avec une actrice et écrire des comédies comme Molière ! En attendant, il loge dans une mansarde, passage Sainte-Marie, près de la rue du Bac. Paris lui apparaît gris, sale, boueux, glacé, la vue « *des gens occupés passant dans de belles voitures* » lui fait plus que jamais sentir sa solitude et son désœuvrement. Pour seule distraction, il rend visite à ses cousins Daru dont les deux fils Daru sont autrement prometteurs que lui. Pierre, l'aîné, fait déjà merveille au ministère de la Guerre — il deviendra ministre de Napoléon (et comte Daru) — Martial, vingt-cinq ans, est un séducteur à la mode, lesté d'un sens pratique et d'une totale absence de poésie, utiles à la carrière des armes. Les Daru sont stupéfaits du manque de projets d'Henri, aussi l'invitent-ils de façon comminatoire à entrer au secrétariat du ministère. Pendant trois mois, il travaille dans l'ombre de Pierre, jusqu'à ce que, brusquement, les événements bouleversent son existence. Bonaparte, de retour d' Égypte, s'apprête à pénétrer en Italie. Pierre et Martial sont nommés inspecteurs aux revues. « Simple dragon », Henri est convié à suivre la campagne.

Il accepte, le cœur battant, sans savoir qu'il trouvera, à l'issue de sa route, sa deuxième patrie. Au passage du Grand-Saint-Bernard, il entend le feu du canon. « Ne voilà-t-il pas mon bougre qui a déjà peur ! » lui lance son capitaine. Il réprime son tremblement et vainc sa faiblesse.

A Novare, un « *bonheur divin* » vient récompenser ce triomphe sur lui-même, il entend la musique du *Matrimonio segreto* de Cimarosa... Enfin au début du mois de juin 1800, il entre dans Milan.

Entrée des troupes françaises à Naples, le 21 janvier 1799. Comme le héros de La Chartreuse de Parme, *il suivra l'armée française en 1800.*

Éblouissement face à la forteresse Sforza, sur les remparts de la ville, au détour du Dôme dont la construction s'achève... Durant tout l'été, Henri reprend du service dans les bureaux de l'Armée, puis dans ceux de l'ambassadeur de la République. Milan est une ville altière et capiteuse, comme les Milanaises. « *On ne peut pas apercevoir distinctement la partie trop proche du soleil* », soupire-t-il avec délice. Dès lors comment décrire la femme superbe dont il vient de tomber amoureux ? Angela Pietragrua, regard brûlant, stature de déesse. Le jeune homme « cristallise », adore et... se tait. L'imagination sera l'unique et exaltant support d'une passion inépuisable.

Il démissionne de l'armée et retourne à Grenoble

En septembre, grâce à Pierre Daru, il est promu sous-lieutenant au 6e régiment de dragons. Il part en garnison pour Brescia, Saluces, Reggio, soupirant toujours après Milan qu'il considère désormais comme « sa » ville. Au cours de l'année 1801, il se fait désigner comme aide de camp du général Michaud. Lorsque, à la paix revenue, les aides de camp doivent réintégrer leurs corps d'origine, il rejoint le 6e régiment à Savigliano en Piémont. Il y est « *malade d'ennui* », obtient un congé qui équivaut plutôt à une fuite. En décembre 1801, il rentre à Grenoble. Quelques mois plus tard, il démissionne, ce qui lui vaudra le ressentiment des Daru. En vérité, Henri est de nouveau amoureux. Il a dix-neuf ans et porte des regards embrasés, mais toujours aussi timides, sur Victorine Mounier, jeune femme grave, mélancolique et... mariée. Lorsque M. Mounier reçoit sa nomination comme préfet d'Ille-et-Vilaine, la séparation est déchirante... pour Henri seulement. Car la beauté qui le fait soupirer le connaît à peine. Que faire ? Il imagine un stratagème, à la fois puéril et satisfaisant pour son amour-propre : il écrit au frère de Victorine, déclare avec précaution sa flamme. La réponse tarde-t-elle à venir ? Victorine veut le mettre à l'épreuve ! Il varie le ton de ses lettres tour à tour drôle, brillant, sceptique, persuadé enfin que cette « *belle âme* » ne manquera pas d'être touchée par la profondeur de son esprit. Cette correspondance amoureuse à

*Victorine Mounier, dont Stendhal
tombe très amoureux.*

sens unique deviendra un élément capital de la croissance littéraire de Stendhal. Architecte inconscient, il trace les fondations
de ses futurs chefs-d'œuvre. Plus tard, il dira : « *J'ai bien aimé
Victorine, et je ne l'ai vue que sept fois dans ma vie ; toutes les
autres passions n'ont été qu'une réflexion de celle-là* ». Quand,
après deux ans de silence, il la rencontre chez son frère à Paris,
ils se disent bonjour, rien de plus.
Henri s'est installé à Paris dès avril 1802. Son père, heureux de
le voir abandonner le « sale métier » de serviteur de la République, lui octroie une pension mensuelle de deux cents livres. Le
but secret du jeune homme n'a pas varié : devenir un grand
homme ! « *Plus fou que jamais* », il se met à étudier, seul, douze
heures par jour. Sa vie s'écoule ainsi jusqu'en 1805, ne faisant

confidence à personne de ses projets et « *détestant l'Empereur qui volait la liberté de la France* ». Il songe même assez vaguement à s'engager « *dans une sorte de conspiration* » en faveur de Moreau. Mais sa passion n'est évidemment pas là : il lit Montaigne et Shakespeare — déteste les littérateurs qu'il entrevoit chez Mme Daru ! — méprise Voltaire qu'il trouve « *puéril* », Mme de Staël qu'il trouve « *emphatique* », lit Bossuet qui lui semble de « *la blague sérieuse* », adore en revanche La Fontaine, Corneille et Montesquieu. Côté cœur, Victorine Mounier restant lointaine et silencieuse, il courtise sa cousine Adèle Rebuffel et obtient des faveurs plus substantielles de sa mère... Lorsqu'il ne passe pas son temps penché sur sa table de travail, à commenter les grands auteurs ou à imaginer des pièces de théâtre qui ne verront jamais le jour, il s'habille en dandy, se peigne puis se contemple : « *Cheveux à grosses boucles, grand caractère, [...] cravate, jabot, deux gilets superbes, habit parfait, culotte de casimir, bas de fil et souliers* ». Sans être cependant dupe : être au « mieux » pour un jour ne l'empêche pas d'être disgracieux : courtaud, rougeaud, taille épaisse, épaules arrondies... Ses condisciples le surnommaient « la tour ambulante ». Son oncle maternel lui a dit dès l'enfance « Tu es laid, mais personne ne te reprochera cette laideur ». Et de fait, remarque l'un de ses amis, que reprocher à un homme qui « a deux yeux parlants, deux vrais diamants de feu et d'intelligence, une bouche prodigieusement expressive, toujours imprégnée d'esprit et de satire ? »

Toute sa vie, il gardera son ventre et son air malicieux. George Sand évoquera sa « physionomie très fine sous son masque empâté ». Et lui, rêvera d'une solution des plus romanesques : « *Me croira-t-on ? Je porterais un masque avec plaisir, je changerais de nom avec délices [...] Mon souverain plaisir serait de me changer en un long Allemand blond et de me promener ainsi dans Paris.* »

Au cours de diction et de déclamation chez l'acteur Dugazon où il tente (avec succès) de se débarrasser de son accent traînant de Grenoble, il rencontre une comédienne de vingt-cinq ans, Mélanie Guilbert, dite « Louason ». Des « *yeux bleus immenses* », un corps « *plein de grâces* »... A la fin avril 1805, lorsqu'elle lui annonce qu'elle vient d'accepter un engagement à Marseille, il répond sans hésiter : « *Je pars avec vous !* »

Fatigué de Paris où il vit trop chichement — son père, lancé dans des spéculations hasardeuses, lui verse trop irrégulièrement sa pension et exerce sur lui un jeu trouble de « *famine* » — Henri a décidé de faire fortune dans le négoce. Il veut s'associer à deux de ses amis qui ont fondé à Marseille une maison d'importation de produits coloniaux.

Il fait appel à son père pour obtenir des fonds, mais en vain. Chérubin refuse : la « *famine* » toujours. A Marseille, Henri, désappointé, se contente d'obscurs travaux de bureau : règlements de formalités douanières, mesure du degré des alcools... L'été est doux, cependant. Mélanie lui a ouvert ses bras, et son lit. Elle est sa première vraie maîtresse, la première avec laquelle il vit en couple. Mais le « cœur innombrable » du futur Stendhal ne saurait s'accommoder de la réalité du quotidien.

Il n'a qu'une solution pour vivre, repartir à la guerre

Pendant quelques mois, douceur de la découverte, c'est le bonheur. Ils se promènent dans les environs, à la Pomme, aux Aygalades, à Montfuront, longeant l'Huveaune, une rivière serpentant à travers les arbres, dans un paysage de collines rocheuses qui embaument la lavande. Mélanie se baigne nue, ses longs cheveux bruns ramenés en chignon. Bientôt, cependant, la situation entre les amants s'aigrit. Henri s'ennuie et ne trouve guère de compensations dans ses activités de négoce. Mélanie, elle, ne remporte pas les succès artistiques qu'elle escomptait. Pire, le Grand-Théâtre, mal géré, ferme ses portes. Mélanie repart pour Paris le 1er mars 1806, laissant un Henri indifférent. En juillet, lorsqu'il rentre lui-même à Paris, il se sent transformé. Son expérience professionnelle l'a mûri, lui a donné un sens plus aigu de la société et de son fonctionnement : il rallie le régime impérial. Au mois d'août, grâce à Martial Daru, il est reçu franc-maçon à la loge Sainte-Caroline.

La guerre avec la Prusse est déclarée. Il accompagne Martial en campagne et, le 27 octobre 1806, entre à Berlin avec les troupes de Napoléon. Le 15 novembre, il est nommé adjoint aux commissaires de guerre à Brunswick où il séjournera deux ans. Le 13 mai 1809, l'Autriche se rend à l'Empereur. Le même jour, Henri Beyle s'installe à Vienne avec pour mission la direction des hôpitaux militaires qui croulent sous le nombre des blessés. Il se dépense sans compter, efficace, précis. Il visite le champ de bataille de Wagram. On le croit dur face aux horreurs de la guerre. Dans son journal, il raconte l'une de ses expériences de campagne : « *Sur le pont il y avait une trentaine de cadavres ; on a été obligé d'en jeter une grande quantité dans la rivière ; au milieu, à quatre cents pas au-dessous du pont était un cheval, droit et immobile ; effet singulier... J'eus réellement envie de vomir en voyant les roues de ma voiture faire jaillir les entrailles des corps de pauvres petits chasseurs à moitié brûlés. Je me mis à parler pour me distraire de cet horrible spectacle ; il résulte de là qu'on me croit un cœur de fer.* » Janvier 1810, retour à Paris. Brillante période pour Henri Beyle. Chevaux, calèches,

Le Forum vu des Jardins Farnese *(détail), par Corot (1826).*
En 1811, Stendhal voyage en Italie et visite Rome.

garde-robe de dandy, appartement coquet rue Neuve-du-Luxem-
bourg. Au mois d'août, le voilà auditeur au Conseil d'État, et
nommé inspecteur du mobilier et des bâtiments de la Couronne.
Il est chargé du musée Napoléon (le Louvre) et du château de
Fontainebleau.

A l'été 1811, il part pour l'Italie. Quelques semaines plus tard,
voyant la façade de marbre blanc du Dôme de Milan, il court, le
cœur en déroute, chez la « superbe » et « grandiose » Angela
Pietragrua qu'il n'a pas vue depuis onze ans. Il lui déclare la
passion la plus nostalgique et la plus brûlante. Interloquée,
celle-ci ne le reconnaît pas puis, enfin, se souvient de ce jeune
homme si laid et si timide que ces camarades surnommaient « le
Chinois ».« Vous m'aimiez ? lui demande-t-elle. Pourquoi alors
ne pas me l'avoir dit ? »

Il rejoint l'armée impériale à Moscou et participe à la retraite de Russie

Peu pressée d'en arriver à une conclusion d'ordre naturel, Angela cherche à gagner du temps... On visite la ville et les
musées... enfin submergée par l'ardeur d'Henri, elle cède, mais
à la condition expresse qu'il quittera Milan sans délai.

Il accepte et, au matin de la victoire, inscrit sur... ses bretelles la
date et l'heure de gloire : « *21 septembre, 11 heures et demie du
matin* ». Le lendemain, fidèle à sa parole, il s'en va.

Un mois plus tard, après un voyage à Bologne, Florence et
Rome, il revient. Angela, qui est en puissance de mari et de
divers amants, l'engage alors vivement à repartir visiter les îles
Borromées sur le lac Majeur...

Rentré à Paris, il se jette dans la rédaction d'une étude qui
deviendra *L'Histoire de la peinture en Italie*, et retrouve une
jeune cantatrice, Angelina Béreyter, que l'on pourrait qualifier
de camarade de lit.

Ensemble, chaudement enlacés, ils avaient compté les vingt-
deux coups de canon annonçant la naissance du Roi de Rome.
C'était le 2 mars 1810, l'apogée de l'Empire...

En juin 1812, Napoléon lance la Grande Armée sur la Russie.
Chaque semaine, un auditeur quitte Paris avec le courrier de

l'Empereur. Henri Beyle réclame cet honneur. Après avoir été reçu à Saint-Cloud par l'Impératrice, il part. Le 14 septembre, il contemple Moscou en flammes : « *Nous sortîmes de la ville, éclairée par le plus bel incendie du monde, qui formait une pyramide immense qui était comme les prières des fidèles : la base était sur la terre et la pointe au ciel. La lune paraissait, je crois, par-dessus l'incendie. C'était un grand spectacle...* » Commence alors la retraite qui, au fil des mois, se métamorphosera sous les coups des cosaques et les rigueurs de l'hiver en un enfer de neige, de sang, de peur, de maladie et de famine. La Grande Armée n'est plus qu'une colonne de fantômes hagards, perdus dans l'immensité, marchant sans trêve, les pieds emmitouflés de bandages, raidis par les glaces. Au creux des ventres des chevaux on a recueilli l'ultime tiédeur. On ne compte plus

Alors que Stendhal vient de rejoindre l'armée impériale,
il assiste à l'incendie de Moscou ordonné par le général Rostopchine,
gouverneur de Moscou et père de la future comtesse de Ségur.

Traversée de la Bérésina par l'armée impériale en déroute.

les déserteurs. « *Nos peines ont été diaboliques. Nous sommes tous à faire peur* ».

Avec une grande maîtrise, Henri Beyle franchit la Bérésina avant l'afflux du gros des fuyards. Par Wilno, Koenisgberg, Dantzig, Mayence, il rentre à Paris, le 31 janvier 1813.

Durant des semaines, il souffrira d'un froid intérieur qu'il ne pourra dominer qu'en retrouvant le goût d'écrire et qu'en repartant, à l'été, vers sa chère Italie. Il y revoit Angela Pietragrua dont la tendresse est inversement proportionnelle à l'assiduité qu'elle tolère. Henri ne reste que deux mois à Milan et cueille sur ses lèvres le bonheur qu'il est venu chercher.

La chute de l'Empire et le retour des Bourbon mettent fin à sa carrière. Le corps des auditeurs ainsi que celui des commissaires de guerre sont supprimés. Le comte Beugnot, nouveau directeur général de la police, promet de lui procurer un poste dans une ambassade en Italie. Beyle souhaiterait être consul. Il attendra plusieurs mois, en vain. En août 1814, après avoir réuni l'essentiel de ses biens, il s'installe à Milan où il restera jusqu'au printemps de 1821. C'est durant ce séjour, qu'il deviendra vraiment « Milanese ». Angela l'accueille sans enthousiasme. Après le retour des Autrichiens en Italie, s'afficher avec un Français n'est guère opportun. L'amour entre eux se languit, s'aigrit, puis se meurt. Encore l'expression « l'amour est tué » n'appartient-elle qu'à Henri. Angela, elle, multiplie les amants. D'où ce dernier jugement admiratif et rageur : « *Angela, cette catin sublime* »...

1817, *l'année où il décide de prendre un pseudonyme*

A l'issue de cette rupture, Henri Beyle se sent misérable et physiquement malade. Il a des soucis d'argent auxquels s'ajoute un sujet d'agacement. Il a publié une plaquette sous le pseudonyme de « Bombet » sur la vie de Haydn, copieusement démarquée d'un livre italien. L'auteur, Carpani, menace de révéler la véritable identité du « Francese ». Beyle a conscience de n'avoir pas fait, avec cette compilation, une œuvre littéraire, mais l'accusation de plagiat le gêne. Il se défendra en affectant d'en rire. En août 1817, il publie enfin *L'Histoire de la peinture en Italie*, puis un mois plus tard, *Rome, Naples et Florence*, signant pour la première fois : « M. de Stendhal, officier de cavalerie » (il a ajouté un « h » au nom de la petite ville prussienne de Stendal, patrie de l'historien de l'art classique, Winckelmann...).
L'ouvrage rapportera le minimum vital : 907 francs et 50 centimes. Encouragé par ce premier essai, Stendhal songe à publier une « Vie de Napoléon ». On l'en dissuade. Il rédige quelques articles dans les journaux, rencontre Silvio Pellico, Lord Byron, « *le plus grand poète vivant, profil d'un ange, l'air le plus doux...* », fréquente avec ravissement la Scala de Milan, découvre le jeune Rossini dont il admire le génie ; enfin, le 4 mars 1818, il est à nouveau foudroyé par l'amour : Matilde Dembowski, née Viscontini. Elle a vingt-huit ans et vit séparée de son mari : « *On ne pouvait oublier cette tête sublime lorsqu'on l'avait vue une fois : le nez aquilin, un ovale parfait, les lèvres*

minces et délicates, de grands yeux bruns, mélancoliques et timides et le plus beau front sur le milieu duquel se partagent les plus beaux cheveux châtain foncé ». Il devient rapidement un habitué du salon de la jeune femme qu'il appelle « Métilde », quand brusquement, alors qu'il pense avoir touché son cœur, elle s'éloigne et le fuit. Des ragots ont été colportés sur lui. Mais il ne s'estime pas vaincu. Il la suit discrètement au cours d'un voyage, la « file », déguisé et le nez chaussé d'une paire de lunettes vertes ! Exaspérée, elle refuse de le voir... « *Madame, vous me mettez au désespoir. Vous m'accusez à plusieurs reprises de manquer de délicatesse, comme si, dans votre bouche, cette accusation n'était rien. Qui m'eût dit, lorsque je me séparai*

*Le 4 mars 1818, on présente à Stendhal Métilde,
dont la grâce mélancolique le séduit.*

de vous, à Milan, que la première lettre que vous m'écririez commencerait par monsieur et que vous m'accuseriez de manquer de délicatesse ? Ah ! Madame, qu'il est aisé à l'homme qui n'a pas de passion d'avoir une conduite toujours mesurée et prudente. Moi aussi, quand je puis m'écouter, je crois ne pas manquer de discrétion ; mais je suis dominé par une passion funeste qui ne me laisse plus le maître de mes actions.[...] Il y a des moments, dans les longues soirées solitaires, où, s'il était besoin d'assassiner pour vous voir, je deviendrais assassin... » Face à la rigueur de la jeune femme, il n'a qu'une solution, se réfugier dans un livre, *Le Roman de Métilde*, tout entier bâti autour d'elle et qui deviendra, un peu plus tard, son fameux *De L'Amour...*

Un fait divers tragique
lui inspire « Le Rouge et le Noir »

Le 20 juin 1819, son père, Chérubin Beyle, meurt, laissant un testament « *qui est une espèce de manifeste contre ce pauvre Henri* », et Henri, qui parle ici de lui-même à la troisième personne, est atrocement déçu. Il voit son héritage réduit à 6 000 francs alors qu'il en espérait 100 000. Chérubin « homme de loy » a multiplié les placements malheureux. Les lambeaux de sa fortune servent à éponger ses dettes.
A ce compte-là, son fils ne s'éloignera pas longtemps du voisinage de la Scala... Un an plus tard, cependant, il se sentira en terrain hostile. Des mauvaises langues font courir le bruit qu'il est un agent du gouvernement français. Lui qu'on soupçonnait d'être « libéral » est maintenant à la fois tenu à l'œil par la police impériale autrichienne et par les libéraux... Après une année de patience, tout occupée à la rédaction de *De L'Amour* et d'une tragédie romantique, *La Comtesse de Savoie*, il rentre à Paris.
A l'été 1821, il s'installe sur la rive droite et mène la vie libre d'un homme de lettres. Hormis dans les salons du Faubourg Saint-Germain où stagne un air confiné « d'étouffoir », on le voit partout où souffle l'esprit : chez les Tracy, les Ancelot, Mme Cabanis, le baron Gérard, la comtesse Beugnot.

Il rend visite à Cuvier au Jardin du Roi, hante le « grenier littéraire » de Delécluze, brille parmi les belles intelligences de son époque : Prosper Mérimée, Paul-Louis Courier, Victor Cousin, Delacroix, Sainte-Beuve, Hugo. Le botaniste Jussieu écoute avec ravissement ses paradoxes en le traitant de « gros méphistophélès ! »...

Il écrit dans les revues anglaises, d'abord, puis françaises, publie *De L'Amour* (1822), compose son premier pamphlet romantique *Racine et Shakespeare* (1823), s'essaye sans grand succès éditorial au roman : *Armance* (1827), enfin se répand dans le public

La cantatrice Giuditta Pasta, dont il est l'amant,
ne peut effacer le souvenir de Métilde.

avec les *Promenades dans Rome* (1829), qui se vendra très bien. Au tableau de chasse de ses amours, il compte la cantatrice Giuditta Pasta — qui ne lui fera pas oublier Métilde — la fière Clémentine Curial, fille du comte Beugnot, avec laquelle il vivra une liaison orageuse, Alberthe de Rubempré, cousine de son ami le peintre Delacroix. Alberthe, aussi piquante au jeu de la conversation qu'à celui de l'amour... Il connaît avec elle une folle passion sensuelle.

Elle habite rue Bleue, il l'appelle madame Azur et, songeant aux heures charnelles, ne peut empêcher son esprit de vagabonder, sa mémoire de se souvenir avec une cruelle reconnaissance : « *Métilde l'a emporté par les sentiments nobles* »...« *Angela Pietragrua a été catin sublime à l'italienne, à la Lucrèce Borgia, et madame Azur catin non sublime, à la Du Barry* » !

A la fin de 1829, il trouve dans la *Gazette des Tribunaux* l'histoire d'un drame passionnel qui, deux ans auparavant, a défrayé la chronique, en Isère : un certain Antoine Berthet, ancien séminariste, avait pendant la messe tiré un coup de feu sur Mme Michoud de la Tour (mère des enfants dont il avait été le précepteur), qu'il aimait...

C'est pour Stendhal une illumination. Habitué aux références vraies, « il tient » son fait divers, le moteur essentiel de son prochain roman, *Le Rouge et le Noir*.

Il est en plein travail lorsqu'il revoit une jeune femme rencontrée deux ans plus tôt : Giulia Rinieri, nièce du ministre résident de Toscane à la Cour de France, d'une grande « *force de caractère tandis qu' au premier moment elle semblait la plus faible* ».

Elle l'embrasse en lui disant : « Je sais bien que tu es vieux et laid, mais je t'aime. » Sous l'œil tendre de Giulia, il corrige les épreuves de son roman, tandis que Paris, sourdement, se prépare à la révolution de 1830. Le 30 juillet au matin, sortant de chez sa maîtresse, il voit les drapeaux tricolores. Charles X vient de tomber.

Fort de sa réputation de libéral, Stendhal songe à reprendre du service. Il s'adresse au ministre de l'Intérieur. Guizot, qui connaît son caractère, sa causticité et son « dilettantisme », lui oppose une fin de non-recevoir. Stendhal se tourne alors vers le comte Molé, ministre des Affaires étrangères : « *M. Beyle,*

Le 29 juillet 1830, pendant les Trois Glorieuses,
les Parisiens attaquent le Louvre.

pénétré de reconnaissance qu'on le trouve bon encore à quelque chose, malgré ses 47 ans et ses quatorze ans de service, expose qu'il est absolument sans fortune. Son père s'est ruiné à 73 ans. M. Beyle désirerait une place de consul général à Naples, Gênes, Livourne, si quelqu'un de messieurs les consuls quitte l'Italie. Si le Consulat est trop au-dessus de ce qu'on paraît avoir la bonté de vouloir faire pour lui, il demanderait la place de premier secrétaire à Naples ou à Rome. Turin n'est pas encore l'Italie et le secrétaire à Florence doit être bien peu payé. J'ai l'honneur d'être avec respect, Monsieur le Comte... »
Message bien reçu : on le nomme consul à Trieste. Aussitôt il écrit à l'oncle (et tuteur) de Giulia : « *Monsieur, c'est peut-être une grande témérité, à moi, pauvre et vieux, de vous avouer que je regarderais le bonheur de ma vie comme assuré si je pouvais obtenir la main de votre nièce* ».

Vue du petit port de Civitavecchia,
où Stendhal est nommé consul. Il y restera dix ans.

Mais, si talentueux que l'on soit, il est des cas où il ne faut pas se présenter sous son plus mauvais jour. L'oncle refuse.

Autre humiliation : il est depuis plusieurs semaines à Trieste lorsque le chancelier Metternich rejette son accréditation. L'auteur de *Naples, Rome et Florence*, dont le ton a fortement déplu aux Autrichiens, est considéré comme indésirable. Le ministère des Affaires étrangères l'envoie alors dans un poste mineur : consul à Civitavecchia, sur la mer Tyrrhénienne, dans les États du Pape. Il y arrive le 17 avril 1831. La ville lui apparaît aussi triste... et presque aussi laide que... Grenoble ! Les travaux de voirie sont confiés à des forçats aux jambes entravées de chaînes. Il est logé dans un « nid d'hirondelle » surplombant le port, à l'entrée du môle et son activité la plus fébrile est encore de compter les bateaux. Il se lamente : « *Faudra-t-il vivre et mourir ainsi sur ce rivage solitaire ? J'en ai peur, en ce cas je mourrai tout à fait hébété par l'ennui et la non communication de mes idées ».* Il se venge en rédigeant des notes intimes et des dépêches au ministère sur la situation économique et politique des États romains et de la Toscane.

*Pour fuir l'ennui de Civittavecchia il se rend
le plus souvent possible à Rome, où il aime se promener.*

Pour dépister la police de Grégoire XVI qui le sait anticlérical dans la fibre, il multiplie les sobriquets et pseudonymes. On en dénombrera cent soixante-sept ! De « *William Crocodile* » à « *Chaudron Rousseau* », en passant par « *Baron Patault* », « *Chinchilla* », « *Cornichon* », « *Tourte* », « *Tempête* »... De même, le verlan n'a-t-il pour lui aucun secret : il écrit « *surdeab tiondévo* » pour dévotion absurde, « *Zotgui* » pour Guizot, « *Ruda* » pour Daru, etc. Dès qu'il peut s'échapper de sa petite cité d'exil, il file à Rome où on le voit hanter les salons. Il parfait là sa connaissance de la haute société italienne dont il donnera quelques années plus tard une saisissante image dans *La Chartreuse de Parme*. Mais la Rome pontificale et mondaine, après l'avoir fait sourire, l'ennuie. Le climat même l'exaspère. Lui qui détestait les pays froids écrit : « *J'ai tant vu le soleil...* »

A la fin de l'année 1833, à l'occasion d'un congé officiellement obtenu, il récupère quelques jours ses chères rues parisiennes, puis doit reprendre la route en sens inverse et rencontre sur le retour Musset et George Sand qui se rendent, eux, tendrement à Venise. Mme Sand relate l'aventure dans son journal intime : « Sur le bateau à vapeur qui me conduisait de Lyon à Avignon, je rencontrai un des écrivains les plus remarquables de ce temps-ci, Beyle, dont le pseudonyme était Stendhal. Il était consul à Civitavecchia et retournait à son poste, après un court séjour à Paris. [...] Nous soupâmes avec quelques autres voyageurs de choix, dans une mauvaise auberge de village, le pilote du bateau à vapeur n'osant franchir le pont Saint-Esprit avant le jour. Il fut là d'une gaieté folle, se grisa raisonnablement, et, dansant autour de la table, avec ses grosse bottes fourrées, devint quelque peu grotesque et pas du tout joli... » Mais la « bonne dame de Nohant » n'a pas toujours la plume aimable : « C'était du reste un homme éminent, d'une sagacité plus ingénieuse que juste en toutes choses appréciées par lui, d'un talent original et véritable, écrivant mal, et disant pourtant de manière à frapper et à intéresser vivement ses lecteurs ».

Son retour à Civitavecchia est mélancolique. Il se sent vieillir, doit mettre des lunettes pour lire et souffre d'attaques de goutte. Son « chancelier » au Consulat lui crée des soucis, il en arrive à « *se foutre carrément de tout* ». Seule diversion : se lancer dans un roman. Il met en chantier *Lucien Leuwen* et parallèlement rédige son autobiographie : la *Vie d'Henry Brulard*, souvenirs de l'époque grenobloise.

En 1836, rentré pour quelques semaines à Paris, il y restera... trois ans, grâce à la bienveillance du comte Molé, alors chef du Gouvernement.

Il reprend sa vie de bel-esprit, retrouve Giulia, pour un occasionnel retour de flamme, se jette dans l'écriture : *Le Rose et le Vert*, *L'Abbesse de Castro*, *Mémoires d'un Touriste*. Enfin, du 4 novembre au 26 décembre 1838, en cinquante-deux jours, compose son chef-d'œuvre : *La Chartreuse de Parme*. Il sort de cette aventure l'esprit surchauffé, fébrile, « *horriblement fati-*

Stendhal dansant devant une servante d'auberge. Croquis d'Alfred de Musset.

gué » et poursuit de nouveaux projets : *Lamiel, Trop de faveur tue*... qu'il n'achèvera pas. Au mois d'avril 1839, il note : « *Je suis frappé d'une étrange stérilité* ».

Quelques mois plus tard, après la chute du gouvernement Molé, il doit repartir pour Civitavecchia. Là-bas, il reçoit avec une joie immense l'article de Balzac sur son dernier roman.

Seul Balzac
reconnaît son génie
et lui rend hommage

Balzac le consacre parmi les grands auteurs et le console du relatif insuccès de ses livres : « *La Chartreuse de Parme* est à une si grande élévation, elle demande au lecteur une si parfaite connaissance de la cour, du pays, de la nation, que je ne m'étonne point du silence absolu par lequel un pareil livre a été accueilli. Ce sort attend tous les livres qui n'ont rien de vulgaire. Le scrutin secret dans lequel votent un à un les esprits supérieurs qui font la renommée de ces ouvrages, se dépouille très tard. D'ailleurs, M. Beyle n'est point courtisan, il a la plus profonde horreur des journaux. Par grandeur de caractère ou par sensibilité d'amour-propre, dès que son livre paraît, il fuit, il part, il court à deux cent cinquante lieues pour n'en point entendre parler. Il ne réclame point d'article, il ne hante point les feuilletonistes. Il s'est conduit ainsi lors de la publication de chacun de ses livres. J'aime cette fierté de caractère ou cette sensibilité d'amour-pro-pre... » Stendhal répond à Balzac qu'il a éclaté de rire en pensant à « *la mine que feraient ses amis en le lisant !* »
Stendhal rit encore mais la vie, lentement, se retire de lui. Première alerte le 1er janvier 1840 : alors qu'il travaillait près de la cheminée, une brusque syncope l'a précipité vers le feu. Le 15 mars 1841, il est frappé d'apoplexie.
Il écrit à l'un de ses amis pour le rassurer : « *Je me suis colleté avec le néant : c'est le passage qui est désagréable, et cette horreur provient de toutes les niaiseries qu'on nous a mises dans la tête à 3 ans* ». Épuisement nerveux, goutte, traces de paralysie au bas du visage et à la main droite, Stendhal voit s'approcher le spectre de la vieillesse et de la décrépitude. Sa barbe est teinte,

Le Sommeil d'Antiope, *par le Corrège, un enfant de Parme,*
dont les tableaux ont inspiré à Stendhal
la Sanseverina dans La Chartreuse de Parme.

il porte sur le crâne un toupet postiche, sa figure moqueuse garde son esprit mais est affectée d'une légère grimace.

Malgré cela... il demeure amoureux ! Dans « *The last romance* », sachant que « *les roses ne sont plus de saison* », il relate sa passion pour une mystérieuse Earline qui semble avoir été la comtesse Giulia Cini... En novembre 1841, il rentre à Paris. C'est le dernier voyage. Il voit ses amis, travaille avec acharnement, contre l'avis de son médecin qui lui a interdit tout effort intellectuel. Il veut conjurer le sort. Il se sent mieux, se proclame en voie de guérison, mais dans ses notes intimes a déjà composé son épitaphe.

Portrait de Stendhal à Civitavecchia,
en juillet 1841, quelques mois avant sa mort.

Le 22 mars 1842, à 7 heures du soir, alors qu'il rentre à son hôtel, rue Neuve-des-Capucines, il tombe, foudroyé, sur le trottoir. Il meurt à 2 heures du matin, le 23 mars, sans avoir repris connaissance et, apparemment, sans souffrir. « *Je trouve, disait-il un an auparavant, qu'il n'y a pas de ridicule à mourir dans la rue quand on ne le fait pas exprès !* »

Son épitaphe, rédigée en italien, est celle-ci : « *Ci-gît Henri Beyle. Milanais. Il écrivit, aima, vécut. Cette âme vénéra Cimarosa, Mozart et Shakespeare. Décédé le... 18..* »

Stendhal, parti brusquement et sans bruit, a laissé au sculpteur le soin de graver la date sur le marbre, et à la postérité, celui, d'enfin, le reconnaître.

STENDHAL
À L'ÉCRAN

Le Rouge et le Noir, *de Claude Autant-Lara (1954).*
*Gérard Philipe dans le rôle de Julien Sorel avec (en bas à
droite) Danielle Darrieux dans celui de Madame de Rênal.*

La Chartreuse de Parme,
*de Christian-Jaque (1947), avec
Gérard Philipe (Fabrice del Dongo)
et Renée Faure (Clélia Conti).*

De l'Amour, *de Jean Aurel et Jacques Laurent (1964).*
Michel Piccoli interprète Raoul et Elsa Martinelli joue Hélène.

Lamiel, *de Jean Aurel et Jacques Laurent (1967).*
Anna Karina tient le rôle de Lamiel et Robert Hossein celui de Valberg.

Illustration du Rouge et le Noir. *Bois dessinés par Dufour. Gravure de Baudier, 1928.*

STENDHAL

LE ROUGE ET LE NOIR

En 1830, Stendhal a déjà beaucoup écrit, biographies, chroniques, mais n'a publié qu'un seul roman, Armance, *paru trois ans auparavant dans l'indifférence générale. Il a quarante-sept ans, besoin d'argent, envie de devenir célèbre. Un fait divers, relaté dans la* Gazette des Tribunaux *en décembre 1827, a attiré son attention : il s'agit du procès d'Antoine Berthet, fils d'un petit artisan et ancien séminariste, devenu précepteur parce que c'était la seule voie possible, et qui est jugé pour meurtre à vingt-cinq ans devant la cour d'Assises de l'Isère, et condamné.*

Si l'on veut bien se souvenir que le petit Henri Beyle, né à Grenoble, a perdu sa mère à sept ans, et qu'il n'a jamais aimé son père, ni son précepteur, le redoutable abbé Raillane, qui l'a dégoûté à jamais de l'Église et de la religion ; si l'on imagine les difficultés de l'adolescent provincial, timide, qui veut réussir et ne voit que Paris pour satisfaire ses ambitions, on trouve là une ébauche assez exacte du jeune héros du Rouge et le Noir, *Julien Sorel, ce fils de charpentier entraîné malgré lui dans les contradictions de son âme face à un destin qui ressemble comme un frère à celui d'Antoine Berthet... Comment fait-on d'un simple fait divers un chef-d'œuvre ?* « Personne n'a possédé à un pareil degré la mécanique de l'âme », *répondra plus tard Zola.*

Le 8 avril, Stendhal commence à donner du texte à sa maison d'édition, et s'astreint à en corriger les épreuves jusqu'en novembre, date à laquelle il obtient un poste de consul à Trieste, qu'il rejoint aussitôt sans plus se préoccuper des dernières relectures. « Puisse ce roman être vendu et vous dédommager des retards de l'auteur », *écrit-il à son éditeur...*

LA VÉRITÉ, L'ÂPRE VÉRITÉ
DANTON

LIVRE PREMIER

CHAPITRE 1

Une petite ville

> Put thousands together
> Less bad,
> But the cage less gay.
> HOBBES.

L a petite ville de Verrières peut passer pour l'une des plus jolies de la Franche-Comté. Ses maisons blanches avec leurs toits pointus de tuiles rouges, s'étendent sur la pente d'une colline, dont des touffes de vigoureux châtaigniers marquent les moindres sinuosités. Le Doubs coule à quelques centaines de pieds au-dessous de ses fortifications, bâties jadis par les Espagnols, et maintenant ruinées.

Verrières est abritée du côté du nord par une haute montagne, c'est une des branches du Jura. Les cimes brisées du Verra se couvrent de neige dès les premiers froids d'octobre. Un torrent, qui se précipite de la montagne, traverse Verrières avant de se jeter dans le Doubs, et donne le mouvement à un grand nombre de scies à bois ; c'est une industrie fort simple et qui procure un certain bien-être à la majeure partie des habitants plus paysans que bourgeois. Ce ne sont pas cependant les scies à bois qui ont enrichi cette petite ville. C'est à la fabrique des toiles peintes, dites de Mulhouse, que l'on doit l'aisance générale qui, depuis la chute de Napoléon, a fait rebâtir les façades de presque toutes les maisons de Verrières.

A peine entre-t-on dans la ville que l'on est étourdi par le fracas d'une machine bruyante et terrible en apparence. Vingt marteaux pesants, et retombant avec un bruit qui fait trembler le pavé, sont élevés par une roue que l'eau du torrent fait mouvoir.

Chacun de ces marteaux fabrique, chaque jour, je ne sais combien de milliers de clous. Ce sont des jeunes filles fraîches et jolies qui présentent aux coups de ces marteaux énormes les petits morceaux de fer qui sont rapidement transformés en clous. Ce travail, si rude en apparence, est un de ceux qui étonnent le plus le voyageur qui pénètre pour la première fois dans les montagnes qui séparent la France de l'Helvétie. Si, en entrant à Verrières, le voyageur demande à qui appartient cette belle fabrique de clous qui assourdit les gens qui montent la grande rue, on lui répond avec un accent traînard : *Eh! elle est à M. le maire.*

Pour peu que le voyageur s'arrête quelques instants dans cette grande rue de Verrières, qui va en montant depuis la rive du Doubs jusque vers le sommet de la colline, il y a cent à parier contre un qu'il verra paraître un grand homme à l'air affairé et important.

A son aspect tous les chapeaux se lèvent rapidement. Ses cheveux sont grisonnants, et il est vêtu de gris. Il est chevalier de plusieurs ordres, il a un grand front, un nez aquilin, et au total sa figure ne manque pas d'une certaine régularité : on trouve même, au premier aspect, qu'elle réunit à la dignité du maire de village cette sorte d'agrément qui peut encore se rencontrer avec quarante-huit ou cinquante ans. Mais bientôt le voyageur parisien est choqué d'un certain air de contentement de soi et de suffisance mêlé à je ne sais quoi de borné et de peu inventif. On sent enfin que le talent de cet homme-là se borne à se faire payer bien exactement ce qu'on lui doit, et à payer lui-même le plus tard possible quand il doit.

Tel est le maire de Verrières, M. de Rênal. Après avoir traversé la rue d'un pas grave, il entre à la mairie et disparaît aux yeux du voyageur. Mais, cent pas plus haut, si celui-ci continue sa promenade, il aperçoit une maison d'assez belle apparence, et, à travers une grille de fer attenante à la maison, des jardins magnifiques. Au-delà, c'est une ligne d'horizon formée par les collines de la Bourgogne, et qui semble faite à souhait pour le plaisir des yeux. Cette vue fait oublier au voyageur l'atmosphère empestée des petits intérêts d'argent dont il commence à être asphyxié.

On lui apprend que cette maison appartient à M. de Rênal. C'est aux bénéfices qu'il a faits sur sa grande fabrique de clous que le maire de Verrières doit cette belle habitation en pierre de taille qu'il achève en ce moment. Sa famille, dit-on, est espagnole, antique, et, à ce qu'on prétend, établie dans le pays bien avant la conquête de Louis XIV.

Depuis 1815 il rougit d'être industriel : 1815 l'a fait maire de

Verrières. Les murs en terrasse qui soutiennent les diverses parties de ce magnifique jardin, qui, d'étage en étage, descend jusqu'au Doubs, sont aussi la récompense de la science de M. de Rênal dans le commerce du fer.

Ne vous attendez point à trouver en France ces jardins pittoresques qui entourent les villes manufacturières de l'Allemagne, Leipsig, Francfort, Nuremberg, etc. En Franche-Comté, plus on bâtit de murs, plus on hérisse sa propriété de pierres rangées les unes au-dessus des autres, plus on acquiert de droits aux respects de ses voisins. Les jardins de M. de Rênal, remplis de murs, sont encore admirés parce qu'il a acheté, au poids de l'or, certains petits morceaux du terrain qu'ils occupent. Par exemple, cette scie à bois, dont la position singulière sur la rive du Doubs vous a frappé en entrant à Verrières, et où vous avez remarqué le nom de SOREL, écrit en caractères gigantesques sur une planche qui domine le toit, elle occupait, il y a six ans, l'espace sur lequel on élève en ce moment le mur de la quatrième terrasse des jardins de M. de Rênal.

Malgré sa fierté, M. le maire a dû faire bien des démarches auprès du vieux Sorel, paysan dur et entêté; il a dû lui compter de beaux louis d'or pour obtenir qu'il transportât son usine ailleurs. Quant au ruisseau *public* qui faisait aller la scie, M. de Rênal, au moyen du crédit dont il jouit à Paris, a obtenu qu'il fût détourné. Cette grâce lui vint après les élections de 182*.

Il a donné à Sorel quatre arpents pour un, à cinq cents pas plus bas sur les bords du Doubs. Et, quoique cette position fût beaucoup plus avantageuse pour son commerce de planches de sapin, le père Sorel, comme on l'appelle depuis qu'il est riche, a eu le secret d'obtenir de l'impatience et de la *manie de propriétaire*, qui animait son voisin, une somme de 6 000 F.

Il est vrai que cet arrangement a été critiqué par les bonnes têtes de l'endroit. Une fois, c'était un jour de dimanche, il y a quatre ans de cela, M. de Rênal, revenant de l'église en costume de maire, vit de loin le vieux Sorel, entouré de ses trois fils, sourire en le regardant. Ce sourire a porté un jour fatal dans l'âme de M. le maire; il pense depuis lors qu'il eût pu obtenir l'échange à meilleur marché.

Pour arriver à la considération publique à Verrières, l'essentiel est de ne pas adopter, tout en bâtissant beaucoup de murs, quelque plan apporté d'Italie par ces maçons, qui au printemps traversent les gorges du Jura pour gagner Paris. Une telle innovation vaudrait à l'imprudent bâtisseur une éternelle réputation *de mauvaise tête*, et il serait à jamais perdu auprès des gens sages et modérés qui distribuent la considération en Franche-Comté.

Dans le fait, ces gens sages y exercent le plus ennuyeux *despotisme*; c'est à cause de ce vilain mot que le séjour des petites villes est insupportable pour qui a vécu dans cette grande république qu'on appelle Paris. La tyrannie de l'opinion, et quelle opinion! est aussi *bête* dans les petites villes de France qu'aux États-Unis d'Amérique.

Résumé des chapitres 2 à 5

M. de Rênal, se promenant avec sa femme et leurs enfants, annonce à celle-ci qu'il a décidé d'engager celui des fils Sorel qui se destine à la prêtrise, Julien, afin qu'il devienne le précepteur des trois petits garçons. Le lendemain, Julien, très impressionné, se présente devant la maison du maire : « La grille de fer était ouverte, elle lui sembla magnifique, il fallait entrer là-dedans... »

CHAPITRE 6

L'Ennui

Non so piu cosa son
Cosa facio.
MOZART. *(Figaro.)*

A vec la vivacité et la grâce qui lui étaient naturelles quand elle était loin des regards des hommes, madame de Rênal sortait par la porte-fenêtre du salon qui donnait sur le jardin, quand elle aperçut près de la porte d'entrée la figure d'un jeune paysan presque encore enfant, extrêmement pâle et qui venait de pleurer. Il était en chemise bien blanche, et avait sous le bras une veste fort propre de ratine violette.

Le teint de ce petit paysan était si blanc, ses yeux si doux, que l'esprit un peu romanesque de madame de Rênal eut d'abord l'idée que ce pouvait être une jeune fille déguisée, qui venait demander quelque grâce à M. le maire. Elle eut pitié de cette pauvre créature, arrêtée à la porte d'entrée, et qui évidemment n'osait pas lever la main jusqu'à la sonnette. Madame de Rênal s'approcha, distraite un instant de l'amer chagrin que lui donnait l'arrivée du précepteur. Julien, tourné vers la porte, ne la voyait pas s'avancer. Il tressaillit quand une voix douce dit tout près de son oreille :

– Que voulez-vous ici, mon enfant?

Julien se tourna vivement, et, frappé du regard si rempli de grâce de madame de Rênal, il oublia une partie de sa timidité. Bientôt, étonné de sa beauté, il oublia tout, même ce qu'il venait faire. Madame de Rênal avait répété sa question.

– Je viens pour être précepteur, madame, lui dit-il enfin, tout honteux de ses larmes qu'il essuyait de son mieux.

Madame de Rênal resta interdite; ils étaient fort près l'un de l'autre à se regarder. Julien n'avait jamais vu un être aussi bien vêtu et surtout une femme avec un teint si éblouissant, lui parler d'un air doux. Madame de Rênal regardait les grosses larmes qui s'étaient arrêtées sur les joues si pâles d'abord et maintenant si roses de ce jeune paysan. Bientôt elle se mit à rire, avec toute la gaieté folle d'une jeune fille; elle se moquait d'elle-même et ne pouvait se figurer tout son bonheur. Quoi, c'était là ce précepteur qu'elle s'était figuré comme un maître sale et mal vêtu, qui viendrait gronder et fouetter ses enfants!

– Quoi! monsieur, lui dit-elle enfin, vous savez le latin?

Ce mot de monsieur étonna si fort Julien qu'il réfléchit un instant.

– Oui, madame, dit-il timidement. – Madame de Rênal était si heureuse, qu'elle osa dire à Julien :

– Vous ne gronderez pas trop ces pauvres enfants?

– Moi, les gronder, dit Julien étonné, et pourquoi?

– N'est-ce pas, monsieur, ajouta-t-elle après un petit silence et d'une voix dont chaque instant augmentait l'émotion, vous serez bon pour eux, vous me le promettez?

S'entendre appeler de nouveau monsieur, bien sérieusement, et par une dame si bien vêtue, était au-dessus de toutes les prévisions de Julien : dans tous les châteaux en Espagne de sa jeunesse, il s'était dit qu'aucune dame comme il faut ne daignerait lui parler que quand il aurait un bel uniforme. Madame de Rênal, de son côté, était complètement trompée par la beauté du teint, les grands yeux noirs de Julien et ses jolis cheveux qui frisaient plus qu'à l'ordinaire, parce que pour se rafraîchir il venait de plonger la tête dans le bassin de la fontaine publique. A sa grande joie, elle trouvait l'air timide d'une jeune fille à ce fatal précepteur, dont elle avait tant redouté pour ses enfants la dureté et l'air rébarbatif. Pour l'âme si paisible de madame de Rênal, le contraste de ses craintes et de ce qu'elle voyait fut un grand événement. Enfin elle revint de sa surprise. Elle fut étonnée de se trouver ainsi à la porte de sa maison avec ce jeune homme presque en chemise et si près de lui.

– Entrons, monsieur, lui dit-elle d'un air assez embarrassé.

De sa vie une sensation purement agréable n'avait aussi profondément ému madame de Rênal; jamais une apparition aussi gracieuse n'avait succédé à des craintes plus inquiétantes. Ainsi ces jolis enfants, si soignés par elle, ne tomberaient pas dans les mains d'un prêtre sale et grognon. A peine entrée sous le vestibule, elle se retourna vers Julien qui la suivait timidement. Son air étonné, à l'aspect d'une maison si belle, était une grâce de plus aux yeux de madame de Rênal. Elle ne pouvait en croire ses yeux ; il lui semblait surtout que le précepteur devait avoir un habit noir.

– Mais est-il vrai, monsieur, lui dit-elle en s'arrêtant encore, et craignant mortellement de se tromper, tant sa croyance la rendait heureuse, vous savez le latin ? – Ces mots choquèrent l'orgueil de Julien et dissipèrent le charme dans lequel il vivait depuis un quart d'heure.

– Oui, madame, lui dit-il en cherchant à prendre un air froid ; je sais le latin aussi bien que M. le curé, et même quelquefois il a la bonté de dire mieux que lui.

Madame de Rênal trouva que Julien avait l'air fort méchant ; il s'était arrêté à deux pas d'elle. Elle s'approcha et lui dit à mi-voix :

– N'est-ce pas, les premiers jours, vous ne donnerez pas le fouet à mes enfants, même quand ils ne sauraient pas leurs leçons ?

Ce ton si doux et presque suppliant d'une si belle dame, fit tout à coup oublier à Julien ce qu'il devait à sa réputation de latiniste. La figure de madame de Rênal était près de la sienne, il sentit le parfum des vêtements d'été d'une femme, chose si étonnante pour un pauvre paysan. Julien rougit extrêmement, et dit avec un soupir et d'une voix défaillante :

– Ne craignez rien, madame, je vous obéirai en tout.

Ce fut en ce moment seulement, quand son inquiétude pour ses enfants fut tout à fait dissipée, que madame de Rênal fut frappée de l'extrême beauté de Julien. La forme presque féminine de ses traits, et son air d'embarras, ne semblèrent point ridicules à une femme extrêmement timide elle-même. L'air mâle que l'on trouve communément nécessaire à la beauté d'un homme lui eût fait peur.

– Quel âge avez-vous, monsieur ? dit-elle à Julien.

– Bientôt dix-neuf ans.

– Mon fils aîné a onze ans, reprit madame de Rênal tout à fait rassurée ; ce sera presque un camarade pour vous, vous lui parlerez raison. Une fois son père a voulu le battre, l'enfant a été malade pendant toute une semaine, et cependant c'était un bien petit coup. – Quelle différence avec moi, pensa Julien. Hier encore, mon père m'a battu. Que ces gens riches sont heureux !

Madame de Rênal en était déjà à saisir les moindres nuances de ce qui se passait dans l'âme du précepteur ; elle prit ce mouvement de tristesse pour de la timidité, et voulut l'encourager.

– Quel est votre nom, monsieur ? lui dit-elle avec un accent et une grâce dont Julien sentit tout le charme sans pouvoir s'en rendre compte.

– On m'appelle Julien Sorel, madame ; je tremble en entrant pour la première fois de ma vie dans une maison étrangère ; j'ai besoin de votre protection et que vous me pardonniez bien des choses les premiers jours. Je n'ai jamais été au collège, j'étais trop pauvre ; je n'ai jamais parlé à d'autres hommes qu'à mon cousin le chirurgien major, membre de la Légion d'honneur, et M. le curé Chélan. Il vous rendra bon témoignage de moi. Mes frères m'ont toujours battu ; ne les croyez pas s'ils vous disent du mal de moi ; pardonnez mes fautes, madame, je n'aurai jamais mauvaise intention.

Julien se rassurait pendant ce long discours ; il examinait madame de Rênal. Tel est l'effet de la grâce parfaite, quand elle est naturelle au caractère, et que surtout la personne qu'elle décore ne songe pas à avoir de la grâce. Julien, qui se connaissait fort bien en beauté féminine, eût juré dans cet instant qu'elle n'avait que vingt ans. Il eut sur-le-champ l'idée hardie de lui baiser la main. Bientôt il eut peur de son idée ; un instant après, il se dit : Il y aura de la lâcheté à moi de ne pas exécuter une action qui peut m'être utile, et diminuer le mépris que cette belle dame a probablement pour un pauvre ouvrier à peine arraché à la scie. Peut-être Julien fut-il un peu encouragé par ce mot de joli garçon, que depuis six mois il entendait répéter le dimanche par quelques jeunes filles. Pendant ces débats intérieurs, madame de Rênal lui adressait deux ou trois mots d'instruction sur la façon de débuter avec les enfants. La violence que se faisait Julien le rendit de nouveau fort pâle ; il dit, d'un air contraint :

– Jamais, madame, je ne battrai vos enfants ; je le jure devant Dieu. Et en disant ces mots, il osa prendre la main de madame de Rênal, et la porter à ses lèvres. Elle fut étonnée de ce geste, et par réflexion choquée. Comme il faisait très-chaud, son bras était tout à fait nu sous son châle, et le mouvement de Julien, en portant la main à ses lèvres, l'avait entièrement découvert. Au bout de quelques instants, elle se gronda elle-même ; il lui sembla qu'elle n'avait pas été assez subitement indignée.

M. de Rênal, qui avait entendu parler, sortit de son cabinet ; du même air majestueux et paternel qu'il prenait lorsqu'il faisait des mariages à la mairie, il dit à Julien :

– Il est essentiel que je vous parle avant que les enfants ne vous voient.

Il fit entrer Julien dans une chambre et retint sa femme qui voulait les laisser seuls. La porte fermée, M. de Rênal s'assit avec gravité.

– M. le Curé m'a dit que vous étiez un bon sujet, tout le monde vous traitera ici avec honneur, et si je suis content, j'aiderai à vous faire par la suite un petit établissement Je veux que vous ne voyez plus ni parents ni amis, leur ton ne peut convenir à mes enfants. Voici trente-six francs pour le premier mois ; mais j'exige votre parole de ne pas donner un sou de cet argent à votre père.

M. de Rênal était piqué contre le vieillard, qui, dans cette affaire, avait été plus fin que lui.

– Maintenant, *monsieur*, car d'après mes ordres tout le monde ici va vous appeler monsieur, et vous sentirez l'avantage d'entrer dans une maison de gens comme il faut ; maintenant, monsieur, il n'est pas concevable que les enfants vous voient en veste. Les domestiques l'ont-ils vu ? dit M. de Rênal à sa femme.

– Non, mon ami, répondit-elle d'un air profondément pensif.

– Tant mieux. Mettez ceci, dit-il au jeune homme surpris, en lui donnant une redingote à lui. Allons maintenant chez M. Durand, le marchand de draps.

Plus d'une heure après, quand M. de Rênal rentra avec le nouveau précepteur tout habillé de noir, il retrouva sa femme assise à la même place. Elle se sentit tranquillisée par la présence de Julien ; en l'examinant elle oubliait d'en avoir peur. Julien ne songeait point à elle ; malgré toute sa méfiance du destin et des hommes, son âme dans ce moment n'était que celle d'un enfant ; il lui semblait avoir vécu des années depuis l'instant où, trois heures auparavant, il était tremblant dans l'église. Il remarqua l'air glacé de madame de Rênal, il comprit qu'elle était en colère de ce qu'il avait osé lui baiser la main. Mais le sentiment d'orgueil que lui donnait le contact d'habits si différents de ceux qu'il avait coutume de porter, le mettait tellement hors de lui-même, et il avait tant d'envie de cacher sa joie, que tous ses mouvements avaient quelque chose de brusque et de fou. Madame de Rênal le contemplait avec des yeux étonnés.

– De la gravité, monsieur, lui dit M. de Rênal, si vous voulez être respecté de mes enfants et de mes gens.

– Monsieur, répondit Julien, je suis gêné dans ces nouveaux habits ; moi, pauvre paysan, je n'ai jamais porté que des vestes ; j'irai, si vous le permettez, me renfermer dans ma chambre.

– Que te semble de cette nouvelle acquisition ? dit M. de Rênal à sa femme.

Par un mouvement presque instinctif, et dont certainement elle ne se rendit pas compte, madame de Rênal déguisa la vérité à son mari.

– Je ne suis pas aussi enchantée que vous de ce petit paysan ; vos prévenances en feront un impertinent que vous serez obligé de renvoyer avant un mois.

– Eh bien! nous le renverrons; ce sera une centaine de francs qu'il m'en pourra coûter, et Verrières sera accoutumée à voir un précepteur aux enfants de M. de Rênal. Ce but n'eût point été rempli si j'eusse laissé à Julien l'accoutrement d'un ouvrier. En le renvoyant, je retiendrai, bien entendu, l'habit noir complet que je viens de lever chez le drapier. Il ne lui restera que ce que je viens de trouver tout fait chez le tailleur, et dont je l'ai couvert.

L'heure que Julien passa dans sa chambre parut un instant à madame de Rênal. Les enfants auxquels l'on avait annoncé le nouveau précepteur, accablaient leur mère de questions. Enfin Julien parut. C'était un autre homme. C'eût été mal parler que de dire qu'il était grave; c'était la gravité incarnée. Il fut présenté aux enfants, et leur parla d'un air qui étonna M. de Rênal lui-même.

– Je suis ici, messieurs, leur dit-il en finissant son allocution, pour vous apprendre le latin. Vous savez ce que c'est que de réciter une leçon. Voici la sainte Bible, dit-il en leur montrant un petit volume in-32, relié en noir. C'est particulièrement l'histoire de Notre-Seigneur Jésus-Christ, c'est la partie qu'on appelle le Nouveau-Testament. Je vous ferai souvent réciter des leçons, faites-moi réciter la mienne. Adolphe, l'aîné des enfants, avait pris le livre. – Ouvrez-le au hasard, continua Julien, et dites-moi le premier mot d'un alinéa. Je réciterai par cœur le livre sacré, règle de notre conduite à tous, jusqu'à ce que vous m'arrêtiez.

Adolphe ouvrit le livre, lut un mot, et Julien récita toute la page, avec la même facilité que s'il eût parlé français. M. de Rênal regardait sa femme d'un air de triomphe. Les enfants, voyant l'étonnement de leurs parents, ouvraient de grands yeux. Un domestique vint à la porte du salon, Julien continua de parler latin. Le domestique resta d'abord immobile, et ensuite disparut. Bientôt la femme de chambre de madame, et la cuisinière, arrivèrent près de la porte; alors Adolphe avait déjà ouvert le livre en huit endroits, et Julien récitait toujours avec la même facilité.

– Ah mon Dieu! le joli petit prêtre, dit tout haut la cuisinière, bonne fille fort dévote.

L'amour-propre de M. de Rênal était inquiet; loin de songer à examiner le précepteur, il était tout occupé à chercher dans sa mémoire quelques mots latins; enfin, il put dire un vers d'Horace. Julien ne savait de latin que sa bible. Il répondit en fronçant le sourcil : – Le saint ministère auquel je me destine m'a défendu de lire un poëte aussi profane.

M. de Rênal cita un assez grand nombre de prétendus vers d'Horace. Il expliqua à ses enfants ce que c'était qu'Horace; mais les enfants, frappés d'admiration, ne faisaient guère attention à ce qu'il disait. Ils regardaient Julien.

Les domestiques étant toujours à la porte, Julien crut devoir prolonger l'épreuve : – Il faut, dit-il au plus jeune des enfants, que M. Stanislas-Xavier m'indique aussi un passage du livre saint. Le petit Stanislas, tout fier, lut tant bien que mal le premier mot d'un alinéa, et Julien dit toute la page. Pour que rien ne manquât au triomphe de M. de Rênal, comme Julien récitait, entrèrent M. Valenod, le possesseur de beaux chevaux normands, et M. Charcot de Maugiron, sous-préfet de l'arrondissement. Cette scène valut à Julien le titre de monsieur; les domestiques eux-mêmes n'osèrent pas le lui refuser.

Le soir, tout Verrières afflua chez M. de Rênal pour voir la merveille. Julien répondit à tous d'un air sombre qui tenait à distance. Sa gloire s'étendit si rapidement dans la ville, que peu de jours après M. de Rênal, craignant qu'on ne le lui enlevât, lui proposa de signer un engagement de deux ans.

– Non, monsieur, répondit froidement Julien, si vous vouliez me renvoyer je serais obligé de sortir. Un engagement qui me lie sans vous obliger à rien n'est point égal, je le refuse.

Julien sut si bien faire que, moins d'un mois après son arrivée dans la maison, M. de Rênal lui-même le respectait. Le curé étant brouillé avec MM. de Rênal et Valenod, personne ne put trahir l'ancienne passion de Julien pour Napoléon; il n'en parlait qu'avec horreur.

Résumé des chapitres 7 et 8

Julien ne se sent pas très à l'aise dans son rôle, placé sans le vouloir à mi-chemin entre les riches qui le fêtent comme un nouvel objet à la mode, et les domestiques - sans parler de ses propres frères - qui lui reprochent d'avoir trahi sa classe. Seule Mme de Rênal le traite avec gentillesse, ce qui aiguise la jalousie de Valenod, le directeur du dépôt de mendicité de Verrières qui « évidemment a doublé ou triplé sa fortune depuis qu'il administre les biens des pauvres *», et qui courtise depuis longtemps la femme du maire, sans aucun succès.*

Pourtant, une autre femme a succombé au charme du précepteur, c'est Élisa la femme de chambre, qui profite d'une petit héritage pour songer à prendre Julien pour époux, ce dont elle informe le bon curé Chélan. Mais le jeune homme refuse, au grand soulagement de Mme de Rênal : « Aurais-je de l'amour pour Julien ? se dit-elle enfin. »

Arrivent les premiers beaux jours du printemps, toute la famille Rênal va s'installer avec Julien dans le château que possède le mari à Vergy. Mme de Rênal a fait venir aussi une cousine très chère, Mme Derville, alors que M. de Rênal, lui, fait de fréquents retours à Verrières pour son travail. Un soir, Julien par hasard pose sa main sur celle de Mme de Rênal, qui la retire aussitôt...

CHAPITRE 9

Une soirée à la campagne

La Didon de M. Guérin,
esquisse charmante!
STROMBECK.

es regards le lendemain, quand il revit madame de Rênal, étaient singuliers; il l'observait comme un ennemi avec lequel il va falloir se battre. Ces regards, si différents de ceux de la veille firent perdre la tête à madame de Rênal: elle avait été bonne pour lui, et il paraissait fâché. Elle ne pouvait détacher ses regards des siens.

La présence de madame Derville permettait à Julien de moins parler et de s'occuper davantage de ce qu'il avait dans la tête. Son unique affaire, toute cette journée, fut de se fortifier par la lecture du livre inspiré qui retrempait son âme.

Il abrégea beaucoup les leçons des enfants, et ensuite, quand la présence de madame de Rênal vint le rappeler tout à fait aux soins de sa gloire, il décida qu'il fallait absolument qu'elle permît ce soir-là que sa main restât dans la sienne.

Le soleil en baissant, et rapprochant le moment décisif, fit battre le cœur de Julien d'une façon singulière. La nuit vint. Il observa, avec une joie qui lui ôta un poids immense de dessus la poitrine, qu'elle serait fort obscure. Le ciel chargé de gros nuages, promenés par un vent très-chaud, semblait annoncer une tempête. Les deux amies se promenèrent fort tard. Tout ce qu'elles faisaient ce soir-là semblait singulier à Julien. Elles jouissaient de ce temps, qui, pour certaines âmes délicates, semble augmenter le plaisir d'aimer.

On s'assit enfin, madame de Rênal à côté de Julien, et madame Derville près de son amie. Préoccupé de ce qu'il allait tenter, Julien ne trouvait rien à dire. La conversation languissait. Serai-je aussi tremblant, et malheureux au premier duel qui me viendra? se dit Julien; car il avait trop de méfiance et de lui et des autres, pour ne pas voir l'état de son âme. Dans sa mortelle angoisse, tous les dangers lui eussent semblé préférables. Que de fois ne désira-t-il pas voir survenir à madame de Rênal quelque affaire qui l'obligeât de rentrer à la maison et de quitter le jardin! La violence que Julien était obligé de se faire était trop forte pour que sa voix ne fût pas profondément altérée; bientôt la voix de madame de Rênal devint tremblante aussi, mais Julien ne s'en aperçut point. L'affreux combat que le devoir livrait à la timidité était trop pénible, pour qu'il fût en état de rien observer hors lui-même. Neuf heures trois quarts venaient de sonner à l'horloge du château, sans qu'il eût encore rien osé. Julien, indigné de sa lâcheté, se dit : Au moment précis où dix heures sonneront, j'exécuterai ce que, pendant toute la journée, je me suis promis de faire ce soir, ou je monterai chez moi me brûler la cervelle.

Après un dernier moment d'attente et d'anxiété, pendant lequel l'excès de l'émotion mettait Julien comme hors de lui, dix heures sonnèrent à l'horloge qui était au-dessus de sa tête. Chaque coup de cette cloche fatale retentissait dans sa poitrine, et y causait comme un mouvement physique.

Enfin, comme le dernier coup de dix heures retentissait encore il étendit la main, et prit celle de madame de Rênal, qui la retira aussitôt. Julien, sans trop savoir ce qu'il faisait, la saisit de nouveau. Quoique bien ému lui-même, il fut frappé de la froideur glaciale de la main qu'il prenait; il la serrait avec une force convulsive; on fit un dernier effort pour la lui ôter, mais enfin cette main lui resta.

Son âme fut inondée de bonheur, non qu'il aimât madame de Rênal, mais un affreux supplice venait de cesser. Pour que madame Derville ne s'aperçut de rien, il se crût obligé de parler; sa voix alors était éclatante et forte. Celle de madame de Rênal, au contraire, trahissait tant d'émotion, que son amie la crut malade et lui proposa de rentrer. Julien sentit le danger : Si madame de Rênal rentre au salon, je vais retomber dans la position affreuse où j'ai passé la journée. J'ai tenu cette main trop peu de temps pour que cela compte comme un avantage qui m'est acquis.

Au moment où madame Derville renouvelait la proposition de rentrer au salon, Julien serra fortement la main qu'on lui abandonnait.

Madame de Rênal, qui se levait déjà, se rassit, en disant, d'une voix mourante :

— Je me sens, à la vérité, un peu malade, mais le grand air me fait du bien.

Ces mots confirmèrent le bonheur de Julien, qui, dans ce moment, était extrême : il parla, il oublia de feindre, parut l'homme le plus aimable aux deux amies qui l'écoutaient. Cependant il y avait encore un peu de manque de courage dans cette éloquence qui lui arrivait tout à coup. Il craignait mortellement que madame Derville, fatiguée du vent qui commençait à s'élever, et qui précédait la tempête, ne voulût rentrer seule au salon. Alors il serait resté en tête à tête avec madame de Rênal. Il avait eu presque par hasard le courage aveugle qui suffit pour agir ; mais il sentait qu'il était hors de sa puissance de dire le mot le plus simple à madame de Rênal. Quelque légers que fussent ses reproches, il allait être battu, et l'avantage qu'il venait d'obtenir anéanti.

Heureusement pour lui, ce soir-là, ses discours touchants et emphatiques trouvèrent grâce devant madame Derville, qui très-souvent le trouvait gauche comme un enfant, et peu amusant. Pour madame de Rênal, la main dans celle de Julien, elle ne pensait à rien ; elle se laissait vivre. Les heures qu'on passa sous ce grand tilleul que la tradition du pays dit planté par Charles le Téméraire, furent pour elle une époque de bonheur. Elle écoutait avec délices les gémissements du vent dans l'épais feuillage du tilleul, et le bruit de quelques gouttes rares qui commençaient à tomber sur ses feuilles les plus basses. Julien ne remarqua pas une circonstance qui l'eût bien rassuré ; madame de Rênal, qui avait été obligée de lui ôter sa main, parce qu'elle se leva pour aider sa cousine à relever un vase de fleurs que le vent venait de renverser à leurs pieds, fut à peine assise de nouveau, qu'elle lui rendit sa main presque sans difficulté, et comme si déjà c'eût été entre eux une chose convenue.

Minuit était sonné depuis longtemps ; il fallut enfin quitter le jardin : on se sépara. Madame de Rênal, transportée du bonheur d'aimer, était tellement ignorante, qu'elle ne se faisait presque aucun reproche. Le bonheur lui ôtait le sommeil. Un sommeil de plomb s'empara de Julien, mortellement fatigué des combats que toute la journée la timidité et l'orgueil s'étaient livrés dans son cœur.

Le lendemain on le réveilla à cinq heures ; et, ce qui eût été cruel pour madame de Rênal si elle l'eût su, à peine lui donna-t-il une pensée. Il avait fait *son devoir, et un devoir héroïque.* Rempli de bonheur par ce sentiment, il s'enferma à clef dans sa chambre, et se livra avec un plaisir tout nouveau à la lecture des exploits de son héros.

Quand la cloche du déjeuner se fit entendre, il avait oublié, en lisant les bulletins de la grande armée, tous ses avantages de la veille. Il se dit, d'un ton léger, en descendant au salon : Il faut dire à cette femme que je l'aime.

Au lieu de ces regards chargés de volupté, qu'il s'attendait à rencontrer, il trouva la figure sévère de M. de Rênal, qui, arrivé depuis deux heures de Verrières, ne cachait point son mécontentement de ce que Julien passait toute la matinée sans s'occuper des enfants. Rien n'était laid comme cet homme important, ayant de l'humeur et croyant pouvoir la montrer.

Chaque mot aigre de son mari perçait le cœur de madame de Rênal. Quant à Julien, il était tellement plongé dans l'extase, encore si occupé des grandes choses qui pendant plusieurs heures venaient de passer devant ses yeux, qu'à peine d'abord put-il rabaisser son attention jusqu'à écouter les propos durs que lui adressait M. de Rênal. Il lui dit enfin, assez brusquement :

– J'étais malade.

Le ton de cette réponse eût piqué un homme beaucoup moins susceptible que le maire de Verrières ; il eut quelque idée de répondre à Julien en le chassant à l'instant. Il ne fut retenu que par la maxime qu'il s'était faite de ne jamais trop se hâter en affaires.

Ce jeune sot, se dit-il bientôt, s'est fait une sorte de réputation dans ma maison ; le Valenod peut le prendre chez lui, ou bien il épousera Élisa, et dans les deux cas, au fond du cœur, il pourra se moquer de moi.

Malgré la sagesse de ses réflexions, le mécontentement de M. de Rênal n'en éclata pas moins par une suite de mots grossiers qui peu à peu irritèrent Julien. Madame de Rênal était sur le point de fondre en larmes. A peine le déjeuner fut-il fini, qu'elle demanda à Julien de lui donner le bras pour la promenade ; elle s'appuyait sur lui avec amitié. A tout ce que madame de Rênal lui disait, Julien ne pouvait que répondre à demi-voix :

– *Voilà bien les gens riches !*

M. de Rênal marchait tout près d'eux ; sa présence augmentait la colère de Julien. Il s'aperçut tout à coup que madame de Rênal s'appuyait sur son bras d'une façon marquée ; ce mouvement lui fit horreur, il la repoussa avec violence et dégagea son bras.

Heureusement M. de Rênal ne vit point cette nouvelle impertinence ; elle ne fut remarquée que de madame Derville ; son amie fondait en larmes. En ce moment M. de Rênal se mit à poursuivre à coups de pierres une petite paysanne qui avait pris un sentier abusif, et traversait un coin du verger. – Monsieur Julien, de grâce modérez-vous; songez que nous avons tous des moments d'humeur, dit rapidement madame Derville.

Julien la regarda froidement avec des yeux où se peignait le plus souverain mépris.

Ce regard étonna madame Derville, et l'eût surprise bien davantage si elle en eût deviné la véritable expression; elle y eût lu comme un espoir vague de la plus atroce vengeance. Ce sont sans doute de tels moments d'humiliation qui ont fait les Robespierre.

– Votre Julien est bien violent, il m'effraie, dit tout bas madame Derville à son amie.

– Il a raison d'être en colère, lui répondit celle-ci. Après les progrès étonnants qu'il a fait faire aux enfants, qu'importe qu'il passe une matinée sans leur parler; il faut convenir que les hommes sont bien durs.

Pour la première fois de sa vie, madame de Rênal sentit une sorte de désir de vengeance contre son mari. La haine extrême qui animait Julien contre les riches allait éclater. Heureusement M. de Rênal appela son jardinier, et resta occupé avec lui à barrer, avec des fagots d'épines, le sentier abusif à travers le verger. Julien ne répondit pas un seul mot aux prévenances, dont pendant tout le reste de la promenade il fut l'objet. A peine M. de Rênal s'était-il éloigné, que les deux amies, se prétendant fatiguées, lui avaient demandé chacune un bras.

Entre ces deux femmes, dont un trouble extrême couvrait les joues de rougeur et d'embarras, la pâleur hautaine, l'air sombre et décidé de Julien formait un étrange contraste. Il méprisait ces femmes, et tous les sentiments tendres.

Quoi! se disait-il, pas même cinq cents francs de rente pour terminer mes études! Ah! comme je l'enverrais promener!

Absorbé par ces idées sévères, le peu qu'il daignait comprendre des mots obligeants des deux amies lui déplaisait comme vide de sens, niais, faible, en un mot *féminin*.

A force de parler pour parler, et de chercher à maintenir la conversation vivante, il arriva à madame de Rênal de dire que son mari était venu de Verrières parce qu'il avait fait marché, pour de la paille de maïs, avec un de ses fermiers. (Dans ce pays, c'est avec de la paille de maïs que l'on remplit les paillasses des lits.)

– Mon mari ne nous rejoindra pas, ajouta madame de Rênal; avec le jardinier et son valet de chambre, il va s'occuper d'achever le renouvellement des paillasses de la maison. Ce matin il a mis de la paille de maïs dans tous les lits du premier étage, maintenant il est au second.

Julien changea de couleur; il regarda madame de Rênal d'un air singulier, et bientôt la prit à part en quelque sorte en doublant le pas. Madame Derville les laissa s'éloigner.

– Sauvez-moi la vie, dit Julien à madame de Rênal, vous seule le pouvez; car vous savez que le valet de chambre me hait à la mort. Je dois vous avouer, madame, que j'ai un portrait; je l'ai caché dans la paillasse de mon lit.

A ce mot, madame de Rênal devint pâle à son tour.

– Vous seule, madame, pouvez dans ce moment entrer dans ma chambre; fouillez, sans qu'il y paraisse, dans l'angle de la paillasse qui est le plus rapproché de la fenêtre, vous y trouverez une petite boîte de carton noir et lisse.

– Elle renferme un portrait? dit madame de Rênal pouvant à peine se tenir debout.

Son air de découragement fut aperçu de Julien, qui aussitôt en profita.

– J'ai une seconde grâce à vous demander, madame : je vous supplie de ne pas regarder ce portrait, c'est mon secret.

– C'est un secret! répéta madame de Rênal, d'une voix éteinte.

Mais, quoique élevée parmi des gens fiers de leur fortune, et sensibles au seul intérêt d'argent, l'amour avait déjà mis de la générosité dans cette âme. Cruellement blessée, ce fut avec l'air du dévouement le plus simple que madame de Rênal fit à Julien les questions nécessaires pour pouvoir bien s'acquitter de sa commission.

– Ainsi, lui dit-elle en s'éloignant, une petite boîte ronde, de carton noir, bien lisse.

– Oui, madame, répondit Julien de cet air dur que le danger donne aux hommes.

Elle monta au second étage du château, pâle comme si elle fût allée à la mort. Pour comble de misère elle sentit qu'elle était sur le point de se trouver mal; mais la nécessité de rendre service à Julien lui rendit des forces.

– Il faut que j'aie cette boîte, se dit-elle en doublant le pas.

Elle entendit son mari parler au valet de chambre, dans la chambre même de Julien. Heureusement ils passèrent dans celle des enfants. Elle souleva le matelas et plongea la main dans la paillasse avec une telle violence qu'elle s'écorcha les doigts. Mais quoique fort sensible aux petites douleurs de ce genre, elle n'eut pas la conscience de celle-ci, car presque en même temps elle sentit le poli de la boîte de carton. Elle la saisit et disparut.

A peine fut-elle délivrée de la crainte d'être surprise par son mari, que l'horreur que lui causait cette boîte fut sur le point de la faire décidément se trouver mal.

— Julien est donc amoureux, et je tiens là le portrait de la femme qu'il aime !

Assise sur une chaise dans l'antichambre de cet appartement, madame de Rênal était en proie à toutes les horreurs de la jalousie. Son extrême ignorance lui fut encore utile en ce moment; l'étonnement tempérait la douleur. Julien parut, saisit la boîte, sans remercier, sans rien dire, et courut dans sa chambre où il fit du feu, et la brûla à l'instant. Il était pâle, anéanti; il s'exagérait l'étendue du danger qu'il venait de courir.

— Le portrait de Napoléon, se disait-il en hochant la tête, trouvé caché chez un homme qui fait profession d'une telle haine pour l'usurpateur ! trouvé par M. de Rênal, tellement ultra et tellement irrité ! et pour comble d'imprudence, sur le carton blanc derrière le portrait, des lignes écrites de ma main ! et qui ne peuvent laisser aucun doute sur l'excès de mon admiration ! et chacun de ces transports d'amour est daté ! il y en a d'avant-hier.

Toute ma réputation tombée, anéantie en un moment ! se disait Julien, en voyant brûler la boîte, et ma réputation est tout mon bien, je ne vis que par elle... et encore, quelle vie, grand Dieu !

Une heure après, la fatigue et la pitié qu'il sentait pour lui-même le disposaient à l'attendrissement. Il rencontra madame de Rênal et prit sa main qu'il baisa avec plus de sincérité qu'il n'avait jamais fait. Elle rougit de bonheur, et presque au même instant, repoussa Julien avec la colère de la jalousie. La fierté de Julien, si récemment blessée, en fit un sot dans ce moment. Il ne vit en madame de Rênal qu'une femme riche; il laissa tomber sa main avec dédain, et s'éloigna. Il alla se promener pensif dans le jardin; bientôt un sourire amer parut sur ses lèvres.

Je me promène là, tranquille comme un homme maître de son temps ! Je ne m'occupe pas des enfants ! je m'expose aux mots humiliants de M. de Rênal, et il aura raison. Il courut à la chambre des enfants.

Les caresses du plus jeune, qu'il aimait beaucoup, calmèrent un peu sa cuisante douleur.

Celui-là ne me méprise pas encore, pensa Julien. Mais bientôt il se reprocha cette diminution de douleur comme une nouvelle faiblesse. Ces enfants me caressent comme ils caresseraient le jeune chien de chasse que l'on a acheté hier.

Résumé des chapitres 10 à 14

Julien a mal pris la colère de M. de Rênal à son égard et trouve l'occasion de le lui dire. Celui-ci, se méprenant sur les raisons de Julien et le croyant prêt à partir chez son ennemi intime Valenod, croit l'apaiser en augmentant son salaire. *Mme de Rênal, quant à elle, ignorant toujours qui figurait sur le portrait dérobé, se surprend à être jalouse et en éprouve une douloureuse culpabilité : Si elle aimait Julien, serait-elle adultère ?*

Julien, encore révolté par la conduite du maire, et irrité depuis par l'apparente froideur de Mme de Rênal, demande trois jours de congé et part retrouver son ami d'enfance, Fouqué, auquel il confie ses déceptions. Fouqué est marchand de bois, établi à son compte, il propose à Julien une association qui le libérerait de ce qu'il croit comprendre des caprices des gens fortunés. Julien hésite puis refuse, et retourne à Vergy.

Mme de Rênal a profité de son absence pour s'offrir une jolie robe d'été, juste prête pour son retour. Son amie Mme Derville n'est pas sans remarquer le manège et s'inquiète : « Elle l'aime, l'infortunée ! » *Pendant la promenade du soir, c'est cette fois Mme de Rênal qui cherche la main du jeune homme.* « Que connais-je du caractère de cette femme ? » *s'étonne Julien qui prend la résolution de devenir son amant.*

Le lendemain, il s'est inventé un « plan de séduction » *qu'il met en pratique avec une telle maladresse que Mme de Rênal croit bon d'intervenir :* « Soyez prudent, je vous l'ordonne », *lui murmure-t-elle à l'oreille. Boudeur, il préfère s'éloigner pour la nuit et va se réfugier chez son protecteur, le vieux curé de Verrières. Mais ce dernier vient de tomber en disgrâce, il est destitué au profit du vicaire Maslon qui va le remplacer. Julien aide au déménagement, il en profite pour écrire à Fouqué : il pourrait changer d'avis et revenir au commerce...*

CHAPITRE 15

Le Chant du coq

> Amour en latin faict amor;
> Or donc provient d'amour la
> [mort],
> Et, par avant, soulcy qui mord,
> Deuil, plours, pieges, forfaitz,
> remords...
> BLASON D'AMOUR.

S i Julien avait eu un peu de l'adresse qu'il se supposait si gratuitement, il eût pu s'applaudir le lendemain de l'effet produit par son voyage à Verrières. Son absence avait fait oublier ses gaucheries. Ce jour-là encore, il fut assez maussade; sur le soir une idée ridicule lui vint, et il la communiqua à madame de Rênal, avec une rare intrépidité.

A peine fut-on assis au jardin, que sans attendre une obscurité suffisante, Julien approcha sa bouche de l'oreille de madame de Rênal, et, au risque de la compromettre horriblement, il lui dit :

– Madame, cette nuit, à deux heures, j'irai dans votre chambre, je dois vous dire quelque chose.

Julien tremblait que sa demande ne fût accordée; son rôle de séducteur lui pesait si horriblement, que s'il eût pu suivre son penchant, il se fût retiré dans sa chambre pour plusieurs jours, et n'eût plus vu ces dames. Il comprenait que, par sa conduite savante de la veille, il avait gâté toutes les belles apparences du jour précédent, et ne savait réellement à quel saint se vouer.

Madame de Rênal répondit avec une indignation réelle, et nullement exagérée, à l'annonce impertinente que Julien osait lui faire. Il crut voir du mépris dans sa courte réponse. Il est sûr que dans cette réponse prononcée fort bas, le mot *fi donc* avait paru.

Sous prétexte de quelque chose à dire aux enfants, Julien alla dans leur chambre, et à son retour il se plaça à côté de madame Derville et fort loin de madame de Rênal. Il s'ôta ainsi toute possibilité de lui prendre la main. La conversation fut sérieuse, et Julien s'en tira fort bien, à quelques moments de silence près, pendant lesquels il se creusait la cervelle. Que ne puis-je inventer quelque belle manœuvre, se disait-il, pour forcer madame de Rênal à me rendre ces marques de tendresse non équivoques, qui me faisaient croire, il y a trois jours, qu'elle était à moi!

Julien était extrêmement déconcerté de l'état presque désespéré où il avait mis ses affaires. Rien cependant ne l'eût plus embarrassé que le succès.

Lorsqu'on se sépara à minuit, son pessimisme lui fit croire qu'il jouissait du mépris de madame Derville, et que probablement il n'était guère mieux avec madame de Rênal.

De fort mauvaise humeur et très-humilié, Julien ne dormit point. Il était à mille lieues de l'idée de renoncer à toute feinte, à tout projet, et de vivre au jour le jour avec madame de Rênal, en se contentant comme un enfant du bonheur qu'apporterait chaque journée.

Il se fatigua le cerveau à inventer des manœuvres savantes; un instant après il les trouvait absurdes; il était en un mot fort malheureux, quand deux heures sonnèrent à l'horloge du château.

Ce bruit le réveilla comme le chant du coq réveilla saint Pierre. Il se vit au moment de l'événement le plus pénible. Il n'avait plus songé à sa proposition impertinente depuis le moment où il l'avait faite; elle avait été si mal reçue!

Je lui ai dit que j'irais chez elle à deux heures, se dit-il en se levant; je puis être inexpérimenté et grossier comme il appartient au fils d'un paysan, madame Derville me l'a fait assez entendre, mais du moins je ne serai pas faible.

Julien avait raison de s'applaudir de son courage; jamais il ne s'était imposé une contrainte plus pénible. En ouvrant sa porte, il était tellement tremblant que ses genoux se dérobaient sous lui, et il fut forcé de s'appuyer contre le mur.

Il était sans souliers. Il alla écouter à la porte de M. de Rênal, dont il put distinguer le ronflement. Il en fut désolé. Il n'y avait donc plus de prétexte pour ne pas aller chez elle. Mais, grand Dieu! qu'y ferait-il? Il n'avait aucun projet, et quand il en aurait eu, il se sentait tellement troublé qu'il eût été hors d'état de les suivre.

Enfin, souffrant plus mille fois que s'il eût marché à la mort, il entra dans le petit corridor qui menait à la chambre de madame de Rênal. Il ouvrit la porte d'une main tremblante et en faisant un bruit effroyable.

Il y avait de la lumière; une veilleuse brûlait sous la cheminée; il ne s'attendait pas à ce nouveau malheur. En le voyant entrer, madame de Rênal se jeta vivement hors de son lit. Malheureux! s'écria-t-elle. Il y eut un peu de désordre. Julien oublia ses vains projets et revint à son rôle naturel; ne pas plaire à une femme si charmante lui parut le plus grand des malheurs. Il ne répondit à ses reproches qu'en se jetant à ses pieds, en embrassant ses genoux. Comme elle lui parlait avec une extrême dureté, il fondit, en larmes.

Quelques heures après, quand Julien sortit de la chambre de madame de Rênal, on eût pu dire, en style de roman, qu'il n'avait plus rien à désirer. En effet, il devait à l'amour qu'il avait inspiré, et à l'impression imprévue qu'avaient produite sur lui des charmes séduisants une victoire à laquelle ne l'eût pas conduit toute son adresse si maladroite.

Mais, dans les moments les plus doux, victime d'un orgueil bizarre, il prétendit encore jouer le rôle d'un homme accoutumé à subjuguer des femmes; il fit des efforts d'attention incroyables pour gâter ce qu'il avait d'aimable. Au lieu d'être attentif aux transports qu'il faisait naître, et aux remords qui en relevaient la vivacité, l'idée du *devoir* ne cessa jamais d'être présente à ses yeux. Il craignait un remords affreux et un ridicule éternel, s'il s'écartait du modèle idéal qu'il se proposait de suivre. En un mot, ce qui faisait de Julien un être supérieur fut précisément ce qui l'empêcha de goûter le bonheur qui se plaçait sous ses pas. C'est une jeune fille de seize ans, qui a des couleurs charmantes, et qui, pour aller au bal, a la folie de mettre du rouge.

Mortellement effrayée de l'apparition de Julien, madame de Rênal fut bientôt en proie aux plus cruelles alarmes. Les pleurs et le désespoir de Julien la troublaient vivement.

Même, quand elle n'eut plus rien à lui refuser, elle repoussait Julien loin d'elle, avec une indignation réelle, et ensuite se jetait dans ses bras. Aucun projet ne paraissait dans toute cette conduite. Elle se croyait damnée sans rémission, et cherchait à se cacher la vue de l'enfer, en accablant Julien des plus vives caresses. En un mot, rien n'eût manqué au bonheur de notre héros, pas même une sensibilité brûlante dans la femme qu'il venait d'enlever, s'il eût su en jouir. Le départ de Julien ne fit point cesser les transports qui l'agitaient malgré elle, et ses combats avec les remords qui la déchiraient.

Mon Dieu! être heureux, être aimé, n'est-ce que ça? Telle fut la première pensée de Julien, en rentrant dans sa chambre. Il était dans cet état d'étonnement et de trouble inquiet où tombe l'âme qui vient d'obtenir ce qu'elle a longtemps désiré. Elle est habituée à désirer, ne trouve plus quoi désirer, et cependant n'a pas encore de souvenirs. Comme le soldat qui revient de la parade, Julien fut attentivement occupé à repasser tous les détails de sa conduite. « N'ai-je manqué à rien de ce que je me dois à moi-même ? Ai-je bien joué mon rôle ? »

Et quel rôle ! celui d'un homme accoutumé à être brillant avec les femmes.

CHAPITRE 16

Le Lendemain

He turn'd his lip to hers, and
with his hand
Call'd hack the tangles of her
wandering hair.
Don Juan, C. 1, st. 170.

eureusement, pour la gloire de Julien, madame de
Rênal avait été trop agitée, trop étonnée, pour aper-
cevoir la sottise de l'homme qui en un moment, était,
devenu tout au monde pour elle.
Comme elle l'engageait à se retirer, voyant poindre le jour :
– « Oh ! mon Dieu, disait-elle, si mon mari a entendu du bruit,
je suis perdue. Julien qui avait le temps de faire des phrases, se
souvint de celle-ci :
– Regretteriez-vous la vie ?
– Ah ! beaucoup dans ce moment ! mais je ne regretterais pas
de vous avoir connu.
Julien trouva de sa dignité de rentrer exprès au grand jour et
avec imprudence.
L'attention continue avec laquelle il étudiait ses moindres
actions, dans la folle idée de paraître un homme d'expérience,
n'eut qu'un avantage; lorsqu'il revit madame de Rênal à déjeuner, sa conduite fut un chef-d'œuvre de prudence.
Pour elle, elle ne pouvait le regarder sans rougir jusqu'aux
yeux, et ne pouvait vivre un instant sans le regarder; elle s'apercevait de son trouble, et ses efforts pour le cacher le redoublaient. Julien ne leva qu'une seule fois les yeux sur elle.
D'abord, madame de Rênal admira sa prudence. Bientôt, voyant
que cet unique regard ne se répétait pas, elle fut alarmée :

« Est-ce qu'il ne m'aimerait plus, se dit-elle ; hélas ! je suis bien vieille pour lui ; j'ai dix ans de plus que lui. »

En passant de la salle à manger au jardin, elle serra la main de Julien. Dans la surprise que lui causa une marque d'amour si extraordinaire, il la regarda avec passion ; car elle lui avait semblé bien jolie au déjeuner ; et, tout en baissant les yeux, il avait passé son temps à se détailler ses charmes. Ce regard consola madame de Rênal ; il ne lui ôta pas toutes ses inquiétudes mais ses inquiétudes lui ôtaient presque tout à fait ses remords envers son mari.

Au déjeuner, ce mari ne s'était aperçu de rien ; il n'en était pas de même de madame Derville ; elle crut madame de Rênal sur le point de succomber. Pendant toute la journée, son amitié hardie et incisive ne lui épargna pas les demi-mots destinés à lui peindre, sous de hideuses couleurs, le danger qu'elle courait.

Madame de Rênal brûlait de se trouver seule avec Julien ; elle voulait lui demander s'il l'aimait encore. Malgré la douceur inaltérable de son caractère, elle fut plusieurs fois sur le point de faire entendre à son amie combien elle était importune.

Le soir, au jardin, madame Derville arrangea si bien les choses, qu'elle se trouva placée entre madame de Rênal et Julien. Madame de Rênal, qui s'était fait une image délicieuse du plaisir de serrer la main de Julien, et de la porter à ses lèvres, ne put pas même lui adresser un mot.

Ce contre-temps augmenta son agitation. Elle était dévorée d'un remords. Elle avait tant grondé Julien de l'imprudence qu'il avait faite en venant chez elle la nuit précédente, qu'elle tremblait qu'il ne vînt pas celle-ci. Elle quitta le jardin de bonne heure, et alla s'établir dans sa chambre. Mais, ne tenant pas à son impatience, elle vint coller son oreille contre la porte de Julien. Malgré l'incertitude et la passion qui la dévoraient, elle n'osa point entrer. Cette action lui semblait la dernière des bassesses, car elle sert de texte à un dicton de province.

Les domestiques n'étaient pas tous couchés. La prudence l'obligea enfin à revenir chez elle. Deux heures d'attente furent deux siècles de tourments.

Mais Julien était trop fidèle à ce qu'il appelait le devoir, pour manquer à exécuter de point en point ce qu'il s'était prescrit.

Comme une heure sonnait, il s'échappa doucement de sa chambre, s'assura que le maître de la maison était profondément endormi, et parut chez madame de Rênal. Ce jour-là, il trouva plus de bonheur auprès de son amie, car il songea moins constamment au rôle à jouer. Il eut des yeux pour voir et des oreilles pour entendre. Ce que madame de Rênal lui dit de son âge contribua à lui donner quelque assurance.

– Hélas! j'ai dix ans de plus que vous! comment pouvez-vous m'aimer? lui répétait-elle sans projet, et parce que cette idée l'opprimait.

Julien ne concevait pas ce malheur, mais il vit qu'il était réel, et il oublia presque toute sa peur d'être ridicule. La sotte idée d'être regardé comme un amant subalterne, à cause de sa naissance obscure, disparut aussi. A mesure que les transports de Julien rassuraient sa timide maîtresse, elle reprenait un peu de bonheur et la faculté de juger son amant. Heureusement, il n'eut presque pas, ce jour-là, cet air emprunté qui avait fait du rendez-vous de la veille, une victoire, mais non pas un plaisir. Si elle se fût aperçue de son attention à jouer un rôle, cette triste découverte lui eût à jamais enlevé tout bonheur. Elle n'y eût pu voir autre chose qu'un triste effet de la disproportion des âges.

Quoique madame de Rênal n'eût jamais pensé aux théories de l'amour, la différence d'âge est, après celle de fortune, un des grands lieux communs de la plaisanterie de province, toutes les fois qu'il est question d'amour.

En peu de jours, Julien, rendu à toute l'ardeur de son âge, fut éperdument amoureux.

Il faut convenir, se disait-il, qu'elle a une bonté d'âme angélique, et l'on n'est pas plus jolie.

Il avait perdu presque tout à fait l'idée du rôle à jouer. Dans un moment d'abandon, il lui avoua même toutes ses inquiétudes. Cette confidence porta à son comble la passion qu'il inspirait. Je n'ai donc point eu de rivale heureuse, se disait madame de Rênal avec délices! Elle osa l'interroger sur le portrait auquel il mettait tant d'intérêt; Julien lui jura que c'était celui d'un homme.

Quand il restait à madame de Rênal assez de sang-froid pour réfléchir, elle ne revenait pas de son étonnement qu'un tel bonheur existât; et que jamais elle ne s'en fût doutée.

– Ah! se disait-elle, si j'avais connu Julien il y a dix ans, quand je pouvais encore passer pour jolie.

Julien était fort éloigné de ces pensées. Son amour était encore de l'ambition; c'était de la joie de posséder, lui pauvre être si malheureux et si méprisé, une femme aussi belle. Ses actes d'adoration, ses transports à la vue des charmes de son amie, finirent par la rassurer un peu sur la différence d'âge. Si elle eût possédé un peu de ce savoir-vivre dont une femme de trente ans jouit depuis longtemps dans les pays plus civilisés, elle eût frémi pour la durée d'un amour qui ne semblait vivre que de surprise et de ravissement d'amour-propre.

Dans ses moments d'oubli d'ambition Julien admirait avec

transport jusqu'aux chapeaux, jusqu'aux robes de madame de Rênal. Il ne pouvait se rassasier du plaisir de sentir leur parfum. Il ouvrait son armoire à glace et restait des heures entières admirant la beauté et l'arrangement de tout ce qu'il y trouvait. Son amie, appuyée sur lui, le regardait; lui, regardait ces bijoux, ces chiffons qui, la veille d'un mariage, emplissent une corbeille de noce.

J'aurais pu épouser un tel homme! pensait quelquefois madame de Rênal; quelle âme de feu! quelle vie ravissante avec lui!

Pour Julien, jamais il ne s'était trouvé aussi près de ces terribles instruments de l'artillerie féminine. Il est impossible, se disait-il, qu'à Paris on ait quelque chose de plus beau! Alors il ne trouvait point d'objection à son bonheur. Souvent la sincère admiration et les transports de sa maîtresse lui faisaient oublier la vaine théorie qui l'avait rendu si compassé et presque si ridicule dans les premiers moments de cette liaison. Il y eut des moments où, malgré ses habitudes d'hypocrisie, il trouvait une douceur extrême à avouer à cette grande dame qui l'admirait, son ignorance d'une foule de petits usages. Le rang de sa maîtresse semblait l'élever au-dessus de lui-même. Madame de Rênal, de son côté, trouvait la plus douce des voluptés morales à instruire ainsi, dans une foule de petites choses, ce jeune homme rempli de génie, et qui était regardé par tout le monde comme devant un jour aller si loin. Même le sous-préfet et M. Valenod ne pouvaient s'empêcher de l'admirer; ils lui en semblaient moins sots. Quant à madame Derville, elle était bien loin d'avoir à exprimer les mêmes sentiments. Désespérée de ce qu'elle croyait deviner, et voyant que les sages avis devenaient odieux à une femme qui, à la lettre, avait perdu la tête, elle quitta Vergy, sans donner une explication qu'on se garda de lui demander. Madame de Rênal en versa quelques larmes, et bientôt il lui sembla que sa félicité redoublait. Par ce départ elle se trouvait presque toute la journée tête à tête avec son amant.

Julien se livrait d'autant plus à la douce société de son amie, que, toutes les fois qu'il était trop longtemps seul avec lui-même, la fatale proposition de Fouqué venait encore l'agiter. Dans les premiers jours de cette vie nouvelle, il y eut des moments où lui, qui n'avait jamais aimé, qui n'avait jamais été aimé de personne, trouvait un si délicieux plaisir à être sincère, qu'il était sur le point d'avouer à madame de Rênal l'ambition qui jusqu'alors avait été l'essence même de son existence. Il eût voulu pouvoir la consulter sur l'étrange tentation que lui donnait la proposition de Fouqué; mais un petit événement empêcha toute franchise.

CHAPITRE 17

Le Premier Adjoint

O! how this spring of love res-
[sembleth
The uncertain glory of an April
[day,
Which now shows all the
[beauty of the sun,
And by-and-by a cloud takes
[all away.
THE TWO GENTLEMEN
OF VERONA.

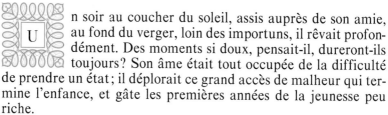 n soir au coucher du soleil, assis auprès de son amie, au fond du verger, loin des importuns, il rêvait profondément. Des moments si doux, pensait-il, dureront-ils toujours? Son âme était tout occupée de la difficulté de prendre un état; il déplorait ce grand accès de malheur qui termine l'enfance, et gâte les premières années de la jeunesse peu riche.

– Ah! s'écria-t-il, que Napoléon était bien l'homme envoyé de Dieu pour les jeunes Français! Qui le remplacera? que feront sans lui les malheureux, même plus riches que moi, qui ont juste les quelques écus qu'il faut pour se procurer une bonne éducation, et pas assez d'argent pour acheter un homme à vingt ans et se pousser dans une carrière! Quoi qu'on fasse, ajouta-t-il avec un profond soupir, ce souvenir fatal nous empêchera à jamais d'être heureux!

Il vit tout à coup madame de Rênal froncer le sourcil; elle prit un air froid et dédaigneux; cette façon de penser lui semblait convenir à un domestique. Élevée dans l'idée qu'elle était fort riche, il lui semblait chose convenue, que Julien l'était aussi. Elle l'aimait mille fois plus que la vie, et ne faisait aucun cas de l'argent. Julien était loin de deviner ces idées. Ce froncement de sourcil le rappela sur la terre. Il eut assez de présence d'esprit pour arranger sa phrase et faire entendre à la noble dame, assise si près de lui sur le banc de verdure, que les mots qu'il venait de répéter, il les avait entendus pendant son voyage chez son ami le marchand de bois. C'était le raisonnement des impies.

– Eh bien ! ne vous mêlez plus à ces gens-là, dit madame de Rênal, gardant encore un peu de cet air glacial, qui, tout à coup, avait succédé à l'expression de la plus vive tendresse.

Ce froncement de sourcil, ou plutôt le remords de son imprudence, fut le premier échec porté à l'illusion qui entraînait Julien. Il se dit : elle est bonne et douce, son goût pour moi est vif, mais elle a été élevée dans le camp ennemi. Ils doivent surtout avoir peur de cette classe d'hommes de cœur qui, après une bonne éducation, n'a pas assez d'argent pour entrer dans une carrière. Que deviendraient-ils ces nobles, s'il nous était donné de les combattre à armes égales ! Moi, par exemple, maire de Verrières, bien intentionné, honnête comme l'est au fond M. de Rênal, comme j'enlèverais le vicaire, M. Valenod et toutes leurs friponneries ! comme la justice triompherait dans Verrières ! Ce ne sont pas leurs talents qui me feraient obstacle. Ils tâtonnent sans cesse.

Le bonheur de Julien fut, ce jour-là, sur le point de devenir durable. Il manqua à notre héros d'oser être sincère. Il fallait avoir le courage de livrer bataille,mais *sur-le-champ*; madame de Rênal avait été étonnée du mot de Julien, parce que les hommes de sa société répétaient que le retour de Robespierre était surtout possible à cause de ces jeunes gens de basses classes, trop bien élevés. L'air froid de madame de Rênal dura assez longtemps, et sembla marqué à Julien. C'est que la crainte de lui avoir dit indirectement une chose désagréable succéda à sa répugnance pour le mauvais propos. Ce malheur se réfléchit vivement dans ses traits si purs, et si naïfs quand elle était heureuse et loin des ennuyeux.

Julien n'osa plus rêver avec abandon. Plus calme et moins amoureux, il trouva qu'il était imprudent d'aller voir madame de Rênal dans sa chambre. Il valait mieux qu'elle vînt chez lui; si un domestique l'apercevait courant dans la maison, vingt prétextes différents pouvaient expliquer cette démarche. Mais cet arrangement avait aussi ses inconvénients. Julien avait reçu de Fouqué, des livres que lui, élève en théologie, n'eût jamais pu demander à un libraire. Il n'osait les ouvrir que de nuit. Souvent il eût été bien aise de n'être pas interrompu par une visite, dont l'attente, la veille encore de la petite scène du verger, l'eût mis hors d'état de lire.

Il devait à madame de Rênal de comprendre les livres d'une façon toute nouvelle. Il avait osé lui faire des questions sur une foule de petites choses, dont l'ignorance arrête tout court l'intelligence d'un jeune homme né hors de la société, quelque génie naturel qu'on veuille lui supposer.

Cette éducation de l'amour, donnée par une femme extrêmement ignorante, fut un bonheur. Julien arriva directement à voir la société telle qu'elle est aujoud'hui. Son esprit ne fut point offusqué par le récit de ce qu'elle a été autrefois, il y a deux mille ans, ou seulement il y a soixante ans, du temps de Voltaire et de Louis XV. A son inexprimable joie, un voile tomba de devant ses yeux; il comprit enfin les choses qui se passaient à Verrières.

Sur le premier plan parurent des intrigues très-compliquées, ourdies, depuis deux ans, auprès du préfet de Besançon. Elles étaient appuyées par des lettres venues de Paris, et écrites par ce qu'il y a de plus illustre. Il s'agissait de faire de M. de Moirod, c'était l'homme le plus dévot du pays, le premier, et non pas le second adjoint du maire de Verrières.

Il avait pour concurrent un fabricant fort riche, qu'il fallait absolument refouler à la place de second adjoint.

Julien comprit enfin les demi-mots qu'il avait surpris, quand la haute société du pays venait dîner chez M. de Rênal. Cette société privilégiée était profondément occupée de ce choix de premier adjoint, dont le reste de la ville et surtout les libéraux ne soupçonnaient pas même la possibilité. Ce qui en faisait l'importance, c'est qu'ainsi que chacun sait, le côté oriental de la grande rue de Verrières doit reculer de plus de neuf pieds, car cette rue est devenue route royale.

Or, si M. de Moirod, qui avait trois maisons dans le cas de reculer, parvenait à être premier adjoint, et par la suite maire dans le cas où M. de Rênal serait nommé député, il fermerait les yeux, et l'on pourrait faire, aux maisons qui avancent sur la voie publique, de petites réparations imperceptibles, au moyen desquelles elles dureraient cent ans. Malgré la haute piété et la probité reconnue de M. de Moirod, on était sûr qu'il *serait coulant*, car il avait beaucoup d'enfants. Parmi les maisons qui devaient reculer, neuf appartenaient à tout ce qu'il y a de mieux dans Verrières.

Aux yeux de Julien, cette intrigue était bien plus importante que l'histoire de la bataille de Fontenoy, dont il voyait le nom pour la première fois dans un des livres que Fouqué lui avait envoyés. Il y avait des choses qui étonnaient Julien depuis cinq ans qu'il avait commencé à aller les soirs chez le curé. Mais la discrétion et l'humilité d'esprit étant les premières qualités d'un élève en théologie, il lui avait toujours été impossible de faire des questions.

Un jour, madame de Rênal donnait un ordre au valet de chambre de son mari, l'ennemi de Julien.

– Mais, madame, c'est aujourd'hui le dernier vendredi du mois, répondit cet homme d'un air singulier.

– Allez, dit madame de Rênal.

– Eh bien! dit Julien, il va se rendre dans ce magasin à foin, église autrefois, et récemment rendu au culte; mais pourquoi faire? voilà un ces mystères que je n'ai jamais pu pénétrer.

– C'est une institution fort salutaire, mais bien singulière, répondit madame de Rênal; les femmes n'y sont point admises; tout ce que je sais, c'est que tout le monde s'y tutoie. Par exemple, ce domestique va y trouver M. Valenod, et cet homme si fier et si sot ne sera point fâché de s'entendre tutoyer par Saint-Jean, et lui répondra sur le même ton. Si vous tenez à savoir ce qu'on y fait, j'en demanderai des détails à M. de Maugiron et à M. Valenod. Nous payons vingt francs par domestique afin qu'un jour ils ne nous égorgent pas.

Le temps volait. Le souvenir des charmes de sa maîtresse distrayait Julien de sa noire ambition. La nécessité de ne pas lui parler de choses tristes et raisonnables, puisqu'ils étaient de partis contraires, ajoutait, sans qu'il s'en doutât, au bonheur qu'il lui devait, et à l'empire qu'elle acquérait sur lui.

Dans les moments où la présence d'enfants trop intelligents les réduisait à ne parler que le langage de la froide raison, c'était avec une docilité parfaite que Julien, la regardant avec des yeux étincelants d'amour, écoutait ses explications du monde comme il va. Souvent, au milieu du récit de quelque friponnerie savante, à l'occasion d'un chemin ou d'une fourniture, l'esprit de madame de Rênal s'égarait tout à coup jusqu'au délire; Julien avait besoin de la gronder, elle se permettait avec lui les mêmes gestes intimes qu'avec ses enfants. C'est qu'il y avait des jours où elle avait l'illusion de l'aimer comme son enfant. Sans cesse n'avait-elle pas à répondre à ses questions naïves sur mille choses simples qu'un enfant bien né n'ignore pas à quinze ans? Un instant après, elle l'admirait comme son maître. Son génie allait jusqu'à l'effrayer; elle croyait apercevoir plus nettement chaque jour, le grand homme futur dans ce jeune abbé. Elle le voyait pape, elle le voyait premier ministre comme Richelieu. «Vivrai-je assez pour te voir dans ta gloire? disait-elle à Julien; la place est faite pour un grand homme; la monarchie, la religion, en ont besoin.»

Résumé du chapitre 18

« Le trois septembre, à dix heures du soir, un gendarme réveille tout Verrières, en montant la grande rue au galop : il apportait la nouvelle que Sa Majesté le roi de *** arrivait le dimanche suivant, et l'on était mardi... » *L'événement est de taille et bouleverse le village.* « Qui commandera la garde d'honneur ? » *Le maire souhaite que ce soit M. de Moirod (malgré le fait qu'il déteste les chevaux, cela arrangerait bien ses affaires...) Mais il faut aussi retapisser les salons, préparer les calèches, orner l'église de rideaux cramoisis. Mme de Rênal fait* « avec une adresse vraiment admirable » *engager Julien dans la garde, avec le bel habit* « bleu de ciel » *prévu à cet effet, monté sur un des splendides chevaux de Valenod.*

Le spectacle est grandiose, le défilé pour l'illustre visiteur a une allure magnifique, et la cérémonie religieuse émeut profondément Julien, « stupéfait d'admiration ». « Plus on s'élève vers le premier rang de la société », *se dit-il,* « plus on trouve de ces manières charmantes... » *M. de La Mole, un grand personnage venu tout exprès de Paris pour recevoir Sa Majesté (sans doute le roi de Naples) en compagnie de son neveu l'évêque, se charge de tous les frais et fait distribution de dix mille bouteilles de vin aux paysans. Mais le scandale va déjà bon train : tout le monde a vu* « le petit Sorel, fils du charpentier » *parader dans la garde...*

CHAPITRE 19

Penser fait souffrir

> Le grotesque des événements
> de tous des jours vous cache le
> vrai malheur des passions.
> BARNAVE

E n replaçant les meubles ordinaires dans la chambre qu'avait occupée M. de la Mole, Julien trouva une feuille de papier très fort, pliée en quatre. Il lut au bas de la première page :

A.S.S.M. Le marquis de la Mole, pair de France, chevalier des ordres du roi, etc., etc.

C'était une pétition en grosse écriture de cuisinière.

« Monsieur le marquis,

« J'ai eu toute ma vie des principes religieux. J'étais dans Lyon, exposé aux bombes, lors du siège, en 93, d'exécrable mémoire. Je communie, je vais tous les dimanches à la messe en l'église paroissiale. Je n'ai jamais manqué au devoir pascal, même en 93, d'exécrable mémoire. Ma cuisinière, avant la révolution j'avais des gens, ma cuisinière fait maigre le vendredi. Je jouis dans Verrières d'une considération générale, et j'ose dire méritée. Je marche sous le dais dans les processions, à côté de M. le curé et de M. le maire. Je porte, dans les grandes occasions, un gros cierge acheté à mes frais. De tout quoi les certificats sont à Paris au ministère des finances. Je demande à Monsieur le marquis le bureau de loterie de Verrières, qui ne peut manquer d'être bientôt vacant d'une manière ou d'une autre, le titulaire étant fort malade, et d'ailleurs votant mal aux élections, etc.

« DE CHOLIN. »

En marge de cette pétition était une apostille signée *De Moirod*, et qui commençait par cette ligne :

« J'ai eu l'honneur de parler *yert* du bon sujet qui fait cette demande, etc.»

Ainsi, même cet imbécile de Cholin me montre le chemin qu'il faut suivre, se dit Julien.

Huit jours après le passage du roi de *** à Verrières, ce qui surnageait des innombrables mensonges, sottes interprétations, discussions ridicules, etc., etc., dont avaient été l'objet, successivement, le roi, l'évêque d'Agde, le marquis de la Mole, les dix mille bouteilles de vin, le pauvre tombé de Moirod, qui dans l'espoir d'une croix, ne sortit de chez lui qu'un mois après sa chute, ce fut l'indécence extrême d'avoir *bombardé* dans la garde d'honneur Julien Sorel, fils d'un charpentier. Il fallait entendre, à ce sujet, les riches fabricants de toiles peintes, qui, soir et matin, s'enrouaient au café, à prêcher l'égalité. Cette femme hautaine, madame de Rênal, était l'auteur de cette abomination. La raison? Les beaux yeux et les joues si fraîches du petit abbé Sorel la disaient de reste.

Peu après le retour à Vergy, Stanislas-Xavier, le plus jeune des enfants, prit la fièvre; tout à coup madame de Rênal tomba dans des remords affreux. Pour la première fois elle se reprocha son amour d'une façon suivie; elle sembla comprendre, comme par miracle, dans quelle faute énorme elle s'était laissé entraîner. Quoique d'un caractère profondément religieux, jusqu'à ce moment elle n'avait pas songé à la grandeur de son crime aux yeux de Dieu.

Jadis, au couvent du Sacré-Cœur, elle avait aimé Dieu avec passion; elle le craignit de même en cette circonstance. Les combats qui déchiraient son âme étaient d'autant plus affreux qu'il n'y avait rien de raisonnable dans sa peur. Julien éprouva que le moindre raisonnement l'irritait loin de la calmer; elle y voyait le langage de l'enfer. Cependant, comme Julien aimait beaucoup lui-même le petit Stanislas, il était mieux venu à lui parler de sa maladie : elle prit bientôt un caractère grave. Alors le remords continu ôta à madame de Rênal jusqu'à la faculté de dormir; elle ne sortait point d'un silence farouche : si elle eût ouvert la bouche, c'eût été pour avouer son crime à Dieu et aux hommes.

– Je vous en conjure, lui disait Julien, dès qu'ils se trouvaient seuls, ne parlez à personne; que je sois le seul confident de vos peines. Si vous m'aimez encore, ne parlez pas; vos paroles ne peuvent ôter la fièvre à notre Stanislas. Mais ses consolations ne produisaient aucun effet; il ne savait pas que madame de Rênal s'était mis dans la tête que, pour apaiser la colère du Dieu jaloux, il fallait haïr Julien ou voir mourir son fils. C'était parce qu'elle sentait qu'elle ne pouvait haïr son amant qu'elle était si malheureuse.

– Fuyez-moi, dit-elle un jour à Julien; au nom de Dieu, quittez cette maison : c'est votre présence ici qui tue mon fils. Dieu me punit, ajouta-t-elle à voix basse, il est juste; j'adore son équité; mon crime est affreux, et je vivais sans remords! C'était le premier signe de l'abandon de Dieu ; je dois être punie doublement.

Julien fut profondément touché. Il ne pouvait voir là ni hypocrisie, ni exagération. Elle croit tuer son fils en m'aimant, et cependant la malheureuse m'aime plus que son fils. Voilà, je n'en puis douter, le remords qui la tue; voilà de la grandeur dans les sentiments. Mais comment ai-je pu inspirer un tel amour, moi, si pauvre, si mal élevé, si ignorant, quelquefois si grossier dans mes façons?

Une nuit, l'enfant fut au plus mal. Vers les deux heures du matin, M. de Rênal vint le voir. L'enfant, dévoré par la fièvre, était fort rouge et ne put reconnaître son père. Tout à coup madame de Rênal se jeta aux pieds de son mari : Julien vit qu'elle allait tout dire et se perdre à jamais.

Par bonheur, ce mouvement singulier importuna M. de Rênal.

– Adieu! adieu! dit-il en s'en allant.

– Non, écoute-moi, s'écria sa femme à genoux devant lui, et cherchant à le retenir. Apprends toute la vérité. C'est moi qui tue mon fils. Je lui ai donné la vie, et je la lui reprends. Le ciel me punit; aux yeux de Dieu, je suis coupable de meurtre. Il faut que je me perde et m'humilie moi-même; peut-être ce sacrifice apaisera le Seigneur.

Si M. de Rênal eût été un homme d'imagination, il savait tout.

– Idées romanesques, s'écria-t-il en éloignant sa femme qui cherchait à embrasser ses genoux. Idées romanesques que tout cela! Julien, faites appeler le médecin à la pointe du jour. Et il retourna se coucher. Madame de Rênal tomba à genoux, à demi évanouie, en repoussant avec un mouvement convulsif Julien qui voulait la secourir.

Julien resta étonné.

Voilà donc l'adultère, se dit-il!... Serait-il possible que ces prêtres si fourbes... eussent raison? Eux qui commettent tant de péchés auraient le privilège de connaître la vraie théorie du péché? Quelle bizarrerie!...

Depuis vingt minutes que M. de Rênal s'était retiré, Julien voyait la femme qu'il aimait, la tête appuyée sur le petit lit de l'enfant, immobile et presque sans connaissance. Voilà une femme d'un génie supérieur réduite au comble du malheur, parce qu'elle m'a connu, se dit-il.

Les heures avancent rapidement. Que puis-je pour elle? Il faut se décider. Il ne s'agit plus de moi ici. Que m'importent les hommes et leurs plates simagrées? Que puis-je pour elle?... la quitter? Mais je la laisse seule en proie à la plus affreuse douleur. Cet automate de mari lui nuit plus qu'il ne lui sert. Il lui dira quelque mot dur, à force d'être grossier; elle peut devenir folle, se jeter par la fenêtre.

Si je la laisse, si je cesse de veiller sur elle, elle lui avouera tout. Et que sait-on, peut-être, malgré l'héritage qu'elle doit lui apporter, il fera une esclandre. Elle peut tout dire, grand Dieu! à ce c... d'abbé Maslon, qui prend prétexte de la maladie d'un enfant de six ans, pour ne plus bouger de cette maison, et non sans dessein. Dans sa douleur et sa crainte de Dieu, elle oublie tout ce qu'elle sait de l'homme; elle ne voit que le prêtre.

— Va-t'en, lui dit tout à coup madame de Rênal en ouvrant les yeux.

— Je donnerais mille fois ma vie, pour savoir ce qui peut t'être le plus utile, répondit Julien: jamais je ne t'ai tant aimée, mon cher ange, ou plutôt, de cet instant seulement, je commence à t'adorer comme tu mérites de l'être. Que deviendrai-je loin de toi, et avec la conscience que tu es malheureuse par moi! Mais qu'il ne soit pas question de mes souffrances. Je partirai, oui, mon amour. Mais, si je te quitte, si je cesse de veiller sur toi, de me trouver sans cesse entre toi et ton mari, tu lui dis tout, tu te perds. Songe que c'est avec ignominie qu'il te chassera de sa maison; tout Verrières, tout Besançon, parleront de ce scandale. On te donnera tous les torts; jamais tu ne te relèveras de cette honte...

— C'est ce que je demande, s'écria-t-elle, en se levant debout. Je souffrirai, tant mieux.

— Mais, par ce scandale abominable, tu feras aussi son malheur à lui!

— Mais je m'humilie moi-même, je me jette dans la fange; et, par là peut-être, je sauve mon fils. Cette humiliation, aux yeux de tous, c'est peut-être une pénitence publique. Autant que ma faiblesse peut en juger, n'est-ce pas le plus grand sacrifice que je puisse faire à Dieu?... Peut-être daignera-t-il prendre mon humiliation et me laisser mon fils! Indique-moi un autre sacrifice plus pénible, et j'y cours.

– Laisse-moi me punir. Moi aussi, je suis coupable. Veux-tu que je me retire à la Trappe ? L'austérité de cette vie peut apaiser ton Dieu... Ah ! ciel ! que ne puis-je prendre pour moi la maladie de Stanislas...

– Ah ! tu l'aimes, toi, dit madame de Rênal, en se levant et en se jetant dans ses bras.

Au même instant, elle le repoussa avec horreur.

– Je te crois ! je te crois, continua-t-elle, après s'être remise à genoux ; ô mon unique ami ! ô pourquoi n'es-tu pas le père de Stanislas ! Alors ce ne serait pas un horrible péché de t'aimer mieux que ton fils.

– Veux-tu me permettre de rester, et que désormais je ne t'aime que comme un frère ? C'est la seule expiation raisonnable ; elle peut apaiser la colère du Très-Haut.

– Et, moi, s'écria-t-elle en se levant et prenant la tête de Julien entre ses deux mains, et la tenant devant ses yeux à distance, et moi, t'aimerai-je comme un frère ? Est-il en mon pouvoir de t'aimer comme un frère ?

Julien fondait en larmes.

– Je t'obéirai, dit-il en tombant à ses pieds ; je t'obéirai, quoi que tu m'ordonnes ; c'est tout ce qui me reste à faire. Mon esprit est frappé d'aveuglement ; je ne vois aucun parti à prendre. Si je te quitte, tu dis tout à mon mari ; tu te perds et lui avec. Jamais, après ce ridicule, il ne sera nommé député. Si je reste, tu me crois la cause de la mort de ton fils, et tu meurs de douleur. Veux-tu essayer de l'effet de mon départ ? Si tu veux, je vais me punir de notre faute, en te quittant pour huit jours. J'irai les passer dans la retraite où tu voudras. A l'abbaye de Bray-le-Haut, par exemple : mais jure-moi pendant mon absence de ne rien avouer à ton mari. Songe que je ne pourrai plus revenir si tu parles.

Elle promit, il partit, mais fut rappelé au bout de deux jours.

– Il m'est impossible sans toi de tenir mon serment. Je parlerai à mon mari, si tu n'es pas là constamment pour m'ordonner par tes regards de me taire. Chaque heure de cette vie abominable me semble durer une journée.

Enfin le ciel eut pitié de cette mère malheureuse. Peu à peu Stanislas ne fut plus en danger. Mais la glace était brisée ; sa raison avait connu l'étendue de son péché ; elle ne put plus reprendre l'équilibre. Les remords restèrent, et ils furent ce qu'ils devaient être dans un cœur si sincère. Sa vie fut le ciel et l'enfer : l'enfer quand elle ne voyait pas Julien, le ciel quand elle était à ses pieds. Je ne me fais plus aucune illusion, lui disait-elle, même dans les moments où elle osait se livrer à tout son amour : je suis damnée, irrémissiblement damnée. Tu es jeune, tu as cédé à mes séductions, le ciel peut te pardonner; mais moi je suis damnée. Je le connais à un signe certain. J'ai peur : qui n'aurait pas peur devant la vue de l'enfer? Mais au fond, je ne me repens point. Je commettrais de nouveau ma faute si elle était à commettre. Que le ciel seulement ne me punisse pas dès ce monde et dans mes enfants, et j'aurai plus que je ne mérite. Mais, toi, du moins, mon Julien, s'écriait-elle dans d'autres moments, es-tu heureux? Trouves-tu que je t'aime assez?

La méfiance et l'orgueil souffrant de Julien, qui avait surtout besoin d'un amour à sacrifices, ne tinrent pas devant la vue d'un sacrifice si grand, si indubitable et fait à chaque instant. Il adorait madame de Rênal. Elle a beau être noble, et moi le fils d'un ouvrier, elle m'aime... Je ne suis pas auprès d'elle un valet de chambre chargé des fonctions d'amant. Cette crainte éloignée, Julien tomba dans toutes les folies de l'amour, dans ses incertitudes mortelles.

– Au moins, s'écriait-elle en voyant ses doutes sur son amour, que je te rende bien heureux pendant le peu de jours que nous avons à passer ensemble! Hâtons-nous; demain peut-être je ne serai plus à toi. Si le ciel me frappe dans mes enfants, c'est en vain que je chercherai à ne vivre que pour t'aimer, à ne pas voir que c'est mon crime qui les tue. Je ne pourrai survivre à ce coup. Quand je le voudrais, je ne pourrais, je deviendrais folle.

Ah! si je pouvais prendre sur moi ton péché, comme tu m'offrais si généreusement de prendre la fièvre ardente de Stanislas!

Cette grande crise morale changea la nature du sentiment qui unissait Julien à sa maîtresse. Son amour ne fut plus seulement de l'admiration pour la beauté, l'orgueil de la posséder.

Leur bonheur était désormais d'une nature bien supérieure; la flamme qui les dévorait fut plus intense. Ils avaient des transports pleins de folie. Leur bonheur eût paru plus grand aux yeux du monde. Mais ils ne trouvèrent plus la sérénité délicieuse, la félicité sans nuages, le bonheur facile des premières époques de leurs amours, quand la seule crainte de madame de Rênal était de n'être pas assez aimée de Julien. Leur bonheur avait quelquefois la physionomie du crime.

Dans les moments les plus heureux et en apparence les plus tranquilles :– Ah! grand Dieu! je vois l'enfer, s'écriait tout à coup madame de Rênal, en serrant la main de Julien d'un mouvement convulsif. Quels supplices horribles! je les ai bien mérités. Elle le serrait, s'attachant à lui comme le lierre à la muraille. Julien essayait en vain de calmer cette âme agitée. Elle lui prenait la main, qu'elle couvrait de baisers. Puis, retombée dans une rêverie sombre : L'enfer disait-elle, l'enfer serait une grâce pour moi; j'aurais encore sur la terre quelques jours à passer avec lui, mais l'enfer dès ce monde, la mort de mes enfants... Cependant, à ce prix, peut-être mon crime me serait pardonné... Ah! grand Dieu! ne m'accordez point ma grâce à ce prix. Ces pauvres enfants ne vous ont point offensé; moi, moi, je suis la seule coupable : j'aime un homme qui n'est point mon mari.

Julien voyait ensuite madame de Rênal arriver à des moments tranquilles en apparence. Elle cherchait à prendre sur elle; elle voulait ne pas empoisonner la vie de celui qu'elle aimait.

Au milieu de ces alternatives d'amour, de remords et de plaisir, les journées passaient pour eux avec la rapidité de l'éclair. Julien perdit l'habitude de réfléchir.

Mademoiselle Élisa alla suivre un petit procès qu'elle avait à Verrières. Elle trouva M. Valenod fort piqué contre Julien. Elle haïssait le précepteur, et lui en parlait souvent.

– Vous me perdriez, monsieur, si je disais la vérité!... disait-elle un jour à M. Valenod. Les maîtres sont tous d'accord entre eux pour les choses importantes... On ne pardonne jamais certains aveux aux pauvres domestiques...

Après ces phrases d'usage, que l'impatiente curiosité de M. Valenod trouva l'art d'abréger, il apprit les choses les plus mortifiantes pour son amour-propre.

Cette femme, la plus distinguée du pays, que pendant six ans il avait environnée de tant de soins, et malheureusement au vu et au su de tout le monde; cette femme si fière, dont les dédains l'avaient tant de fois fait rougir, elle venait de prendre pour amant un petit ouvrier déguisé en précepteur. Et afin que rien ne manquât au dépit de M. le directeur du dépôt, madame de Rênal adorait cet amant. Et, ajoutait la femme de chambre avec un soupir, M. Julien ne s'est point donné de peine pour faire cette conquête, il n'est point sorti pour madame de sa froideur habituelle.

Élisa n'avait eu de certitudes qu'à la campagne, mais elle croyait que cette intrigue datait de bien plus loin. C'est sans doute pour cela, ajouta-t-elle avec dépit, que dans le temps il a refusé de m'épouser. Et moi, imbécile, qui allais consulter madame de Rênal, qui la priais de parler au précepteur!

Dès le même soir M. de Rénal reçut de la ville, avec son journal, une longue lettre anonyme qui lui apprenait dans le plus grand détail ce qui se passait chez lui. Julien le vit pâlir en lisant cette lettre écrite sur du papier bleuâtre, et jeter sur lui des regards méchants. De toute la soirée le maire ne se remit point de son trouble ; ce fut en vain que Julien lui fit la cour en lui demandant des explications sur la généalogie des meilleures familles de la Bourgogne.

CHAPITRE 20

Les Lettres anonymes

Do not give dalliance
Too much the rein; the stron-
gest oaths are straw
To the fire i' the blood.
TEMPEST.

C omme on quittait le salon sur le minuit, Julien eut le temps de dire à son amie :

— Ne nous voyons pas ce soir, votre mari a des soupçons; je jurerais que cette grande lettre qu'il lisait en soupirant est une lettre anonyme.

Par bonheur, Julien se fermait à clef dans sa chambre. Madame de Rênal eut la folle idée que cet avertissement n'était qu'un prétexte pour ne pas la voir. Elle perdit la tête absolument, et à l'heure ordinaire vint à sa porte. Julien qui entendit du bruit dans le corridor souffla sa lampe à l'instant. On faisait des efforts pour ouvrir sa porte; était-ce madame de Rênal, était-ce un mari jaloux?

Le lendemain de fort bonne heure, la cuisinière qui protégeait Julien lui apporta un livre, sur la couverture duquel il lut ces mots écrits en italien *Guardate alla pagina* 130.

Julien frémit de l'imprudence, chercha la page 130 et y trouva attachée avec une épingle, la lettre suivante écrite à la hâte, baignée de larmes et sans la moindre orthographe. Ordinairement madame de Rênal la mettait fort bien, il fut touché de ce détail et oublia un peu l'imprudence effroyable.

« Tu n'as pas voulu me recevoir cette nuit? Il est des moments où je crois n'avoir jamais lu jusqu'au fond de ton âme. Tes regards m'effrayent. J'ai peur de toi. Grand Dieu! ne m'aurais-tu jamais aimée? En ce cas, que mon mari découvre nos amours, et qu'il m'enferme dans une éternelle prison, à la campagne, loin de mes enfants. Peut-être Dieu le veut ainsi. Je mourrai bientôt; mais tu seras un monstre.

« Ne n'aimes-tu pas? es-tu las de mes folies, de mes remords, impie? Veux-tu me perdre? Je t'en donne un moyen facile. Va, montre cette lettre dans tout Verrières, ou plutôt montre-la au seul M. Valenod. Dis-lui que je t'aime, mais non, ne prononce pas un tel blasphème! dis-lui que je t'adore, que la vie n'a commencé pour moi, que le jour où je t'ai vu; que dans les moments les plus fous de ma jeunesse, je n'avais jamais même rêvé le bonheur que je te dois; que je t'ai sacrifié ma vie, que je te sacrifie mon âme. Tu sais que je te sacrifie bien plus.

« Mais se connaît-il en sacrifices cet homme? Dis-lui, dis-lui pour l'irriter, que je brave tous les méchants, et qu'il n'est plus au monde qu'un malheur pour moi, celui de voir changer le seul homme qui me retienne à la vie. Quel bonheur pour moi de la perdre, de l'offrir en sacrifice, et de ne plus craindre pour mes enfants!

« N'en doutez pas, cher ami, s'il y a une lettre anonyme, elle vient de cet être odieux qui, pendant six ans, m'a poursuivie de sa grosse voix, du récit de ses sauts à cheval, de sa fatuité, et de l'énumération éternelle de tous ses avantages.

« Y a-t-il une lettre anonyme? méchant, voilà ce que je voulais discuter avec toi; mais non, tu as bien fait. Te serrant dans mes bras, peut-être pour la dernière fois, jamais je n'aurais pu discuter froidement, comme je fais étant seule. De ce moment notre bonheur ne sera plus aussi facile. Sera-ce une contrariété pour vous? Oui, les jours où vous n'aurez pas reçu de M. Fouqué quelque livre amusant. Le sacrifice est fait; demain, qu'il y ait ou qu'il n'y ait pas de lettre anonyme, moi aussi, je dirai à mon mari que j'ai reçu une lettre anonyme, et qu'il faut à l'instant te faire un pont d'or, trouver quelque prétexte honnête, et sans délai te renvoyer à tes parents.

« Hélas! cher ami, nous allons être séparés quinze jours, un mois, peut-être! Va, je te rends justice, tu souffriras autant que moi. Mais enfin, voilà le seul moyen de parer l'effet de cette lettre anonyme; ce n'est pas la première que mon mari ait reçue, et sur mon compte encore. Hélas! combien j'en riais!

« Tout le but de ma conduite, c'est de faire penser à mon mari que la lettre vient de M. Valenod; je ne doute pas qu'il n'en soit l'auteur. Si tu quittes la maison, ne manque pas d'aller t'établir à Verrières; je ferai en sorte que mon mari ait l'idée d'y passer quinze jours, pour prouver aux sots qu'il n'y a pas de froid entre lui et moi. Une fois à Verrières, lie-toi d'amitié avec tout le monde, même avec les libéraux. Je sais que toutes ces dames te rechercheront.

« Ne va pas te fâcher avec M. Valenod, ni lui couper les oreilles, comme tu disais un jour ; fais-lui au contraire toutes tes bonnes grâces. L'essentiel est que l'on crie à Verrières que tu vas entrer chez le Valenod, ou chez tout autre, pour l'éducation des enfants.

« Voilà ce que mon mari ne souffrira jamais. Dût-il s'y résoudre, eh bien ! au moins tu habiteras Verrières, et je te verrai quelquefois ; mes enfants, qui t'aiment tant, iront te voir. Grand Dieu ! je sens que j'aime mieux mes enfants, parce qu'ils t'aiment. Quel remords ! comment tout cela finira-t-il ?... Je m'égare... Enfin, tu comprends ta conduite ; sois doux, poli, point méprisant avec ces grossiers personnages, je te le demande à genoux : ils vont être les arbitres de notre sort. Ne doute pas un instant que mon mari ne se conforme à ton égard à ce que lui prescrira *l'opinion publique*.

« C'est toi qui vas me fournir la lettre anonyme ; arme-toi de patience et d'une paire de ciseaux. Coupe dans un livre les mots que tu vas voir ; colle-les ensuite, avec de la colle à bouche, sur la feuille de papier bleuâtre que je t'envoie ; elle me vient de M. Valenod. Attends-toi à une perquisition chez toi ; brûle les pages du livre que tu auras mutilé. Si tu ne trouves pas les mots tout faits, aie la patience de les former lettre à lettre. Pour épargner ta peine, j'ai fait la lettre anonyme trop courte. Hélas ! si tu ne m'aimes plus, comme je le crains, que la mienne doit te sembler longue ! »

LETTRE ANONYME

« Madame,

« Toutes vos petites menées sont connues ; mais les personnes qui ont intérêt à les réprimer sont averties. Par un reste d'amitié pour vous, je vous engage à vous détacher totalement du petit paysan. Si vous êtes assez sage pour cela, votre mari croira que l'avis qu'il a reçu le trompe, et on lui laissera son erreur. Songez que j'ai votre secret ; tremblez, malheureuse ; il faut à cette heure *marcher droit* devant moi. »

« Dès que tu auras fini de coller les mots qui composent cette lettre (y as-tu reconnu les façons de parler du directeur ?), sors de la maison, je te rencontrerai.

« J'irai dans le village, et reviendrai avec un visage troublé ; je le serai en effet beaucoup. Grand Dieu ! qu'est-ce que je hasarde, et tout cela parce que tu *as cru deviner* une lettre anonyme. Enfin, avec un visage renversé, je donnerai à mon mari cette lettre qu'un inconnu m'aura remise. Toi, va te promener sur le chemin des grands bois avec les enfants, et ne reviens qu'à l'heure du dîner.

« Du haut des rochers, tu peux voir la tour du colombier. Si nos affaires vont bien, j'y placerai un mouchoir blanc; dans le cas contraire, il n'y aura rien.

« Ton cœur, ingrat, ne te fera-t-il pas trouver le moyen de me dire que tu m'aimes, avant de partir pour cette promenade? Quoi qu'il puisse arriver, sois sûr d'une chose : je ne survivrais pas d'un jour à notre séparation définitive. Ah! mauvaise mère, ce sont deux mots vains que je viens d'écrire là, cher Julien. Je ne les sens pas; je ne puis songer qu'à toi en ce moment, je ne les ai écrits que pour ne pas être blâmée de toi. Maintenant que je me vois au moment de te perdre, à quoi bon dissimuler? Oui! que mon âme te semble atroce, mais que je ne mente pas devant l'homme que j'adore! Je n'ai déjà que trop trompé en ma vie. Va, je te pardonne si tu ne m'aimes plus. Je n'ai plus le temps de relire ma lettre. C'est peu de chose à mes yeux que de payer de la vie les jours heureux que je viens de passer dans tes bras. Tu sais qu'ils me coûteront davantage. »

Résumé des chapitres 21 à 29

Julien se conforme strictement aux ordres de Mme de Rênal et part en promenade avec les enfants pendant que celle-ci se dirige vers le village, avant de revenir un peu plus tard, prête à affronter son mari. « Voilà une abomination », *lui dit-elle en lui remettant la fausse lettre anonyme qu'elle est censée avoir reçue.* « J'exige une chose de vous, c'est que vous renvoyiez à ses parents, et sans délai, ce monsieur Julien », *continue-t-elle avec un aplomb qui l'étonne elle-même, d'autant que son mari, figé sur place, semble sans réaction. Elle en profite, accuse Valenod, parle d'autres lettres, plus tendres celles-là, et qu'elle a effectivement rangées dans un tiroir. M. de Rênal est convaincu et se range à l'avis de sa femme : Certes Valenod est un infâme, mais Julien doit partir...*

A Verrières, on s'arrache aussitôt le petit précepteur, il est du dernier cri de l'avoir à sa table, on l'admire, on le caresse... Valenod se propose de l'engager à grand frais pour s'occuper de ses propres enfants, Mme Valenod en rêve, et même le sous-préfet s'en mêle ! Mais Julien est écoeuré par ce faste clinquant, et bien qu'il pense avoir « raccommodé *» sa réputation, il ne songe qu'à fuir ce falbala provincial qu'il juge d'une grande vulgarité. D'autant que la rumeur n'a pas lâché prise, attisée par les bons soins conjugués de Valenod et d'Élisa, la femme de chambre, qui ne songent tous deux qu'à se venger. Il faut décidément que Julien parte, le vieil abbé Chélan l'exige et l'engage à se retirer deux ans au séminaire de Besançon (ou à rejoindre Fouqué). Que faire ? Mme de Rênal, revenue pour quelques jours, doit aussi reconnaître l'évidence : l'avenir de son protégé est à construire loin d'elle, elle le sait, ne le dit pas, mais le pousse à quitter Verrières. Puis, folle de douleur, elle abrège les adieux...*

Voilà maintenant notre héros enfermé (le mot n'est pas trop fort) dans son séminaire, loin de tout et de tous. Les quelques lettres que lui envoie Mme de Rênal sont brûlées par le terrible abbé janséniste Pirard, le directeur du séminaire auquel Chélan a confié son protégé. Pourtant l'ami Fouqué parvient à lui rendre visite : « A propos, sais-tu ? La mère de tes élèves est tombée dans la plus haute

dévotion. » *Non, Julien n'a plus droit aux nouvelles et sa vie recluse ressemble à un enfer :* « Il avait beau se faire petit et sot, il ne pouvait plaire, il était trop différent. »
Néanmoins, l'abbé Pirard est petit à petit séduit tout à la fois par l'humble maintien et la grande intelligence de Julien qui ne cesse d'étudier, et la vie de celui-ci prend de ce fait une tournure moins triste. Il est nommé « répétiteur pour le *Nouveau* et l'*Ancien Testament* », *par l'abbé qui est appelé par ailleurs à d'autres fonctions et se prépare à rencontrer le marquis de La Mole dans son hôtel parisien, celui-ci souhaitant le remercier de son aide à l'occasion d'un procès gagné concernant des terrains acquis en Franche-Comté...*

CHAPITRE 30

Un ambitieux

Il n'y a qu'une seule noblesse,
c'est le titre de duc; marquis
est ridicule; au mot duc on
tourne la tête.
ÉDINBURCH REVIEW.

L e marquis de La Mole reçut l'abbé Pirard sans aucune de ces petites façons de grand seigneur, si polies mais si impertinentes pour qui les comprend. C'eût été du temps perdu, et le marquis était assez avant dans les grandes affaires, pour n'avoir point de temps à perdre.

Depuis six mois, il intriguait pour faire accepter à la fois au roi et à la nation un certain ministère, qui, par reconnaissance, le ferait duc.

Le marquis demandait en vain, depuis longues années, à son avocat de Besançon, un travail clair et précis sur ses procès de Franche-Comté. Comment l'avocat célèbre les lui eût-il expliqués, s'il ne les comprenait pas lui-même?

Le petit carré de papier, que lui remit l'abbé, expliquait tout.

– Mon cher abbé, lui dit le marquis, après avoir expédié en moins de cinq minutes toutes les formules de politesse et d'interrogation sur les choses personnelles; mon cher abbé, au milieu de ma prétendue prospérité, il me manque du temps pour m'occuper sérieusement de deux petites choses assez importantes pourtant : ma famille et mes affaires. Je soigne en grand la fortune de ma maison, je puis la porter loin; je soigne mes plaisirs, et c'est ce qui doit passer avant tout, du moins à mes yeux, ajouta-t-il, en surprenant de l'étonnement dans ceux de l'abbé Pirard. Quoique homme de sens, l'abbé était émerveillé de voir un vieillard parler si franchement de ses plaisirs.

Le travail existe sans doute à Paris, continua le grand seigneur, mais perché au cinquième étage; et dès que je me rapproche d'un homme, il prend un appartement au second, et sa femme prend un jour; par conséquent plus de travail, plus d'efforts que pour être ou paraître un homme du monde. C'est là leur unique affaire dès qu'ils ont du pain.

Pour mes procès, exactement parlant, et encore pour chaque procès pris à part, j'ai des avocats qui se tuent; il m'en est mort un de la poitrine, avant-hier. Mais, pour mes affaires en général, croiriez-vous, monsieur, que, depuis trois ans, j'ai renoncé à trouver un homme qui, pendant qu'il écrit pour moi, daigne songer un peu sérieusement à ce qu'il fait? Au reste, tout ceci n'est qu'une préface.

Je vous estime, et j'oserais ajouter, quoique vous voyant pour la première fois, je vous aime. Voulez-vous être mon secrétaire, avec huit mille francs d'appointement ou bien avec le double? J'y gagnerai encore, je vous jure; et je fais mon affaire de vous conserver votre belle cure, pour le jour où nous ne nous conviendrons plus.

L'abbé refusa; mais vers la fin de la conversation, le véritable embarras où il voyait le marquis lui suggéra une idée.

– J'ai laissé au fond de mon séminaire un pauvre jeune homme, qui, si je ne me trompe, va y être rudement persécuté. S'il n'était qu'un simple religieux, il serait déjà *in pace.*

Jusqu'ici ce jeune homme ne sait que le latin et l'Écriture sainte; mais il n'est pas impossible qu'un jour il déploie de grands talents soit pour la prédication, soit pour la direction des âmes. J'ignore ce qu'il fera; mais il a le feu sacré, il peut aller loin. Je comptais le donner à notre évêque, si jamais il nous en était venu un qui eût un peu de votre manière de voir les hommes et les affaires.

– D'où sort votre jeune homme? dit le marquis.

– On le dit fils d'un charpentier de nos montagnes, mais je le croirais plutôt fils naturel de quelque homme riche. Je lui ai vu recevoir une lettre anonyme ou pseudonyme avec une lettre de change de cinq cents francs.

– Ah! c'est Julien Sorel, dit le marquis.

– D'où savez-vous son nom? dit l'abbé étonné, et comme il rougissait de sa question :

– C'est ce que je ne vous dirai pas, répondit le marquis.

– Eh bien! reprit l'abbé, vous pourriez essayer d'en faire votre secrétaire, il a de l'énergie, de la raison; en un mot, c'est un essai à tenter.

– Pourquoi pas? dit le marquis; mais serait-ce un homme à se laisser graisser la patte par le préfet de police ou par tout autre pour faire l'espion chez moi? Voilà toute mon objection.

D'après les assurances favorables de l'abbé Pirard, le marquis prit un billet de mille francs :

– Envoyez ce viatique à Julien Sorel; faites-le-moi venir.

– On voit bien, dit l'abbé Pirard, que vous habitez Paris. Vous ne connaissez pas la tyrannie qui pèse sur nous autres pauvres provinciaux, et en particulier sur les prêtres non amis des jésuites. On ne voudra pas laisser partir Julien Sorel, on saura se couvrir des prétextes les plus habiles, on me répondra qu'il est malade, la poste aura perdu les lettres, etc., etc.

– Je prendrai un de ces jours une lettre du ministre à l'évêque, dit le marquis.

– J'oubliais une précaution, dit l'abbé : ce jeune homme quoique né bien bas a le cœur haut, il ne sera d'aucune utilité si l'on effarouche son orgueil; vous le rendriez stupide.

– Ceci me plaît, dit le marquis, j'en ferai le camarade de mon fils, cela suffira-t-il?

Quelque temps après, Julien reçut une lettre d'une écriture inconnue et portant le timbre de Châlon, il trouva un mandat sur un marchand de Besançon, et l'avis de se rendre à Paris sans délai. La lettre était signée d'un nom supposé, mais en l'ouvrant Julien avait tressailli : une feuille d'arbre était tombée à ses pieds; c'était le signe dont il était convenu avec l'abbé Pirard.

Moins d'une heure après, Julien fut rappelé à l'évêché où il se vit accueillir avec une bonté toute paternelle. Tout en citant Horace, Monseigneur lui fit, sur les hautes destinées qui l'attendaient à Paris, des compliments fort adroits et qui, pour remercîments, attendaient des explications. Julien ne put rien dire, d'abord parce qu'il ne savait rien, et Monseigneur prit beaucoup de considération pour lui. Un des petits prêtres de l'évêché écrivit au maire qui se hâta d'apporter lui-même un passe-port signé, mais où l'on avait laissé en blanc le nom du voyageur.

Le soir avant minuit, Julien était chez Fouqué dont l'esprit sage fut plus étonné que charmé de l'avenir qui semblait attendre son ami.

– Cela finira pour toi, dit cet électeur libéral, par une place du gouvernement, qui t'obligera à quelque démarche qui sera vilipendée dans les journaux. C'est par ta honte que j'aurai de tes nouvelles. Rappelle-toi que, même financièrement parlant, il vaut mieux gagner cent louis dans un bon commerce de bois, dont on est le maître, que de recevoir quatre mille francs d'un gouvernement, fût-il celui du roi Salomon.

Julien ne vit dans tout cela que la petitesse d'esprit d'un bourgeois de campagne. Il allait enfin paraître sur le théâtre des grandes choses. Le bonheur d'aller à Paris, qu'il se figurait peuplé de gens d'esprit fort intrigants, fort hypocrites, mais aussi polis que l'évêque de Besançon et que l'évêque d'Agde, éclipsait tout à ses yeux. Il se représenta à son ami, comme privé de son libre arbitre par la lettre de l'abbé Pirard.

Le lendemain vers midi, il arriva dans Verrières le plus heureux des hommes, il comptait revoir madame de Rênal. Il alla d'abord chez son protecteur, le bon abbé Chélan. Il trouva une réception sévère.

— Croyez-vous m'avoir quelque obligation? lui dit M. Chélan, sans répondre à son salut. Vous allez déjeuner avec moi, pendant ce temps on ira vous louer un autre cheval, et vous quitterez Verrières, *sans y voir personne.*

— Entendre c'est obéir, répondit Julien, avec une mine de séminaire; et il ne fut plus question que de théologie et de belle latinité.

Il monta à cheval, fit une lieue, après quoi apercevant un bois, et personne pour l'y voir entrer, il s'y enfonça. Au coucher du soleil il renvoya le cheval. Plus tard, il entra chez un paysan, qui consentit à lui vendre une échelle et à le suivre en la portant jusqu'au petit bois qui domine le Cours de la Fidélité, à Verrières.

— Je suis un pauvre conscrit réfractaire... ou un contrebandier, dit le paysan, en prenant congé de lui, mais qu'importe! mon échelle est bien payée, et moi-même je ne suis pas sans avoir passé quelques *mouvements* de montre en ma vie.

La nuit était fort noire. Vers une heure du matin, Julien, chargé de son échelle, entra dans Verrières. Il descendit le plus tôt qu'il put dans le lit du torrent, qui traverse les magnifiques jardins de M. de Rênal à une profondeur de dix pieds, et contenu entre deux murs. Julien monta facilement à l'échelle. Quel accueil me feront les chiens de garde, pensait-il? Toute la question est là. Les chiens aboyèrent, et s'avancèrent au galop sur lui; mais il siffla doucement, et ils vinrent le caresser.

Remontant alors de terrasse en terrasse, quoique toutes les grilles fussent fermées, il lui fut facile d'arriver jusque sous la fenêtre de la chambre à coucher de madame de Rênal, qui, du côté du jardin, n'est élevée que de huit ou dix pieds au-dessus du sol.

Il y avait aux volets une petite ouverture en forme de cœur, que Julien connaissait bien. A son grand chagrin, cette petite ouverture n'était pas éclairée par la lumière intérieure d'une veilleuse.

Grand Dieu! se dit-il; cette nuit, cette chambre n'est pas occupée par madame de Rênal! Où sera-t-elle couchée? La famille est à Verrières, puisque j'ai trouvé les chiens; mais je puis rencontrer dans cette chambre, sans veilleuse, M. de Rênal lui-même ou un étranger, et alors quelle esclandre!

Le plus prudent était de se retirer; mais ce parti fit horreur à Julien. Si c'est un étranger, je me sauverai à toutes jambes, abandonnant mon échelle; mais si c'est elle, quelle réception m'attend? Elle est tombée dans le repentir et dans la plus haute piété, je n'en puis douter; mais enfin, elle a encore quelque souvenir de moi, puisqu'elle vient de m'écrire. Cette raison le décida.

Le cœur tremblant, mais cependant résolu à périr ou à la voir, il jeta de petits cailloux contre le volet; point de réponse. Il appuya son échelle à côté de la fenêtre, et frappa lui-même contre le volet, d'abord doucement, puis plus fort. Quelque obscurité qu'il fasse, on peut me tirer un coup de fusil, pensa Julien. Cette idée réduisit l'entreprise folle à une question de bravoure.

Cette chambre est inhabitée cette nuit, pensa-t-il, ou quelle que soit la personne qui y couche, elle est éveillée maintenant. Ainsi plus rien à ménager envers elle; il faut seulement tâcher de n'être pas entendu par les personnes qui couchent dans les autres chambres.

Il descendit, plaça son échelle contre un des volets, remonta, et passant la main dans l'ouverture en forme de cœur, il eut le bonheur de trouver assez vite le fil de fer attaché au crochet qui fermait le volet. Il tira ce fil de fer; ce fut avec une joie inexprimable qu'il sentit que ce volet n'était plus retenu et cédait à son effort. Il faut l'ouvrir petit à petit, et faire reconnaître ma voix. Il ouvrit le volet assez pour passer la tête, et en répétant à voix basse : *C'est un ami.*

Il s'assura en prêtant l'oreille, que rien ne troublait le silence profond de la chambre. Mais décidément, il n'y avait point de veilleuse, même à demi éteinte, dans la cheminée; c'était un bien mauvais signe.

Gare le coup de fusil! Il réfléchit un peu; puis, avec le doigt, il osa frapper contre la vitre : pas de réponse; il frappa plus fort. Quand je devrais casser la vitre, il faut en finir. Comme il frappait très-fort, il crut entrevoir, au milieu de l'obscurité, comme une ombre blanche qui traversait la chambre. Enfin, il n'y eut plus de doute, il vit une ombre qui semblait s'avancer avec une extrême lenteur. Tout à coup il vit une joue qui s'appuyait à la vitre contre laquelle était son œil.

Il tressaillit, et s'éloigna un peu. Mais la nuit était tellement noire, que, même à cette distance, il ne put distinguer si c'était madame de Rênal. Il craignait un premier cri d'alarme; il entendait les chiens rôder et gronder à demi autour du pied de son échelle. C'est moi, répétait-il assez haut, un ami. Pas de réponse; le fantôme blanc avait disparu. Daignez m'ouvrir, il faut que je vous parle, je suis trop malheureux! et il frappait de façon à briser la vitre.

Un petit bruit sec se fit entendre; l'espagnolette de la fenêtre cédait; il poussa la croisée, et sauta légèrement dans la chambre.

Le fantôme blanc s'éloignait; il lui prit les bras; c'était une femme. Toutes ses idées de courage s'évanouirent. Si c'est elle, que va-t-elle dire? Que devint-il, quand il comprit à un petit cri que c'était madame de Rênal?

Il la serra dans ses bras; elle tremblait, et avait à peine la force de le repousser.

— Malheureux! que faites-vous?

A peine si sa voix convulsive pouvait articuler ces mots. Julien y vit l'indignation la plus vraie.

— Je viens vous voir après quatorze mois d'une cruelle séparation.

— Sortez, quittez-moi à l'instant. Ah! M. Chélan, pourquoi m'avoir empêché de lui écrire? j'aurais prévenu cette horreur. Elle le repoussa avec une force vraiment extraordinaire. Je me repens de mon crime; le ciel a daigné m'éclairer, répétait-elle d'une voix entrecoupée. Sortez! fuyez!

— Après quatorze mois de malheur, je ne vous quitterai certainement pas sans vous avoir parlé. Je veux savoir tout ce que vous avez fait. Ah! je vous ai assez aimée pour mériter cette confidence... je veux tout savoir.

Malgré madame de Rênal, ce ton d'autorité avait de l'empire sur son cœur.

Julien, qui la tenait serrée avec passion, et résistait à ses efforts pour se dégager, cessa de la presser dans ses bras. Ce mouvement rassura un peu madame de Rênal.

— Je vais retirer l'échelle, dit-il, pour qu'elle ne nous compromette pas si quelque domestique, éveillé par le bruit, fait une ronde.

— Ah! sortez, sortez au contraire, lui dit-on avec une admirable colère. Que m'importent les hommes? c'est Dieu qui voit l'affreuse scène que vous me faites et qui m'en punira. Vous abusez lâchement des sentiments que j'eus pour vous, mais que je n'ai plus. Entendez-vous, monsieur Julien?

Il retirait l'échelle fort lentement pour ne pas faire de bruit.

— Ton mari est-il à la ville, lui dit-il, non pour la braver, mais emporté par l'ancienne habitude?

— Ne me parlez pas ainsi, de grâce, ou j'appelle mon mari. Je ne suis déjà que trop coupable de ne vous avoir pas chassé, quoi qu'il pût en arriver. J'ai pitié de vous, lui dit-elle, cherchant à blesser son orgueil qu'elle connaissait si irritable.

Ce refus de tutoiement, cette façon brusque de briser un lien si tendre, et sur lequel il comptait encore, portèrent jusqu'au délire le transport d'amour de Julien.

— Quoi! est-il possible que vous ne m'aimiez plus! lui dit-il avec un de ces accents du cœur, si difficiles à écouter de sang-froid.

Elle ne répondit pas; pour lui, il pleurait amèrement.

Réellement, il n'avait plus la force de parler.

— Ainsi je suis complètement oublié du seul être qui m'ait jamais aimé! A quoi bon vivre désormais? Tout son courage l'avait quitté dès qu'il n'avait plus eu à craindre le danger de rencontrer un homme; tout avait disparu de son cœur, hors l'amour.

Il pleura longtemps en silence. Il prit sa main, elle voulut la retirer; et cependant, après quelques mouvements presque convulsifs, elle la lui laissa. L'obscurité était extrême; ils se trouvaient l'un et l'autre assis sur le lit de madame de Rênal.

Quelle différence avec ce qui était il y a quatorze mois! pensa Julien; et ses larmes redoublèrent. Ainsi l'absence détruit sûrement tous les sentiments de l'homme!

— Daignez me dire ce qui vous est arrivé, dit enfin Julien embarrassé de son silence, et d'une voix coupée par les larmes.

— Sans doute, répondit madame de Rênal, d'une voix dure, et dont l'accent avait quelque chose de sec et de reprochant pour Julien, mes égarements étaient connus dans la ville, lors de votre départ. Il y avait eu tant d'imprudence dans vos démarches! Quelque temps après, alors j'étais au désespoir, le respectable M. Chélan vint me voir. Ce fut en vain que, pendant longtemps, il voulut obtenir un aveu. Un jour, il eut l'idée de me conduire dans cette église de Dijon, où j'ai fait ma première communion. Là, il osa parler le premier... Madame de Rênal fut interrompue par ses larmes. Quel moment de honte! J'avouai tout. Cet homme si bon daigna ne point m'accabler du poids de son indignation : il s'affligea avec moi. Dans ce temps-là, je vous écrivais tous les jours des lettres que je n'osais vous envoyer; je les cachais soigneusement, et quand j'étais trop malheureuse, je m'enfermais dans ma chambre et relisais mes lettres.

Enfin, M. Chélan obtint que je les lui remettrais... Quelques-unes, écrites avec un peu plus de prudence, vous avaient été envoyées; vous ne me répondiez point.

– Jamais, je te jure, je n'ai reçu aucune lettre de toi au séminaire.

– Grand Dieu! qui les aura interceptées?

– Juge de ma douleur, avant le jour où je te vis à la cathédrale, je ne savais si tu vivais encore.

– Dieu me fit la grâce de comprendre combien je péchais envers lui, envers mes enfants, envers mon mari, reprit madame de Rênal. Il ne m'a jamais aimée comme je croyais alors que vous m'aimiez... Julien se précipita dans ses bras, réellement sans projet et hors de lui. Mais madame de Rênal le repoussa, et continuant avec assez de fermeté :

– Mon respectable ami M. Chélan me fit comprendre qu'en épousant M. de Rênal, je lui avais engagé toutes mes affections, même celles que je ne connaissais pas, et que je n'avais jamais éprouvées avant une liaison fatale... Depuis le grand sacrifice de ces lettres, qui m'étaient si chères, ma vie s'est écoulée sinon heureusement, du moins avec assez de tranquillité. Ne la troublez point; soyez un ami pour moi... le meilleur de mes amis. Julien couvrit ses mains de baisers; elle sentit qu'il pleurait encore. Ne pleurez point, vous me faites tant de peine... Dites-moi à votre tour ce que vous avez fait. Julien ne pouvait parler. Je veux savoir votre genre de vie au séminaire, répéta-t-elle, puis vous vous en irez.

Sans penser à ce qu'il racontait, Julien parla des intrigues et des jalousies sans nombre qu'il avait d'abord rencontrées, puis de sa vie plus tranquille depuis qu'il avait été nommé répétiteur.

Ce fut alors, ajouta-t-il, qu'après un long silence, qui sans doute était destiné à me faire comprendre ce que je vois trop aujourd'hui, que vous ne m'aimiez plus et que j'étais devenu indifférent pour vous... madame de Rênal serra ses mains; ce fut alors que vous m'envoyâtes une somme de cinq cents francs.

– Jamais, dit madame de Rênal.

– C'était une lettre timbrée de Paris et signée Paul Sorel, afin de déjouer tous les soupçons.

Il s'éleva une petite discussion sur l'origine possible de cette lettre. La position morale changea. Sans le savoir, madame de Rênal et Julien avaient quitté le ton solennel; ils étaient revenus à celui d'une tendre amitié. Ils ne se voyaient point, tant l'obscurité était profonde, mais le son de la voix disait tout. Julien passa le bras autour de la taille de son amie; ce mouvement avait bien des dangers. Elle essaya d'éloigner le bras de Julien, qui, avec assez d'habileté, attira son attention dans ce moment, par une circonstance intéressante de son récit. Ce bras fut comme oublié, et resta dans la position qu'il occupait.

Après bien des conjectures sur l'origine de la lettre aux cinq cents francs, Julien avait repris son récit; il devenait un peu plus maître de lui en parlant de sa vie passée, qui, auprès de ce qui lui arrivait en cet instant, l'intéressait si peu. Son attention se fixa tout entière sur la manière dont allait finir sa visite. Vous allez sortir, lui disait-on toujours, de temps en temps, et avec un accent bref.

Quelle honte pour moi si je suis éconduit! ce sera un remords à empoisonner toute ma vie, se disait-il, jamais elle ne m'écrira. Dieu sait quand je reviendrai en ce pays! De ce moment, tout ce qu'il y avait de céleste dans la position de Julien disparut rapidement de son cœur. Assis à côté d'une femme qu'il adorait, la serrant presque dans ses bras, dans cette chambre où il avait été si heureux, au milieu d'une obscurité profonde, distinguant fort bien que depuis un moment elle pleurait, sentant, au mouvement de sa poitrine, qu'elle avait des sanglots; il eut le malheur de devenir un froid politique, presque aussi calculant et aussi froid que lorsque, dans la cour du séminaire, il se voyait en butte à quelque mauvaise plaisanterie de la part d'un de ses camarades plus fort que lui. Julien faisait durer son récit, et parlait de la vie malheureuse qu'il avait menée depuis son départ de Verrières. Ainsi, se disait madame de Rênal, après un an d'absence, privé presque entièrement de marques de souvenir, tandis que moi je l'oubliais, il n'était occupé que des jours heureux qu'il avait trouvés à Vergy. Ses sanglots redoublaient. Julien vit le succès de son récit. Il comprit qu'il fallait tenter la dernière ressource : il arriva brusquement à la lettre qu'il venait de recevoir de Paris.

— J'ai pris congé de Monseigneur l'évêque.

— Quoi, vous ne retournez pas à Besançon! vous nous quittez pour toujours?

— Oui, répondit Julien, d'un ton résolu; oui, j'abandonne un pays où je suis oublié même de ce que j'ai le plus aimé en ma vie, et je le quitte pour ne jamais le revoir. Je vais à Paris...

— Tu vas à Paris! s'écria assez haut madame de Rênal.

Sa voix était presque étouffée par les larmes, et montrait tout l'excès de son trouble. Julien avait besoin de cet encouragement; il allait tenter une démarche qui pouvait tout décider contre lui; et avant cette exclamation, n'y voyant point, il ignorait absolument l'effet qu'il parvenait à produire. Il n'hésita plus; la crainte du remords lui donnait tout empire sur lui-même; il ajouta froidement en se levant:

– Oui, madame, je vous quitte pour toujours, soyez heureuse; adieu.

Il fit quelques pas vers la fenêtre; déjà il l'ouvrait. Madame de Rênal s'élança vers lui, et se précipita dans ses bras. Ainsi, après trois heures de dialogue, Julien obtint ce qu'il avait désiré avec tant de passion pendant les deux premières. Un peu plus tôt arrivés, le retour aux sentiments tendres, l'éclipse des remords chez madame de Rênal, eussent été un bonheur divin; ainsi obtenus avec art, ce ne fut plus qu'un plaisir. Julien voulut absolument, contre les instances de son amie, allumer la veilleuse.

– Veux-tu donc, lui disait-il, qu'il ne me reste aucun souvenir de t'avoir vue? L'amour qui est dans ces yeux charmants, sera donc perdu pour moi? la blancheur de cette jolie main me sera donc invisible? Songe que je te quitte pour bien longtemps peut-être!

Madame de Rênal n'avait rien à refuser à cette idée qui la faisait fondre en larmes. Mais l'aube commençait à dessiner vivement les contours des sapins sur la montagne à l'orient de Verrières. Au lieu de s'en aller, Julien ivre de volupté demanda à madame de Rênal de passer toute la journée caché dans sa chambre, et de ne partir que la nuit suivante.

– Et pourquoi pas? répondit-elle. Cette fatale rechute m'ôte toute estime pour moi, et fait à jamais mon malheur, et elle le pressait contre son cœur. Mon mari n'est plus le même, il a des soupçons; il croit que je l'ai mené dans toute cette affaire, et se montre fort piqué contre moi. S'il entend le moindre bruit je suis perdue, il me chassera comme une malheureuse que je suis.

– Ah! voilà une phrase de M. Chélan, dit Julien; tu ne m'aurais pas parlé ainsi avant ce cruel départ pour le séminaire; tu m'aimais alors!

Julien fut récompensé du sang-froid qu'il avait mis dans ce mot: il vit son amie oublier subitement le danger que la présence de son mari lui faisait courir, pour songer au danger bien plus grand de voir Julien douter de son amour. Le jour croissait rapidement et éclairait vivement la chambre; Julien retrouva toutes les voluptés de l'orgueil, lorsqu'il put revoir dans ses bras et presqu'à ses pieds, cette femme charmante, la seule qu'il eût aimée et qui, peu d'heures auparavant, était tout entière à la crainte d'un Dieu terrible et à l'amour de ses devoirs. Des résolutions fortifiées par un an de constance n'avaient pu tenir devant son courage.

Bientôt on entendit du bruit dans la maison, une chose à laquelle elle n'avait pas songé vint troubler madame de Rênal.

— Cette méchante Élisa va entrer dans la chambre, que faire de cette énorme échelle, disait-elle à son ami? où la cacher? Je vais la porter au grenier, s'écria-t-elle tout à coup, avec une sorte d'enjouement.

— Mais il faut passer dans la chambre du domestique, dit Julien étonné.

— Je laisserai l'échelle dans le corridor, j'appellerai le domestique, et lui donnerai une commission.

— Songe à préparer un mot pour le cas où le domestique passant devant l'échelle, dans le corridor, la remarquera.

— Oui, mon ange, dit madame de Rênal, en lui donnant un baiser. Toi, songe à te cacher bien vite sous le lit, si, pendant mon absence, Élisa entre ici.

Julien fut étonné de cette gaîté soudaine. Ainsi, pensa-t-il, l'approche d'un danger matériel, loin de la troubler, lui rend sa gaîté, parce qu'elle oublie ses remords! Femme vraiment supérieure! ah! voilà un cœur dans lequel il est glorieux de régner! Julien était ravi.

Madame de Rênal prit l'échelle; elle était évidemment trop pesante pour elle. Julien allait à son secours; il admirait cette taille élégante et qui était si loin d'annoncer de la force, lorsque tout à coup, sans aide, elle saisit l'échelle, et l'enleva comme elle eût fait une chaise. Elle la porta rapidement dans le corridor du troisième étage où elle la coucha le long du mur. Elle appela le domestique, et pour lui laisser le temps de s'habiller, monta au colombier. Cinq minutes après, à son retour dans le corridor, elle ne trouva plus l'échelle. Qu'était-elle devenue? si Julien eût été hors de la maison, ce danger ne l'eût guère touchée. Mais, dans ce moment, si son mari voyait cette échelle! cet incident pouvait être abominable. Madame de Rênal courait partout. Enfin elle découvrit cette échelle sous le toit où le domestique l'avait portée et même cachée. Cette circonstance était singulière, autrefois elle l'eût alarmée.

Que m'importe, pensa-t-elle, ce qui peut arriver dans vingt-quatre heures, quand Julien sera parti? tout ne sera-t-il pas alors pour moi horreur et remords?

Elle avait comme une idée vague de devoir quitter la vie, mais qu'importe! Après une séparation qu'elle avait crue éternelle, il lui était rendu, elle le revoyait, et ce qu'il avait fait pour parvenir jusqu'à elle montrait tant d'amour!

En racontant l'événement de l'échelle à Julien :

— Que répondrai-je à mon mari, lui disait-elle, si le domestique lui conte qu'il a trouvé cette échelle ? Elle rêva un instant ; il leur faudra vingt-quatre heures pour découvrir le paysan qui te l'a vendue ; et se jetant dans les bras de Julien, en le serrant d'un mouvement convulsif : Ah ! mourir ainsi ! s'écriait-elle en le couvrant de baisers ; mais il ne faut pas que tu meures de faim, dit-elle en riant.

Viens ; d'abord je vais te cacher dans la chambre de madame Derville, qui reste toujours fermée à clef. Elle alla veiller à l'extrémité du corridor, et Julien passa en courant. Garde-toi d'ouvrir, si l'on frappe, lui dit-elle en l'enfermant à clef ; dans tous les cas, ce ne serait qu'une plaisanterie des enfants en jouant entre eux.

– Fais-les venir dans le jardin, sous la fenêtre, dit Julien, que j'aie le plaisir de les voir, fais-les parler.

– Oui, oui, lui cria madame de Rênal en s'éloignant.

Elle revint bientôt avec des oranges, des biscuits, une bouteille de vin de Malaga ; il lui avait été impossible de voler du pain.

– Que fait ton mari ? dit Julien.

– Il écrit des projets de marchés avec des paysans.

Mais huit heures avaient sonné, on faisait beaucoup de bruit dans la maison. Si l'on n'eût pas vu madame de Rênal, on l'eût cherchée partout ; elle fut obligée de le quitter. Bientôt elle revint, contre toute prudence, lui apportant une tasse de café ; elle tremblait qu'il ne mourût de faim. Après le déjeuner, elle réussit à amener les enfants sous la fenêtre de la chambre de madame Derville. Il les trouva fort grandis, mais ils avaient pris l'air commun, ou bien ses idées avaient changé. Madame de Rênal leur parla de Julien. L'aîné répondit avec amitié et regrets pour l'ancien précepteur ; mais il se trouva que les plus jeunes l'avaient presque oublié.

M. de Rênal ne sortit pas ce matin-là ; il montait et descendait sans cesse dans la maison, occupé à faire des marchés avec des paysans, auxquels il vendait des pommes de terre. Jusqu'au dîner, madame de Rênal n'eut pas un instant à donner à son prisonnier. Le dîner sonné et servi, elle eut l'idée de voler pour lui une assiette de soupe chaude. Comme elle approchait sans bruit de la porte de la chambre qu'il occupait, portant cette assiette avec précaution, elle se trouva face à face avec le domestique qui avait caché l'échelle le matin. Dans ce moment, il s'avançait aussi sans bruit dans le corridor et comme écoutant. Probablement Julien avait marché avec imprudence. Le domestique s'éloigna un peu confus. Madame de Rênal entra hardiment chez Julien ; cette rencontre le fit frémir.

– Tu as peur! lui dit-elle; moi, je braverais tous les dangers du monde et sans sourciller. Je ne crains qu'une chose, c'est le moment où je serai seule après ton départ; et elle le quitta en courant.

– Ah! se dit Julien exalté, le remords est le seul danger que redoute cette âme sublime!

Enfin le soir vint. M. de Rênal alla au Casino. Sa femme avait annoncé une migraine affreuse, elle se retira chez elle, se hâta de renvoyer Élisa, et se releva bien vite pour aller ouvrir à Julien.

Il se trouva que réellement il mourait de faim. Madame de Rênal alla à l'office chercher du pain. Julien entendit un grand cri. Madame de Rênal revint, et lui raconta qu'entrant dans l'office sans lumière, s'approchant d'un buffet où l'on serrait le pain, et étendant la main, elle avait touché un bras de femme. C'était Élisa qui avait jeté le cri entendu par Julien.

– Que faisait-elle là?

– Elle volait quelques sucreries, ou bien elle nous épiait, dit madame de Rênal, avec une indifférence complète. Mais heureusement j'ai trouvé un pâté et un gros pain.

– Qu'y a-t-il donc là? dit Julien, en lui montrant les poches de son tablier.

Madame de Rênal avait oublié que, depuis le dîner, elles étaient remplies de pain.

Julien la serra dans ses bras, avec la plus vive passion; jamais elle ne lui avait semblé si belle. Même à Paris, se disait-il confusément, je ne pourrai rencontrer un plus grand caractère. Elle avait toute la gaucherie d'une femme peu accoutumée à ces sortes de soins, et en même temps le vrai courage d'un être qui ne craint que des dangers d'un autre ordre et bien autrement terribles.

Pendant que Julien soupait de grand appétit, et que son amie le plaisantait sur la simplicité de ce repas, car elle avait horreur de parler sérieusement, la porte de la chambre fut tout à coup secouée avec force. C'était M. de Rênal.

– Pourquoi t'es-tu enfermée? lui criait-il.

Julien n'eut que le temps de se glisser sous le canapé.

– Quoi! vous êtes tout habillée, dit M. de Rênal en entrant; vous soupez, et vous avez fermé votre porte à clef!

Les jours ordinaires, cette question, faite avec toute la sécheresse conjugale, eût troublé madame de Rênal, mais elle sentait que son mari n'avait qu'à se baisser un peu, pour apercevoir Julien; car M. de Rênal s'était jeté sur la chaise que Julien occupait un moment auparavant vis-à-vis le canapé.

La migraine servit d'excuse à tout. Pendant qu'à son tour son mari lui contait longuement les incidents de la poule qu'il avait gagnée au billard du Casino, une poule de dix-neuf francs, ma foi! ajoutait-il, elle aperçut sur une chaise, à trois pas devant eux, le chapeau de Julien. Son sang-froid redoubla, elle se mit à se déshabiller, et, dans un certain moment, passant rapidement derrière son mari, jeta une robe sur la chaise au chapeau.

M. de Rênal partit enfin. Elle pria Julien de recommencer le récit de sa vie au séminaire; hier je ne t'écoutais pas, je ne songeais, pendant que tu parlais, qu'à obtenir de moi de te renvoyer.

Elle était l'imprudence même. Ils parlaient très-haut; et il pouvait être deux heures du matin, quand ils furent interrompus par un coup violent à la porte. C'était encore M. de Rênal.

– Ouvrez-moi bien vite, il y a des voleurs dans la maison, disait-il, Saint-Jean a trouvé leur échelle ce matin.

– Voici la fin de tout, s'écria madame de Rênal, en se jetant dans les bras de Julien. Il va nous tuer tous les deux, il ne croit pas aux voleurs; je vais mourir dans tes bras, plus heureuse à ma mort que je ne le fus de ma vie. Elle ne répondait nullement à son mari qui se fâchait, elle embrassait Julien avec passion.

– Sauve la mère de Stanislas, lui dit-il avec le regard du commandement. Je vais sauter dans la cour par la fenêtre du cabinet, et me sauver dans le jardin, les chiens m'ont reconnu. Fais un paquet de mes habits, et jette-les dans le jardin aussitôt que tu le pourras. En attendant, laisse enfoncer la porte. Surtout, point d'aveux, je te le défends, il vaut mieux qu'il ait des soupçons que des certitudes.

– Tu vas te tuer en sautant! fut sa seule réponse et sa seule inquiétude.

Elle alla avec lui à la fenêtre du cabinet; elle prit ensuite le temps de cacher ses habits. Elle ouvrit enfin à son mari bouillant de colère. Il regarda dans la chambre, dans le cabinet, sans mot dire, et disparut. Les habits de Julien lui furent jetés, il les saisit, et courut rapidement vers le bas du jardin du côté du Doubs.

Comme il courait, il entendit siffler une balle, et aussitôt le bruit d'un coup de fusil.

Ce n'est pas M. de Rênal, pensa-t-il, il tire trop mal pour cela. Les chiens couraient en silence à ses côtés, un second coup cassa apparemment la patte d'un chien, car il se mit à pousser des cris lamentables. Julien sauta le mur d'une terrasse, fit à couvert une cinquantaine de pas, et se remit à fuir dans une autre direction. Il entendit des voix qui s'appelaient, et vit distinctement le domestique, son ennemi, tirer un coup de fusil ; un fermier vint aussi tirailler de l'autre côté du jardin, mais déjà Julien avait gagné la rive du Doubs où il s'habillait.

Une heure après, il était à une lieue de Verrières, sur la route de Genève ; si l'on a des soupçons, pensa Julien, c'est sur la route de Paris qu'on me cherchera.

LIVRE SECOND

Résumé des chapitres 1 à 7

« Si Julien est un faible roseau, qu'il périsse ; si c'est un homme de coeur, qu'il se tire d'affaire tout seul », *a décidé l'abbé Pirard qui ne pouvait rester à Paris trop longtemps et devait rejoindre sa nouvelle cure. Julien vient d'intégrer son poste de secrétaire chez le marquis de La Mole, qui prend grand soin de l'éduquer dans les façons du Faubourg-Saint-Germain et le fait habiller de neuf. Le marquis a deux enfants, dont un fils de l'âge de Julien, le comte Norbert, chef d'escadron de hussards. Les deux jeunes gens sympathisent très vite et Norbert lui donne des leçons d'équitation. Une chute de cheval malencontreuse donne enfin à Julien l'occasion de dérider un peu la redoutable soeur de Norbert, la belle Mathilde, qui, après quelques jours de parfaite indifférence, veut bien admettre que «* celui-là (au moins !) n'est pas né à genoux ».

Grâce à l'abbé Pirard, Julien fréquente le milieu janséniste et y découvre un personnage fort remarquable, le comte Altamira, un homme pieux mais libéral que ses opinions ont condamné à l'exil. Mais la plus grande partie de son existence se déroule dans les salons « si magnifiquement dorés *» de l'hôtel de La Mole, cette* « patrie du bâillement et du raisonnement triste *», où la crème de l'aristocratie se bouscule et disserte, et où Julien s'ennuie... Peu à peu, cependant, il s'adapte aux us et coutumes de ce beau monde et le marquis, heureusement surpris, s'attache sincèrement à lui.*

A l'occasion d'un duel, que l'esprit ombrageux de Julien provoque, son adversaire se plaît à faire courir le bruit que ce sombre et discret secrétaire est en fait le fils naturel d'un riche gentilhomme franc-comtois, ami intime de M. de La Mole. Et ce dernier, amusé, prévient Julien qu'il va encourager la fable...

CHAPITRE 8

Quelle est la décoration qui distingue ?

Ton eau ne me rafraîchit pas,
dit le génie altéré. – C'est pourtant le puits le plus frais de
tout le Diar-Békir.

PELLICO.

U n jour Julien revenait de la charmante terre de Villequier, sur les bords de la Seine, que M. de La Mole
voyait avec intérêt, parce que, de toutes les siennes,
c'était la seule qui eût appartenu au célèbre Boniface
de La Mole. Il trouva à l'hôtel la marquise et sa fille, qui arrivaient d'Hyères.

Julien était un dandy maintenant, et comprenait l'art de vivre
à Paris. Il fut d'une froideur parfaite envers mademoiselle de La
Mole. Il parut n'avoir gardé aucun souvenir des temps où elle lui
demandait si gaiement des détails sur sa manière de tomber de
cheval.

Mademoiselle de La Mole le trouva grandi et pâli. Sa taille, sa
tournure, n'avaient plus rien de provincial; il n'en était pas ainsi
de sa conversation : on y remarquait encore trop de sérieux, trop
de positif. Malgré ces qualités raisonnables, grâce à son orgueil,
elle n'avait rien de subalterne; on sentait seulement qu'il regardait encore trop de choses comme importantes. Mais on voyait
qu'il était homme à soutenir son dire.

– Il manque de légèreté, mais non pas d'esprit, dit mademoiselle de La Mole à son père, en plaisantant avec lui sur la
croix qu'il avait donnée à Julien. Mon frère vous l'a demandée
pendant dix-huit mois, et c'est un La Mole !...

– Oui; mais Julien a de l'imprévu. C'est ce qui n'est jamais arrivé au La Mole dont vous me parlez.

On annonça M. le duc de Retz.

Mathilde se sentit saisie d'un bâillement irrésistible; elle reconnaissait les antiques dorures et les anciens habitués du salon paternel. Elle se faisait une image parfaitement ennuyeuse de la vie qu'elle allait reprendre à Paris. Et cependant à Hyères elle regrettait Paris.

Et pourtant j'ai dix-neuf ans! pensa-t-elle : c'est l'âge du bonheur, disent tous ces nigauds à tranches dorées. Elle regardait huit ou dix volumes de poésies nouvelles, accumulés, pendant le voyage de Provence, sur la console du salon. Elle avait le malheur d'avoir plus d'esprit que MM. de Croisenois, de Caylus, de Luz, et ses autres amis. Elle se figurait tout ce qu'ils allaient lui dire sur le beau ciel de la Provence, la poésie, le Midi, etc., etc.

Ces yeux si beaux, où respirait l'ennui le plus profond, et, pis encore, le désespoir de trouver le plaisir, s'arrêtèrent sur Julien. Du moins, il n'était pas exactement comme un autre.

– M. Sorel, dit-elle avec cette voix vive, brève, et qui n'a rien de féminin, qu'emploient les jeunes femmes de la haute classe :

– M. Sorel, venez-vous ce soir au bal de M. de Retz?

– Mademoiselle, je n'ai pas eu l'honneur d'être présenté à M. le duc. (On eût dit que ces mots et ce titre écorchaient la bouche du provincial orgueilleux.)

– Il a chargé mon frère de vous amener chez lui; et, si vous y étiez venu, vous m'auriez donné des détails sur la terre de Villequier; il est question d'y aller au printemps. Je voudrais savoir si le château est logeable, et si les environs sont aussi jolis qu'on le dit. Il y a tant de réputations usurpées!

Julien ne répondait pas.

– Venez au bal avec mon frère, ajouta-t-elle d'un ton fort sec.

Julien salua avec respect. Ainsi, même au milieu du bal, je dois des comptes à tous les membres de la famille. Ne suis-je pas payé comme homme d'affaires? Sa mauvaise humeur ajouta : Dieu sait encore si ce que je dirai à la fille ne contrariera pas les projets du père, du frère, de la mère! C'est une véritable cour de prince souverain. Il faudrait y être d'une nullité parfaite, et cependant ne donner à personne le droit de se plaindre.

Que cette grande fille me déplaît! pensa-t-il en regardant marcher mademoiselle de La Mole, que sa mère avait appelée pour la présenter à plusieurs femmes de ses amies. Elle outre toutes les modes; sa robe lui tombe des épaules... elle est encore plus pâle qu'avant son voyage... Quels cheveux sans couleur, à force d'être blonds! on dirait que le jour passe à travers!... Que de hauteur dans cette façon de saluer, dans ce regard! quels gestes de reine! Mademoiselle de La Mole venait d'appeler son frère, au moment où il quittait le salon.

Le comte Norbert s'approcha de Julien :

– Mon cher Sorel, lui dit-il, où voulez-vous que je vous prenne à minuit pour le bal de M. Retz? il m'a chargé expressément de vous amener.

– Je sais bien à qui je dois tant de bontés, répondit Julien, en saluant jusqu'à terre.

Sa mauvaise humeur, ne pouvant rien trouver à reprendre au ton de politesse et même d'intérêt avec lequel Norbert lui avait parlé, se mit à s'exercer sur la réponse que lui, Julien, avait faite à ce mot obligeant. Il y trouvait une nuance de bassesse.

Le soir, en arrivant au bal, il fut frappé de la magnificence de l'hôtel de Retz. La cour d'entrée était couverte d'une immense tente de coutil cramoisi avec des étoiles en or : rien de plus élégant. Au-dessous de cette tente, la cour était transformée en un bois d'orangers et de lauriers-roses en fleurs. Comme on avait eu soin d'enterrer suffisamment les vases, les lauriers et les orangers avaient l'air de sortir de terre. Le chemin que parcouraient les voitures était sablé.

Cet ensemble parut extraordinaire à notre provincial. Il n'avait pas l'idée d'une telle magnificence; en un instant son imagination émue fut à mille lieues de la mauvaise humeur. Dans la voiture, en venant au bal, Norbert était heureux, et lui voyait tout en noir; à peine entrés dans la cour, les rôles changèrent.

Norbert n'était sensible qu'à quelques détails, qui, au milieu de tant de magnificence, n'avaient pu être soignés. Il évaluait la dépense de chaque chose, et, à mesure qu'il arrivait à un total élevé, Julien remarqua qu'il s'en montrait presque jaloux et prenait de l'humeur.

Pour lui, il arriva séduit, admirant, et presque timide à force d'émotion, dans le premier des salons où l'on dansait. On se pressait à la porte du second, et la foule était si grande, qu'il lui fut impossible d'avancer. La décoration de ce second salon représentait l'Alhambra de Grenade.

– C'est la reine du bal, il faut en convenir, disait un jeune homme à moustaches, dont l'épaule entrait dans la poitrine de Julien.

– Mademoiselle Fourmont, qui tout l'hiver a été la plus jolie, lui répondait son voisin, s'aperçoit qu'elle descend à la seconde place : vois son air singulier.

– Vraiment elle met toutes voiles dehors pour plaire. Vois, vois ce sourire gracieux au moment où elle figure seule dans cette contredanse. C'est, d'honneur, impayable.

– Mademoiselle de La Mole a l'air d'être maîtresse du plaisir que lui fait son triomphe, dont elle s'aperçoit fort bien. On dirait qu'elle craint de plaire à qui lui parle.

– Très-bien! voilà l'art de séduire.

Julien faisait de vains efforts pour apercevoir cette femme séduisante; sept ou huit hommes plus grands que lui l'empêchaient de la voir.

– Il y a bien de la coquetterie dans cette retenue si noble, reprit le jeune homme à moustaches.

– Et ces grands yeux bleus qui s'abaissent si lentement au moment où l'on dirait qu'ils sont sur le point de se trahir, reprit le voisin. Ma foi, rien de plus habile.

– Vois comme auprès d'elle la belle Fourmont a l'air commun, dit un troisième.

– Cet air de retenue veut dire : Que d'amabilité je déploierais pour vous, si vous étiez l'homme digne de moi!

– Et qui peut être digne de la sublime Mathilde? dit le premier : quelque prince souverain, beau, spirituel, bien fait, un héros à la guerre, et âgé de vingt ans tout au plus.

– Le fils naturel de l'empereur de Russie... auquel, en faveur de ce mariage, on ferait une souveraineté, ou tout simplement le comte de Thaler, avec son air de paysan habillé...

La porte fut dégagée, Julien put entrer.

Puisqu'elle passe pour si remarquable aux yeux de ces poupées, elle vaut la peine que je l'étudie, pensa-t-il. Je comprendrai quelle est la perfection pour ces gens-là.

Comme il la cherchait des yeux, Mathilde le regarda. Mon devoir m'appelle, se dit Julien; mais il n'y avait plus d'humeur que dans son expression. La curiosité le faisait avancer avec un plaisir, que la robe fort basse des épaules de Mathilde augmenta bien vite, à la vérité d'une manière peu flatteuse pour son amour-propre. Sa beauté a de la jeunesse, pensa-t-il. Cinq ou six jeunes gens, parmi lesquels Julien reconnut ceux qu'il avait entendus à la porte, étaient entre elle et lui.

– Vous, monsieur, qui avez été ici tout l'hiver, lui dit-elle, n'est-il pas vrai que ce bal est le plus joli de la saison? Il ne répondit pas.

– Ce quadrille de Coulon me semble admirable; et ces dames le dansent d'une façon parfaite. Les jeunes gens se retournèrent pour voir quel était l'homme heureux dont on voulait absolument avoir une réponse. Elle ne fut pas encourageante.

– Je ne saurais être un bon juge, mademoiselle; je passe ma vie à écrire : c'est le premier bal de cette magnificence que j'aie vu.

Les jeunes gens à moustaches furent scandalisés.

– Vous êtes un sage, M. Sorel, reprit-on avec un intérêt plus marqué ; vous voyez tous ces bals, toutes ces fêtes, comme un philosophe, comme J.-J. Rousseau. Ces folies vous étonnent sans vous séduire.

Un mot venait d'atteindre l'imagination de Julien et de chasser de son cœur toute illusion. Sa bouche prit l'expression d'un dédain un peu exagéré peut-être.

– J.-J. Rousseau, répondit-il, n'est à mes yeux qu'un sot, lorsqu'il s'avise de juger le grand monde ; il ne le comprenait pas, et y portait le cœur d'un laquais parvenu.

– Il a fait le *Contrat Social*, dit Mathilde, du ton de la vénération.

– Tout en prêchant la république et le renversement des dignités monarchiques, ce parvenu est ivre de bonheur, si un duc change la direction de sa promenade après dîner pour accompagner un de ses amis.

– Ah ! oui, le duc de Luxembourg à Montmorency accompagne un M. Coindet du côté de Paris..., reprit mademoiselle de La Mole, avec le plaisir et l'abandon de la première jouissance de pédanterie. Elle était ivre de son savoir, à peu près comme l'académicien qui découvrit l'existence du roi Feretrius. L'œil de Julien resta pénétrant et sévère. Mathilde avait eu un moment d'enthousiasme ; la froideur de son partner la déconcerta profondément. Elle fut d'autant plus étonnée, que c'était elle qui avait coutume de produire cet effet-là sur les autres.

Dans ce moment, le marquis de Croisenois s'avançait avec empressement vers mademoiselle de La Mole. Il fut un instant à trois pas d'elle, sans pouvoir pénétrer à cause de la foule. Il la regardait en souriant de l'obstacle. La jeune marquise de Rouvray était près de lui, c'était une cousine de Mathilde. Elle donnait le bras à son mari, qui ne l'était que depuis quinze jours. Le marquis de Rouvray, fort jeune aussi, avait tout l'amour que prend un homme qui, faisant un mariage de convenance uniquement arrangé par les notaires, trouve une personne parfaitement belle. M. de Rouvray allait être duc à la mort d'un oncle fort âgé.

Pendant que le marquis de Croisenois, ne pouvant percer la foule, regardait Mathilde d'un air riant, elle arrêtait ses grands yeux, d'un bleu céleste, sur lui et ses voisins. Quoi de plus plat, se dit-elle, que tout ce groupe ! Voilà Croisenois qui prétend m'épouser ; il est doux, poli, il a des manières parfaites comme M. de Rouvray. Sans l'ennui qu'ils donnent, ces messieurs seraient fort aimables. Lui aussi me suivra au bal avec cet air borné et content. Un an après le mariage, ma voiture, mes chevaux, mes robes, mon château à vingt lieues de Paris, tout cela sera aussi bien que possible, tout à fait ce qu'il faut pour faire périr d'envie une parvenue, une comtesse de Roiville par exemple; et après?... Mathilde s'ennuyait en espoir. Le marquis de Croisenois parvint à l'approcher, et lui parla, mais elle rêvait sans l'écouter. Le bruit de ses paroles se confondait pour elle avec le bourdonnement du bal. Elle suivait machinalement de l'œil Julien, qui s'était éloigné d'un air respectueux, mais fier et mécontent. Elle aperçut dans un coin, loin de la foule circulante, le comte Altamira, condamné à mort dans son pays, que le lecteur connaît déjà. Sous Louis XIV, une de ses parentes avait épousé un prince de Conti; ce souvenir le protégeait un peu contre la police de la congrégation.

Je ne vois que la condamnation à mort qui distingue un homme, pensa Mathilde : c'est la seule chose qui ne s'achète pas. Ah! c'est un bon mot que je viens de me dire! quel dommage qu'il ne soit pas venu de façon à m'en faire honneur! Mathilde avait trop de goût pour amener dans la conversation un bon mot fait d'avance; mais elle avait aussi trop de vanité pour ne pas être enchantée d'elle-même. Un air de bonheur remplaça dans ses traits l'apparence de l'ennui. Le marquis de Croisenois, qui parlait toujours, crut entrevoir le succès, et redoubla de faconde.

Qu'est-ce qu'un méchant pourrait objecter à mon bon mot? se dit Mathilde. Je répondrais au critique : Un titre de baron, de vicomte, cela s'achète; une croix, cela se donne; mon frère vient de l'avoir, qu'a-t-il fait? un grade, cela s'obtient. Dix ans de garnison, ou un parent ministre de la guerre, et l'on est chef d'escadron comme Norbert. Une grande fortune!... c'est encore ce qu'il y a de plus difficile et par conséquent de plus méritoire. Voilà qui est drôle! c'est le contraire de tout ce que disent les livres... Eh bien! pour la fortune, on épouse la fille de M. Rotchschild.

Réellement mon mot a de la profondeur. La condamnation à mort est encore la seule chose que l'on ne se soit pas avisé de solliciter.

— Connaissez-vous le comte Altamira? dit-elle à M. de Croisenois.

Elle avait l'air de revenir de si loin, et cette question avait si peu de rapport avec tout ce que le pauvre marquis lui disait depuis cinq minutes, que son amabilité en fut déconcertée. C'était pourtant un homme d'esprit et fort renommé comme tel.

Mathilde a de la singularité, pensa-t-il; c'est un inconvénient, mais elle donne une si belle position sociale à son mari! Je ne sais comment fait ce marquis de La Mole; il est lié avec ce qu'il y a de mieux dans tous les partis; c'est un homme qui ne peut sombrer. Et d'ailleurs, cette singularité de Mathilde peut passer pour du génie. Avec une haute naissance et beaucoup de fortune, le génie n'est point un ridicule, et alors quelle distinction! Elle a si bien d'ailleurs, quand elle veut, ce mélange d'esprit, de caractère et d'à-propos, qui fait l'amabilité parfaite... Comme il est difficile de faire bien deux choses à la fois, le marquis répondait à Mathilde d'un air vide, et comme récitant une leçon :

– Qui ne connaît ce pauvre Altamira? Et il lui faisait l'histoire de sa conspiration manquée, ridicule, absurde.

– Très absurde! dit Mathilde, comme se parlant à elle-même, mais il a agi. Je veux voir un homme; amenez-le-moi, dit-elle au marquis très-choqué.

Le comte Altamira était un des admirateurs les plus déclarés de l'air hautain et presque impertinent de mademoiselle de La Mole; elle était suivant lui l'une des plus belles personnes de Paris.

– Comme elle serait belle sur un trône! dit-il à M. de Croisenois; et il se laissa mener sans difficulté.

Il ne manque pas de gens dans le monde qui voudraient établir que rien n'est de mauvais ton comme une conspiration au XIXe siècle; cela sent le jacobin. Et quoi de plus laid que le jacobin sans succès?

Le regard de Mathilde se moquait un peu d'Altamira avec M. de Croisenois, mais elle l'écoutait avec plaisir.

Un conspirateur au bal, c'est un joli contraste, pensait-elle. Elle trouvait à celui-ci, avec ses moustaches noires, la figure du lion quand il se repose; mais elle s'aperçut bientôt que son esprit n'avait qu'une attitude : *l'utilité, l'admiration pour l'utilité.*

Excepté ce qui pouvait donner à son pays le gouvernement des deux Chambres, le jeune comte trouvait que rien n'était digne de son attention. Il quitta avec plaisir Mathilde, la plus jolie personne du bal, parce qu'il vit entrer un général péruvien. Désespérant de l'Europe telle que M. de Metternich l'a arrangée, le pauvre Altamira en était réduit à penser que, quand les États de l'Amérique méridionale seront forts et puissants, ils pourront rendre à l'Europe la liberté que Mirabeau leur a envoyée [1].

Un tourbillon de jeunes gens à moustaches s'était approché de Mathilde. Elle avait bien vu qu'Altamira n'était pas séduit, et se trouvait piquée de son départ; elle voyait son œil noir briller en parlant au général péruvien. Mademoiselle de La Mole regardait les jeunes Français avec ce sérieux profond qu'aucune de ses

1. Cette feuille, composée le 25 juillet 1830, a été imprimée le 4 août. *(Note de l'éditeur).*

rivales ne pouvait imiter. Lequel d'entre eux, pensait-elle, pourrait se faire condamner à mort, en lui supposant même toutes les chances favorables ?

Ce regard singulier flattait ceux qui avaient peu d'esprit, mais inquiétait les autres. Ils redoutaient l'explosion de quelque mot piquant et de réponse difficile.

Une haute naissance donne cent qualités dont l'absence m'offenserait : je le vois par l'exemple de Julien, pensait Mathilde ; mais elle étiole ces qualités de l'âme qui font condamner à mort.

En ce moment quelqu'un disait près d'elle : Ce comte Altamira est le second fils du prince de San Nazaro-Pimentel ; c'est un Pimentel qui tenta de sauver Conradin, décapité en 1268. C'est l'une des plus nobles familles de Naples.

Voilà, se dit Mathilde, qui prouve joliment ma maxime : La haute naissance ôte la force de caractère sans laquelle on ne se fait point condamner à mort ! Je suis donc prédestinée à déraisonner ce soir. Puisque je ne suis qu'une femme comme une autre, eh bien ! il faut danser. Elle céda aux instances du marquis de Croisenois, qui depuis une heure sollicitait une galope. Pour se distraire de son malheur en philosophie, Mathilde voulut être parfaitement séduisante, M. de Croisenois fut ravi.

Mais, ni la danse, ni le désir de plaire à l'un des plus jolis hommes de la cour, rien ne put distraire Mathilde. Il était impossible d'avoir plus de succès. Elle était la reine du bal, elle le voyait, mais avec froideur.

Quelle vie effacée je vais passer avec un être tel que Croisenois ! se disait-elle, comme il la ramenait à sa place une heure après... Où est le plaisir pour moi, ajouta-t-elle tristement, si, après six mois d'absence, je ne le trouve pas au milieu d'un bal qui fait l'envie de toutes les femmes de Paris ? Et encore, j'y suis environnée des hommages d'une société que je ne puis imaginer mieux composée. Il n'y a ici de bourgeois que quelques pairs et un ou deux Julien peut-être. Et cependant, ajoutait-elle avec une tristesse croissante, quels avantages le sort ne m'a-t-il pas donnés ! illustration, fortune, jeunesse, tout, excepté le bonheur.

Les plus douteux de mes avantages sont encore ceux dont ils m'ont parlé toute la soirée. L'esprit, j'y crois, car je leur fais peur évidemment à tous. S'ils osent aborder un sujet sérieux, au bout de cinq minutes de conversation ils arrivent tous hors d'haleine, et comme faisant une grande découverte à une chose que je leur répète depuis une heure. Je suis belle, j'ai cet avantage pour lequel madame de Staël eût tout sacrifié, et pourtant il est de fait que je meurs d'ennui. Y a-t-il une raison pour que je m'ennuie moins quand j'aurai changé mon nom pour celui du marquis de Croisenois? Mais, mon Dieu! ajouta-t-elle presque avec l'envie de pleurer, n'est-ce pas un homme parfait? c'est le chef-d'œuvre de l'éducation de ce siècle; on ne peut le regarder sans qu'il trouve une chose aimable, et même spirituelle, à vous dire; il est brave... Mais ce Sorel est singulier, se dit-elle, et son œil quittait l'air morne pour l'air fâché. Je l'ai averti que j'avais à lui parler, et il ne daigne pas reparaître.

Résumé des chapitres 9 à 18

Mathilde ne voit qu'une solution pour approcher Julien, c'est de se mêler à la conversation passionnée qu'il entretient avec le comte Altamira sur les révolutions et les têtes qu'elles font tomber, sur Danton qui « *était un homme* », *Mirabeau, Carnot... Mais l'effort est perdu et Julien ne daigne pas lui adresser la parole. Le lendemain, la jeune fille tente à nouveau d'attirer son attention, sans le moindre succès. Pourtant, un détail ce jour-là intrigue Julien : elle porte une robe noire, qu'elle ne quitte même pas pour le dîner. Pourquoi ? Il finit tout de même par se décider à interroger un vieil ami de la famille, qui lui apprend que Mlle de La Mole affiche le deuil, tous les 30 avril, de l'un de ses ancêtres, Boniface de La Mole, décapité en place de Grève par les ordres de Catherine de Médicis. Et l'histoire veut que la pauvre reine Marguerite de Navarre demandât au bourreau la tête du supplicié, dont elle avait été la maîtresse, pour l'enterrer en secret dans une chapelle de Montmartre.* « Est-ce possible ? s'écria Julien, touché. » *Touché, il l'est pour la première fois par les idées de cette être fantasque qui rôde autour de lui dès qu'elle en trouve la possibilité. Chacun dans la maison tremble devant elle, ses reparties font mouche, ces manières étonnent, son impudence inquiète.* « Oui, il est impossible que je me le dissimule, se disait Julien, mademoiselle de la Mole me regarde d'une façon singulière... » *L'aimerait-elle ? Il ne peut plus en douter : bravant toute prudence, elle lui fait porter une lettre. Puis d'autres suivent, exigeant un rendez-vous...*

Que décider ? Julien se méfie, imagine un piège, un guet-apens organisé pour le perdre. Pour se protéger, il s'applique d'abord, comme pour la première lettre, à recopier le texte des deux autres, qu'il cache dans quelque ouvrage de sa bibliothèque, tout en envoyant les originaux au fidèle Fouqué afin que celui-ci les garde en dépôt, et les publie s'il lui arrivait malheur. Puis il décide de s'éloigner de la maison avant l'heure du rendez-vous... Mais il reste, à l'heure dite, monte vers sa chambre au moyen d'une échelle, avec un pistolet à la main. Mathilde l'attend, fébrile. Le secret, le danger, l'échelle et l'arme en pleine nuit, tout bouleverse son âme romantique : « Après de longues incertitudes, qui eussent pu paraître à un observateur superficiel l'effet de la haine la plus décidée, tant les sentiments qu'une femme se doit à elle-même avaient de la peine à céder même à une volonté aussi ferme, Mathilde finit par être pour lui une maîtresse aimable. » *Aimable, mais un peu forcée ; et Julien n'est pas heureux non plus. Au cours des deux jours qui suivent, la jeune fille reprend sa froideur habituelle, furieuse d'avoir cédé, anxieuse de s'être donné un maître... Le troisième jour, ils se rencontrent enfin :* « J'ai horreur de m'être livrée au premier venu », *crie Mathilde, et Julien, fou de rage, menace de la transpercer avec une épée qu'il décroche du mur. Le geste est fort, elle y succombe ;* « Mlle de La Mole ravie ne songeait qu'au bonheur d'avoir été sur le point d'être tuée... », *mais c'est Julien qui fuit maintenant.*

Pendant quelque temps, l'orgueilleuse demoiselle hésite entre l'amour et la haine, et gare à son amant s'il ose montrer son désarroi !

CHAPITRE 19

L'Opéra Bouffe

O! how this spring of love res-
[sembleth
The uncertain glory of an April
[day,
Which now shows all the
[beauty of the sun,
And by-and-by a cloud takes
[all away.
SHAKESPEARE.

O ccupée de l'avenir et du rôle singulier qu'elle espérait, Mathilde en vint bientôt jusqu'à regretter les
discussions sèches et métaphysiques qu'elle avait
souvent avec Julien. Fatiguée de si hautes pensées,
quelquefois aussi elle regrettait les moments de bonheur qu'elle
avait trouvés auprès de lui; ces derniers souvenirs ne paraissaient
point sans remords, elle en était accablée dans de certains
moments.

Mais si on a une faiblesse, se disait-elle, il est digne d'une fille
telle que moi de n'oublier ses devoirs que pour un homme de
mérite; on ne dira point que ce sont ses jolies moustaches ni sa
grâce à monter à cheval qui m'ont séduite, mais ses profondes
discussions sur l'avenir qui attend la France, ses idées sur la res-
semblance que les événements qui vont fondre sur nous peuvent
avoir avec la révolution de 1688 en Angleterre. J'ai été séduite,
répondait-elle à ses remords, je suis une faible femme, mais du
moins je n'ai pas été égarée comme une poupée par les avantages
extérieurs.

S'il y a une révolution, pourquoi Julien Sorel ne jouerait-il pas le rôle de Roland, et moi celui de madame Roland? j'aime mieux ce rôle que celui de madame de Staël: l'immoralité de la conduite sera un obstacle dans notre siècle. Certainement on ne me reprochera pas une seconde faiblesse; j'en mourrais de honte. Les rêveries de Mathilde n'étaient pas toutes aussi graves, il faut l'avouer, que les pensées que nous venons de transcrire. Elle regardait Julien, elle trouvait une grâce charmante à ses moindres actions.

Sans doute, se disait-elle, je suis parvenue à détruire chez lui jusqu'à la plus petite idée qu'il a des droits.

L'air de malheur et de passion profonde avec lequel le pauvre garçon m'a dit ce mot d'amour, il y a huit jours, le prouve de reste; il faut convenir que j'ai été bien extraordinaire de me fâcher d'un mot où brillaient tant de respect, tant de passion. Ne suis-je pas sa femme? ce mot était bien naturel, et, il faut l'avouer, il était bien aimable. Julien m'aimait encore après des conversations éternelles, dans lesquelles je ne lui avais parlé, et avec bien de la cruauté, j'en conviens, que des velléités d'amour que l'ennui de la vie que je mène m'avait inspirées pour ces jeunes gens de la société desquels il est si jaloux. Ah! s'il savait combien ils sont peu dangereux pour moi! combien auprès de lui ils me semblent étiolés et tous copies les uns des autres.

En faisant ces réflexions, Mathilde traçait au hasard des traits de crayon sur une feuille de son album. Un des profils qu'elle venait d'achever l'étonna, la ravit: il ressemblait à Julien d'une manière frappante. C'est la voix du ciel! voilà un des miracles de l'amour, s'écria-t-elle avec transport: sans m'en douter j'ai fait son portrait.

Elle s'enfuit dans sa chambre, s'y enferma, s'appliqua beaucoup, chercha sérieusement à faire le portrait de Julien, mais elle ne put réussir; le profil tracé au hasard se trouva toujours le plus ressemblant; Mathilde en fut enchantée, elle y vit une preuve évidente de grande passion.

Elle ne quitta son album que fort tard, quand la marquise la fit appeler pour aller à l'Opéra italien. Elle n'eut qu'une idée, chercher Julien des yeux pour le faire engager par sa mère à les accompagner.

Il ne parut point; ces dames n'eurent que des êtres vulgaires dans leur loge. Pendant le premier acte de l'opéra, Mathilde rêva à l'homme qu'elle aimait avec les transports de la passion la plus vive; mais au second acte une maxime d'amour chantée, il faut l'avouer, sur une mélodie digne de Cimarosa, pénétra son cœur. L'héroïne de l'opéra disait: Il faut me punir de l'excès d'adoration que je sens pour lui, je l'aime trop!

Du moment qu'elle eut entendu cette cantilène sublime, tout ce qui existait au monde disparut pour Mathilde. On lui parlait ; elle ne répondait pas ; sa mère la grondait, à peine pouvait-elle prendre sur elle de la regarder. Son extase arriva à un état d'exaltation et de passion comparable aux mouvements les plus violents que depuis quelques jours Julien avait éprouvés pour elle. La cantilène, pleine d'une grâce divine sur laquelle était chantée la maxime qui lui semblait faire une application si frappante à sa position, occupait tous les instants où elle ne songeait pas directement à Julien. Grâce à son amour pour la musique, elle fut ce soir-là comme madame de Rênal était toujours en pensant à Julien. L'amour de tête a plus d'esprit sans doute que l'amour vrai, mais il n'a que des instants d'enthousiasme ; il se connaît trop, il se juge sans cesse ; loin d'égarer la pensée, il n'est bâti qu'à force de pensées.

De retour à la maison, quoi que pût dire madame de La Mole, Mathilde prétendit avoir la fièvre, et passa une partie de la nuit à répéter cette cantilène sur son piano. Elle chantait les paroles de l'air célèbre qui l'avait charmée :

> *Devo punirmi, devo punirmi,*
> *Se troppo amai, etc.*

Le résultat de cette nuit de folie, fut qu'elle crut être parvenue à triompher de son amour. (Cette page nuira de plus d'une façon au malheureux auteur. Les âmes glacées l'accuseront d'indécence. Il ne fait point l'injure aux jeunes personnes qui brillent dans les salons de Paris, de supposer qu'une seule d'entre elles soit susceptible des mouvements de folie qui dégradent le caractère de Mathilde. Ce personnage est tout à fait d'imagination, et même imaginé bien en dehors des habitudes sociales qui parmi tous les siècles assureront un rang si distingué à la civilisation du XIXe siècle.

Ce n'est point la prudence qui manque aux jeunes filles qui ont fait l'ornement des bals de cet hiver.

Je ne pense pas non plus que l'on puisse les accuser de trop mépriser une brillante fortune, des chevaux, de belles terres et tout ce qui assure une position agréable dans le monde. Loin de ne voir que de l'ennui dans ces avantages, ils sont en général l'objet des désirs les plus constants, et s'il y a passion dans les cœurs elle est pour eux.

Ce n'est point l'amour non plus qui se charge de la fortune des jeunes gens doués de quelque talent comme Julien ; ils s'attachent d'une étreinte invincible à une coterie, et quand la coterie fait fortune, toutes les bonnes choses de la société pleuvent sur eux. Malheur à l'homme d'étude qui n'est d'aucune coterie, on lui reprochera jusqu'à de petits succès fort incertains, et la haute vertu triomphera en le volant. Eh, monsieur, un roman est un miroir qui se promène sur une grande route. Tantôt il reflète à vos yeux l'azur des cieux, tantôt la fange des bourbiers de la route. Et l'homme qui porte le miroir dans sa hotte, sera par vous accusé d'être immoral! Son miroir montre la fange, et vous accusez le miroir! Accusez bien plutôt le grand chemin où est le bourbier, et plus encore l'inspecteur des routes qui laisse l'eau croupir et le bourbier se former.

Maintenant qu'il est bien convenu que le caractère de Mathilde est impossible dans notre siècle, non moins prudent que vertueux, je crains moins d'irriter en continuant le récit des folies de cette aimable fille.)

Pendant toute la journée du lendemain elle épia les occasions de s'assurer de son triomphe sur sa folle passion. Son grand but fut de déplaire en tout à Julien; mais aucun de ses mouvements ne lui échappa.

Julien était trop malheureux et surtout trop agité pour deviner une manœuvre de passion aussi compliquée, encore moins put-il voir tout ce qu'elle avait de favorable pour lui : il en fut la victime; jamais peut-être son malheur n'avait été aussi excessif. Ses actions étaient tellement peu sous la direction de son esprit, que si quelque philosophe chagrin lui eût dit : « Songez à profiter rapidement des dispositions qui vont vous être favorables; dans ce genre d'amour de tête, que l'on voit à Paris, la même manière d'être ne peut durer plus de deux jours », il ne l'eût pas compris. Mais quelque exalté qu'il fût, Julien avait de l'honneur. Son premier devoir était la discrétion; il le comprit. Demander conseil, raconter son supplice au premier venu, eût été un bonheur comparable à celui du malheureux qui, traversant un désert enflammé, reçoit du ciel une goutte d'eau glacée. Il connut le péril, il craignit de répondre par un torrent de larmes à l'indiscret qui l'interrogerait; il s'enferma chez lui.

Il vit Mathilde se promener longtemps au jardin; quand enfin elle l'eut quitté, il y descendit; il s'approcha d'un rosier où elle avait pris une fleur.

La nuit était sombre, il put se livrer à tout son malheur sans craindre d'être vu. Il était évident pour lui que mademoiselle de La Mole aimait un de ces jeunes officiers avec qui elle venait de parler si gaîment. Elle l'avait aimé lui, mais elle avait connu son peu de mérite.

Et en effet, j'en ai bien peu! se disait Julien avec pleine

conviction; je suis au total un être bien plat, bien vulgaire, bien ennuyeux pour les autres, bien insupportable à moi-même. Il était mortellement dégoûté de toutes ses bonnes qualités, de toutes les choses qu'il avait aimées avec enthousiasme; et dans cet état d'*imagination renversée*, il entreprenait de juger la vie avec son imagination. Cette erreur est d'un homme supérieur.

Plusieurs fois l'idée de suicide s'offrit à lui; cette image était pleine de charmes, c'était comme un repos délicieux; c'était le verre d'eau glacée offert au misérable qui, dans le désert, meurt de soif et de chaleur.

Ma mort augmentera le mépris qu'elle a pour moi s'écria-t-il. Quel souvenir je laisserai!

Tombé dans ce dernier abîme du malheur, un être humain n'a de ressource que le courage. Julien n'eut pas assez de génie pour se dire : Il faut oser, mais comme il regardait la fenêtre de la chambre de Mathilde, il vit à travers les persiennes qu'elle éteignait sa lumière : il se figurait cette chambre charmante qu'il avait vue, hélas! une fois en sa vie. Son imagination n'allait pas plus loin.

Une heure sonna; entendre le son de la cloche et se dire : Je vais monter avec l'échelle, ne fut qu'un instant.

Ce fut l'éclair d'un génie, les bonnes raisons arrivèrent en foule. Puis-je être plus heureux! se disait-il. Il courut à l'échelle, le jardinier l'avait enchaînée. A l'aide du chien d'un de ses petits pistolets, qu'il brisa, Julien, animé dans ce moment d'une force surhumaine, tordit un des chaînons de la chaîne qui retenait l'échelle; il en fut maître en peu de minutes, et la plaça contre la fenêtre de Mathilde.

Elle va se fâcher, m'accabler de mépris, qu'importe? Je lui donne un baiser, un dernier baiser, je monte chez moi et je me tue... mes lèvres toucheront sa joue avant que de mourir!

Il volait en montant l'échelle, il frappe à la persienne : après quelques instants Mathilde l'entend, elle veut ouvrir la persienne, l'échelle s'y oppose : Julien se cramponne au crochet de fer destiné à tenir la persienne ouverte, et, au risque de se précipiter mille fois, donne une violente secousse à l'échelle, et la déplace un peu. Mathilde peut ouvrir la persienne.

Il se jette dans la chambre plus mort que vif :

C'est donc toi! dit-elle en se précipitant dans ses bras...

. . . .

Qui pourra décrire l'excès de bonheur de Julien? celui de Mathilde fut presque égal.

Elle lui parlait contre elle-même, elle se dénonçait à lui.

Punis-moi de mon orgueil atroce, lui disait-elle, en le serrant dans ses bras de façon à l'étouffer; tu es mon maître, je suis ton esclave, il faut que je te demande pardon à genoux d'avoir voulu me révolter. Elle quittait ses bras pour tomber à ses pieds. Oui, tu es mon maître, lui disait-elle encore ivre de bonheur et d'amour; règne à jamais sur moi, punis sévèrement ton esclave quand elle voudra se révolter.

Dans un autre moment elle s'arrache de ses bras, allume la bougie, et Julien a toutes les peines du monde à l'empêcher de se couper tout un côté de ses cheveux.

Je veux me rappeler, lui dit-elle, que je suis ta servante : si jamais un exécrable orgueil vient m'égarer, montre-moi ces cheveux et dis : Il n'est plus question d'amour, il ne s'agit pas de l'émotion que votre âme peut éprouver en ce moment, vous avez juré d'obéir, obéissez sur l'honneur.

Mais il est plus sage de supprimer la description d'un tel degré d'égarement et de félicité.

La vertu de Julien fut égale à son bonheur; il faut que je descende par l'échelle, dit-il à Mathilde, quand il vit l'aube du jour paraître sur les cheminées lointaines du côté de l'Orient, au-delà des jardins. Le sacrifice que je m'impose est digne de vous, je me prive de quelques heures du plus étonnant bonheur qu'une âme humaine puisse goûter, c'est un sacrifice que je fais à votre réputation : si vous connaissez mon cœur, vous comprenez la violence que je me fais. Serez-vous toujours pour moi, ce que vous êtes en ce moment? mais l'honneur parle, il suffit. Apprenez que, lors de notre première entrevue, tous les soupçons n'ont pas été dirigés contre les voleurs. M. de La Mole a fait établir une garde dans le jardin. M. de Croisenois est environné d'espions, on sait ce qu'il fait chaque nuit...

A cette idée, Mathilde rit aux éclats. Sa mère et une femme de service furent éveillées; tout à coup on lui adressa la parole à travers la porte. Julien la regarda, elle pâlit en grondant la femme de chambre et ne daigna pas adresser la parole à sa mère.

– Mais si elles ont l'idée d'ouvrir la fenêtre, elles voient l'échelle! lui dit Julien.

Il la serra encore une fois dans ses bras, se jeta sur l'échelle et se laissa glisser plutôt qu'il ne descendit; en un moment il fut à terre.

Trois secondes après l'échelle était sous l'allée de tilleuls, et l'honneur de Mathilde sauvé. Julien, revenu à lui, se trouva tout en sang et presque nu : il s'était blessé en se laissant glisser sans précaution.

L'excès du bonheur lui avait rendu toute l'énergie de son caractère : vingt hommes se fussent présentés, que les attaquer seul, en cet instant, n'eût été qu'un plaisir de plus. Heureusement sa vertu militaire ne fut pas mise à l'épreuve : il coucha l'échelle à sa place ordinaire; il replaça la chaîne qui la retenait; il n'oublia point d'effacer l'empreinte que l'échelle avait laissée dans la plate-bande de fleurs exotiques sous la fenêtre de Mathilde.

Comme dans l'obscurité il promenait sa main sur la terre molle pour s'assurer que l'empreinte était entièrement effacée, il sentit tomber quelque chose sur ses mains, c'était tout un côté des cheveux de Mathilde, qu'elle avait coupé et qu'elle lui jetait. Elle était à la fenêtre.

– Voilà ce que t'envoie ta servante, lui dit-elle assez haut, c'est le signe d'une reconnaissance éternelle. Je renonce à l'exercice de ma raison, sois mon maître.

Julien, vaincu, fut sur le point d'aller reprendre l'échelle et de remonter chez elle. Enfin la raison fut la plus forte.

Rentrer du jardin dans l'hôtel n'était pas chose facile. Il réussit à forcer la porte d'une cave; parvenu dans la maison, il fut obligé d'enfoncer le plus silencieusement possible la porte de sa chambre. Dans son trouble il avait laissé, dans la petite chambre qu'il venait d'abandonner si rapidement, jusqu'à la clef qui était dans la poche de son habit. Pourvu, pensa-t-il, qu'elle songe à cacher toute cette dépouille mortelle!

Enfin, la fatigue l'emporta sur le bonheur, et comme le soleil se levait, il tomba dans un profond sommeil.

La cloche du déjeuner eut grand'peine à l'éveiller, il parut à la salle à manger. Bientôt après Mathilde y entra. L'orgueil de Julien eut un moment bien heureux en voyant l'amour qui éclatait dans les yeux de cette personne si belle et environnée de tant d'hommages; mais bientôt sa prudence eut lieu d'être effrayée.

Sous prétexte du peu de temps qu'elle avait eu pour soigner sa coiffure, Mathilde avait arrangé ses cheveux de façon à ce que Julien pût apercevoir du premier coup d'œil toute l'étendue du sacrifice qu'elle avait fait pour lui en les coupant la nuit précédente. Si une aussi belle figure avait pu être gâtée par quelque chose, Mathilde y serait parvenue; tout un côté de ses beaux cheveux, d'un blond cendré, était coupé à un demi pouce de la tête.

A déjeuner, toute la manière d'être de Mathilde répondit à cette première imprudence. On eût dit qu'elle prenait à tâche de faire savoir à tout le monde la folle passion qu'elle avait pour Julien. Heureusement, ce jour-là, M. de La Mole et la marquise étaient fort occupés d'une promotion de cordons bleus, qui allait avoir lieu, et dans laquelle M. de Chaulnes n'était pas compris. Vers la fin du repas, il arriva à Mathilde, qui parlait à Julien, de l'appeler *mon maître*. Il rougit jusqu'au blanc des yeux. Soit hasard ou fait exprès de la part de madame de La Mole, Mathilde ne fut pas un instant seule ce jour-là. Le soir, en passant de la salle à manger au salon, elle trouva pourtant le moment de dire à Julien :

Croirez-vous que ce soit un prétexte de ma part ? maman vient de décider qu'une de ses femmes s'établira la nuit dans mon appartement.

Cette journée passa comme un éclair. Julien était au comble du bonheur. Dès sept heures du matin, le lendemain, il était installé dans la bibliothèque ; il espérait que mademoiselle de La Mole daignerait y paraître ; il lui avait écrit une lettre infinie. Il ne la vit que bien des heures après, au déjeuner. Elle était ce jour-là coiffée avec le plus grand soin ; un art merveilleux s'était chargé de cacher la place des cheveux coupés. Elle regarda une ou deux fois Julien, mais avec des yeux polis et calmes, il n'était plus question de l'appeler *mon maître*.

L'étonnement de Julien l'empêchait de respirer... Mathilde se reprochait presque tout ce qu'elle avait fait pour lui.

En y pensant mûrement, elle avait décidé que c'était un être, si ce n'est tout à fait commun, du moins ne sortant pas assez de la ligne pour mériter toutes les étranges folies qu'elle avait osées pour lui. Au total, elle ne songeait guère à l'amour ; ce jour-là, elle était lasse d'aimer.

Pour Julien, les mouvements de son cœur furent ceux d'un enfant de seize ans. Le doute affreux, l'étonnement, le désespoir l'occupèrent tour à tour pendant ce déjeuner qui lui sembla d'une éternelle durée.

Dès qu'il put décemment se lever de table, il se précipita plutôt qu'il ne courut à l'écurie, sella lui-même son cheval, et partit au galop ; il craignait de se déshonorer par quelque faiblesse. Il faut que je tue mon cœur à force de fatigue physique, se disait-il en galopant dans les bois de Meudon. Qu'ai-je fait, qu'ai-je dit pour mériter une telle disgrâce ?

Il faut ne rien faire, ne rien dire aujourd'hui, pensa-t-il en rentrant à l'hôtel, être mort au physique comme je le suis au moral. Julien ne vit plus, c'est son cadavre qui s'agite encore.

Résumé des chapitres 20 à 28

Un complot politique regroupant de très hauts personnages de l'État et du Clergé vient à point pour distraire Julien du désespoir qui l'occupe. L'humeur changeante de Mathilde souffle le chaud et froid sur son cœur en déroute, « je ne vous aime plus, monsieur ! » *lui a-t-elle confié avant de reprendre ses distances une fois de plus. Heureusement le marquis a besoin de lui, pour une mission secrète d'une extrême importance dont le danger ne lui est pas caché. (Il faut ici se souvenir du sous-titre de ce roman,* « Chronique de 1830 », *et du paysage français de l'époque à l'aube de la Révolution de Juillet. L'impression du livre même fut interrompue, les typographes étant trop occupés à manifester dans les rues !)*

« Le ciel m'a dit : "Tu porteras ta tête sur un échafaud, ou tu rétabliras la monarchie en France..."» *dit un ministre en place au cours d'une longue soirée où minuit a sonné chez M. de La Mole pendant que le départ d'une conjuration ultra prenait forme. Le lendemain matin, Julien était déjà sur les routes, et de calèches en diligences se rendait à Mayence pour délivrer un long message appris par cœur à une personnalité influente de l'endroit.*

Sur le retour, il rencontre à Strasbourg un prince russe, Korasoff, dont il a fait la connaissance quelques mois plus tôt, et auquel il confie - sans nommer Mathilde - sa mésaventure amoureuse. Korasoff lui conseille de faire ostensiblement la cour à une autre, et pousse l'amitié jusqu'à donner à Julien un certain nombre de lettres qu'il suffira de recopier pour plaire à l'heureuse élue de cette comédie sinistre. Julien porte son choix sur la très digne maréchale de Fervaques, une habituée des salons de l'hôtel de La Mole, et fait si bien que la proie se laisse prendre au leurre...

CHAPITRE 29

L'Ennui

près avoir lu sans plaisir d'abord les longues lettres de Julien, madame de Fervaques commençait à en être occupée; mais une chose la désolait; quel dommage que M. Sorel ne soit pas décidément prêtre! On pourrait l'admettre à une sorte d'intimité; avec cette croix et cet habit presque bourgeois, on est exposé à des questions cruelles, et que répondre : elle n'achevait pas sa pensée : quelque amie maligne peut supposer et même répandre que c'est un petit cousin subalterne, parent de mon père, quelque marchand décoré par la garde nationale.

Jusqu'au moment où elle avait vu Julien, le plus grand plaisir de madame de Fervaques avait été d'écrire le mot *maréchale* à côté de son nom. Ensuite une vanité de parvenue, maladive et qui s'offensait de tout, combattit un commencement d'intérêt.

Il me serait si facile, disait la maréchale, d'en faire un grand vicaire dans quelque diocèse voisin de Paris! Mais M. Sorel tout court, et encore petit secrétaire de M. de La Mole! c'est désolant.

Pour la première fois, cette âme *qui craignait tout,* était émue d'un intérêt étranger à ses prétentions de rang et de supériorité sociale. Son vieux portier remarqua que, lorsqu'il apportait une lettre de ce beau jeune homme, qui avait l'air si triste, il était sûr de voir disparaître l'air distrait et mécontent que la maréchale avait toujours soin de prendre à l'arrivée d'un de ses gens.

L'ennui d'une façon de vivre tout ambitieuse d'effet sur le public, sans qu'il y eût au fond du cœur jouissance réelle pour ce genre de succès, était devenu si intolérable depuis qu'on pensait à Julien, que pour que les femmes de chambre ne fussent pas maltraitées de toute une journée, il suffisait que pendant la soirée de la veille on eût passé une heure avec ce jeune homme singulier. Son crédit naissant résista à des lettres anonymes, fort bien faites. En vain le Tambeau fournit à MM. de Luz, de Croisenois, de Caylus, deux ou trois calomnies fort adroites, et que ces Messieurs prirent plaisir à répandre sans trop se rendre compte de la vérité des accusations. La maréchale, dont l'esprit n'était pas fait pour résister à ces moyens vulgaires, racontait ses doutes à Mathilde, et toujours était consolée.

Un jour, après avoir demandé trois fois s'il y avait des lettres, madame de Fervaques se décida subitement à répondre à Julien. Ce fut une victoire de l'ennui. A la seconde lettre, la maréchale fut presque arrêtée par l'inconvenance d'écrire de sa main une adresse aussi vulgaire, *A M. Sorel, chez M. le marquis de La Mole.*

Il faut, dit-elle le soir à Julien, d'un air fort sec, que vous m'apportiez des enveloppes sur lesquelles il y aura votre adresse.

Me voilà constitué amant valet de chambre, pensa Julien, et il s'inclina en prenant plaisir à se grimer comme Arsène, le vieux valet de chambre du marquis.

Le soir même il apporta des enveloppes, et le lendemain, de fort bonne heure, il eut une troisième lettre : il en lut cinq ou six lignes au commencement, et deux ou trois vers la fin. Elle avait quatre pages d'une petite écriture fort serrée.

Peu à peu on prit la douce habitude d'écrire presque tous les jours. Julien répondait par des copies fidèles des lettres russes; et, tel est l'avantage du style emphatique, madame de Fervaques n'était point étonnée du peu de rapport des réponses avec ses lettres.

Quelle n'eût pas été l'irritation de son orgueil, si le petit Tambeau, qui s'était constitué espion volontaire des démarches de Julien, eût pu lui apprendre que toutes ces lettres non décachetées étaient jetées au hasard dans le tiroir de Julien.

Un matin, le portier lui apportait dans la bibliothèque une lettre de la maréchale; Mathilde rencontra cet homme, vit la lettre et l'adresse de l'écriture de Julien. Elle entra dans la bibliothèque comme le portier en sortait; la lettre était encore sur le bord de la table; Julien, fort occupé à écrire, ne l'avait pas placée dans son tiroir.

– Voilà ce que je ne puis souffrir, s'écria Mathilde en s'emparant de la lettre ; vous m'oubliez tout à fait, moi qui suis votre épouse. Votre conduite est affreuse, Monsieur.

A ces mots, son orgueil, étonné de l'effroyable inconvenance de sa démarche, la suffoqua ; elle fondit en larmes, et bientôt parut à Julien hors d'état de respirer.

Surpris, confondu, Julien ne distinguait pas bien tout ce que cette scène avait d'admirable et d'heureux pour lui. Il aida Mathilde à s'asseoir ; elle s'abandonnait presque dans ses bras.

Le premier instant où il s'aperçut de ce mouvement, fut de joie extrême. Le second fut une pensée pour Korasoff : je puis tout perdre par un seul mot.

Ses bras se roidirent, tant l'effort imposé par la politique était pénible. Je ne dois pas même me permettre de presser contre mon cœur ce corps souple et charmant ; ou elle me méprise, ou elle me maltraite. Quel affreux caractère !

Et en maudissant le caractère de Mathilde, il l'en aimait cent fois plus ; il lui semblait avoir dans ses bras une reine.

L'impassible froideur de Julien redoubla le malheur d'orgueil qui déchirait l'âme de mademoiselle de La Mole. Elle était loin d'avoir le sang-froid nécessaire pour chercher à deviner dans ses yeux ce qu'il sentait pour elle en cet instant. Elle ne put se résoudre à le regarder ; elle tremblait de rencontrer l'expression du mépris.

Assise sur le divan de la bibliothèque, immobile et la tête tournée du côté opposé à Julien, elle était en proie aux plus vives douleurs que l'orgueil et l'amour puissent faire éprouver à une âme humaine. Dans quelle atroce démarche elle venait de tomber !

Il m'était réservé, malheureuse que je suis ! de voir repousser les avances les plus indécentes ! et repoussées par qui ? ajoutait l'orgueil fou de douleur, repoussées par un domestique de mon père.

C'est ce que je ne souffrirai pas, dit-elle à haute voix.

Et, se levant avec fureur, elle ouvrit le tiroir de la table de Julien placée à deux pas devant elle. Elle resta comme glacée d'horreur en y voyant huit ou dix lettres non ouvertes, semblables en tout à celle que le portier venait de monter. Sur toutes les adresses, elle reconnaissait l'écriture de Julien, plus ou moins contrefaite.

– Ainsi, s'écria-t-elle hors d'elle-même, non seulement vous êtes bien avec elle, mais encore vous la méprisez. Vous, un homme de rien, mépriser madame la maréchale de Fervaques !

Ah ! pardon, mon ami, ajouta-t-elle en se jetant à ses genoux, méprise-moi si tu veux, mais aime-moi, je ne puis plus vivre privée de ton amour. Et elle tomba tout à fait évanouie.

La voilà donc, cette orgueilleuse, à mes pieds ! se dit Julien.

CHAPITRE 30

Une loge aux Bouffes

As the blackest sky
Foreels the heaviest tempest.
DON JUAN, c. I, st. 3.

A u milieu de tous ces grands mouvements, Julien était plus étonné qu'heureux. Les injures de Mathilde lui montraient combien la politique russe était sage. « *Peu parler, peu agir* », voilà mon unique moyen de salut.

Il releva Mathilde, et sans mot dire la replaça sur le divan. Peu à peu les larmes la gagnèrent.

Pour se donner une contenance, elle prit dans ses mains les lettres de madame de Fervaques; elle les décachetait lentement. Elle eut un mouvement nerveux bien marqué quand elle reconnut l'écriture de la maréchale. Elle tournait sans les lire les feuilles de ces lettres; la plupart avaient six pages.

– Répondez-moi, du moins, dit enfin Mathilde du ton de voix le plus suppliant, mais sans oser regarder Julien. Vous savez bien que j'ai de l'orgueil; c'est le malheur de ma position et même de mon caractère, je l'avouerai; madame de Fervaques m'a donc enlevé votre cœur... A-t-elle fait pour vous tous les sacrifices où ce fatal amour m'a entraînée?

Un morne silence fut toute la réponse de Julien. De quel droit, pensait-il, me demande-t-elle une indiscrétion indigne d'un honnête homme?

Mathilde essaya de lire les lettres; ses yeux remplis de larmes lui en ôtaient la possibilité.

Depuis un mois elle était malheureuse, mais cette âme

hautaine était bien loin de s'avouer ses sentiments. Le hasard tout seul avait amené cette explosion. Un instant la jalousie et l'amour l'avaient emporté sur l'orgueil. Elle était placée sur le divan et fort près de lui. Il voyait ses cheveux et son cou d'albâtre; un moment il oublia tout ce qu'il se devait; il passa le bras autour de sa taille, et la serra presque contre sa poitrine.

Elle tourna la tête vers lui lentement : il fut étonné de l'extrême douleur qui était dans ses yeux, c'était à ne pas reconnaître leur physionomie habituelle.

Julien sentit ses forces l'abandonner, tant était mortellement pénible l'acte de courage qu'il s'imposait.

Ces yeux n'exprimeront bientôt que le plus froid dédain, se dit Julien, si je me laisse entraîner au bonheur de l'aimer. Cependant, d'une voix éteinte et avec des paroles qu'elle avait à peine la force d'achever, elle lui répétait en ce moment l'assurance de tous ses regrets pour des démarches que trop d'orgueil avait pu conseiller.

J'ai aussi de l'orgueil, lui dit Julien d'une voix à peine formée, et ses traits peignaient le point extrême de l'abattement physique.

Mathilde se retourna vivement vers lui. Entendre sa voix était un bonheur à l'espérance duquel elle avait presque renoncé. En ce moment, elle ne se souvenait de sa hauteur que pour la maudire, elle eût voulu trouver des démarches insolites, incroyables, pour lui prouver jusqu'à quel point elle l'adorait et se détestait elle-même.

– C'est probablement à cause de cet orgueil, continua Julien, que vous m'avez distingué un instant; c'est certainement à cause de cette fermeté courageuse et qui convient à un homme que vous m'estimez en ce moment. Je puis avoir de l'amour pour la maréchale...

Mathilde tressaillit; ses yeux prirent une expression étrange. Elle allait entendre prononcer son arrêt. Ce mouvement n'échappa point à Julien; il sentit faiblir son courage.

Ah! se disait-il en écoutant le son des vaines paroles que prononçait sa bouche, comme il eût fait un bruit étranger; si je pouvais couvrir de baisers ces joues si pâles, et que tu ne le sentisses pas!

– Je puis avoir de l'amour pour la maréchale, continuait-il... et sa voix s'affaiblissait toujours; mais certainement, je n'ai de son intérêt pour moi aucune preuve décisive...

Mathilde le regarda; il soutint ce regard, du moins il espéra que sa physionomie ne l'avait pas trahi. Il se sentait pénétré d'amour jusque dans les replis les plus intimes de son cœur.

Jamais il ne l'avait adorée à ce point; il était presque aussi fou que Mathilde. Si elle se fût trouvée assez de sang-froid et de courage pour manœuvrer, il fût tombé à ses pieds, en abjurant toute vaine comédie. Il eut assez de force pour pouvoir continuer à parler. Ah! Korasoff, s'écria-t-il intérieurement, que n'êtes-vous ici! quel besoin j'aurais d'un mot pour diriger ma conduite! Pendant ce temps sa voix disait :

A défaut de tout autre sentiment, la reconnaissance suffirait pour m'attacher à la maréchale; elle m'a montré de l'indulgence, elle m'a consolé quand on me méprisait... Je puis ne pas avoir une foi illimitée en de certaines apparences extrêmement flatteuses sans doute, mais peut-être aussi, bien peu durables.

– Ah! grand Dieu! s'écria Mathilde.

– Eh bien! quelle garantie me donnerez-vous? reprit Julien avec un accent vif et ferme, et qui semblait abandonner pour un instant les formes prudentes de la diplomatie. Quelle garantie, quel dieu me répondra que la position que vous semblez disposée à me rendre en cet instant vivra plus de deux jours?

– L'excès de mon amour et de mon malheur si vous ne m'aimez plus, dit-elle en lui prenant les mains et se tournant vers lui...

Le mouvement violent qu'elle venait de faire avait un peu déplacé sa pélerine; Julien apercevait ses épaules charmantes. Ses cheveux un peu dérangés lui rappelèrent un souvenir délicieux...

Il allait céder. Un mot imprudent, se dit-il, et je fais recommencer cette longue suite de journées passées dans le désespoir. Madame de Rênal trouvait des raisons pour faire ce que son cœur lui dictait : cette jeune fille du grand monde ne laisse son cœur s'émouvoir que lorsqu'elle s'est prouvé par bonnes raisons qu'il doit être ému.

Il vit cette vérité en un clin d'œil, et en un clin d'œil aussi il retrouva du courage.

Il retira ses mains que Mathilde pressait dans les siennes, et avec un respect marqué s'éloigna un peu d'elle. Un courage d'homme ne peut aller plus loin. Il s'occupa ensuite à réunir toutes les lettres de madame de Fervaques qui étaient éparses sur le divan, et ce fut avec, l'apparence d'une politesse extrême et si cruelle en ce moment qu'il ajouta :

– Mademoiselle de La Mole daignera me permettre de réfléchir sur tout ceci. Il s'éloigna rapidement et quitta la bibliothèque; elle l'entendit refermer successivement toutes les portes.

Le monstre n'est point troublé, se dit-elle...

Mais que dis-je, monstre! il est sage, prudent, bon; c'est moi qui ai plus de torts qu'on n'en pourrait imaginer.

Cette manière de voir dura. Mathilde fut presque heureuse ce jour-là, car elle fut tout à l'amour; on eût dit que jamais cette âme n'avait été agitée par l'orgueil, et quel orgueil!

Elle tressaillit d'horreur quand, le soir au salon, un laquais annonça madame de Fervaques; la voix de cet homme lui parut sinistre. Elle ne put soutenir la vue de la maréchale et s'arrêta subitement. Julien, peu enorgueilli de sa pénible victoire, avait craint ses propres regards, et n'avait pas dîné à l'hôtel de La Mole.

Son amour et son bonheur augmentaient rapidement à mesure qu'il s'éloignait du moment de la bataille; il en était déjà à se blâmer. Comment ai-je pu lui résister! se disait-il; si elle allait ne plus m'aimer! un moment peut changer cette âme altière, et il faut convenir que je l'ai traitée d'une façon affreuse.

Le soir, il sentit bien qu'il fallait absolument paraître aux Bouffes dans la loge de madame de Fervaques. Elle l'avait expressément invité : Mathilde ne manquerait pas de savoir sa présence ou son absence impolie. Malgré l'évidence de ce raisonnement, il n'eut pas la force, au commencement de la soirée, de se plonger dans la société. En parlant, il allait perdre la moitié de son bonheur.

Dix heures sonnèrent; et il fallut absolument se montrer.

Par bonheur il trouva la loge de la maréchale remplie de femmes, et fut relégué près de la porte, et tout à fait caché par les chapeaux. Cette position lui sauva un ridicule; les accents divins du désespoir de Caroline dans le *Matrimonio segreto* le firent fondre en larmes. Madame de Fervaques vit ces larmes; elles faisaient un tel contraste avec la mâle fermeté de sa physionomie habituelle, que cette âme de grande dame dès longtemps saturée de tout ce que la fierté de *parvenue* a de plus corrodant, en fut touchée. Le peu qui restait chez elle d'un cœur de femme la porta à parler. Elle voulut jouir de sa voix en ce moment.

– Avez-vous vu les dames de La Mole, lui dit-elle, elles sont aux troisièmes. A l'instant Julien se pencha dans la salle en s'appuyant assez poliment sur le devant de la loge, il vit Mathilde; ses yeux étaient brillants de larmes.

Et cependant ce n'est pas leur jour d'opéra, pensa Julien; quel empressement!

Mathilde avait décidé sa mère à venir aux Bouffes, malgré l'inconvenance du rang de la loge qu'une complaisante de la maison s'était empressée de lui offrir. Elle voulait voir si Julien passerait cette soirée avec la maréchale.

CHAPITRE 31

Lui faire peur

> Voilà donc le beau miracle
> de votre civilisation! De
> l'amour vous avez fait une
> affaire ordinaire.
>
> BARNAVE.

J ulien courut dans la loge de madame de La Mole. Ses yeux rencontrèrent d'abord les yeux en larmes de Mathilde; elle pleurait sans nulle retenue, il n'y avait là que des personnages subalternes, l'amie qui avait prêté la loge et des hommes de sa connaissance. Mathilde posa sa main sur celle de Julien; elle avait comme oublié toute crainte de sa mère. Presque étouffée par ses larmes, elle ne lui dit que ce seul mot : *des garanties*!

Au moins, que je ne lui parle pas, se disait Julien fort ému luimême, et se cachant tant bien que mal les yeux avec la main, sous prétexte du lustre qui éblouit le troisième rang de loges. Si je parle, elle ne peut plus douter de l'excès de mon émotion, le son de ma voix me trahira, tout peut être perdu encore.

Ses combats étaient bien plus pénibles que le matin, son âme avait eu le temps de s'émouvoir. Il craignait de voir Mathilde se piquer de vanité. Ivre d'amour et de volupté, il prit sur lui de ne pas parler.

C'est, selon moi, l'un des plus beaux traits de son caractère; un être capable d'un tel effort sur lui-même peut aller loin, *si fata sinant*.

Mademoiselle de La Mole insista pour ramener Julien à l'hôtel. Heureusement il pleuvait beaucoup. Mais la marquise le fit placer vis-à-vis d'elle, lui parla constamment et empêcha qu'il ne pût dire un mot à sa fille. On eût pensé que la marquise soignait le bonheur de Julien; ne craignant plus de tout perdre par l'excès de son émotion, il s'y livrait avec folie.

Oserai-je dire qu'en rentrant dans sa chambre, Julien se jeta à genoux et couvrit de baisers les lettres d'amour données par le prince Korasoff.

O grand homme! que ne te dois-je pas? s'écria-t-il dans sa folie.

Peu à peu quelque sang-froid lui revint. Il se compara à un général qui vient de gagner une grande bataille. L'avantage est certain, immense, se dit-il; mais que se passera-t-il demain? un instant peut tout perdre.

Il ouvrit d'un mouvement passionné les *Mémoires*, dictés à Sainte-Hélène par Napoléon, et pendant deux longues heures se força à les lire; ses yeux seuls lisaient, n'importe, il s'y forçait. Pendant cette singulière lecture, sa tête et son cœur montés au niveau de tout ce qu'il y a de plus grand, travaillaient à son insu. Ce cœur est bien différent de celui de madame de Rênal, se disait-il, mais il n'allait pas plus loin.

Lui faire peur, s'écria-t-il tout à coup, en jetant le livre au loin. L'ennemi ne m'obéira qu'autant que je lui ferai peur, alors il n'osera me mépriser.

Il se promenait dans sa petite chambre, ivre de joie. A la vérité, ce bonheur était plus d'orgueil que d'amour.

Lui faire peur! se répétait-il fièrement, et il avait raison d'être fier. Même dans ses moments les plus heureux, madame de Rênal doutait toujours que mon amour fût égal au sien. Ici, c'est un démon que je subjugue, donc il faut *subjuguer*.

Il savait bien que le lendemain dès huit heures du matin, Mathilde serait à la bibliothèque; il n'y parut qu'à neuf heures, brûlant d'amour, mais sa tête dominait son cœur. Une seule minute peut-être ne se passa pas sans qu'il ne se répétât : la tenir toujours occupée de ce grand doute, m'aime-t-il? Sa brillante position, les flatteries de tout ce qui lui parle la portent *un peu trop* à se rassurer.

Il la trouva pâle, calme, assise sur le divan, mais hors d'état apparemment de faire un seul mouvement. Elle lui tendit la main :

— Ami, je t'ai offensé, il est vrai; tu peux être fâché contre moi?...

Julien ne s'attendait pas à ce ton si simple. Il fut sur le point de se trahir.

— Vous voulez des garanties, mon ami, ajouta-t-elle après un silence qu'elle avait espéré voir rompre; il est juste. Enlevez-moi,

partons pour Londres... Je serai perdue à jamais, déshonorée...
Elle eut le courage de retirer sa main à Julien pour s'en couvrir
les yeux. Tous les sentiments de retenue et de vertu féminine
étaient rentrés dans cette âme... Eh bien! déshonorez-moi, dit-
elle enfin avec un soupir; c'est *une garantie.*

Hier j'ai été heureux, parce que j'ai eu le courage d'être
sévère avec moi-même, pensa Julien. Après un petit moment
de silence, il eut assez d'empire sur son cœur pour dire d'un
ton glacial :

– Une fois en route pour Londres, une fois déshonorée, pour
me servir de vos expressions, qui me répond que vous m'aimerez? que ma présence dans la chaise de poste ne vous semblera
point importune? Je ne suis pas un monstre, vous avoir perdue
dans l'opinion ne sera pour moi qu'un malheur de plus. Ce n'est
pas votre position avec le monde qui fait obstacle, c'est par malheur votre caractère. Pouvez-vous répondre à vous-même que
vous m'aimerez huit jours?

(Ah! qu'elle m'aime huit jours, huit jours seulement, se disait
tout bas Julien, et j'en mourrai de bonheur. Que m'importe l'avenir, que m'importe la vie? et ce bonheur divin peut commencer
en cet instant si je veux, il ne dépend que de moi!)

Mathilde le vit pensif.

Je suis donc tout à fait indigne de vous, dit-elle en lui prenant
la main.

Julien l'embrassa, mais à l'instant la main de fer du devoir saisit son cœur. Si elle voit combien je l'adore, je la perds. Et, avant
de quitter ses bras, il avait repris toute la dignité qui convient à
un homme.

Ce jour-là et les suivants, il sut cacher l'excès de sa félicité; il
y eut des moments où il se refusait jusqu'au plaisir de la serrer
dans ses bras.

Dans d'autres instants, le délire du bonheur l'emportait sur
tous les conseils de la prudence.

C'était auprès d'un berceau de chèvrefeuilles disposé pour
cacher l'échelle, dans le jardin, qu'il avait coutume d'aller se placer pour regarder de loin la persienne de Mathilde, et pleurer son
inconstance. Un fort grand chêne était tout près, et le tronc de
cet arbre l'empêchait d'être vu des indiscrets.

Passant avec Mathilde dans ce même lieu qui lui rappelait si
vivement l'excès de son malheur, le contraste du désespoir passé
et de la félicité présente fut trop fort pour son caractère; des
larmes inondèrent ses yeux et, portant à ses lèvres la main de son
amie : – Ici, je vivais en pensant à vous; ici, je regardais cette
persienne, j'attendais des heures entières le moment fortuné où je
verrais cette main l'ouvrir...

Sa faiblesse fut complète. Il lui peignit avec ces couleurs vraies, qu'on n'invente point, l'excès de son désespoir d'alors. De courtes interjections témoignaient de son bonheur actuel qui avait fait cesser cette peine atroce.

Que fais-je, grand Dieu! se dit Julien revenant à lui tout à coup? Je me perds.

Dans l'excès de son alarme, il crut déjà voir moins d'amour dans les yeux de mademoiselle de La Mole. C'était une illusion; mais la figure de Julien changea subitement et se couvrit d'une pâleur mortelle. Ses yeux s'éteignirent un instant, et l'expression d'une hauteur non exempte de méchanceté succéda bientôt à celle de l'amour le plus vrai et le plus abandonné.

Qu'avez-vous donc mon ami? lui dit Mathilde avec tendresse et inquiétude.

– Je mens, dit Julien avec humeur, et je mens à vous. Je me le reproche, et cependant Dieu sait que je vous estime assez pour ne pas mentir. Vous m'aimez, vous m'êtes dévouée, et je n'ai pas besoin de faire des phrases pour vous plaire.

– Grand Dieu! ce sont des phrases que tout ce que vous me dites de ravissant depuis dix minutes?

– Et je me les reproche vivement, chère amie. Je les ai composées autrefois pour une femme qui m'aimait, et m'ennuyait... C'est le défaut de mon caractère, je me dénonce moi-même à vous, pardonnez-moi.

Des larmes amères inondaient les joues de Mathilde.

– Dès que par quelque nuance qui m'a choqué, j'ai un moment de rêverie forcée, continuait Julien, mon exécrable mémoire, que je maudis en ce moment, m'offre une ressource, et j'en abuse.

– Je viens donc de tomber à mon insu dans quelque action qui vous aura déplu, dit Mathilde avec une naïveté charmante.

– Un jour, je m'en souviens, passant près de ces chèvre-feuilles, vous avez cueilli une fleur, M. de Luz vous l'a prise, et vous la lui avez laissée. J'étais à deux pas.

– M. de Luz? c'est impossible, reprit Mathilde, avec la hauteur qui lui était si naturelle: je n'ai point ces façons.

– J'en suis sûr, répliqua vivement Julien.

– Eh bien! il est vrai, mon ami, dit Mathilde en baissant les yeux tristement. Elle savait positivement que depuis bien des mois elle n'avait pas permis une telle action à M. de Luz.

Julien la regarda avec une tendresse inexprimable: Non, se dit-il, elle ne m'aime pas *moins*.

Elle lui reprocha le soir, en riant, son goût pour madame de Fervaques: un bourgeois aimer une parvenue! Les cœurs de cette espèce sont peut-être les seuls que mon Julien ne puisse rendre fous. Elle avait fait de vous un vrai dandy, disait-elle en jouant avec ses cheveux.

Dans le temps qu'il se croyait méprisé de Mathilde, Julien était devenu l'un des hommes les mieux mis de Paris. Mais encore avait-il un avantage sur les gens de cette espèce, une fois sa toilette arrangée, il n'y songeait plus.

Une chose piquait Mathilde, Julien continuait à copier les lettres russes, et à les envoyer à la maréchale.

Résumé des chapitres 32 à 34

« Un voyageur anglais raconte l'intimité où il vivait avec un tigre ; il l'avait élevé et le caressait, mais toujours sur sa table tenait un pistolet armé. » *Julien résiste comme il peut aux fureurs de sa maîtresse pour essayer de la garder, jusqu'au jour où celle-ci vient lui annoncer qu'elle est enceinte. Que dire à M. de La Mole ? Comment va-t-il prendre cette « trahison » ? Mathilde lui écrit une longue lettre, prenant l'entière responsabilité de sa faute pour protéger le père de l'enfant...*
La colère de M. de La Mole n'a d'égale que sa terrible déception. Il insulte le « séducteur » qui ne sait comment se défendre. « Tuezmoi ou faites-moi tuer par votre valet de chambre... » *lance-t-il avant de se réfugier chez l'abbé Pirard qui avait déjà deviné depuis longtemps l'émoi amoureux des deux jeunes gens. Mathilde à son tour affronte son père et n'accepte pas de renoncer à Julien. Un mois passe, pendant lequel ce dernier reste prudemment caché chez l'abbé.*
A la vérité, le marquis ne sait quel parti prendre ; Julien aime-t-il Mathilde véritablement, ou bien cherche-t-il à partager sa fortune et sa gloire ? Il se décide enfin à offrir au jeune couple ses terres du Languedoc... Mathilde, reconnaissante, croit pouvoir profiter du bon mouvement de son père pour lui demander, en plus, d'assister à leur mariage. La réponse est immédiate : « Gardez-vous de faire de nouvelles folies ; voici un brevet de lieutenant de hussards pour M. le chevalier Julien Sorel de La Vernaye. Vous voyez ce que je fais pour lui. Ne me contrariez pas, ne m'interrogez pas. Qu'il parte dans les vingt-quatre heures, pour se faire recevoir à Strasbourg, où est son régiment. Voici un mandat pour mon banquier ; qu'on m'obéisse. » *Est-ce que l'histoire saurait avoir une heureuse fin ? Julien n'ose pas l'espérer tout à fait...*

CHAPITRE 35

Un orage

Mon Dieu, donnez-moi la
médiocrité.

MIRABEAU.

on âme était absorbée; il ne répondait qu'à demi à la
vivre tendresse qu'elle lui témoignait. Il restait silencieux et sombre. Jamais il n'avait paru si grand, si
adorable aux yeux de Mathilde. Elle redoutait quelque subtilité de son orgueil qui viendrait déranger toute la position.

Presque tous les matins, elle voyait l'abbé Pirard arriver à
l'hôtel. Par lui Julien ne pouvait-il pas avoir pénétré quelque
chose des intentions de son père? Le marquis lui-même, dans un
moment de caprice, ne pouvait-il pas lui avoir écrit? Après un
aussi grand bonheur, comment expliquer l'air sévère de Julien?
Elle n'osa l'interroger.

Elle *n'osa!* elle, Mathilde! Il y eut dès ce moment, dans son
sentiment pour Julien, du vague, de l'imprévu, presque de la terreur. Cette âme sèche sentit de la passion tout ce qui en est possible dans un être élevé au milieu de cet excès de civilisation que
Paris admire.

Le lendemain de grand matin, Julien était au presbytère de
l'abbé Pirard. Des chevaux de poste arrivaient dans la cour avec
une chaise délabrée, louée à la poste voisine.

– Un tel équipage n'est plus de saison, lui dit le sévère abbé,
d'un air rechigné. Voici vingt mille francs, dont M. de La Mole
vous fait cadeau; il vous engage à les dépenser dans l'année, mais
en tâchant de vous donner le moins de ridicules possibles. (Dans

une somme aussi forte, jetée à un jeune homme, le prêtre ne voyait qu'une occasion de pécher).

Le marquis ajoute : M. Julien de La Vernaye aura reçu cet argent de son père, qu'il est inutile de désigner autrement. M. de La Vernaye jugera peut-être convenable de faire un cadeau à M. Sorel, charpentier à Verrières, qui soigna son enfance... Je pourrai me charger de cette partie de la commission, ajouta l'abbé; j'ai enfin déterminé M. de La Mole à transiger avec cet abbé de Frilair, si jésuite. Son crédit est décidément trop fort pour le nôtre. La reconnaissance implicite de votre haute naissance par cet homme qui gouverne Besançon, sera une des condition tacites de l'arrangement. Julien ne fut plus maître de son transport, il embrassa l'abbé, il se voyait reconnu.

– Fi donc! dit M. Pirard en le repoussant; que veut dire cette vanité mondaine?... Quant à Sorel et à ses fils, je leur offrirai, en mon nom, une pension annuelle de cinq cents francs, qui leur sera payée à chacun, tant que je serai content d'eux.

Julien était déjà froid et hautain. Il remercia, mais en termes très-vagues et n'engageant à rien. Serait-il bien possible, se disait-il, que je fusse le fils naturel de quelque grand seigneur exilé dans nos montagnes par le terrible Napoléon? A chaque instant cette idée lui semblait moins improbable... Ma haine pour mon père serait une preuve... Je ne serais plus un monstre!

Peu de jours après ce monologue, le quinzième régiment de hussards, l'un des plus brillants de l'armée, était en bataille sur la place d'armes de Strasbourg. M. le chevalier de La Vernaye montait le plus beau cheval de l'Alsace, qui lui avait coûté six mille francs. Il était reçu lieutenant, sans jamais avoir été sous-lieutenant que sur les contrôles d'un régiment dont il n'avait jamais ouï parler.

Son air impassible, ses yeux sévères et presque méchants, sa pâleur, son inaltérable sang-froid, commencèrent sa réputation dès le premier jour. Peu après, sa politesse parfaite et pleine de mesure, son adresse au pistolet et aux armes, qu'il fit connaître sans trop d'affectation, éloignèrent l'idée de plaisanter à haute voix sur son compte. Après cinq ou six jours d'hésitation, l'opinion publique du régiment se déclara en sa faveur. Il y a tout dans ce jeune homme, disaient les vieux officiers goguenards, excepté de la jeunesse.

De Strasbourg, Julien écrivit à M. Chélan, l'ancien curé de Verrières, qui touchait maintenant aux bornes de l'extrême vieillesse.

« Vous aurez appris avec une joie, dont je ne doute pas, les événements qui ont porté ma famille à m'enrichir. Voici cinq cents francs que je vous prie de distribuer sans bruit, ni mention aucune de mon nom, aux malheureux, pauvres maintenant comme je le fus autrefois, et que sans doute vous secourez comme autrefois vous m'avez secouru. »

Julien était ivre d'ambition et non pas de vanité; toutefois il donnait une grande part de son attention à l'apparence extérieure. Ses chevaux, ses uniformes, les livrées de ses gens étaient tenus avec une correction qui aurait fait honneur à la ponctualité d'un grand seigneur anglais. A peine lieutenant, par faveur et depuis deux jours, il calculait déjà que, pour commander en chef à trente ans, au plus tard, comme tous les grands généraux, il fallait à vingt-trois être plus que lieutenant. Il ne pensait qu'à la gloire et à son fils.

Ce fut au milieu des transports de l'ambition la plus effrénée qu'il fut surpris par un jeune valet de l'hôtel de La Mole, qui arrivait en courrier.

« Tout est perdu, lui écrivait Mathilde; accourez le plus vite possible, sacrifiez tout, désertez s'il le faut. A peine arrivé, attendez-moi dans un fiacre, près de la petite porte du jardin au n°... de la rue... J'irai vous parler; peut-être pourrai-je vous introduire dans le jardin. Tout est perdu, et je le crains, sans ressource; comptez sur moi, vous me trouverez dévouée et ferme dans l'adversité. Je vous aime. »

En quelques minutes, Julien obtint une permission du colonel, et partit de Strasbourg à franc-étrier; mais l'affreuse inquiétude qui le dévorait ne lui permit pas de continuer cette façon de voyager au-delà de Metz. Il se jeta dans une chaise de poste; et ce fut avec une rapidité presque incroyable qu'il arriva au lieu indiqué, près la petite porte du jardin de l'hôtel de La Mole. Cette porte s'ouvrit, et à l'instant Mathilde oubliant tout respect humain, se précipita dans ses bras. Heureusement il n'était que cinq heures du matin, et la rue était encore déserte.

– Tout est perdu; mon père, craignant mes larmes, est parti dans la nuit de jeudi. Pour où? personne ne le sait. Voici sa lettre; lisez. Et elle monta dans le fiacre avec Julien.

« Je pouvais tout pardonner, excepté le projet de vous séduire parce que vous êtes riche. Voilà, malheureuse fille, l'affreuse vérité. Je vous donne ma parole d'honneur que je ne consentirai jamais à un mariage avec cet homme. Je lui assure dix mille livres de rente s'il veut vivre au loin, hors des frontières de France, ou mieux encore en Amérique. Lisez la lettre que je reçois en réponse aux renseignements que j'avais demandés. L'impudent m'avait engagé lui-même à écrire à madame de Rênal. Jamais je ne lirai une ligne de vous relative à cet homme. Je prends en horreur Paris et vous. Je vous engage à recouvrir du plus grand secret ce qui doit arriver. Renoncez *franchement* à un homme vil, et vous retrouverez un père.»

– Où est la lettre de madame de Rênal? dit froidement Julien.
– La voici. Je n'ai voulu te la montrer qu'après que tu aurais été préparé.

LETTRE.

« Ce que je dois à la cause sacrée de la religion et de la morale m'oblige, monsieur, à la démarche pénible que je viens accomplir auprès de vous; une règle, qui ne peut faillir, m'ordonne de nuire en ce moment à mon prochain, mais afin d'éviter un plus grand scandale. La douleur que j'éprouve doit être surmontée par le sentiment du devoir. Il n'est que trop vrai, monsieur, la conduite de la personne au sujet de laquelle vous me demandez toute la vérité, a pu sembler inexplicable ou même honnête. On a pu croire convenable de cacher ou de déguiser une partie de la réalité, la prudence le voulait aussi bien que la religion. Mais cette conduite, que vous désirez connaître, a été dans le fait extrêmement condamnable, et plus que je ne puis le dire. Pauvre et avide, c'est à l'aide de l'hypocrisie la plus consommée, et par la séduction d'une femme faible et malheureuse, que cet homme a cherché à se faire un état et à devenir quelque chose. C'est une partie de mon pénible devoir d'ajouter que je suis obligée de croire que M. J... n'a aucun principe de religion. En conscience, je suis contrainte de penser qu'un de ses moyens pour réussir dans une maison, est de chercher à séduire la femme qui a le principal crédit. Couvert par une apparence de désintéressement et par des phrases de roman, son grand et unique objet est de parvenir à disposer du maître de la maison et de sa fortune. Il laisse après lui le malheur et des regrets éternels» etc., etc., etc.

Cette lettre extrêmement longue et à demi effacée par des larmes, était bien de la main de madame de Rênal; elle était même écrite avec plus de soin qu'à l'ordinaire.

– Je ne puis blâmer M. de La Mole, dit Julien après l'avoir finie ; il est juste et prudent. Quel père voudrait donner sa fille chérie à un tel homme ! Adieu !

Julien sauta à bas du fiacre, et courut à sa chaise de poste arrêtée au bout de la rue. Mathilde, qu'il semblait avoir oubliée, fit quelques pas pour le suivre ; mais les regards des marchands qui s'avançaient sur la porte de leurs boutiques, et desquels elle était connue, la forcèrent à rentrer précipitamment au jardin.

Julien était parti pour Verrières. Dans cette route rapide, il ne put écrire à Mathilde comme il en avait le projet, sa main ne formait sur le papier que des traits illisibles.

Il arriva à Verrières un dimanche matin. Il entra chez l'armurier du pays, qui l'accabla de compliments sur sa récente fortune. C'était la nouvelle du pays.

Julien eut beaucoup de peine à lui faire comprendre qu'il voulait une paire de pistolets. L'armurier sur sa demande chargea les pistolets.

Les *trois coups* sonnaient ; c'est un signal bien connu dans les villages de France, et qui, après les diverses sonneries de la matinée, annonce le commencement immédiat de la messe.

Julien entra dans l'église neuve de Verrières. Toutes les fenêtres hautes de l'édifice étaient voilées avec des rideaux cramoisis. Julien se trouva à quelques pas derrière le banc de madame de Rênal. Il lui sembla qu'elle priait avec ferveur. La vue de cette femme qui l'avait tant aimé fit trembler le bras de Julien d'une telle façon, qu'il ne put d'abord exécuter son dessein. Je ne le puis, se disait-il à lui-même ; physiquement, je ne le puis.

En ce moment le jeune clerc, qui servait la messe, sonna pour l'*élévation*. Madame de Rênal baissa la tête qui un instant se trouva presque entièrement cachée par les plis de son châle. Julien ne la reconnaissait plus aussi bien ; il tira sur elle un coup de pistolet et la manqua ; il tira un second coup ; elle tomba.

CHAPITRE 36

Détails tristes

> Ne vous attendez point de
> ma part à de la faiblesse. Je me
> suis vengé. J'ai mérité la mort,
> et me voici. Priez pour mon
> âme.
>
> SCHILLER.

Julien resta immobile, il ne voyait plus. Quand il revint un peu à lui, il aperçut tous les fidèles qui s'enfuyaient de l'église; le prêtre avait quitté l'autel. Julien se mit à suivre d'un pas assez lent quelques femmes qui s'en allaient en criant. Une femme qui voulait fuir plus vite que les autres, le poussa rudement, il tomba. Ses pieds s'étaient embarrassés dans une chaise renversée par la foule; en se relevant, il se sentit le cou serré; c'était un gendarme en grande tenue qui l'arrêtait. Machinalement Julien voulut avoir recours à ses petits pistolets; mais un second gendarme s'emparait de ses bras.

Il fut conduit à la prison. On entra dans une chambre, on lui mit les fers aux mains, on le laissa seul; la porte se referma sur lui à double tour; tout cela fut exécuté très-vite, et il y fut insensible.

— Ma foi, tout est fini, dit-il tout haut en revenant à lui... Oui, dans quinze jours la guillotine... ou se tuer d'ici là.

Son raisonnement n'allait pas plus loin; il se sentait la tête comme si elle eût été serrée avec violence. Il regarda pour voir si quelqu'un le tenait. Après quelques instants, il s'endormit profondément.

Madame de Rênal n'était pas blessée mortellement. La

première balle avait percé son chapeau; comme elle se retournait, le second coup était parti. La balle l'avait frappée à l'épaule, et chose étonnante, avait été renvoyée par l'os de l'épaule, que pourtant elle cassa, contre un pilier gothique, dont elle détacha un énorme éclat de pierre.

Quand, après un pansement long et douloureux, le chirurgien, homme grave, dit à Madame de Rênal : Je réponds de votre vie comme de la mienne, elle fut profondément affligée.

Depuis longtemps elle désirait sincèrement la mort. La lettre qui lui avait été imposée par son confesseur actuel, et qu'elle avait écrite à M. de La Mole, avait donné le dernier coup à cet être affaibli par un malheur trop constant. Ce malheur était l'absence de Julien; elle l'appelait, elle, *le remords.* Le directeur, jeune ecclésiastique vertueux et fervent, nouvellement arrivé de Dijon, ne s'y trompait pas.

Mourir ainsi, mais non de ma main, ce n'est point un péché, pensait madame de Rênal. Dieu me pardonnera peut-être de me réjouir de ma mort. Elle n'osait ajouter : Et mourir de la main de Julien, c'est le comble des félicités.

A peine fut-elle débarrassée de la présence du chirurgien et de tous les amis accourus en foule, qu'elle fit appeler Élisa, sa femme de chambre. – Le geôlier, lui dit-elle en rougissant beaucoup, est un homme cruel. Sans doute il va le maltraiter, croyant en cela faire une chose agréable pour moi... Cette idée m'est insupportable. Ne pourriez-vous pas aller comme de vous-même remettre au geôlier ce petit paquet qui contient quelques louis? Vous lui direz que la religion ne permet pas qu'il le maltraite... Il faut surtout qu'il n'aille pas parler de cet envoi d'argent.

C'est à la circonstance dont nous venons de parler que Julien dut l'humanité du geôlier de Verrières; c'était toujours ce M. Noiroud, ministériel parfait, auquel nous avons vu la présence de M. Appert faire une si belle peur.

Un juge parut dans la prison. – J'ai donné la mort avec préméditation, lui dit Julien; j'ai acheté et fait charger les pistolets chez un tel, armurier. L'article 1342 du Code pénal est clair, je mérite la mort, et je l'attends. Le juge étonné de cette façon de répondre, voulut multiplier les questions pour faire en sorte que l'accusé *se coupât* dans ses réponses.

– Mais ne voyez-vous pas, lui dit Julien, en souriant, que je me fais aussi coupable que vous pouvez le désirer? Allez, monsieur, vous ne manquerez pas la proie que vous poursuivez. Vous aurez le plaisir de me condamner. Épargnez-moi votre présence.

Il me reste un ennuyeux devoir à remplir, pensa Julien, il faut écrire à mademoiselle de La Mole.

« Je me suis vengé, lui disait-il. Malheureusement, mon nom paraîtra dans les journaux, et je ne puis échapper de ce monde incognito. Je mourrai dans deux mois. La vengeance a été atroce, comme la douleur d'être séparé de vous. De ce moment, je m'interdis d'écrire et de prononcer votre nom. Ne parlez jamais de moi, même à mon fils ; le silence est la seule façon de m'honorer. Pour le commun des hommes je serai un assassin vulgaire... Permettez-moi la vérité en ce moment suprême : vous m'oublierez. Cette grande catastrophe dont je vous conseille de ne jamais ouvrir la bouche à être vivant, aura épuisé pour plusieurs années tout ce que je voyais de romanesque et de trop aventureux dans votre caractère. Vous étiez faite pour vivre avec les héros du moyen âge ; montrez leur ferme caractère. Que ce qui doit se passer soit accompli en secret et sans vous compromettre. Vous prendrez un faux nom, et n'aurez pas de confident. S'il vous faut absolument le secours d'un ami, je vous lègue l'abbé Pirard.

« Ne parlez à nul autre, surtout pas à des gens de votre classe : les de Luz, les Caylus.

« Un an après ma mort, épousez M. de Croisenois ; je vous l'ordonne comme votre époux. Ne m'écrivez point, je ne répondrais pas. Bien moins méchant que Iago, à ce qu'il me semble, je vais dire comme lui : *From this time forth I never will speack word.*

« On ne me verra ni parler ni écrire ; vous aurez eu mes dernières paroles comme mes dernières adorations.

« J. S. »

Ce fut après avoir fait partir cette lettre que, pour la première fois Julien, un peu revenu à lui, fut très-malheureux. Chacune des espérances de l'ambition dut être arrachée successivement de son cœur par ce grand mot : Je mourrai. La mort, en elle-même, n'était pas *horrible* à ses yeux. Toute sa vie n'avait été qu'une longue préparation au malheur, et il n'avait eu garde d'oublier celui qui passe pour le plus grand de tous.

Quoi donc ! se disait-il, si dans soixante jours je devais me battre en duel avec un homme très-fort sur les armes, est-ce que j'aurais la faiblesse d'y penser sans cesse, et la terreur dans l'âme ?

Il passa plus d'une heure à chercher à se bien connaître sous ce rapport.

Quand il eut vu clair dans son âme, et que la vérité parut devant ses yeux aussi nettement qu'un des piliers de sa prison, il pensa au remords !

Pourquoi en aurais-je ? J'ai été offensé d'une manière atroce ;

j'ai tué, je mérite la mort, mais voilà tout. Je meurs après avoir soldé mon compte envers l'humanité. Je ne laisse aucune obligation non remplie, je ne dois rien à personne : ma mort n'a rien de honteux que l'instrument : cela seul, il est vrai, suffit richement pour ma honte aux yeux des bourgeois de Verrières ; mais sous le rapport intellectuel, quoi de plus méprisable ! Il me reste un moyen d'être considérable à leurs yeux : c'est de jeter au peuple des pièces d'or en allant au supplice. Ma mémoire, liée à l'idée de l'*or*, sera resplendissante pour eux.

Après ce raisonnement, qui au bout d'une minute lui sembla évident : Je n'ai plus rien à faire sur la terre, se dit Julien, et il s'endormit profondément.

Vers les neuf heures du soir, le geôlier le réveilla en lui apportant à souper.

– Que dit-on dans Verrières ?

– Monsieur Julien, le serment que j'ai prêté devant le crucifix, à la cour royale, le jour que je fus installé dans ma place, m'oblige au silence.

Il se taisait, mais restait. La vue de cette hypocrisie vulgaire amusa Julien. Il faut, pensa-t-il, que je lui fasse attendre longtemps les cinq francs qu'il désire pour me vendre sa conscience.

Quand le geôlier vit le repas finir sans tentative de séduction :

– L'amitié que j'ai pour vous, monsieur Julien, dit-il d'un air faux et doux, m'oblige à parler ; quoiqu'on dise que c'est contre l'intérêt de la justice, parce que cela peut vous servir à arranger votre défense... Monsieur Julien, qui est bon garçon, sera bien content si je lui apprends que madame de Rênal va mieux.

– Quoi ! elle n'est pas morte ? s'écria Julien hors de lui.

– Quoi ! vous ne saviez rien ! dit le geôlier d'un air stupide qui bientôt devint de la cupidité heureuse. Il sera bien juste que monsieur donne quelque chose au chirurgien qui, d'après la loi et justice, ne devait pas parler. Mais pour faire plaisir à monsieur, je suis allé chez lui, et il m'a tout conté...

– Enfin, la blessure n'est pas mortelle, lui dit Julien impatienté, tu m'en réponds sur ta vie ?

Le geôlier, géant de six pieds de haut, eut peur et se retira vers la porte. Julien vit qu'il prenait une mauvaise route pour arriver à la vérité, il se rassit et jeta un napoléon à M. Noiroud.

A mesure que le récit de cet homme prouvait à Julien que la blessure de madame de Rênal n'était pas mortelle, il se sentait gagné par les larmes. – Sortez ! dit-il brusquement.

Le geôlier obéit. A peine la porte fut-elle fermée : Grand Dieu ! Elle n'est pas morte ! s'écria Julien, et il tomba à genoux, pleurant à chaudes larmes.

Dans ce moment suprême il était croyant. Qu'importent les hypocrisies des prêtres? peuvent-elles ôter quelque chose à la vérité et à la sublimité de l'idée de Dieu?

Seulement alors, Julien commença à se repentir du crime commis. Par une coïncidence qui lui évita le désespoir, en cet instant seulement, venait de cesser l'état d'irritation physique et de demi-folie où il était plongé depuis son départ de Paris pour Verrières.

Ses larmes avaient une source généreuse, il n'avait aucun doute sur la condamnation qui l'attendait.

Ainsi elle vivra! se disait-il... Elle vivra pour me pardonner et pour m'aimer...

Le lendemain matin fort tard, quand le geôlier le réveilla :

— Il faut que vous ayez un fameux cœur, monsieur Julien, lui dit cet homme. Deux fois je suis venu et n'ai pas voulu vous réveiller. Voici deux bouteilles d'excellent vin que vous envoie M. Malson, notre curé.

— Comment ce coquin est encore ici? dit Julien.

— Oui, monsieur, répondit le geôlier en baissant la voix, mais ne parlez pas si haut, cela pourrait vous nuire.

Julien rit de bon cœur.

— Au point où j'en suis, mon ami, vous seul pourriez me nuire si vous cessiez d'être doux et humain... Vous serez bien payé, dit Julien en s'interrompant et reprenant l'air impérieux. Cet air fut justifié à l'instant par le don d'une pièce de monnaie.

M. Noiroud raconta de nouveau et dans les plus grands détails tout ce qu'il avait appris sur madame de Rênal, mais il ne parla point de la visite de mademoiselle Élisa.

Cet homme était bas et soumis autant que possible. Une idée traversa la tête de Julien : Cette espèce de géant difforme peut gagner trois ou quatre cents francs, car sa prison n'est guère fréquentée; je puis lui assurer dix mille francs, s'il veut se sauver en Suisse avec moi... La difficulté sera de le persuader de ma bonne foi. L'idée du long colloque à avoir avec un être aussi vil, inspira du dégoût à Julien, il pensa à autre chose.

Le soir il n'était plus temps. Une chaise de poste vint le prendre à minuit. Il fut très content des gendarmes, ses compagnons de voyage. Le matin, lorsqu'il arriva à la prison de Besançon, on eut la bonté de le loger dans l'étage supérieur d'un donjon gothique. Il jugea l'architecture du commencement du XIVe siècle; il en admira la grâce et la légèreté piquantes. Par un étroit intervalle entre deux murs au-delà d'une cour profonde, il avait une échappée de vue superbe.

Le lendemain il y eut un interrogatoire, après quoi, pendant plusieurs jours on le laissa tranquille. Son âme était calme. Il ne trouvait rien que de simple dans son affaire : J'ai voulu tuer, je dois être tué. Sa pensée ne s'arrêta pas davantage à ce raisonnement. Le jugement, l'ennui de paraître en public, la défense, il considérait tout cela comme de légers embarras, des cérémonies ennuyeuses auxquelles il serait temps de songer le jour même. Le moment de la mort ne l'arrêta guère plus : J'y songerai après le jugement. La vie n'était point ennuyeuse pour lui, il considérait toutes choses sous un nouvel aspect, il n'avait plus d'ambition. Il pensait rarement à mademoiselle de La Mole. Ses remords l'occupaient beaucoup et lui présentaient souvent l'image de madame de Rênal, surtout pendant le silence des nuits, troublé seulement, dans ce donjon élevé, par le chant de l'orfraie.

Il remerciait le ciel de ne l'avoir pas blessée à mort. Chose étonnante! se disait-il, je croyais que par sa lettre à M. de La Mole elle avait détruit à jamais mon bonheur à venir, et moins de quinze jours après la date de cette lettre je ne songe plus à tout ce qui m'occupait alors... Deux ou trois mille livres de rente pour vivre tranquille dans un pays de montagnes comme Vergy... J'étais heureux alors... Je ne connaissais pas mon bonheur!

Dans d'autres instants, il se levait en sursaut de sa chaise. Si j'avais blessé à mort madame de Rênal, je me serais tué... J'ai besoin de cette certitude pour ne pas me faire horreur à moi-même.

Me tuer! voilà la grande question, se disait-il. Ces juges si formalistes, si acharnés après le pauvre accusé, qui feraient pendre le meilleur citoyen, pour accrocher la croix... Je me soustrairais à leur empire, à leurs injures en mauvais français, que le journal du département va appeler de l'éloquence...

Je puis vivre encore cinq ou six semaines, plus ou moins... Me tuer! ma foi non, se dit-il après quelques jours, Napoléon a vécu...

D'ailleurs, la vie m'est agréable; ce séjour est tranquille; je n'y ai point d'ennuyeux, ajouta-t-il en riant, et il se mit à faire la note des livres qu'il voulait faire venir de Paris.

Résumé des chapitres 37 à 40

Les amis de Julien se succèdent dans la prison. Vient en premier le vieil abbé Chélan, bouleversé, et « comme étourdi de le voir lui prendre les mains et les porter à ses lèvres. *» Julien remarque avec épouvante sur le visage de cet homme fatigué l'image de la mort qui le guette... Entre ensuite Fouqué, «* éperdu de douleur *», et qui lui offre ses économies pour le faire évader.*

Puis c'est le tour de Mathilde, mal dissimulée sous le pseudonyme de Mme Michelet, qui a déjà trouvé des avocats et va plus haut encore chercher le moyen d'infléchir la justice auprès du premier grand vicaire de Besançon, l'abbé de Frilair, qui voit dans cette démarche désespérée l'appui qu'il attendait pour devenir évêque.

Mathilde met toutes ses forces et sa fortune pour sauver Julien, mais le plus dur obstacle est bien Julien lui-même : « L'ambition était morte en son coeur, une autre passion y était sortie de ses cendres ; il l'appelait le remords d'avoir assassiné madame de Rênal... »

Mathilde rend tous les jours visite au prisonnier qui, curieusement, se sent « plus heureux seul que quand cette fille si belle partage [*sa*] solitude ».

Personne alors n'attendait cette lettre envoyée à chacun des trente-six jurés : « Je ne paraîtrai point le jour du jugement, monsieur, parce que ma présence pourrait jeter de la défaveur sur la cause de M. Sorel. Je ne désire qu'une chose au monde et avec passion, c'est qu'il soit sauvé... » *Mme de Rênal, encore très affaiblie, venait d'arriver à Besançon...*

CHAPITRE 41

Le Jugement

> Le pays se souviendra long-
> temps de ce procès célèbre.
> L'intérêt pour l'accusé était
> porté jusqu'à l'agitation; c'est
> que son crime était étonnant et
> pourtant pas atroce. L'eût-il
> été, ce jeune homme était si
> beau! sa haute fortune, sitôt
> finie, augmentait l'attendrisse-
> ment. Le condamneront-ils?
> demandaient les femmes aux
> hommes de leur connaissance,
> et on les voyait pâlissantes
> attendre la réponse.
> SAINTE-BEUVE.

E nfin parut ce jour, tellement redouté de madame de Rênal et de Mathilde.

L'aspect étrange de la ville redoublait leur terreur, et ne laissait pas sans émotion même l'âme ferme de Fouqué. Toute la province était accourue à Besançon pour voir juger cette cause romanesque.

Depuis plusieurs jours, il n'y avait plus de place dans les auberges. M. le président des assises était assailli par des demandes de billets; toutes les dames de la ville voulaient assister au jugement; on criait dans les rues le portrait de Julien, etc., etc.

Mathilde tenait en réserve pour ce moment suprême une lettre écrite en entier de la main de monseigneur l'évêque de***. Ce prélat, qui dirigeait l'Église de France et faisait des évêques, daignait demander l'acquittement de Julien. La veille du jugement, Mathilde porta cette lettre au tout-puissant grand vicaire.

A la fin de l'entrevue, comme elle s'en allait fondant en larmes : – Je réponds de la déclaration du jury, lui dit M. de Frilair sortant enfin de sa réserve diplomatique, et presque ému lui-même. Parmi les douze personnes chargées d'examiner si le crime de votre protégé est constant, et surtout s'il y a eu préméditation, je compte six amis dévoués à ma fortune, et je leur ai fait entendre qu'il dépendait d'eux de me porter à l'épiscopat. Le baron Valenod, que j'ai fait maire de Verrières, dispose entièrement de deux de ses administrés, MM. de Moirod et de Cholin. A la vérité, le sort nous a donné pour cette affaire deux jurés fort mal pensants ; mais, quoique ultra-libéraux, ils sont fidèles à mes ordres dans les grandes occasions, et je les ai fait prier de voter comme M. Valenod. J'ai appris qu'un sixième juré industriel, immensément riche et bavard libéral, aspire en secret à une fourniture au ministère de la Guerre, et sans doute il ne voudrait pas me déplaire. Je lui ai fait dire que M. de Valenod a mon dernier mot.

– Et quel est ce M. de Valenod ? dit Mathilde inquiète.

– Si vous le connaissiez, vous ne pourriez douter du succès. C'est un parleur audacieux, impudent, grossier, fait pour mener des sots. 1814 l'a pris à la misère, et je vais en faire un préfet. Il est capable de battre les autres jurés s'ils ne veulent pas voter à sa guise.

Mathilde fut un peu rassurée.

Une autre discussion l'attendait dans la soirée. Pour ne pas prolonger une scène désagréable et dont à ses yeux le résultat était certain, Julien était résolu à ne pas prendre la parole.

– Mon avocat parlera, dit-il à Mathilde. Je ne serai que trop longtemps exposé en spectacle à tous mes ennemis. Ces provinciaux ont été choqués de la fortune rapide que je vous dois, et, croyez-m'en, il n'en est pas un qui ne désire ma condamnation, sauf à pleurer comme un sot quand on me mènera à la mort.

– Ils désirent vous voir humilié, il n'est que trop vrai, répondit Mathilde, mais je ne les crois point cruels. Ma présence à Besançon et le spectacle de ma douleur ont intéressé toutes les femmes : votre jolie figure fera le reste. Si vous dites un mot devant vos juges, tout l'auditoire est pour vous, etc., etc.

Le lendemain à neuf heures, quand Julien descendit de sa prison pour aller dans la grande salle du Palais-de-Justice, ce fut avec beaucoup de peine que les gendarmes parvinrent à écarter la foule immense entassée dans la cour. Julien avait bien dormi, il était fort calme, et n'éprouvait d'autre sentiment qu'une piété philosophique pour cette foule d'envieux qui, sans cruauté, allaient applaudir à son arrêt de mort. Il fut bien surpris lorsque, retenu plus d'un quart d'heure au milieu de la foule, il fut obligé de reconnaître que sa présence inspirait au public une pitié tendre. Il n'entendit pas un seul propos désagréable. Ces provinciaux sont moins méchants que je ne le croyais, se dit-il.

En entrant dans la salle du jugement, il fut frappé de l'élégance de l'architecture. C'était un gothique propre, et une foule de jolies petites colonnes taillées dans la pierre avec le plus grand soin. Il se crut en Angleterre.

Mais bientôt toute son attention fut absorbée par douze ou quinze jolies femmes qui, placées vis-à-vis de la sellette de l'accusé, remplissaient les trois balcons au-dessus des juges et des jurés. En se retournant vers le public, il vit que la tribune circulaire qui règne au-dessus de l'amphithéâtre était remplie de femmes : la plupart étaient jeunes et lui semblèrent fort jolies ; leurs yeux étaient brillants et remplis d'intérêt. Dans le reste de la salle, la foule était énorme ; on se battait aux portes, et les sentinelles ne pouvaient obtenir le silence.

Quand tous les yeux qui cherchaient Julien s'aperçurent de sa présence, en le voyant occuper la place un peu élevée réservée à l'accusé, il fut accueilli par un murmure d'étonnement et de tendre intérêt.

On eût dit ce jour-là, qu'il n'avait pas vingt ans ; il était mis fort simplement, mais avec une grâce parfaite ; ses cheveux et son front étaient charmants ; Mathilde avait voulu présider elle-même à sa toilette. La pâleur de Julien était extrême. A peine assis sur la sellette, il entendit dire de tous côtés : Dieu ! comme il est jeune !... Mais c'est un enfant... Il est bien mieux que son portrait.

— Mon accusé, lui dit le gendarme assis à sa droite, voyez-vous ces six dames qui occupent ce balcon ? Le gendarme lui indiquait une petite tribune en saillie au-dessus de l'amphithéâtre où sont placés les jurés. C'est madame la préfète, continua le gendarme, à côté madame la marquise de M***, celle-là vous aime bien ; je l'ai entendue parler au juge d'instruction. Après c'est madame Derville.

— Madame Derville ! s'écria Julien, et une vive rougeur couvrit son front. Au sortir d'ici, pensa-t-il, elle va écrire à madame de Rênal. Il ignorait l'arrivée de madame de Rênal à Besançon.

Les témoins furent bien vite entendus. Dès les premiers mots de l'accusation soutenue par l'avocat général, deux de ces dames placées dans le petit balcon, tout à fait en face de Julien, fondirent en larmes. Madame Derville ne s'attendrit point ainsi, pensa Julien. Cependant il remarqua qu'elle était fort rouge.

L'avocat général faisait du pathos en mauvais français sur la barbarie du crime commis; Julien observa que les voisines de madame Derville avaient l'air de le désapprouver vivement. Plusieurs jurés, apparemment de la connaissance de ces dames, leur parlaient et semblaient les rassurer. Voilà qui ne laisse pas que d'être de bon augure, pensa Julien.

Jusque-là il s'était senti pénétré d'un mépris sans mélange pour tous les hommes qui assistaient au jugement. L'éloquence plate de l'avocat général augmenta ce sentiment de dégoût. Mais peu à peu la sécheresse d'âme de Julien disparut devant les marques d'intérêt dont il était évidemment l'objet.

Il fut content de la mine ferme de son avocat. Pas de phrases, lui dit-il tout bas comme il allait prendre la parole.

– Toute l'emphase pillée à Bossuet, qu'on a étalée contre vous, vous a servi, dit l'avocat. En effet, à peine avait-il parlé pendant cinq minutes, que presque toutes les femmes avaient leur mouchoir à la main. L'avocat, encouragé, adressa aux jurés des choses extrêmement fortes. Julien frémit, il se sentait sur le point de verser des larmes. Grand Dieu! que diront mes ennemis?

Il allait céder à l'attendrissement qui le gagnait, lorsque, heureusement pour lui, il surprit un regard insolent de M. le baron de Valenod.

Les yeux de ce cuistre sont flamboyants, se dit-il; quel triomphe pour cette âme basse! Quand mon crime n'aurait amené que cette seule circonstance, je devrais le maudire. Dieu sait ce qu'il dira de moi à madame de Rênal!

Cette idée effaça toutes les autres. Bientôt après, Julien fut rappelé à lui-même par les marques d'assentiment du public. L'avocat venait de terminer sa plaidoirie. Julien se souvint qu'il était convenable de lui serrer la main. Le temps avait passé rapidement.

On apporta des rafraîchissements à l'avocat et à l'accusé. Ce fut alors seulement que Julien fut frappé d'une circonstance : aucune femme n'avait quitté l'audience pour aller dîner.

– Ma foi, je meurs de faim, dit l'avocat, et vous?

– Moi de même, répondit Julien.

– Voyez, voilà madame la préfète qui reçoit aussi son dîner, lui dit l'avocat en lui indiquant le petit balcon. Bon courage, tout va bien. La séance recommença. Comme le président faisait son résumé, minuit sonna. Le président fut obligé de s'interrompre; au milieu du silence, de l'anxiété universelle, le retentissement de la cloche de l'horloge remplissait la salle. Voilà le dernier de mes jours qui commence, pensa Julien. Bientôt il se sentit enflammé par l'idée du devoir. Il avait dominé jusque-là son attendrissement, et gardé sa résolution de ne point parler; mais quand le président des assises lui demanda s'il avait quelque chose à ajouter, il se leva. Il voyait devant lui les yeux de madame Derville qui, aux lumières, lui semblèrent bien brillants. Pleurerait-elle, par hasard? pensa-t-il.

« Messieurs les jurés,

« L'horreur du mépris, que je croyais pouvoir braver au moment de la mort, me fait prendre la parole. Messieurs, je n'ai point l'honneur d'appartenir à votre classe, vous voyez en moi un paysan qui s'est révolté contre la bassesse de sa fortune.

« Je ne vous demande aucune grâce, continua Julien en affermissant sa voix. Je ne me fais point illusion, la mort m'attend : elle sera juste. J'ai pu attenter aux jours de la femme la plus digne de tous les respects, de tous les hommages. Madame de Rênal avait été pour moi comme une mère. Mon crime est atroce, et il fut *prémédité*. J'ai donc mérité la mort, messieurs les jurés. Mais quand je serais moins coupable, je vois des hommes qui, sans s'arrêter à ce que ma jeunesse peut mériter de pitié, voudront punir en moi et décourager à jamais cette classe de jeunes gens qui, nés dans une classe inférieure et en quelque sorte opprimés par la pauvreté, ont le bonheur de se procurer une bonne éducation, et l'audace de se mêler à ce que l'orgueil de gens riches appelle la société.

« Voilà mon crime, messieurs, et il sera puni avec d'autant plus de sévérité, que dans le fait je ne suis point jugé par mes pairs. Je ne vois point sur les bancs des jurés quelque paysan enrichi, mais uniquement bourgeois indignés... »

Pendant vingt minutes, Julien parla sur ce ton; il dit tout ce qu'il avait sur le cœur; l'avocat général, qui aspirait aux faveurs de l'aristocratie, bondissait sur son siège; mais malgré le tour un peu abstrait que Julien avait donné à la discussion, toutes les femmes fondaient en larmes. Madame Derville elle-même avait son mouchoir sur ses yeux. Avant de finir, Julien revint à la préméditation, à son repentir, au respect, à l'adoration filiale et sans bornes que, dans des temps plus heureux, il avait pour madame de Rênal... Madame Derville jeta un cri et s'évanouit.

Une heure sonnait comme les jurés se retiraient dans leur chambre. Aucune femme n'avait abandonné sa place; plusieurs hommes avaient les larmes aux yeux. Les conversations furent d'abord très vives; mais peu à peu, la décision du jury se faisant attendre, la fatigue générale commença à jeter du calme dans l'assemblée. Ce moment était solennel; les lumières jetaient moins d'éclat. Julien, très fatigué, entendait discuter auprès de lui la question de savoir si ce retard était de bon ou de mauvais augure. Il vit avec plaisir que tous les vœux étaient pour lui; le jury ne revenait point, et cependant aucune femme ne quittait la salle.

Comme deux heures venaient de sonner, un grand mouvement se fit entendre. La petite chambre de la porte des jurés s'ouvrit. M. le baron de Valenod s'avança d'un pas grave et théâtral, il était suivi de tous les jurés. Il toussa, puis déclara qu'en son âme et conscience la déclaration unanime du jury était que Julien Sorel était coupable de meurtre, et de meurtre avec préméditation : cette déclaration entraînait la peine de mort; elle fut prononcée un instant après. Julien regarda sa montre, et se souvint de M. de Lavalette; il était deux heures et un quart. C'est aujourd'hui vendredi, pensa-t-il.

Oui, mais ce jour est heureux pour le Valenod, qui me condamne... Je suis trop surveillé pour que Mathilde puisse me sauver comme fit madame de Lavalette... Ainsi, dans trois jours, à cette même heure, je saurai à quoi m'en tenir sur le *grand peut-être*.

En ce moment il entendit un cri et fut rappelé aux choses de ce monde. Les femmes autour de lui sanglottaient; il vit que toutes les figures étaient tournées vers une petite tribune pratiquée dans le couronnement d'un pilastre gothique. Il sut plus tard que Mathilde s'y était cachée. Comme le cri ne se renouvela pas, tout le monde se remit à regarder Julien, auquel les gendarmes cherchaient à faire traverser la foule.

Tâchons de ne pas apprêter à rire à ce fripon de Valenod, pensa Julien. Avec quel air contrit et patelin il a prononcé la déclaration qui entraîne la peine de mort! tandis que ce pauvre président des assises, tout juge qu'il est depuis nombre d'années, avait la larme à l'œil en me condamnant. Quelle joie pour le Valenod de se venger de notre ancienne rivalité auprès de madame de Rênal!... Je ne la verrai donc plus! C'en est fait... Un dernier adieu est impossible entre nous, je le sens... Que j'aurais été heureux de lui dire toute l'horreur que j'ai de mon crime!

Seulement ces paroles : Je me trouve justement condamné.

Résumé du chapitre 42

Julien est conduit dans la cellule des condamnés à mort. Il pense à Mme de Rênal : « Après une telle action, comme la persuader que je l'aime uniquement ? » *Puis il se souvient du mot de Danton :* « C'est singulier, le verbe guillotiner ne peut se conjuguer dans tous les temps ; on peut dire : Je serai guillotiné, tu seras guillotiné, mais on ne dit pas : J'ai été guillotiné. » *A moins qu'il n'y ait une autre vie ?... Tôt le matin suivant, Mathilde vient le voir pour qu'il signe son appel. Il refuse.*

CHAPITRE 43

U ne heure après, comme il dormait profondément, il fut éveillé par des larmes qu'il sentait couler sur sa main. Ah! c'est encore Mathilde, pensa-t-il à demi éveillé. Elle vient, fidèle à la théorie, attaquer ma résolution par les sentiments tendres. Ennuyé de la perspective de cette nouvelle scène dans le genre pathétique, il n'ouvrit pas les yeux. Les vers de Belphégor fuyant sa femme lui revinrent à la pensée.

Il entendit un soupir singulier; il ouvrit les yeux : c'était madame de Rênal.

– Ah! je te revois avant que de mourir, est-ce une illusion? s'écria-t-il en se jetant à ses pieds.

Mais pardon, madame, je ne suis qu'un assassin à vos yeux, dit-il à l'instant, en revenant à lui.

– Monsieur, je viens vous conjurer d'appeler; je sais que vous ne le voulez pas... Ses sanglots l'étouffaient; elle ne pouvait parler.

– Daignez me pardonner.

– Si tu veux que je te pardonne, lui dit-elle en se levant et se jetant dans ses bras, appelle tout de suite de ta sentence de mort.

Julien la couvrait de baisers.

– Viendras-tu me voir tous les jours pendant ces deux mois?

– Je te le jure. Tous les jours, à moins que mon mari ne me le défende.

– Je signe! s'écria Julien. Quoi! Tu me pardonnes! est-il possible!

Il la serrait dans ses bras; il était fou. Elle jeta un petit cri.

– Ce n'est rien, lui dit-elle, tu m'as fait mal.

– A ton épaule, s'écria Julien fondant en larmes. Il s'éloigna un peu, et couvrit sa main de baisers de flamme. Qui me l'eût dit la dernière fois que je te vis dans ta chambre à Verrières?

– Qui m'eût dit alors que j'écrirais à M. de La Mole cette lettre infâme?

– Sache que je t'ai toujours aimée, que je n'ai aimé que toi.

– Est-il possible! s'écria madame de Rênal, ravie à son tour. Elle s'appuya sur Julien, qui était à ses genoux, et longtemps ils pleurèrent en silence.

A aucune époque de sa vie, Julien n'avait trouvé un moment pareil.

Bien longtemps après, quand on put parler :

– Et cette jeune madame Michelet, dit Madame de Rênal, ou plutôt cette mademoiselle de La Mole; car je commence en vérité à croire cet étrange roman!

– Il n'est vrai qu'en apparence, répondit Julien. C'est ma femme, mais ce n'est pas ma maîtresse...

En s'interrompant cent fois l'un l'autre, ils parvinrent à grand'peine à se raconter ce qu'ils ignoraient. La lettre écrite à M. de La Mole avait été faite par le jeune prêtre qui dirigeait la conscience de madame de Rênal, et ensuite copiée par elle.

– Quelle horreur m'a fait commettre la religion! lui disait-elle; et encore j'ai adouci les passages les plus affreux de cette lettre.

Les transports et le bonheur de Julien lui prouvaient combien il lui pardonnait. Jamais il n'avait été aussi fou d'amour.

– Je me crois pourtant pieuse, lui disait madame de Rênal dans la suite de la conversation. Je crois sincèrement en Dieu; je crois également, et même cela m'est prouvé, que le crime que je commets est affreux, et dès que je te vois, même après que tu m'as tiré deux coups de pistolet... Et ici, malgré elle, Julien la couvrit de baisers.

– Laisse-moi, continua-t-elle, je veux raisonner avec toi, de peur de l'oublier... Dès que je te vois, tous les devoirs disparaissent, je ne suis plus qu'amour pour toi, ou plutôt, le mot amour est trop faible. Je sens pour toi ce que je devrais sentir uniquement pour Dieu : un mélange de respect, d'amour, d'obéissance... En vérité je ne sais ce que tu m'inspires... Tu me dirais de donner un coup de couteau au geôlier, que le crime serait commis avant que je n'y eusse songé. Explique-moi cela bien nettement avant que je te quitte, je veux voir clair dans mon cœur; car dans deux mois nous nous quittons... A propos, nous quitterons-nous? lui dit-elle en souriant.

– Je retire ma parole, s'écria Julien en se levant; je n'appelle pas de la sentence de mort, si, par poison, couteau, pistolet, charbon ou de toute autre manière quelconque, tu cherches à mettre fin ou obstacle à ta vie.

La physionomie de madame de Rênal changea tout à coup; la plus vive tendresse fit place à une rêverie profonde.

– Si nous mourions tout de suite? lui dit-elle enfin.

– Qui sait ce que l'on trouve dans l'autre vie? répondit Julien, peut-être des tourments, peut-être rien du tout. Ne pouvons-nous pas passer deux mois ensemble d'une manière délicieuse? Deux mois, c'est bien des jours. Jamais je n'aurai été aussi heureux?

– Jamais tu n'auras été si heureux!

– Jamais, répéta Julien ravi, et je te parle comme je me parle à moi-même. Dieu me préserve d'exagérer.

– C'est me commander que de parler ainsi, dit-elle avec un sourire timide et mélancolique.

– Eh bien! tu jures, sur l'amour que tu as pour moi, de n'attenter à ta vie par aucun moyen direct, ni indirect... songe, ajouta-t-il, qu'il faut que tu vives pour mon fils, que Mathilde abandonnera à des laquais dès qu'elle sera marquise de Croisenois.

– Je jure, reprit-elle froidement, mais je veux emporter ton appel écrit et signé de ta main. J'irai moi-même chez M. le procureur général.

– Prends garde, tu te compromets.

– Après la démarche d'être venue te voir dans ta prison, je suis à jamais, pour Besançon et toute la Franche-Comté, une héroïne d'anecdotes, dit-elle d'un air profondément affligé. Les bornes de l'austère pudeur sont franchies... Je suis une femme perdue d'honneur; il est vrai que c'est pour toi...

Son accent était si triste, que Julien l'embrassa avec un bonheur tout nouveau pour lui. Ce n'était plus l'ivresse de l'amour, c'était reconnaissance extrême. Il venait d'apercevoir, pour la première fois, toute l'étendue du sacrifice qu'elle lui avait fait.

Quelque âme charitable informa, sans doute, M. de Rênal des longues visites que sa femme faisait à la prison de Julien; car au bout de trois jours il lui envoya sa voiture, avec l'ordre exprès de revenir sur-le-champ à Verrières.

Cette séparation cruelle avait mal commencé la journée pour Julien. On l'avertit, deux ou trois heures après, qu'un certain prêtre intrigant, qui pourtant n'avait pu se pousser parmi les Jésuites de Besançon, s'était établi depuis le matin en dehors de la porte de la prison, dans la rue. Il pleuvait beaucoup, et là cet homme prétendait jouer le martyr. Julien était mal disposé, cette sottise le toucha profondément.

Le matin il avait déjà refusé la visite de ce prêtre, mais cet homme s'était mis en tête de confesser Julien et de se faire un nom parmi les jeunes femmes de Besançon, par toutes les confidences qu'il prétendrait en avoir reçues.

Il déclarait à haute voix qu'il allait passer la journée et la nuit à la porte de la prison; – Dieu m'envoie pour toucher le cœur de cet autre apostat... Et le bas peuple, toujours curieux d'une scène, commençait à s'attrouper.

– Oui, mes frères, leur disait-il, je passerai ici la journée, la nuit, ainsi que toutes les journées, et toutes les nuits qui suivront. Le Saint-Esprit m'a parlé, j'ai une mission d'en haut; c'est moi qui dois sauver l'âme du jeune Sorel. Unissez-vous à mes prières, etc.

Julien avait horreur du scandale et de tout ce qui pouvait attirer l'attention sur lui. Il songea à saisir le moment pour échapper du monde incognito; mais il avait quelque espoir de revoir madame de Rênal, et il était éperdûment amoureux.

La porte de la prison était située dans l'une des rues les plus fréquentées. L'idée de ce prêtre crotté, faisant foule et scandale, torturait son âme. – Et, sans nul doute, à chaque instant il répète mon nom! Ce moment fut plus pénible que la mort.

Il appela deux ou trois fois, à une heure d'intervalle, un porte-clefs qui lui était dévoué, pour l'envoyer voir si le prêtre était encore à la porte de la prison.

– Monsieur, il est à deux genoux dans la boue, lui disait toujours le porte-clefs; il prie à haute voix et dit les litanies pour votre âme... L'impertinent! pensa Julien. En ce moment, en effet, il entendit un bourdonnement sourd, c'était le peuple répondant aux litanies. Pour comble d'impatience, il vit le porte-clefs lui-même agiter ses lèvres en répétant les mots latins. – On commence à dire, ajouta le porte-clefs, qu'il faut que vous ayez le cœur bien endurci pour refuser le secours de ce saint homme.

O ma patrie! que tu es encore barbare! s'écria Julien ivre de colère. Et il continua son raisonnement tout haut et sans songer à la présence du porte-clefs.

– Cet homme veut un article dans le journal, et le voilà sûr de l'obtenir.

Ah! maudits provinciaux! à Paris, je ne serais pas soumis à toutes ces vexations. On y est plus savant en charlatanisme.

– Faites entrer ce saint prêtre, dit-il enfin au porte-clefs, et la sueur coulait à grands flots sur son front. Le porte-clefs fit le signe de la croix, et sortit tout joyeux.

Ce saint prêtre se trouva horriblement laid, il était encore plus crotté. La pluie froide qu'il faisait, augmentait l'obscurité et l'humidité du cachot. Le prêtre voulut embrasser Julien, et se mit à s'attendrir en lui parlant. La plus basse hypocrisie était trop évidente; de sa vie Julien n'avait été aussi en colère.

Un quart d'heure après l'entrée du prêtre, Julien se trouva tout à fait un lâche. Pour la première fois la mort lui parut horrible. Il pensait à l'état de putréfaction où serait son corps deux jours après l'exécution, etc., etc.

Il allait se trahir par quelque signe de faiblesse ou se jeter sur le prêtre et l'étrangler avec sa chaîne, lorsqu'il eut l'idée de prier le saint homme d'aller dire pour lui une bonne messe de quarante francs, ce jour-là même.

Or, il était midi, le prêtre décampa.

Résumé du chapitre 44

Mathilde revient encore, et lui apprend que c'est à Valenod qu'il doit sa condamnation, mais Julien ne pense qu'à Mme de Rênal et la renvoie. C'est alors Fouqué qui entre ; renvoyé à son tour. Le lendemain, c'est le tour de son père, et Julien ne peut plus retenir ses larmes. « Quelle indigne faiblesse, se dit-il avec rage. » *Mais le vieux charpentier ne s'intéresse en fait qu'à la fortune qu'il va laisser :* « Il y a encore les frais de votre nourriture et de votre éducation que j'ai avancés... » « Voilà donc l'amour de père ! se répétait Julien l'âme navrée, lorsqu'enfin il fut seul. » *Ce père qui* « ne m'a jamais aimé » *pense-t-il, mais auquel il vient de promettre de lui léguer tous ses biens.*

Les jours passent, Mathilde le quitte à peine, Mme de Rênal ne vient plus. Julien songe à se suicider. Il se récite La Bible, *qu'il connaît par cœur.* Comment croire « à ce grand nom : Dieu, après l'abus effroyable qu'en font nos prêtres ?... » « Ah ! s'il existait... hélas ! je tomberais à ses pieds. J'ai mérité la mort, lui dirais-je ; mais, grand Dieu, Dieu bon, Dieu indulgent, rends-moi celle que j'aime ! »

Mais c'est son ami Fouqué qui se présente...

CHAPITRE 45

J e ne peux pas jouer à ce pauvre abbé Chas-Bernard le mauvais tour de le faire appeler, dit-il à Fouqué; il n'en dînerait pas de trois jours. Mais tâche de me trouver un janséniste, ami de M. Pirard et inaccessible à l'intrigue.

Fouqué attendait cette ouverture avec impatience. Julien s'acquitta avec décence de tout ce qu'on doit à l'opinion, en province. Grâce à M. l'abbé de Frilair, et malgré le mauvais choix de son confesseur, Julien était dans son cachot le protégé de la congrégation; avec plus de conduite, il eût pu s'échapper. Mais le mauvais air du cachot produisant son effet, sa raison diminuait. Il n'en fut que plus heureux au retour de madame de Rênal.

— Mon premier devoir est envers toi, lui dit-elle en l'embrassant; je me suis sauvée de Verrières...

Julien n'avait point de petit amour-propre à son égard, il lui raconta toutes ses faiblesses. Elle fut bonne et charmante pour lui.

Le soir, à peine sortie de la prison, elle fit venir chez sa tante le prêtre qui s'était attaché à Julien comme à une proie : comme il ne voulait que se mettre en crédit auprès des jeunes femmes appartenant à la haute société de Besançon, madame de Rênal l'engagea facilement à aller faire une neuvaine à l'abbaye de Bray-le-Haut.

Aucune parole ne put rendre l'excès et la folie de l'amour de Julien.

A force d'or, et en usant et abusant du crédit de sa tante, dévote célèbre et riche, madame de Rênal obtint de le voir deux fois par jour.

A cette nouvelle, la jalousie de Mathilde s'exalta jusqu'à

l'égarement. M. de Frilair lui avait avoué que tout son crédit n'allait pas jusqu'à braver toutes les convenances au point de lui faire permettre de voir son ami plus d'une fois chaque jour Mathilde fit suivre madame de Rênal afin de connaître ses moindres démarches. M. de Frilair épuisait toutes les ressources d'un esprit fort adroit, pour lui prouver que Julien était indigne d'elle.

Au milieu de tous ces tourments elle ne l'en aimait que plus, et, presque chaque jour, lui faisait une scène horrible.

Julien voulait à toute force être honnête homme jusqu'à la fin envers cette pauvre jeune fille qu'il avait si étrangement compromise; mais, à chaque instant, l'amour effréné qu'il avait pour madame de Rênal l'emportait. Quand, par de mauvaises raisons, il ne pouvait venir à bout de persuader Mathilde de l'innocence des visites de sa rivale : Désormais, la fin du drame doit être bien proche, se disait-il; c'est une excuse pour moi si je ne sais pas mieux dissimuler.

Mademoiselle de La Mole apprit la mort du marquis de Croisenois. M. de Thaler, cet homme si riche, s'était permis des propos désagréables sur la disparition de Mathilde; M. de Croisenois alla le prier de les démentir : M. de Thaler lui montra des lettres anonymes à lui adressées, et remplies de détails rapprochés avec tant d'art qu'il fut impossible au pauvre marquis de ne pas entrevoir la vérité.

M. de Thaler se permit des plaisanteries dénuées de finesse. Ivre de colère et de malheur, M. de Croisenois exigea des réparations tellement fortes, que le millionnaire préféra un duel. La sottise triompha; et l'un des hommes les plus dignes d'être aimés trouva la mort à moins de vingt-quatre ans.

Cette mort fit une impression étrange et maladive sur l'âme affaiblie de Julien.

– Le pauvre Croisenois, disait-il à Mathilde, a été réellement bien raisonnable et bien honnête homme envers nous; il eût dû me haïr lors de vos imprudences dans le salon de madame votre mère, et me chercher querelle; car la haine qui succède au mépris est ordinairement furieuse.

La mort de M. de Croisenois changea toutes les idées de Julien sur l'avenir de Mathilde; il employa plusieurs journées à lui prouver qu'elle devait accepter la main de M. de Luz. C'est un homme timide, point trop jésuite, lui disait-il, et qui, sans doute, va se mettre sur les rangs. D'une ambition plus sombre et plus suivie que le pauvre Croisenois, et sans duché dans sa famille, il ne fera aucune difficulté d'épouser la veuve de Julien Sorel.

– Et une veuve qui méprise les grandes passions, répliqua

froidement Mathilde; car elle a assez vécu pour voir, après six mois, son amant lui préférer une autre femme, origine de tous leurs malheurs.

— Vous êtes injuste; les visites de madame de Rênal fourniront des phrases singulières à l'avocat de Paris chargé de mon recours en grâce; il peindra le meurtrier honoré des soins de sa victime. Cela peut faire effet, et peut-être un jour vous me verrez le sujet de quelque mélodrame, etc., etc...

Une jalousie furieuse et impossible à venger, la continuité d'un malheur sans espoir (car, même en supposant Julien sauvé, comment regagner son cœur?) la honte et la douleur d'aimer plus que jamais cet amant infidèle, avaient jeté mademoiselle de La Mole dans un silence morne, et dont les soins empressés de M. de Frilair, pas plus que la rude franchise de Fouqué, ne pouvaient la faire sortir.

Pour Julien, excepté dans les moments usurpés par la présence de Mathilde, il vivait d'amour et sans presque songer à l'avenir. Par un étrange effet de cette passion, quand elle est extrême et sans feinte aucune, madame de Rênal partageait presque son insouciance et sa douce gaîté.

— Autrefois, lui disait Julien, quand j'aurais pu être si heureux pendant nos promenades dans les bois de Vergy, une ambition fougueuse entraînait mon âme dans les pays imaginaires. Au lieu de serrer contre mon cœur ce bras charmant qui était si près de mes lèvres, l'avenir m'enlevait à toi; j'étais aux innombrables combats que j'aurais à soutenir pour bâtir une fortune colossale... Non, je serais mort sans connaître le bonheur, si vous n'étiez venue me voir, dans cette prison.

Deux événements vinrent troubler cette vie tranquille. Le confesseur de Julien, tout janséniste qu'il était, ne fut point à l'abri d'une intrigue de jésuites, et, à son insu, devint leur instrument.

Il vint lui dire un jour, qu'à moins de tomber dans l'affreux péché du suicide, il devait faire toutes les démarches possibles pour obtenir sa grâce. Or, le clergé ayant beaucoup d'influence au ministère de la justice à Paris, un moyen facile se présentait : il fallait se convertir avec éclat.

— Avec éclat! répéta Julien. Ah! je vous y prends, vous aussi, mon père, jouant la comédie comme un missionnaire...

— Votre âge, reprit gravement le janséniste, la figure intéressante que vous tenez de la Providence, le motif même de votre crime, qui reste inexplicable; les démarches héroïques que mademoiselle de La Mole prodigue en votre faveur, tout enfin, jusqu'à l'étonnante amitié que montre pour vous votre victime, tout a contribué à vous faire le héros des jeunes femmes de Besançon. Elles ont tout oublié pour vous, même la politique... Votre conversion retentirait dans leurs cœurs et y laisserait une impression profonde. Vous pouvez être d'une utilité majeure à la religion, et moi j'hésiterais par la frivole raison que les jésuites suivraient la même marche en pareille occasion! Ainsi, même dans ce cas particulier qui échappe à leur rapacité, ils nuiraient encore! Qu'il n'en soit pas ainsi... Les larmes que votre conversion fera répandre, annuleront l'effet corrosif de dix éditions des œuvres de Voltaire.

— Et que me restera-t-il, répondit froidement Julien, si je me méprise moi-même? J'ai été ambitieux, je ne veux point me blâmer; alors, j'ai agi suivant les convenances du temps. Maintenant, je vis au jour le jour. Mais à vue de pays, je me ferais fort malheureux, si je me livrais à quelque lâcheté...

L'autre incident qui fut bien autrement sensible à Julien, vint de madame de Rênal. Je ne sais quelle amie intrigante était parvenue à persuader à cette âme naïve et si timide, qu'il était de son devoir de partir pour Saint-Cloud, et d'aller se jeter aux genoux du roi Charles X.

Elle avait fait le sacrifice de se séparer de Julien, et après un tel effort, le désagrément de se donner en spectacle, qui en d'autres temps lui eût semblé pire que la mort, n'était plus rien à ses yeux.

— J'irai au roi, j'avouerai hautement que tu es mon amant; la vie d'un homme et d'un homme tel que Julien doit l'emporter sur toutes les considérations. Je dirai que c'est par jalousie que tu as attenté à ma vie. Il y a de nombreux exemples de pauvres jeunes gens sauvés dans ce cas par l'humanité du jury, ou celle du roi...

— Je cesse de te voir, je te fais fermer ma prison, s'écria Julien, et bien certainement le lendemain je me tue de désespoir, si tu ne me jures de ne faire aucune démarche qui nous donne tous les deux en spectacle au public. Cette idée d'aller à Paris n'est pas de toi. Dis-moi le nom de l'intrigante qui te l'a suggérée...

Soyons heureux pendant le petit nombre de jours de cette courte vie. Cachons notre existence; mon crime n'est que trop évident. Mademoiselle de La Mole a tout crédit à Paris, crois bien qu'elle fait ce qui est humainement possible. Ici en province, j'ai contre moi tous les gens riches et considérés. Ta démarche aigrirait encore ces gens riches et surtout modérés, pour qui la vie est chose si facile... N'apprêtons point à rire aux Maslon, aux Valenod et à mille gens qui valent mieux.

Le mauvais air du cachot devenait insupportable à Julien. Par bonheur, le jour où on lui annonça qu'il fallait mourir, un beau soleil réjouissait la nature, et Julien était en veine de courage.

Marcher au grand air fut pour lui une sensation délicieuse, comme la promenade à terre pour le navigateur qui longtemps a été à la mer. Allons, tout va bien, se dit-il, je ne manque point de courage.

Jamais cette tête n'avait été aussi poétique qu'au moment où elle allait tomber. Les doux instants qu'il avait trouvés jadis dans les bois de Vergy, revenaient en foule à sa pensée et avec une extrême énergie.

Tout se passa simplement, convenablement, et de sa part sans aucune affectation.

L'avant-veille, il avait dit à Fouqué : Pour de l'émotion, je ne puis en répondre ; ce cachot si laid, si humide, me donne des moments de fièvre où je ne me reconnais pas ; mais de la peur non, on ne me verra point pâlir.

Il avait pris ses arrangements d'avance pour que le matin du dernier jour, Fouqué enlevât Mathilde et madame de Rênal. Emmène-les dans la même voiture, lui avait-il dit. Arrange-toi pour que les chevaux de poste ne quittent pas le galop. Elles tomberont dans les bras l'une de l'autre, ou se témoigneront une haine mortelle. Dans les deux cas, les pauvres femmes seront un peu distraites de leur affreuse douleur.

Julien avait exigé de madame de Rênal le serment qu'elle vivrait pour donner des soins au fils de Mathilde.

Qui sait ? peut-être avons-nous encore des sensations après notre mort, disait-il un jour à Fouqué. J'aimerais assez à reposer, puisque reposer est le mot, dans cette petite grotte de la grande montagne qui domine Verrières. Plusieurs fois, je te l'ai conté, retiré la nuit dans cette grotte, et ma vue plongeant au loin sur les plus riches provinces de France, l'ambition a enflammé mon cœur : alors c'était ma passion... Enfin, cette grotte m'est chère, et l'on ne peut disconvenir qu'elle ne soit située d'une façon à faire envie à l'âme d'un philosophe... eh bien ! ces bons congréganistes de Besançon font argent de tout ; si tu sais t'y prendre, ils te vendront ma dépouille mortelle...

Fouqué réussit dans cette triste négociation. Il passait la nuit seul dans sa chambre, auprès du corps de son ami, lorsqu'à sa grande surprise, il vit entrer Mathilde. Peu d'heures auparavant il l'avait laissée à dix lieues de Besançon. Elle avait le regard et les yeux égarés.

– Je veux le voir, dit-elle.

Fouqué n'eut pas le courage de parler ni de se lever. Il lui montra du doigt un grand manteau bleu sur le plancher ; là était enveloppé ce qui restait de Julien.

Elle se jeta à genoux. Le souvenir de Boniface de La Mole et de Marguerite de Navarre, lui donna sans doute un courage surhumain. Ses mains tremblantes ouvrirent le manteau. Fouqué détourna les yeux. Il entendit Mathilde marcher avec précipitation dans la chambre. Elle allumait plusieurs bougies. Lorsque Fouqué eut la force de la regarder, elle avait placé sur une petite table de marbre, devant elle, la tête de Julien, et la baisait au front... Mathilde suivit son amant jusqu'au tombeau qu'il s'était choisi. Un grand nombre de prêtres escortaient la bière, et à l'insu de tous, seule dans sa voiture drapée, elle porta sur ses genoux la tête de l'homme qu'elle avait tant aimé.

Arrivés ainsi vers le point le plus élevé d'une des hautes montagnes du Jura, au milieu de la nuit, dans cette petite grotte magnifiquement illuminée d'un nombre infini de cierges, vingt prêtres célébrèrent le service des morts. Tous les habitants des petits villages de la montagne, traversés par le convoi, l'avaient suivi, attirés par la singularité de cette étrange cérémonie.

Mathilde parut au milieu en longs vêtements de deuil, et à la fin du service, leur fit jeter plusieurs milliers de pièces de cinq francs.

Restée seule avec Fouqué, elle voulut ensevelir de ses propres mains la tête de son amant. Fouqué faillit en devenir fou de douleur.

Par les soins de Mathilde, cette grotte sauvage fut ornée de marbres sculptés à grands frais en Italie.

Madame de Rênal fut fidèle à sa promesse. Elle ne chercha en aucune manière à attenter à sa vie; mais trois jours après Julien, elle mourut en embrassant ses enfants.

FIN

L'inconvénient du règne de l'opinion, qui d'ailleurs procure *la liberté*, c'est qu'elle se mêle de ce dont elle n'a que faire; par exemple : la vie privée. De là la tristesse de l'Amérique et de l'Angleterre. Pour éviter de toucher à la vie privée, l'auteur a inventé une petite ville *Verrières*, et, quand il a eu besoin d'un évêque, d'un jury, d'une cour d'assises, il a placé tout cela à Besançon, où il n'est jamais allé.

Illustration de Lucien Leuwen. *Bois dessinés et gravés par Maximilien Vox, 1923.*

STENDHAL

LUCIEN LEUWEN

Entre Le Rouge et le Noir *(1830) et* La Chartreuse de Parme *(1839), s'intercale* Lucien Leuwen*, qui ne sera jamais terminé. L'idée première lui est donnée par une de ses tendres amies, Mme Gaulthier, qui lui avait confié, en 1833, un manuscrit intitulé* Le Lieutenant *en lui demandant conseil. La réponse est sévère, mais Stendhal pousse cependant assez loin son devoir de pédagogue puisqu'il annote le texte avec une extrême précision et finit sans doute par se prendre au jeu en commençant, l'année suivante, à le réécrire lui-même ! Qu'est devenue l'ébauche de Mme Gaulthier ? nul ne le sait, mais* Lucien Leuwen *vient de naître .*

Stendhal prévoit son roman en trois parties : la première doit raconter la vie de Lucien Leuwen à Nancy ; la deuxième, son retour à Paris et son itinéraire politique ; et la troisième doit retrouver son héros nommé second secrétaire d'ambassade à « Capel *» (Madrid, ou plus probablement Rome). Ayant écrit le premier jet des deux premières parties, Stendhal s'aperçoit que le troisième volume n'est pas nécessaire : «* Ce fera un autre roman. *» Seul le dénouement prévu doit être conservé... Reste maintenant à retravailler le texte, et Stendhal s'y emploie. Fin 1835, une nouvelle idée lui vient : Lucien, c'est sûr, lui ressemble, pourquoi ne pas s'approcher encore plus de la réalité ? Il commence alors la* Vie de Henry Brulard *(sa biographie) et met momentanément* Lucien Leuwen *de côté avec un testament le léguant à Pauline, sa sœur. C'est, en fait son cousin, Romain Colomb, qui se chargera le premier, après sa mort, de le publier, du moins les premiers chapitres (les plus travaillés), sous l'un des titres choisis par l'auteur :* Le Chasseur vert *(1855). Après d'autres essais tronqués, une première édition complète paraitra en 1927.*

LE CHASSEUR VERT

PREMIÈRE PRÉFACE

Racine était un hypocrite lâche et sournois; car il a peint Néron; tout comme Richardson, cet imprimeur puritain et envieux, était sans doute un admirable séducteur de femmes, car il a fait *Lovelace.* L'auteur du roman que vous allez lire, ô lecteur bénévole! si vous avez beaucoup de patience, est un républicain enthousiaste de Robespierre et de Couthon. Mais, en même temps, il désire avec passion le retour de la branche aînée et le règne de Louis XIX.

Mon éditeur m'a assuré qu'on m'imputerait toutes ces belles choses, non par malice, mais en vertu de la petite dose d'attention que le Français du XIXᵉ siècle accorde à tout ce qu'il lit : ce sont les journaux qui l'ont mis là.

Pour peu qu'un roman s'avise de peindre les habitudes de la société actuelle, avant d'avoir de la sympathie pour les personnages, le lecteur se dit : « De quel parti est cet homme-là?» Voici la réponse : L'auteur est simplement partisan modéré de la Charte de 1830. C'est pourquoi il a osé copier jusque dans les détails des conversations républicaines et des conversations légitimistes, sans prêter à ces partis opposés plus d'absurdités qu'ils n'en ont réellement, sans faire des caricatures, parti dangereux qui fera peut-être que chaque parti croira l'auteur un partisan forcené des façons de voir opposées.

L'auteur ne voudrait pour rien au monde vivre sous une démocratie semblable à celle d'Amérique, pour la raison qu'il aime mieux faire sa cour à M. le Ministre de l'Intérieur qu'à l'épicier du coin de la rue.

En fait de partis extrêmes, ce sont toujours ceux qu'on a vus en dernier lieu qui semblent les plus ridicules. Du reste, quel triste temps que celui où l'éditeur d'un roman frivole demande instamment à l'auteur une préface du genre de celle-ci! Ah! qu'il eût mieux valu naître deux siècles et demi plus tôt, sous Henri IV, en 1600!

La vieillesse est amie de l'ordre et a peur de tout. Celle de notre homme né en 1600 se fût facilement accommodée du despotisme si noble du roi Louis XIV et du gouvernement que nous montre si bien l'inflexible génie du duc de Saint-Simon. Il a été vrai, on l'appelle méchant.

Si, par hasard, l'auteur de ce roman futile avait pu atteindre à la vérité, lui ferait-on le même reproche? Il a fait tout ce qu'il fallait pour ne le mériter en aucune façon. En peignant ces figures, il se laissait aller aux douces illusions de son art, et son âme était bien éloignée des pensées corrodantes de la haine. Entre deux hommes d'esprit, l'un extrêmement républicain, l'autre extrêmement légitimiste, le penchant secret de l'auteur sera pour le plus aimable. En général, le légitimiste aura des manières plus élégantes et saura un plus grand nombre d'anecdotes amusantes; le républicain aura plus de feu dans l'âme et des façons plus simples et plus jeunes. Après avoir pesé ces qualités d'un genre opposé, l'auteur préférera le plus aimable des deux; et leurs idées politiques n'entreront pour rien dans les motifs de sa préférence.

DEUXIÈME PRÉFACE RÉELLE

Cet ouvrage-ci est fait bonnement et simplement, sans chercher aucunement les allusions, et même en cherchant à en éviter quelques-unes. Mais l'auteur pense que, excepté pour la passion du héros, un roman doit être un miroir.

Si la police rend imprudente la publication, on attendra dix ans.

2 août 1836.

TROISIÈME PRÉFACE

Il y avait un jour un homme qui avait la fièvre et qui venait de prendre du quinquina. Il avait encore le verre à la main et, faisant la grimace à cause de l'amertume, il se regarda au miroir et se vit pâle et même un peu vert. Il quitta rapidement son verre et se jeta sur le miroir pour le briser.

Tel sera peut-être le sort des volumes suivants. Par malheur pour eux, ils ne racontent point une action passée il y a cent ans, les personnages sont contemporains; ils vivaient, ce me semble, il y a deux ou trois ans. Est-ce la faute de l'auteur, si quelques-uns sont légitimistes décidés, et si d'autres parlent comme des républicains? L'auteur restera-t-il convaincu d'être à la fois légitimiste et républicain?

A vrai dire, puisqu'on est forcé de faire un aveu si sérieux, crainte de pis, l'auteur serait au désespoir de vivre sous le gouvernement de New York. Il aime mieux faire la cour à M. Guizot que faire la cour à son bottier. Au XIXᵉ siècle, la démocratie amène nécessairement dans la littérature le règne des gens médiocres, raisonnables, bornés et *plats*, littérairement parlant.

21 octobre 1836.

AUTRE DÉBUT

To the happy few.
Il y avait une fois une famille à
Paris qui avait été préservée
des idées vulgaires par son
chef, lequel avait beaucoup
d'esprit et de plus savait vouloir.

LORD BYRON.

Lecteur bénévole,
Écoutez le titre que je vous donne. En vérité, si vous n'étiez pas bénévole et disposé à prendre en bonne part les paroles ainsi que les actions des graves personnages que je vais vous présenter, si vous ne vouliez pas pardonner à l'auteur le manque d'emphase, le manque de but moral, etc., etc., je ne vous conseillerais pas d'aller plus avant. Ce conte fut écrit en songeant à un petit nombre de lecteurs que je n'ai jamais vus et que je ne verrai point, ce dont bien me fâche : j'eusse trouvé tant de plaisir à passer les soirées avec eux !

Dans l'espoir d'être entendu par ces lecteurs, je ne me suis pas astreint, je l'avoue, à garder les avenues contre une critique de mauvaise foi, ni même contre une critique de mauvaise humeur. Pour être élégant, académique, disert, etc., il fallait un talent qui manque, et ensuite ajouter à ceci 150 pages de périphrases ; et encore ces 150 pages n'auraient plu qu'aux gens graves prédestinés à haïr les écrivains tels que celui qui se présente à vous en toute humilité. Ces respectables personnages ont assez pesé sur mon sort, dans la vie réelle, pour souffrir qu'ils viennent encore gâter mon plaisir quand j'écris pour la Bibliothèque bleue.

Adieu, ami lecteur ; songez à ne pas passer votre vie à haïr et à avoir peur.

Cityold, le ... 1837.

PREMIÈRE PARTIE

CHAPITRE 1

L ucien Leuwen avait été chassé de l'École polytechnique pour s'être allé promener mal à propos, un jour qu'il était consigné, ainsi que tous ses camarades : c'était à l'époque d'une des célèbres journées de juin, avril ou février 1832 ou 34.

Quelques jeunes gens assez fous, mais doués d'un grand courage, prétendaient détrôner le roi, et l'École polytechnique, pépinière de mauvaises têtes (qui est en possession de déplaire au maître des Tuileries), était sévèrement consignée dans ses quartiers. Le lendemain de sa promenade, Lucien fut renvoyé comme républicain. Fort affligé d'abord, depuis deux ans il se consolait du malheur de n'avoir plus à travailler douze heures par jour. Il passait très bien son temps chez son père, homme de plaisir et riche banquier, lequel avait à Paris une maison fort agréable.

M. Leuwen père, l'un des associés de la célèbre maison Van Peters, Leuwen et compagnie, ne redoutait au monde que deux choses : les ennuyeux et l'air humide. Il n'avait point d'humeur, ne prenait jamais le ton sérieux avec son fils et lui avait proposé, à la sortie de l'école, de travailler au comptoir un seul jour de la semaine, le jeudi, jour du grand courrier de Hollande. Pour chaque jeudi de travail, le caissier comptait à Lucien deux cents francs, et de temps à autre payait aussi quelques petites dettes ; sur quoi M. Leuwen disait :

« Un fils est un créancier donné par la nature. »

Quelquefois il plaisantait ce créancier.

« Savez-vous, lui disait-il un jour, ce qu'on mettrait sur votre tombe de marbre, au Père-Lachaise, si nous avions le malheur de vous perdre?

« *Siste viator!* Ici repose Lucien Leuwen, républicain, qui pendant deux années fit une guerre soutenue aux cigares et aux bottes neuves. »

Au moment où nous le prenons, cet ennemi des cigares ne pensait guère plus à la république, qui tarde trop à venir *ᵃ*. Et, d'ailleurs, se disait-il, si les Français ont du plaisir à être menés monarchiquement et tambour battant, pourquoi les déranger? La majorité aime apparemment cet ensemble doucereux d'hypocrisie et de mensonge qu'on appelle *gouvernement représentatif ᵇ*. »

Comme ses parents ne cherchaient point à le trop diriger, Lucien passait sa vie dans le salon de sa mère. Encore jeune et assez jolie, Mme Leuwen jouissait de la plus haute considération; la société lui accordait infiniment d'esprit. Pourtant un juge sévère aurait pu lui reprocher une délicatesse outrée et un mépris trop absolu pour le parler haut et l'impudence de nos jeunes hommes à succès. Cet esprit fier et singulier ne daignait pas même exprimer son mépris, et, à la moindre apparence de vulgarité ou d'affectation, tombait dans un silence invincible.

Mme Leuwen était sujette à prendre en grippe des choses fort innocentes, uniquement parce qu'elle les avait rencontrées, pour la première fois, chez des êtres faisant trop de bruit.

Les dîners que donnait M. Leuwen étaient célèbres dans tout Paris; souvent ils étaient parfaits. Il y avait les jours où il recevait les gens à argent ou à ambition; mais ces messieurs ne faisaient point partie de la société de sa femme. Ainsi cette société n'était point gâtée par le métier de M. Leuwen; l'argent n'y était point le mérite unique; et même, chose incroyable! il n'y passait pas pour le plus grand des avantages. Dans ce salon dont l'ameublement avait coûté cent mille francs, on ne haïssait personne (étrange contraste!); mais on aimait à rire, et, dans l'occasion, on se moquait fort bien de toutes les affectations, à commencer par le roi et l'archevêque.

Comme vous voyez, la conversation n'y était point faite pour servir à l'avancement et conquérir *de belles positions*. Malgré cet inconvénient, qui éloignait bien des gens qu'on ne regrettait point la presse était grande pour être admis dans la société de Mme Leuwen. Elle eût été à la mode, si Mme Leuwen eût voulu la rendre accessible; mais il fallait réunir bien des conditions pour y être reçu. Le but unique de Mme Leuwen était d'amuser

a. Dans l'opinion du héros, qui est fou et qui se corrigera.
b. C'est un républicain qui parle.

un mari qui avait vingt ans de plus qu'elle et passait pour être fort bien avec les demoiselles de l'Opéra. Malgré ces inconvénients, et quelle que fût l'amabilité de son salon, Mme Leuwen n'était complètement heureuse que lorsqu'elle y voyait son mari.

On trouvait dans sa société que Lucien avait une tournure élégante, de la simplicité et quelque chose de fort distingué dans les manières; mais là se bornaient les louanges : il ne passait point pour homme d'esprit. La passion pour le travail, l'éducation presque militaire et le franc parler de l'École polytechnique lui avaient valu une absence totale d'affectation. Il songeait dans chaque moment à faire ce qui lui plaisait le plus au moment même, et ne pensait point assez *aux autres.*

Il regrettait l'épée de l'école, parce que Mme Grandet, une femme fort jolie et qui avait des succès à la nouvelle cour, lui avait dit qu'il la portait bien. Du reste, il était assez grand et montait parfaitement bien à cheval. De jolis cheveux, d'un blond foncé, prévenaient en faveur d'une figure assez irrégulière, mais dont les traits trop grands respiraient la franchise et la vivacité. Mais, il faut l'avouer, rien de tranchant dans les manières, point du tout l'air colonel du Gymnase, encore moins les tons d'importance et de hauteur calculée d'un jeune attaché d'ambassade. Rien absolument dans ses façons ne disait : « Mon père a dix millions.» Ainsi notre héros n'avait point la physionomie à la mode, qui, à Paris, fait les trois quarts de la beauté. Et, chose impardonnable dans ce siècle empesé, Lucien avait l'air insouciant, étourdi.

« Comme tu gaspilles une admirable position!» lui disait un jour Ernest Dévelroy, son cousin, jeune savant qui brillait déjà dans la *Revue de**** et avait eu trois voix pour l'Académie des *Sciences morales.*

Ernest parlait ainsi dans le cabriolet de Lucien, en se faisant mener à la soirée de M. N..., un *libéral* de 1829, aux pensées sublimes et tendres, et qui maintenant réunit pour quarante mille francs de places, et appelle les républicains l'*opprobre de l'espèce humaine.*

« Si tu avais un peu de sérieux, si tu ne riais pas de la moindre sottise, tu pourrais être dans le salon de ton père, et même ailleurs, un des meilleurs élèves de l'École polytechnique, éliminés pour opinion. Vois ton camarade d'école, M. Coffe, chassé comme toi, pauvre comme Job, admis, par grâce d'abord, dans le salon de ta mère; et cependant de quelle considération ne jouit-il pas parmi ces millionnaires et ces pairs de France? Son secret est bien simple, tout le monde peut le lui prendre : il a la mine grave et ne dit mot. Donne-toi donc quelquefois l'air un peu sombre.

Tous les hommes de ton âge cherchent l'importance; tu y étais arrivé en vingt-quatre heures, sans qu'il y eût de ta faute, pauvre garçon! et tu la répudies de gaieté de cœur! A te voir, on dirait un enfant, et qui pis est, un enfant content. On commence à te prendre au mot, je t'en avertis, et, malgré les millions de ton père, tu ne comptes dans rien; tu n'as pas de consistance, tu n'es qu'un écolier gentil. A vingt ans, cela est presque ridicule, et, pour t'achever, tu passes des heures entières à ta toilette, et on le sait.

– Pour te plaire, disait Lucien, il faudrait jouer un rôle n'est-ce pas? et celui d'un *homme triste!* et qu'est-ce que la société me donnera en échange de mon ennui? et cette contrariété serait de tous les instants. Ne faudrait-il pas écouter, sans sourciller, les longues homélies de M. le marquis D... sur l'économie politique, et les lamentations de M. l'abbé R... sur les dangers infinis du partage entre frères que prescrit le Code civil? D'abord, peut-être, ces messieurs ne savent ce qu'ils disent; et, en second lieu, ce qui est bien plus probable, ils se moqueraient fort des nigauds qui les croiraient.

– Eh bien, réfute-les, établis une discussion, la galerie est pour toi. Qui te dit d'approuver? Sois sérieux; prends un rôle grave.

– Je craindrais qu'en moins de huit jours le *rôle grave* ne devînt une réalité. Qu'ai-je à faire des suffrages du monde? Je ne lui demande rien. Je ne donnerais pas trois louis pour être de ton Académie; ne venons-nous pas de voir comment M. B... a été élu?

– Mais le monde te demandera compte, tôt ou tard, de la place qu'il t'accorde sur parole, à cause des millions de ton père. Si ton indépendance donne de l'humeur au monde, il saura bien trouver quelque prétexte pour te percer le cœur. Un beau jour il aura le caprice de te jeter au dernier rang. Tu auras l'habitude d'un accueil agréable; je te vois au désespoir, mais il sera trop tard. Alors tu sentiras la nécessité d'être quelque chose, d'appartenir à un corps qui te soutienne au besoin, et tu te feras amateur fou de courses de chevaux; moi je trouve moins sot d'être académicien. »

Le sermon finit parce qu'Ernest descendit à la porte du renégat aux vingt places. « Il est drôle, mon cousin, se dit Lucien; c'est absolument comme Mme Grandet, qui prétend qu'il est important pour moi que j'aille à la messe : *Cela est indispensable surtout quand on est destiné à une belle fortune et qu'on ne porte pas un nom.* Parbleu! je serais bien fou de faire des choses ennuyeuses! Qui prend garde à moi dans Paris? »

Six semaines après le sermon d'Ernest Dévelroy, Lucien se

promenait dans sa chambre; il suivait avec une attention scrupuleuse les compartiments d'un riche tapis de Turquie; Mme Leuwen l'avait fait enlever de sa propre chambre et placer chez son fils, un jour qu'il était enrhumé. A la même occasion, Lucien avait été revêtu d'une robe de chambre magnifique et bizarre bleue et or et d'un pantalon bien chaud de cachemire amarante.

Dans ce costume il avait l'air heureux, ses traits souriaient. A chaque tour dans la chambre, il détournait un peu les yeux, sans s'arrêter pourtant; il regardait un canapé et sur ce canapé était jeté un habit vert, avec passepoils amarante, et à cet habit étaient attachées des épaulettes de sous-lieutenant.

C'était là le bonheur.

Résumé des chapitres 2 et 3

M. Leuwen père a donc obtenu que Lucien soit nommé sous-lieu-tenant au 27ᵉ régiment de lanciers, « lequel a des passepoils amarante » ! Et c'est ainsi vêtu que son cousin Ernest Dévelroy le mène chez son lieutenant-colonel, M. Filloteau, un « ancien » d'Austerlitz et de Marengo qui trouve plus prudent aujourd'hui de ne plus chanter La Marseillaise. « Voilà donc les gens avec lesquels il faudra vivre ! » *se dit Lucien, «le cœur serré comme un enfant», alors qu'il s'embarque dans la diligence qui doit le transporter à Nancy.*

Aux portes de la ville, la diligence est rattrapée par la berline du comte N..., un illustre général, pair de France, chargé de l'inspec-tion et reçu avec les honneurs par le lieutenant-général baron Thérance, qui commande la division et vient prendre les ordres. Le général souhaite connaître l'opinion politique des soldats : « ...de là à l'esprit public il n'y avait qu'un pas. » « Dans cette ville maudite, la jeunesse est républicaine, la noblesse bien unie et dévote... », *lui est-il répondu.*

CHAPITRE 4

P endant que le baron Thérance faisait ce triste tableau de la ville de Nancy, le 27ᵉ régiment de lanciers s'en approchait, parcourant la plaine la plus triste du monde; le terrain sec et pierreux paraissait ne pouvoir rien produire. C'est au point que Lucien remarqua un certain endroit à une lieue de la ville, duquel on n'apercevait que trois arbres en tout; et, encore celui qui croissait sur le bord de la route était tout maladif et n'avait pas vingt pieds de haut. Un lointain fort rapproché était formé par une suite de collines pelées; on apercevait quelques vignes chétives dans les gorges formées par ces vallées. A un quart de lieue de la ville, deux tristes rangées d'ormes rabougris marquaient le cours de la grande route. Les paysans avaient l'air misérable et étonné. « Voilà donc la *belle France!* » se disait Lucien. En approchant davantage, le régiment passa devant ces grands établissements utiles, mais sales, qui annoncent si tristement une civilisation perfectionnée, l'abattoir, la raffinerie d'huile, etc. Après ces belles choses, venaient de vastes jardins plantés en choux, sans le plus petit arbuste.

Enfin, la route fit un brusque détour, et le régiment se trouva aux premières barrières des fortifications, qui, du côté de Paris, paraissent extrêmement basses et comme enterrées. Le régiment fit halte et fut reconnu par la garde. Nous avons oublié de dire qu'une lieue auparavant, sur le bord d'un ruisseau, on avait fait la halte de propreté et d'élégance. En quelques minutes les traces de boue avaient disparu, les uniformes et le harnachement des chevaux avaient repris tout leur éclat.

Ce fut sur les huit heures et demie du matin, le 24 de mars 183*, et par un temps sombre et froid, que le 27ᵉ régiment de lanciers entra dans Nancy. Il était précédé par un corps magnifique et qui eut le plus grand succès auprès des bourgeois et des grisettes de l'endroit : trente-deux trompettes, vêtus de rouge et montés sur des chevaux blancs, sonnaient à tout rompre. Bien plus, les six trompettes formant le premier rang étaient des nègres, et le trompette-major avait près de sept pieds.

Les beautés de la ville et particulièrement les jeunes ouvrières en dentelle se montrèrent à toutes les fenêtres et furent fort sensibles à cette harmonie perçante ; il est vrai qu'elle était relevée par des habits rouges chamarrés de galons d'or superbes, que portaient les trompettes.

Nancy, cette ville si forte, chef-d'œuvre de Vauban, parut abominable à Lucien. La saleté, la pauvreté, semblaient s'en disputer tous les aspects, et les physionomies des habitants répondaient parfaitement à la tristesse des bâtiments. Lucien ne vit partout que des figures d'usuriers, des physionomies mesquines, pointues, hargneuses. « Ces gens ne pensent qu'à l'argent et aux moyens d'en amasser, se dit-il avec dégoût. Tel est, sans doute le caractère et l'aspect de cette Amérique que les libéraux nous vantent si fort. »

Ce jeune Parisien, accoutumé aux figures polies de son pays, était navré. Les rues étroites, mal pavées, remplies d'angles et de recoins, n'avaient rien de remarquable qu'une malpropreté abominable ; au milieu coulait un ruisseau d'eau boueuse, qui lui parut une décoction d'ardoise.

Le cheval du lancier qui marchait à la droite de Lucien fit un écart qui couvrit de cette eau noire et puante la rosse que le lieutenant-colonel lui avait fait donner. Notre héros remarqua que ce petit accident était un grand sujet de joie pour ceux de ces nouveaux camarades qui avaient été à portée de le voir. La vue de ces sourires qui voulaient être malins coupa les ailes à l'imagination de Lucien : il devint méchant.

« Avant tout, se dit-il, je dois me souvenir que ceci n'est pas le bivac ; il n'y a point d'ennemi à un quart de lieue d'ici ; et, d'ailleurs, tout ce qui a moins de quarante ans, parmi ces messieurs, n'a pas vu l'ennemi plus que moi. Donc, des habitudes mesquines, filles de l'ennui. Ce ne sont plus ici les jeunes officiers pleins de bravoure, d'étourderie et de gaieté, que l'on voit au *Gymnase ;* ce sont de pauvres ennuyés qui ne seraient pas fâchés de s'égayer à mes dépens ; ils seront mal pour moi, jusqu'à ce que j'aie eu quelque duel, et il vaut mieux l'engager tout de suite, pour arriver plus tôt à la paix. Mais ce gros lieutenant-colonel pourra-t-il être mon témoin? J'en doute, son grade s'y oppose; il doit l'exemple de l'ordre... Où trouver un témoin?» Lucien leva les yeux et vit une grande maison, moins mesquine que celles devant lesquelles le régiment avait passé jusque-là; au milieu d'un grand mur blanc, il y avait une persienne peinte en vert perroquet. «Quel choix de couleurs voyantes ont ces marauds de provinciaux!»

Lucien se complaisait dans cette idée peu polie, lorsqu'il vit la persienne vert perroquet s'entrouvrir un peu; c'était une jeune femme blonde qui avait des cheveux magnifiques et l'air dédaigneux: elle venait voir défiler le régiment. Toutes les idées tristes de Lucien s'envolèrent à l'aspect de cette jolie figure; son âme en fut ranimée. Les murs écorchés et sales des maisons de Nancy, la boue noire, l'esprit envieux et jaloux de ses camarades, les duels nécessaires, le méchant pavé sur lequel glissait la rosse qu'on lui avait donnée, peut-être exprès, tout disparut. Un embarras sous une voûte, au bout de la rue, avait forcé le régiment à s'arrêter. La jeune femme ferma sa croisée et regarda, à demi cachée par le rideau de mousseline brodée de sa fenêtre. Elle pouvait avoir vingt-quatre ou vingt-cinq ans. Lucien trouva dans ses yeux une expression singulière; était-ce de l'ironie, de la haine, ou tout simplement de la jeunesse et une certaine disposition à s'amuser de tout?

Le second escadron, dont Lucien faisait partie, se remit en mouvement tout à coup; Lucien, les yeux fixés sur la fenêtre vert perroquet, donna un coup d'éperon à son cheval, qui glissa, tomba et le jeta par terre.

Se relever, appliquer un grand coup du fourreau de son sabre à la rosse, sauter en selle fut, à la vérité, l'affaire d'un instant; mais l'éclat de rire fut général et bruyant. Lucien remarqua que la dame aux cheveux d'un blond cendré souriait encore, que déjà il était remonté. Les officiers du régiment riaient, mais *exprès*, comme un membre du centre, à la Chambre des députés quand on fait aux ministres quelque reproche fondé.

« Quoique ça, c'est un bon lapin, dit un vieux maréchal des logis à moustaches blanches.

– Jamais cette rosse n'a été mieux montée », dit un lancier.

Lucien était rouge et affectait une mine simple.

A peine le régiment fut-il établi à la caserne et le service réglé, que Lucien courut à la poste aux chevaux, au grand trot de sa rosse.

« Monsieur, dit-il au maître de poste, je suis officier comme vous voyez, et je n'ai pas de chevaux. Cette rosse, qu'on m'a prêtée au régiment, peut-être pour se moquer de moi, m'a déjà jeté par terre, comme vous voyez encore; et il regarda en rougissant des vestiges de boue qui, ayant séché, blanchissaient son uniforme au-dessus du bras gauche. En un mot, monsieur, avez-vous un cheval passable à vendre dans la ville? Il me le faut à l'instant.

— Parbleu, monsieur, voilà une belle occasion pour vous *mettre dedans*. C'est pourtant ce que je ne ferai pas», dit M. Bouchard, le maître de poste.

C'était un gros homme à l'air important, à la mine ironique et aux yeux perçants; en faisant sa phrase, il regardait ce jeune homme élégant, pour juger de combien de louis il pourrait surcharger le prix du cheval à vendre.

« Vous êtes officier de cavalerie, monsieur, et sans doute vous connaissez les chevaux.»

Lucien ne répliquant pas par quelque *blague*, le maître de poste crut pouvoir ajouter :

« Je me permettrai de vous demander : Avez-vous fait la guerre?»

A cette question qui pouvait être une plaisanterie, la physionomie ouverte de Lucien changea instantanément.

« Il ne s'agit point de savoir si j'ai fait la guerre, répondit-il d'un ton fort sec, mais si vous, maître de poste, avez un cheval à vendre.»

M. Bouchard, se voyant remis à sa place aussi nettement, eut quelque idée de planter là le jeune officier; mais laisser échapper l'occasion de gagner dix louis; mais, surtout, se priver volontairement d'un bavardage d'une heure, c'est ce qui fut impossible pour notre maître de poste. Dans sa jeunesse il avait servi et regardait les officiers de l'âge de Lucien comme des enfants qui jouent à la chapelle.

« Monsieur, reprit Bouchard d'un ton mielleux, et comme si rien ne se fût passé entre eux, j'ai été plusieurs années brigadier et ensuite maréchal des logis au 1er de cuirassiers; et en cette qualité blessé à Montmirail en 1814, dans l'exercice de mes fonctions; c'est pourquoi je parlais de guerre. Toutefois, quant aux chevaux, les miens sont des bidets de dix à douze louis, peu dignes d'un officier bien *ficelé* et requinqué comme vous, et bons tout au plus à faire une course; de vrais bidets, quoi! Mais si vous savez manier un cheval, comme je n'en doute pas (ici les yeux de Bouchard se dirigèrent sur la manche gauche de l'élégant uniforme, blanchi par la boue, et il reprit malgré lui le ton goguenard)... si vous savez manier un cheval, M. Fléron, notre jeune préfet, a votre affaire : cheval anglais, vendu par un milord qui habite le pays et bien connu des amateurs, jarret superbe, épaules admirables ; valeur, trois mille francs, lequel n'a jeté par terre M. Fléron que quatre fois, par la grande raison que ledit préfet n'a osé le monter que quatre fois. La dernière chute eut lieu en passant la revue de la garde nationale, composée en partie de vieux troupiers, moi, par exemple, maréchal des logis...

— Marchons, monsieur, reprit Lucien avec humeur ; je l'achète à l'instant. »

Le ton décidé de Lucien sur le prix de trois mille francs et sa fermeté à lui couper la parole *enlevèrent* l'ancien sous-officier.

« Marchons, mon lieutenant », répondit-il avec tout le respect désirable. Et il se mit en marche à l'instant, suivant à pied la rosse dont Lucien n'était pas descendu. Il fallut aller chercher la préfecture ; elle était dans un coin reculé de la ville, vers le magasin à poudre, à cinq minutes de la partie habitée ; c'était un ancien couvent, fort bien arrangé par un des derniers préfets de l'Empire. Le pavillon habité par le préfet était entouré d'un jardin anglais. Ces messieurs arrivèrent à la porte en fer. Des entresols où étaient les bureaux, on les renvoya à une autre porte ornée de colonnes et conduisant à un premier étage magnifique où logeait M. Fléron. M. Bouchard sonna ; on fut longtemps sans répondre. A la fin un valet de chambre fort affairé et très élégant parut et fit entrer dans un salon mal en ordre ; il est vrai qu'il n'était qu'une heure. Le valet de chambre répétait ses phrases habituelles d'une gravité mesurée sur la difficulté extrême de voir M. le préfet, et Lucien allait se fâcher, lorsque M. Bouchard en vint aux mots sacramentels :

« Nous venons pour une *affaire d'argent* qui intéresse M. le préfet. »

L'importance du valet parut se scandaliser ; mais il ne remuait pas.

« Eh, pardieu ! c'est pour vous faire vendre votre *Lara*, qui jette si bien par terre votre M. le préfet », ajouta l'ancien maréchal des logis.

A ce mot, le valet de chambre s'enfuit, en priant ces messieurs d'attendre.

Après dix minutes, Lucien vit s'avancer gravement un jeune homme de quatre pieds et demi de haut, qui avait l'air à la fois timide et pédant. Il semblait porter avec respect une belle chevelure tellement blonde qu'elle en était sans couleur. Ces cheveux, d'une finesse extrême et tenus beaucoup trop longs, étaient partagés au sommet du front par une raie de chair parfaitement tracée et qui divisait le front du porteur en deux parties égales, à l'allemande. A l'aspect de cette figure marchant par ressorts, et qui prétendait à la fois à la grâce et à la majesté, la colère de

Lucien disparut; une envie de rire folle la remplaça, et sa grande affaire fut de ne pas éclater. « Cette tête de préfet, se dit-il, est une copie des figures de Christ de Lucas Cranach. Voilà donc un de ces terribles préfets contre lesquels les journaux libéraux déclament tous les matins! »

Lucien n'était plus choqué de la longue attente; il examinait ce petit être si empesé qui approchait assez lentement en se dandinant; c'était l'air d'un personnage naturellement impassible et au-dessus de toutes les impressions d'ici-bas. Lucien était tellement absorbé dans la contemplation qu'il y eut un silence.

M. Fléron fut flatté de l'effet qu'il produisait, et sur un militaire encore! Enfin, il demanda à Lucien ce qu'il pouvait y avoir pour son service; mais ce mot fut lancé en grasseyant et d'un ton à se faire répondre une impertinence.

L'embarras de Lucien était de ne pas rire au nez du personnage. Par malheur, il vint à se rappeler un M. Fléron député. « Cet être sera le digne fils ou neveu de ce M. Fléron qui pleure de tendresse en parlant de *nos dignes ministres.* »

Ce souvenir fut trop fort pour notre héros, encore un peu neuf : il éclata de rire.

« Monsieur, dit-il enfin en regardant la robe de chambre, unique en son genre, dans laquelle le jeune préfet se drapait; monsieur, on dit que vous avez un cheval à vendre. Je désire le voir; je l'essaye un quart d'heure, et je paye comptant. »

Le digne préfet avait l'air de rêver; il avait quelque peine à se rendre compte du rire du jeune officier. L'essentiel, à ses yeux, était que rien ne parût avoir pour lui le plus petit intérêt.

« Monsieur, dit-il enfin, et comme se décidant à réciter une leçon apprise par cœur, les affaires urgentes et graves dont je suis accablé m'ont, je le crains bien, rendu coupable d'impolitesse. J'ai lieu de soupçonner que vous n'ayez attendu; ce serait bien coupable à moi. »

Et il se confondit en banalités. Les phrases doucereuses prirent assez de temps. Comme il ne concluait point, notre héros, qui soignait moins sa réputation d'homme d'un ton parfait, prit la liberté de rappeler l'objet de la visite.

« La bête est anglaise, reprit le préfet d'un ton presque intime, de bon demi-sang bien prouvé; je l'ai eue de milord Link, qui habite ce pays depuis de longues années; le cheval est bien connu des amateurs; mais je dois avouer, ajouta-t-il en baissant les yeux, qu'il n'est soigné dans ce moment que par un domestique français; je vais mettre Perrin à vos ordres. Vous pensez, monsieur, que je ne confie pas cette bête à des soins vulgaires, et aucun autre de mes gens n'en approche », etc., etc.

Après avoir donné ses ordres en beau style et en s'écoutant parler, le jeune magistrat croisa sa robe de chambre de cachemire brochée d'or et assura sur ses yeux une façon de bonnet singulier, en forme de rouleau de cavalerie légère, qui à chaque instant menaçait de tomber. Tous ces petits soins étaient pris lentement et considérés attentivement par le maître de poste Bouchard, dont l'air goguenard se changeait en sourire amer tout à fait impertinent. Mais cette autre affectation fut en pure perte. M. le préfet, qui n'avait pas l'habitude de regarder de telles gens, quand il fut rassuré sur les détails de sa toilette, salua Lucien, adressa un demi-salut à M. Bouchard, sans le regarder, et rentra dans ses appartements.

« Et dire qu'un *gringalet* de ce calibre-là nous passera en revue dimanche prochain! s'écria Bouchard; cela ne fait-il pas suer?»

Dans sa colère contre les jeunes gens, plus avancés dans le monde que les sous-officiers de Montmirail, M. Bouchard eut bientôt un autre sujet de joie. A peine le cheval anglais se vit-il hors de l'écurie, d'où la pauvre bête sortait trop rarement à son gré, qu'il se mit à galoper autour de la cour et à faire les sauts les plus singuliers; il s'élançait de terre des quatre pieds à la fois, la tête en l'air et comme pour grimper sur les platanes qui entouraient la cour de la préfecture.

« La bête a des moyens, dit Bouchard en se rapprochant de Lucien d'un air sournois; mais depuis huit jours peut-être monsieur le préfet ni son valet de chambre Perrin n'ont osé la faire sortir, et peut-être ne serait-il pas prudent... »

Lucien fut frappé de la joie contenue qui brillait dans les petits yeux du maître de poste. « Il est écrit, pensa-t-il, que deux fois en un jour je me ferai jeter par terre; tel devait être mon début dans Nancy.» Bouchard alla chercher de l'avoine dans un crible et arrêta le cheval; mais Lucien eut toute la peine du monde à le monter, puis à le maîtriser.

Il partit au galop, mais bientôt il prit le pas. Étonné de la beauté et de la vigueur des allures de *Lara*, Lucien ne se fit pas scrupule de faire attendre le maître de poste goguenard. *Lara* fit une grande lieue, et ne reparut dans la cour de la préfecture qu'après une demi-heure. Le valet de chambre était tout effrayé du retard. Quant au maître de poste, il espérait bien voir le cheval revenir tout seul. Le voyant arriver monté, il examina de près l'uniforme de Lucien; rien n'indiquait une chute. « Allons, celui-ci est moins *godiche* que les autres», se dit Bouchard.

Lucien conclut le marché sans descendre de cheval : il ne faut pas que Nancy me revoie monté sur la rosse fatale. M. Bouchard, qui n'avait pas les mêmes craintes, prit le cheval du régiment.

M. Perrin, le valet de chambre, accompagna ces messieurs jusqu'à la caisse du receveur général, où Lucien prit de l'argent.

« Vous voyez, monsieur, que je ne me laisse jeter par terre qu'une fois par jour, dit Lucien à Bouchard, dès qu'ils furent seuls. Ce qui me désole, c'est que ma chute a eu lieu sous les fenêtres avec persiennes vert perroquet, qui sont là-bas, avant la voûte... à l'entrée de la ville, à cette espèce d'hôtel.

– Ah! dans la rue de la Pompe, dit Bouchard; et il y avait sans doute une jolie dame à la plus petite de ces fenêtres?

– Oui, monsieur, et elle a ri de mon malheur. Il est fort désagréable de débuter ainsi dans une garnison, et dans une première garnison encore! Vous qui avez été militaire, vous comprenez cela, monsieur; que va-t-on dire de moi dans le régiment? mais quelle est cette dame?

– Il s'agit, n'est-ce pas, d'une femme de vingt-cinq à vingt-six ans, avec des cheveux blonds cendrés, qui tombent jusqu'à terre?

– Et des yeux fort beaux, mais remplis de malice.

– C'est Mme de Chasteller, une veuve que tous ces beaux messieurs de la noblesse cajolent, parce qu'elle a des millions. Elle plaide en tous lieux avec chaleur la cause de Charles X, et si j'étais *de ce petit préfet*, je la ferais coffrer; notre pays finira par être une seconde Vendée. C'est une ultra enragée, qui voudrait voir à cent pieds sous terre tout ce qui a servi la patrie. Elle est fille de M. le marquis de Pontlevé, un de nos ultras renforcés et, ajouta-t-il en baissant la voix, c'est un des commissaires pour Charles X dans cette province. Ceci entre nous; je ne veux pas me rendre dénonciateur.

– Soyez sans crainte.

– Ils sont venus bouder ici depuis les *journées de Juillet*. Ils veulent, disent-ils, affamer le peuple de Paris, en le privant de travail; mais, quoique ça, ce marquis n'est pas malin. C'est le docteur Du Poirier, le premier médecin du pays, qui est son bras droit. M. Du Poirier, qui est une fine mouche, mène par le nez tant M. de Pontlevé que M. de Puylaurens, l'autre commissaire de Charles X; car l'on conspire ouvertement ici. Il y a aussi l'abbé Olive qui est un espion...

– Mais, mon cher monsieur, dit Lucien en riant, je ne m'oppose pas à ce que M. l'abbé Olive soit un espion; tant d'autres le sont bien! mais parlez-moi encore un peu, je vous prie, de cette jolie femme, Mme de Chasteller.

– Ah! cette jolie femme qui a ri quand vous êtes tombé de cheval? Elle en a vu bien d'autres descendre de cheval! Elle est veuve d'un des généraux de brigade attachés à la personne de Charles X, et qui était, de plus, grand chambellan ou aide de camp; un grand seigneur, enfin, qui après les journées, est venu mourir ici de peur. Il croyait toujours que le peuple *était dans les rues*, comme il me l'a dit plus de vingt fois; mais bon enfant quoique ça, point insolent, au contraire, fort doux. Quand il leur arrivait certains courriers de Paris, il voulait qu'il y eût toujours une paire de chevaux réservée pour lui à la poste et qu'il payait bien, da. Car, monsieur, il faut que vous sachiez qu'il n'y a que dix-neuf lieues d'ici au Rhin, par la traverse. C'était un grand homme sec et pâle; il avait de fières peurs, toujours.

– Et sa veuve? dit Lucien, en riant.

– Elle avait un hôtel dans le faubourg Saint-Germain, dans une rue qu'on appelle de Babylone, quel nom! Vous devez connaître cela, monsieur. Elle a bonne envie de retourner à Paris; mais le père s'y oppose et cherche à la brouiller avec tous ses amis; il veut la circonvenir, quoi! C'est que, pendant le règne des jésuites et de Charles X, M. de Chasteller, qui était fort dévot, a gagné des millions dans un emprunt, et sa veuve possède tout cet argent-là en rentes, et M. de Pontlevé veut mettre la main sur tout cela, en cas de révolution.

« Chaque matin M. de Chasteller faisait atteler sa voiture pour aller à la messe, à cinquante pas de chez lui; une voiture anglaise de dix mille francs au moins qui, sur le pavé, ne faisait aucun bruit; il disait qu'il fallait ça pour le peuple. Il était très fier de ce côté-là, toujours en grand uniforme le dimanche, à la grand-messe, avec cordon rouge par-dessus l'habit, et quatre laquais en grande livrée et en gants jaunes. Et avec cela, en mourant, il n'a rien laissé à ses gens, parce que, a-t-il dit au vicaire qui l'assistait, *ce sont des jacobins*. Mais madame, qui est restée en ce monde et qui a peur, a prétendu que c'était un oubli dans le testament; elle leur fait de petites pensions, ou bien les a gardés à son service, et quelquefois pour un rien, elle leur donne quarante francs. Elle occupe tout le premier étage de l'hôtel de Pontlevé; c'est là que vous l'avez vue; mais son père exige qu'elle paye le loyer. Elle en a pour quatre mille francs, tandis que jamais le marquis n'aurait pu louer ce premier étage plus de cent louis. C'est un avare enragé; quoique ça, il parle à tout le monde et fort poliment; il dit qu'il va y avoir la république, une nouvelle émigration; que l'on coupera la tête aux nobles et aux prêtres, etc. Et M. de Pont-levé a été misérable pendant la première émigration; on dit qu'à Hambourg il travaillait du métier de relieur mais il se fâche tout rouge, si l'on parle de livres aujourd'hui devant lui. Le fait est qu'il compte, en cas de besoin, sur les rentes de sa fille, c'est pourquoi il ne veut pas la perdre de vue; il l'a dit à un de mes amis...

– Mais, monsieur, dit Lucien, que me font les ridicules de ce vieillard? Parlez-moi de Mme de Chasteller.

– Elle rassemble le monde chez elle le vendredi, pour prêcher ni plus ni moins qu'un prêtre. Elle parle comme un ange, disent les domestiques; tout le monde la comprend; il y a des jours qu'elle les fait pleurer. Fichues bêtes, que je leur dis; elle est enragée contre le peuple; si elle pouvait, elle nous mettrait tout au mont Saint-Michel. Mais, quoique ça, elle les enjôle, ils l'aiment.

« Elle blâme fort son père, dit le valet de chambre, de ce qu'il ne veut plus voir son frère cadet, président à la cour royale de Metz, parce qu'il a prêté serment; il appelle cela se salir. Aucun *juste milieu* n'est reçu dans la société ici. Ce préfet si *muscadin*, qui vous a vendu son cheval, boit les affronts comme de l'eau; il n'ose se présenter chez Mme de Chasteller, qui lui dirait son fait. Quand il va voir Mme d'Hoquincourt, la plus pimpante de nos dames, elle se met à la fenêtre sur la rue, et lui fait dire par son portier qu'elle n'y est pas... Mais pardon, monsieur est *juste milieu*, je m'oubliais. »

Ce dernier mot fut dit avec bonheur; il y en eut aussi dans la réponse de Lucien.

« Mon cher, vous me donnez des renseignements, et je les écoute comme un rapport sur la position occupée par l'ennemi. Du reste, adieu, au revoir. Quel est le plus renommé des hôtels garnis?

– L'hôtel des *Trois-Empereurs*, rue des Vieux-Jésuites, n° 13; mais c'est difficile à trouver, mon chemin m'y conduit, et j'aurai l'honneur de vous indiquer moi-même cet hôtel. « Je l'ai *blagué* trop fort, se disait le maître de poste; il faut parler de nos dames à ce jeune freluquet. »

« Mme de Chasteller est la plus braque de ces dames de la noblesse, reprit Bouchard de l'air aisé d'un homme du peuple qui veut cacher son embarras. C'est-à-dire, Mme d'Hoquincourt est bien aussi jolie qu'elle; mais Mme de Chasteller n'a eu qu'un amant, M. Thomas de Busant de Sicile, lieutenant-colonel des hussards que vous remplacez. Elle est toujours triste et singulière, excepté quand elle prend feu en faveur de Henri V. Ses gens disent qu'elle fait mettre les chevaux à sa voiture, et puis, au bout d'une heure, ordonne de dételer, sans être sortie. Elle a les plus beaux yeux, comme vous avez vu, et des yeux qui disent tout ce qu'ils veulent; mais Mme d'Hoquincourt est bien plus gaie et a bien plus d'esprit; elle a toujours quelque chose de drôle à dire. Mme d'Hoquincourt mène son mari, qui est un ancien capitaine, blessé dans les *journées de Juillet*, un fort brave homme, ma foi! D'ailleurs, ils sont tous braves dans ce pays-ci. Mais elle en fait tout ce qu'elle veut et change d'amant sans se gêner, tous les ans. Maintenant, c'est M. d'Antin qui se ruine avec elle. Sans cesse, je lui fournis des chevaux pour des parties de plaisir dans les bois de Burelviller, que vous voyez là-bas, au bout de la plaine; et Dieu sait ce qu'on fait dans ces bois! L'on enivre toujours mes postillons, pour les empêcher de voir et d'entendre. Du diable si, en rentrant, ils peuvent me dire un mot.

— Mais où voyez-vous des bois? dit Lucien en regardant le plus triste pays du monde.

— A une lieue d'ici, au bout de la plaine, des bois noirs magnifiques; c'est un bel endroit. Là, se trouve le café du *Chasseur vert*, tenu par des Allemands qui ont toujours de la musique; c'est le Tivoli du pays... »

Lucien fit faire un mouvement à son cheval, qui alarma le bavard; il lui sembla voir échapper sa victime, et quelle victime encore! un beau jeune homme de Paris, nouveau débarqué et obligé de l'écouter!

« Chaque semaine cette jolie femme, aux cheveux blonds, Mme de Chasteller, reprit-il avec empressement, qui a ri un peu en vous voyant tomber, ou plutôt quand votre cheval est tombé, c'est bien différent; mais, pour en revenir, chaque semaine, pour ainsi dire, elle refuse une proposition de mariage. M. de Blancet, son cousin, qui est toujours avec elle; M. de Goello, le plus grand intrigant, un vrai jésuite, quoi! le comte Ludwig Rollet, le plus crâne de tous ces nobles, s'y sont cassé le nez. Mais pas si bête que de se marier en province! Pour se désennuyer, elle a pris bravement, comme je vous le disais, en mariage en détrempe le lieutenant-colonel du 20ᵉ de hussards, M. Thomas de Busant de Sicile. Il était bien un peu *maillé* pour elle; mais n'importe, il n'en bougeait, et c'est un des plus grands nobles de France, dit-on.

« Il y a aussi Mme la marquise de Puylaurens et Mme de Saint-Vincent, qui ne s'oublient pas; mais les dames de notre ville répugnent à déroger. Elles sont sévères en diable sur ce point, et il faut que je vous le dise, mon cher monsieur, avec tout le respect que je vous dois, moi qui n'ai été que sous-officier de cuirassiers; à la vérité, j'ai fait dix campagnes en dix ans; je doute que cette veuve de M. de Chasteller, un général de brigade, et qui vient d'avoir pour amant un lieutenant-colonel, voulût agréer les hommages d'un simple sous-lieutenant, si aimable qu'il fût. Car, ajouta le maître de poste, en prenant un air piteux, le mérite n'est pas grand-chose en ce pays-ci, c'est le rang qu'on a et la noblesse qui font tout. »

« En ce cas je suis *frais* », pensa Lucien.

« Adieu, monsieur, dit-il à Bouchard en mettant son cheval au trot ; j'enverrai un lancier prendre le cheval laissé dans votre écurie, et bien le bonsoir. » Il avait aperçu dans le lointain l'immense enseigne des *Trois-Empereurs*.

« Tout de même en voilà un que j'ai solidement *blagué*, lui et son *juste milieu*, se dit Bouchard en riant dans sa barbe. Et, de plus, quarante francs de pourboire à donner à mes postillons : *le plus souvent !* »

Résumé des chapitres 5 à 10

« Si jamais je rencontre cette Mme de Chasteller, quelle envie de rire va la saisir en me reconnaissant ! » *pense Lucien qui choisit d'en avoir le coeur net en retournant sous les persiennes si vertes mais, cette fois, monté sur son fougueux cheval anglais. Il n'y a pas de réponse aux fenêtres de l'Hôtel de Pontlevé, mais la ville entière par contre cancane déjà sur sa superbe acquisition. A-t-il loué l'animal pour quelques jours ? Acheté ?* « Il n'a point l'air commun », *disent les femmes ;* « Il est raide et affecté », *rétorquent les beaux messieurs qui attendent une nouvelle chute...*

Lucien prend un appartement chez le marchand de blé et s'installe tristement, puis se rend chez les Berchu, la boutique de liqueurs la plus connue de la ville pour faire à la fois son marché de bouteilles et ses premiers pas chez les bourgeois de Nancy. Au bout de quelques jours, il sympathise avec le neveu de son logeur, Gauthier, un géomètre républicain qui affiche ses opinions en dirigeant L'Aurore, *un journal subversif. Voilà de quoi déplaire et les brimades commencent à pleuvoir à la caserne, d'autant que l'apparent mépris de Lucien pour ce genre de petitesses ne fait qu'attiser les colères.*

Un soir, il est blessé au cours d'un duel avec un officier, et le redoutable docteur Du Poirier se retrouve à son chevet, l'âme damnée des ultras et le confesseur de ces dames. Lucien voit là le moyen de se distraire et fait si bien que le bon docteur croit bientôt l'avoir converti à sa cause. La première sortie de Lucien, enfin rétabli, est pour se rendre en sa compagnie à une cérémonie religieuse... L'effet ne tarde pas, le lendemain il est reçu chez la comtesse de Commercy, et les jours suivants tous les salons de la ville lui sont ouverts ! Un de ses premiers soins, parce que telle est la volonté de Du Poirier, est de se présenter chez Mme de Serpierre, qui a six filles à marier, dont Théodelinde...

CHAPITRE 11

P endant cette visite, qui devait être de vingt minutes et qui dura deux heures. Lucien n'entendit d'autres propos désagréables que quelques mots haineux de Mme de Serpierre. Cette dame avait de grands traits flétris et imposants, mais immobiles. Ses grands yeux ternes et impassibles suivaient tous les mouvements de Lucien et le glaçaient. « Dieu ! quel être ! » se dit-il.

Par politesse, Lucien abandonnait de temps à autre le cercle formé par les demoiselles de Serpierre autour de la lampe, pour causer avec l'ancien lieutenant de roi. Celui-ci aimait à expliquer qu'il n'y avait de repos et de tranquillité pour la France qu'à la condition de remettre précisément toutes choses sur le pied où elles se trouvaient en 1786. « Ce fut le commencement de notre décadence, répéta plusieurs fois le bon vieillard ; *inde mali labes.* »

Rien n'était plus plaisant, aux yeux de Lucien, qui croyait que c'était précisément à compter de 1786 que la France avait commencé à sortir un peu de la barbarie où elle est encore à demi plongée.

Quatre ou cinq jeunes gens, sans doute nobles, parurent successivement dans le salon. Lucien remarqua qu'ils prenaient des poses et s'appuyaient élégamment d'un bras à la cheminée de marbre noir, ou à une console dorée placée entre deux croisées. Quand ils abandonnaient une de ces poses gracieuses pour en prendre une autre non moins gracieuse, ils se mouvaient rapidement et presque avec violence, comme s'ils eussent obéi à un commandement militaire.

Lucien se disait : « Ces façons de se mouvoir sont peut-être nécessaires pour plaire aux demoiselles de province », lorsqu'il fut arraché aux considérations philosophiques par la nécessité de s'apercevoir que ces beaux messieurs à poses académiques cherchaient à lui témoigner beaucoup d'éloignement, ce qu'il essaya de leur rendre au centuple. « Est-ce que vous seriez fâché? » lui dit Mlle Théodelinde en passant près de lui.

Il y avait tant de simplicité et de bon naturel dans cette question, que Lucien répondit avec la même candeur : « Si peu fâché, que je vais vous prier de me dire les noms de ces beaux messieurs qui, si je ne me trompe, cherchent à vous plaire. Ainsi c'est peut-être à vos beaux yeux que je dois les marques d'éloignement dont ils m'honorent en ce moment.

– Ce jeune homme qui parle à ma mère est M. de Lanfort.

– Il est fort bien, et celui-là a l'air civilisé; mais ce monsieur qui s'appuie à la cheminée avec un air si terrible?·

– C'est M. Ludwig Roller, ancien officier de cavalerie. Les deux voisins sont ses frères; ces messieurs n'ont pas de fortune; leurs appointements leur étaient nécessaires. Maintenant ils ont un cheval entre eux trois; et, d'ailleurs, leur conversation est singulièrement appauvrie. Ils ne peuvent plus parler de ce que vous appelez, vous autres messieurs les militaires, le harnachement, la masse de linge et chaussure, et autres choses amusantes. Ils n'ont plus l'espoir de devenir maréchal de France, comme le maréchal de Larnac, qui fut le trisaïeul d'une de leurs grand-mères.

– Votre description les rend aimables à mes yeux. Et ce gros garçon, court et épais, qui me regarde de temps à autre d'un air si supérieur et en soufflant dans ses joues comme un sanglier?

– Comment! vous ne le connaissez pas? C'est M. le marquis de Sanréal, le gentilhomme le plus riche de la province. »

La conversation de Lucien avec Mlle Théodelinde était fort animée; c'est pourquoi elle fut interrompue par M. de Sanréal, qui, contrarié de l'air heureux de Lucien, s'approcha de Mlle Théodelinde et lui parla à demi bas, sans faire la moindre attention à Lucien.

En province, tout est permis à un homme riche et non marié.

Lucien fut rappelé aux convenances par cet acte de demi-hostilité. L'antique pendule attachée à la muraille, à huit pieds de hauteur, avait un cadran d'étain tellement découpé, que l'on ne pouvait voir ni l'heure, ni les aiguilles; elle sonna, et Lucien vit qu'il était depuis deux grandes heures chez les Serpierre. Il sortit.

« Voyons, se dit-il, si j'ai ces préjugés aristocratiques dont mon père se moque tous les jours. » Il alla chez Mme Berchu; il y trouva le préfet, qui achevait sa partie de boston.

En voyant entrer Lucien, M. Berchu père dit à sa femme, personne énorme de cinquante à soixante ans : « Ma petite, offre une tasse de thé à M. Leuwen. » Comme Mme Berchu n'écoutait pas, M. Berchu répéta deux fois sa phrase avec *ma petite.*

« Est-ce ma faute, pensait Lucien, si ces gens-là me donnent envie de rire ? » La tasse de thé prise, il alla admirer une robe vraiment jolie que Mlle Sylviane portait ce soir-là. C'était une étoffe d'Alger, qui avait des raies fort larges, marron, je crois, et jaune pâle ; à la lumière ces couleurs faisaient fort bien.

La belle Sylviane répondit à l'admiration de Lucien par une histoire fort détaillée de cette robe singulière ; elle venait d'Alger ; il y avait longtemps que Mlle Sylviane l'avait dans son *armoire*, etc., etc. La belle Sylviane, ne se souvenant plus de sa taille un peu colossale, ne manquait pas de pencher la tête aux endroits les plus intéressants de cette histoire touchante. « Les belles formes ! se disait Lucien pour prendre patience. Sans doute Mlle Sylviane aurait pu figurer comme une de ces *déesses de la Raison* de 1793 dont M. de Serpierre vient de nous faire aussi la longue histoire. Mlle Sylviane aurait été toute fière de se voir promener sur un brancard, porté par huit ou dix hommes, par les rues de la ville. »

L'histoire de la robe rayée terminée, Lucien ne se sentit plus le courage de parler. Il écouta M. le Préfet, qui répétait avec une fatuité bien lourde un article des *Débats* de la veille. « Ces gens-là professent, et ne font jamais de conversation, pensait Lucien. Si je m'assieds, je m'endors ; il faut fuir pendant que j'en ai encore la force. » Il regarda à sa montre dans l'antichambre ; il n'était resté que vingt minutes chez Mme Berchu.

Afin de n'oublier aucune de ses nouvelles connaissances et surtout pour ne pas les confondre entre elles, ce qui eût été déplorable avec des amours-propres de province. Lucien prit le parti de faire une liste de ses amis de fraîche date. Il la divisa d'après les rangs, comme celle que les journaux anglais donnent au public, pour les bals d'Almack. Voici cette liste :

« Mme la comtesse de Commercy, maison de Lorraine.

« M. le marquis et Mme la marquise de Puylaurens.

« M. de Lanfort, citant Voltaire et répétant les raisonnements de Du Poirier sur le Code civil et les partages.

« M. le marquis et Mme la marquise de Sauves d'Hoquincourt ; M. d'Antin, ami de madame. Le marquis, homme très brave, mourant habituellement de peur.

« Le marquis de Sanréal, court, épais, incroyable de fatuité, et cent mille livres de rente.

« Le marquis de Pontlevé et sa fille, Mme de Chasteller, le

meilleur parti de la province, des millions et l'objet des vœux de MM. de Blancet, de Goello, etc., etc. On m'avertit que Mme de Chasteller ne voudra jamais me recevoir à cause de ma cocarde : il faudrait pouvoir y aller en habit bourgeois.

« La comtesse de Marcilly, veuve d'un cordon rouge ; un bisaïeul maréchal de France.

« Les trois comtes Roller : Ludwig, Sigismond et André, braves officiers, chasseurs déterminés et fort mécontents. Les trois frères disent exactement les mêmes choses. Ludwig a l'air terrible, et me regarde de travers.

« Comte de Vassigny, ancien lieutenant-colonel, homme de sens et d'esprit ; tâcher de me lier avec lui. Ameublement de bon goût, valets bien tenus.

« Comte Génévray, petit bonhomme de dix-neuf ans, gros et trop serré dans un habit toujours trop étroit ; moustaches noires, répétant tous les soirs deux fois que, sans *légitimité*, il n'y a pas de bonheur pour la France ; bon diable au fond ; beaux chevaux.

« Êtres que je connais, mais avec lesquels il faut éviter toute conversation particulière, car une première oblige à vingt autres, et ils parlent comme le journal de la veille :

« M. et Mme de Louvalle ; Mme de Saint-Cyran ; M. de Bernheim ; MM. de Jaurey, de Vaupoil, de Serdan, de Pouly, de Saint-Vincent, de Pelletier-Luzy, de Vinaert, de Charlemont », etc., etc.

C'est au milieu de tout cela que Lucien vivait. Il était bien rare qu'il passât une journée sans voir le docteur, et même, dans le monde, ce terrible docteur lui adressait souvent ses improvisations passionnées.

Lucien était si neuf, qu'il ne s'étonnait ni de l'excellente réception que lui faisait la bonne compagnie de Nancy (à l'exception des jeunes gens), ni de la constance de Du Poirier à le cultiver et à le protéger.

Au milieu de son éloquence passionnée et insolente, Du Poirier était un homme d'une timidité singulière ; il ne connaissait pas Paris et se faisait un monstre de la vie qu'on y menait ; cependant il brûlait d'y aller. Ses correspondants lui avaient appris, depuis longtemps, bien des choses sur M. Leuwen père. « Dans cette maison, se disait-il, je trouverai un excellent dîner gratis, des hommes considérables, à qui je pourrai parler et qui me protégeront en cas de malheur. Au moyen des Leuwen je ne serai pas isolé dans cette Babylone. Ce petit jeune homme écrit tout à ses parents ; ils savent déjà sans doute que je le protège ici. »

Mmes de Marcilly et de Commercy, âgées l'une et l'autre de bien plus de soixante ans, et chez lesquelles Lucien eut le bon esprit de se laisser fort souvent inviter à dîner, l'avaient présenté à toute la ville. Lucien suivait à la lettre les conseils que lui donnait Mlle Théodelinde.

Il n'eut pas passé huit jours dans la bonne compagnie qu'il s'aperçut qu'elle était déchirée par un schisme violent. D'abord on eut honte de cette division, et on voulut la cacher à un étranger; mais l'animosité et la passion l'emportèrent; car c'est là un des bonheurs de la province : on y a encore de la *passion*.

M. de Vassigny et les gens raisonnables croyaient vivre sous le règne de Henri V; tandis que Sanréal, Ludwig Roller et les plus ardents, n'admettaient pas les abdications de Rambouillet et attendaient le règne de Louis XIX après la fin de celui de Charles X.

Lucien allait souvent à ce qu'on appelait l'hôtel de Puylaurens; c'était une grande maison située à l'extrémité d'un faubourg occupé par des tanneurs et dans le voisinage d'une rivière de douze pieds de large, et fort odoriférante.

Au-dessus de petites fenêtres carrées, éclairant des remises et écuries, on voyait régner une longue file de grandes croisées, avec de petits toits en tuile au-dessus de chacune d'elles; ces petits toits destinés à garantir les verres de Bohême. Préservés ainsi de la pluie, depuis vingt ans, peut-être, ils n'avaient pas été lavés, et donnaient à l'intérieur une lumière jaune.

Dans la plus triste des chambres éclairées par ces vitres sales, on trouvait, devant un ancien bureau de Boule, un grand homme sec, portant, par principe politique, de la poudre et une queue; car il avouait souvent et avec plaisir que les cheveux courts et sans poudre étaient bien plus commodes. Ce martyr des bons principes était fort âgé, et s'appelait le marquis de Puylaurens. Durant l'émigration, il avait été le compagnon fidèle d'un auguste personnage; quand ce personnage fut tout-puissant, on lui fit honte de ne rien faire pour un homme que ses courtisans appelaient *un ami de trente ans*. Enfin, après bien des sollicitations, que M. de Puylaurens trouva souvent fort humiliantes, il fut nommé receveur général des finances à...

Depuis l'époque de ces sollicitations désagréables et aboutissant à un emploi de *finances*, M. de Puylaurens, outré contre la famille à laquelle il avait consacré sa vie, voyait tout en noir. Mais ses principes étaient restés purs, et il eût, comme devant, sacrifié sa vie pour eux. « Ce n'est pas parce qu'il est homme aimable, répétait-il souvent, que Charles X est notre roi. Aimable ou non, il est fils du Dauphin, qui était fils de Louis XV : il suffit. » Il ajoutait, en petit comité : « Est-ce la faute de la *légitimité* si le légitime est un imbécile ? Est-ce que mon fermier sera dégagé du devoir de me payer le prix de sa ferme par la raison que je suis un sot ou un ingrat ? » M. de Puy-laurens abhorrait Louis XVIII. « Cet égoïste *énorme*, répétait-il souvent, a donné une sorte de légitimité à la Révolution. Par lui, la révolte a un argument plausible, ridicule pour nous, ajoutait-il, mais qui peut entraîner les faibles. Oui, monsieur, disait-il à Lucien le lendemain du jour où celui-ci lui avait été présenté, la couronne étant un bien et une jouissance viagère, rien de ce que fait le détenteur actuel ne peut obliger le successeur, pas même le serment ; car ce serment, quand il le prêta, il était sujet et ne pouvait rien refuser à son roi. »

Lucien écoutait ces choses et bien d'autres encore d'un air fort attentif et même respectueux, comme il convient à un jeune homme ; mais il avait grand soin que son air poli n'allât point jusqu'à l'approbation. « Moi, plébéien et libéral, je ne puis être quelque chose, au milieu de toutes ces vanités, que par la résistance. »

Quand Du Poirier se trouvait présent, il enlevait, sans façon, la parole au marquis. « La suite de tant de belles choses, disait-il, c'est que l'on en viendra à partager toutes les propriétés d'une commune également entre tous les habitants. En attendant ce but final de tous les *libéraux*, le Code civil se charge de faire de petits bourgeois de tous *nos enfants*. Quelle noble fortune pour-rait se soutenir avec ce partage continu, à la mort de chaque père de famille ? Ce n'est pas tout ; l'armée nous restait pour nos cadets ; mais, comme ce Code civil, que j'appellerai, moi, infer-nal, prêche l'égalité dans les fortunes, la conscription porte le principe de l'égalité dans l'armée ; l'avancement est platement donné par une loi ; rien ne dépend plus de la faveur du monarque ; donc, à quoi bon plaire au roi ? Or, monsieur, du moment où l'on fait cette question, il n'y a plus de monarchie. Que vois-je d'un autre côté ? Absence de grandes fortunes hérédi-taires, et par là encore point de monarchie. Il ne nous reste donc que la religion chez le paysan ; car, point de religion, point de res-pect pour l'homme riche et noble, un esprit d'examen infernal ; et, au lieu du respect, *de l'envie ;* et, à la moindre prétendue injustice, de la révolte. » Le marquis de Puylaurens reprenait alors : « Donc, il n'y a de ressource que dans le rappel des jésuites, et auxquels, pendant quarante ans, l'on donnera, par une loi, la dictature de l'éducation. »

Le plaisant, c'est qu'en soutenant ces opinions le marquis se disait et se croyait patriote ; en cela bien inférieur au vieux coquin de Du Poirier, qui sortant de chez M. de Puylaurens, dit

217

un jour à Lucien : « Un homme naît duc, millionnaire, pair de France ; ce n'est pas à lui à examiner si sa position est conforme ou non à la vertu, au bonheur général et autres belles choses. Elle est bonne, cette position ; donc il doit tout faire pour la soutenir et l'améliorer, autrement l'opinion le méprise comme un lâche ou un sot. »

Écouter de tels discours d'un air attentif et très poli, ne jamais bâiller quelque long et éloquent qu'en fût le développement, tel était le devoir *sine qua non* de Lucien, tel était le prix de la grâce extrême que lui avait fait la bonne compagnie de Nancy en l'admettant dans son sein. « Il faut convenir, se disait-il un soir en regagnant son logement et dormant presque debout dans la rue, il faut convenir que des gens cent fois plus nobles que moi daignent m'adresser la parole avec les formes les plus nobles et les plus flatteuses, mais ils m'assomment, les cruels ! Je n'y puis plus tenir. Je puis, il est vrai, en rentrant chez moi, monter au second, chez M. Bonard, mon hôte ; j'y trouverai peut-être son neveu Gauthier. C'est un honnête homme par excellence, qui va me jeter à la tête, dès l'abord, des vérités incontestables, mais relatives à des objets peu amusants, et avec des formes dont la simplicité admet quelquefois la rudesse, dans les moments de vivacité. Et que me ferait à moi la rudesse ? Elles admettent le bâillement. Mon sort est-il donc de passer ma vie entre des légitimistes tous égoïstes et polis, adorant le passé, et des républicains, fous généreux et ennuyeux, adorant l'avenir ? Maintenant, je comprends mon père, quand il s'écrie : « Que ne suis-je né en 1710, avec cinquante mille livres de rente ! »

Les beaux raisonnements que Lucien endurait tous les soirs et que le lecteur n'a endurés qu'une fois étaient la profession de foi de tout ce qui, dans la noblesse de Nancy et de la province, s'élevait un peu au-dessus des innocentes répétitions des articles de la *Quotidienne*, de la *Gazette de France*, etc. etc. Après un mois de patience, Lucien arriva à trouver réellement intolérable la société de ces grands et nobles propriétaires parlant toujours comme si eux seuls existaient au monde, et ne parlant jamais que de haute politique, ou du prix des avoines.

Cet ennui n'avait qu'une exception : Lucien était tout joyeux quand, arrivant à l'hôtel de Puylaurens, il était reçu par la marquise. C'était une grande femme de trente-quatre ou trente-cinq ans, peut-être davantage, qui avait des yeux superbes, une peau magnifique, et, de plus, l'air de se moquer fort de toutes les théories du monde. Elle contait à ravir, donnait des ridicules à pleines mains et presque sans distinction de parti. Elle frappait juste en général, et l'on riait toujours dans le groupe où elle était.

Volontiers Lucien en eût été amoureux; mais la place était prise, et la grande occupation de Mme de Puylaurens était de se moquer d'un fort aimable jeune homme, nommé M. de Lanfort. Les plaisanteries étaient sur le ton de l'intimité la plus tendre; mais personne ne s'en scandalisait. « Voici encore un des avantages de la province », se disait Lucien. Du reste, il aimait beaucoup à rencontrer M. de Lanfort; c'était presque le seul de tous les *natifs* qui ne parlât pas trop haut. Lucien s'attacha à la marquise, et, au bout de quinze jours, elle lui sembla jolie. On trouvait chez elle un mélange piquant de la vivacité des sensations de la province et de l'urbanité de Paris. C'était, en effet, à la cour de Charles X qu'elle avait achevé son éducation, pendant que son mari était receveur général dans un département assez éloigné.

Pour plaire à son mari et à son parti, Mme de Puylaurens allait à l'église deux ou trois fois le jour; mais, dès qu'elle y était entrée, le temple du Seigneur devenait un salon; Lucien plaçait sa chaise le plus près possible de Mme de Puylaurens, et trouvait ainsi le secret de faire la cour aux exigences de la bonne compagnie avec le moins d'ennui possible.

Un jour que la marquise riait trop haut depuis dix minutes avec ses voisins, un prêtre s'approcha et voulut hasarder des représentations. « Il me semblerait, madame la marquise, que la maison de Dieu...

– Est-ce à moi, par hasard, que s'adresse ce *madame?* Je vous trouve plaisant, mon petit abbé! votre office est de sauver nos âmes, et vous êtes tous si éloquents, que, si nous ne venions pas chez vous par principes, vous n'auriez pas un chat. Vous pouvez parler tant qu'il vous plaira dans votre chaire; mais souvenez-vous que votre devoir est de répondre quand je vous interroge; monsieur votre père, qui était laquais de ma belle-mère, aurait dû mieux vous instruire.»

Un rire général, quoique contenu, suivit cet avis charitable. Cela fut plaisant, et Lucien ne perdit pas une nuance de cette petite scène. Mais, par compensation, il l'entendit raconter au moins cent fois.

Il arriva une grande brouille entre Mme de Puylaurens et M. de Lanfort; Lucien redoubla d'assiduité. Rien n'était plus plaisant que les sorties des deux parties belligérantes, qui continuaient à se voir chaque jour; leur manière d'être ensemble faisait la nouvelle de Nancy.

Lucien sortait souvent de l'hôtel de Puylaurens avec M. de Lanfort; il s'établit entre eux une sorte d'intimité. M. de Lanfort était heureusement né, et, d'ailleurs, ne regrettait rien. Il se trouvait capitaine de cavalerie à la Révolution de 1830, et avait été ravi de l'occasion de quitter un métier qui l'ennuyait.

Un matin qu'il sortait, avec Lucien, de l'hôtel de Puylaurens, où il venait d'être fort maltraité et publiquement : « Pour rien au monde, lui disait-il, je ne m'exposerais à égorger des tisserands ou des tanneurs, comme c'est votre affaire, par le temps qui court.

– Il faut avouer que le service ne vaut rien depuis Napoléon, répondait Lucien. Sous Charles X, vous étiez obligés de faire les agents provocateurs, comme à Colmar dans l'affaire Caron, ou d'aller en Espagne prendre le général Riego, pour le laisser pendre par le roi Ferdinand. Il faut convenir que ces belles choses ne conviennent guère à des gens tels que vous et moi.

– Il fallait vivre sous Louis XIV; on passait son temps à la cour, dans la meilleure compagnie du monde, avec Mme de Sévigné, M. le duc de Villeroy, M. le duc de Saint-Simon, et l'on n'était avec les soldats que pour les conduire au feu et accrocher de la gloire, s'il y en avait.

– Oui, fort bien pour vous, monsieur le marquis, mais moi, sous Louis XIV, je n'eusse été qu'un marchand, tout au plus un Samuel Bernard au petit pied.»

Le marquis de Sanréal les accosta, à leur grand regret, et la conversation prit un cours tout différent. On parla de la sécheresse qui allait ruiner les propriétaires des prairies non arrosées; on se jeta dans la discussion de la nécessité d'un canal, qui irait prendre les eaux dans les bois de Baccarat.

Lucien n'avait d'autre consolation que d'examiner de près le Sanréal; c'était à ses yeux le vrai type du grand propriétaire de province. Sanréal était un petit homme de trente-trois ans, avec des cheveux d'un noir sale, et d'une taille épaisse. Il affectait toutes sortes de choses, et par-dessus tout, la bonhomie et le sans-façon; mais sans renoncer pour cela, tant s'en faut, à la finesse et à l'esprit. Ce mélange de prétentions opposées, mis en lumière par une fortune énorme pour la province et une assurance correspondante, en faisait un sot singulier. Il n'était pas précisément sans idées, mais vain et prétentieux au possible, à se faire jeter par la fenêtre, surtout quand il visait particulièrement à l'esprit.

S'il vous prenait la main, une de ses gentillesses était de la serrer à vous faire crier; il criait lui-même à tue-tête par plaisanterie, quand il n'avait rien à dire. Il outrait avec soin toutes les modes qui montrent la bonhomie et le laisser-aller, et l'on voyait qu'il se répétait cent fois le jour : « Je suis le plus grand propriétaire de la province, et, partant, je dois être autrement qu'un autre.»

Si un portefaix faisait une difficulté à un de ses gens dans la rue, il s'élançait en courant pour aller vider la querelle, et il eût volontiers tué le portefaix. Son grand titre de gloire, ce qui le plaçait à la tête des hommes énergiques et *bien pensants* de la province, c'était d'avoir arrêté de sa main un des malheureux paysans, fusillés sans savoir pourquoi, par ordre des Bourbons, à la suite d'une des conspirations, ou plutôt des émeutes qui éclatèrent sous leur règne. Lucien n'apprit ce détail que beaucoup plus tard. Le parti du marquis de Sanréal en avait honte pour lui, et lui-même, étonné de ce qu'il avait fait, commençait à douter qu'un gentilhomme, grand propriétaire, dût remplir l'office de gendarme, et, pire encore, choisir un malheureux paysan au milieu d'une foule pour le faire fusiller en quelque sorte sans jugement et après une simple comparution devant une commission militaire.

Le marquis, en cela seulement semblable aux aimables marquis de la Régence, était à peu près complètement ivre tous les jours, dès midi ou une heure ; or il était deux heures quand il accosta M. de Lanfort. Dans cette position, il parlait continuellement, et était le héros de tous ses contes. « Celui-ci ne manque pas d'énergie et ne tendrait pas le cou à la hache de 93, comme les d'Hoquincourt, ces moutons dévots », se dit Lucien.

Le marquis de Sanréal tenait table ouverte soir et matin, et, en parlant de politique, ne descendait jamais des hauteurs de la plus emphatique énergie. Il avait ses raisons pour cela : il savait par cœur une vingtaine de phrases de M. de Chateaubriand ; celle, entre autres, sur le bourreau et les six autres personnes nécessaires pour gouverner le département.

Pour se soutenir à ce degré d'éloquence, il avait toujours sur une petite table d'acajou, placée à côté de son fauteuil, une bouteille de *Cognac*, quelques lettres d'outre-Rhin, et un numéro de la *France*, journal qui combat les abdications de Rambouillet en 1830. Personne n'entrait chez Sanréal sans boire à la santé du roi et de son héritier légitime, Louis XIX.

« Parbleu, monsieur, s'écria Sanréal, en se tournant vers Lucien, peut-être un jour ferons-nous le coup de fusil ensemble, si jamais les grands légitimistes de Paris ont l'esprit de secouer le joug des avocats. » Lucien répondit d'une façon qui eut le bonheur de plaire au marquis plus qu'à demi-ivre, et, à partir de cette matinée, qui se termina par du vin brûlé, dans le café *ultra* de la ville, Sanréal s'accoutuma tout à fait à Lucien.

Mais cet héroïque marquis avait des inconvénients ; il n'entendait jamais nommer Louis-Philippe sans lancer d'une voix singulière et glapissante ce simple mot, *voleur*. C'était là son trait d'esprit, qui, à chaque fois, faisait rire à gorge déployée la plupart des dames nobles de Nancy, et cela dix fois dans une soirée. Lucien fut choqué de l'éternelle répétition et de l'éternelle gaieté.

Résumé des chapitres 12 à 16

« L'ultra de Paris est apprivoisé, se disait Lucien ; mais, ici, je le trouve à l'état de nature ; c'est une espèce terrible, bruyante, injuriante, accoutumée à n'être jamais contredite... » *Le jeune homme est désormais lancé et la noblesse se l'arrache, ce qui fait grincer les dents de l'armée. Pourtant, une maison encore ne s'est jamais ouverte à lui, celle des verts volets sous lesquels il repasse sans cesse (tombant d'ailleurs une seconde fois de cheval !) sans qu'un signe lui soit donné...*

Une chose l'obsède, une liaison ancienne dont on lui a parlé entre cette Mme de Chasteller et un lieutenant-colonel ayant habité son actuel appartement. Il questionne sans relâche, n'obtient que des réponses vagues et méchantes qui ne font qu'augmenter le mystère.

Huit jours après, il a deux fois l'occasion de la croiser et, « rouge comme un coq », *ne trouve pas la force de lui parler.*

Il la rencontre enfin, à un dîner chez ses nouveaux amis les Serpierre, au cours duquel sa maladresse ne fait que s'accentuer. Vient heureusement l'annonce d'un grand bal donné par la marquise de Marcilly, tout Nancy s'y retrouve, et Bathilde de Chasteller y fait une entrée remarquée : « Tout le brillant courage, tout l'esprit de Lucien disparurent en un clin d'œil. Elle avait une simple robe blanche, et sa toilette montrait une simplicité qui eût semblé bien ridicule aux jeunes gens de ce bal, si elle eût été sans fortune... » *Il se décide tout de même à l'inviter à danser, mais ne parvient à prononcer que des banalités...*

CHAPITRE 17

Mme de Chasteller s'était éloignée pour faire un tour dans la salle. M. de Blancet avait repris son poste et lui donnait le bras d'un air entrepris; on voyait qu'il songeait au bonheur de lui donner le bras comme son mari. Le hasard amena Mme de Chasteller du côté où se trouvait Lucien. En le retrouvant sous ses yeux, elle eut un mouvement d'impatience contre elle-même. Quoi! elle s'était donné la peine de regarder si souvent un être aussi vulgaire et dont le sublime mérite consistait, comme celui des héros de l'Arioste, à être un bon homme de cheval! Elle lui adressa la parole et chercha à l'émoustiller, à le faire parler.

Au mot que lui adressa Mme de Chasteller, Lucien devint un autre homme. Par le noble regard qui daignait s'arrêter sur lui, il se crut affranchi de tous les lieux communs qui l'ennuyaient à dire, qu'il disait mal, et qui, à Nancy, font encore l'élément essentiel de la conversation entre gens qui se voient pour la huitième ou dixième fois. Tout à coup il osa parler, et beaucoup. Il parlait de tout ce qui pouvait intéresser ou amuser la jolie femme qui, tout en donnant le bras à son grand cousin, daignait l'écouter avec des yeux étonnés. Sans perdre rien de sa douceur et de son accent respectueux, la voix de Lucien s'éclaircit et prit de l'éclat. Les idées nettes et plaisantes ne lui manquèrent pas plus que les parole; vives et pittoresques pour les peindre. Dans la simplicité noble du ton qu'il osa prendre spontanément avec Mme de Chasteller, il sut faire apparaître, sans se permettre assurément rien qui pût choquer la délicatesse la plus scrupuleuse cette nuance de familiarité délicate qui convient à deux âmes de même portée, lorsqu'elles se rencontrent et se reconnaissent au milieu des masques de cet ignoble bal masqué qu'on appelle le monde. Ainsi des anges se parleraient qui, partis du ciel pour quelque mission, se rencontreraient, par hasard, ici-bas.

Cette simplicité noble n'est pas, il est vrai, sans quelque rapport avec la simplicité de langage autorisée par une ancienne connaissance; mais, comme correctif, chaque mot semble dire : « Pardonnez-moi pour un moment; dès qu'il vous plaira reprendre le masque, nous redeviendrons complètement étrangers l'un à l'autre, ainsi qu'il convient. Ne craignez de ma part, pour demain, aucune prétention à la connaissance, et daignez vous amuser un instant sans tirer à conséquence.»

Les femmes sont un peu effrayées de l'ensemble de ce genre de conversation; mais, en détail, elles ne savent où l'arrêter. Car, à chaque instant, l'homme qui a l'air si heureux de leur parler semble dire : « Une âme de notre portée doit négliger des considérations qui ne sont faites que pour le vulgaire, et sans doute vous pensez avec moi que...»

Mais, au milieu de sa brillante faconde, il faut rendre justice à l'inexpérience de Lucien. Ce n'était point par un effort de génie qu'il s'était élevé tout à coup à ce ton si convenable pour son ambition; il pensait tout ce que ce ton semblait dire; et ainsi, mais par une cause peu honorable pour son habileté, sa façon de le dire était parfaite. C'était l'illusion d'un cœur naïf. Il y avait toujours chez Lucien une certaine horreur instinctive pour les choses basses qui s'élevait, comme un mur d'airain, entre l'expérience et lui. Il détournait les yeux de tout ce qui lui semblait trop laid, et il se trouvait, à vingt-trois ans, une naïveté qu'un jeune Parisien de bonne maison trouve déjà bien humiliante à seize, à sa dernière année de collège. C'était par un pur hasard qu'il avait pris le ton d'un homme habile. Certainement il n'était pas expert dans l'art de disposer d'un cœur de femme et de faire naître des sensations.

Ce ton si singulier, si attrayant, si dangereux, n'était que choquant et à peu près inintelligible pour M. de Blancet, qui, toutefois, tenait à mêler son mot dans la conversation. Lucien s'était emparé d'autorité de toute l'attention de Mme de Chasteller. Quelque effrayée qu'elle fût, elle ne pouvait se défendre d'approuver beaucoup les idées de Lucien, et quelquefois répondait presque sur le même ton; mais, sans cesser précisément d'écouter avec plaisir, elle finit par tomber dans un profond étonnement. Elle se disait pour justifier ses sourires un peu approbateurs : « Il parle de tout ce qui se passe au bal et jamais de soi.» Mais, dans le fait, la manière dont Lucien osait l'entretenir de toutes ces choses si indifférentes était parler de soi et usurper un rang qui n'était pas peu de chose auprès d'une femme de l'âge de Mme de Chasteller, et surtout accoutumée à autant de retenue : ce rang eût été unique, rien de moins.

D'abord Mme de Chasteller fut étonnée et amusée du changement dont elle était témoin ; mais bientôt elle ne sourit plus, elle eut peur à son tour. « De quelle façon de parler il ose se servir avec moi, et je n'en suis point choquée ! je ne me sens point offensée ! Grand Dieu ! ce n'est point un jeune homme simple et bon... que j'étais sotte de le penser ! J'ai affaire ici à un de ces hommes adroits, aimables, et profondément dissimulés, que l'on voit dans les romans. Ils savent plaire, mais précisément parce qu'ils sont incapables d'aimer. M. Leuwen est là, devant moi, heureux et gai, occupé à me réciter un rôle aimable, sans doute ; mais il est heureux uniquement parce qu'il sent qu'il parle bien... Apparemment qu'il avait résolu de débuter par une heure de ravissement profond et allant jusqu'à l'air stupide. Mais je saurai bien rompre toute relation avec cet homme dangereux, habile comédien. »

Et, tout en faisant cette belle réflexion, tout en formant cette magnifique résolution, son cœur était déjà occupé de lui, elle l'aimait déjà. On peut attribuer à ce moment la naissance d'un sentiment de distinction et de faveur pour Lucien. Tout à coup Mme de Chasteller se repentit vivement d'être restée si longtemps à parler avec Lucien, assise sur une chaise, éloignée de toutes les femmes et n'ayant pour tout chaperon que le bon M. de Blancet, qui pouvait fort bien ne rien comprendre à tout ce qu'il entendait. Pour sortir de cette position embarrassante, elle accepta une contredanse que Lucien la pria de danser avec lui.

Après la contredanse et pendant la valse qui suivit, Mme d'Hoquincourt appela Mme de Chasteller à une place à côté d'elle, où il y avait de l'air et où l'on était un peu à l'abri de l'extrême chaleur qui commençait à s'emparer de la salle du bal.

Lucien, fort lié avec Mme d'Hoquincourt, ne quitta pas ces dames. Là, Mme de Chasteller put se convaincre qu'il était à la mode ce soir-là. « Et, en vérité, on a raison, se disait-elle ; car, indépendamment de ce joli uniforme qu'il porte si bien, il est source de joie et de gaieté pour tout ce qui l'environne. »

On se prépara à passer dans une tente voisine, où le souper était servi. Lucien arrangea les choses de façon à ce qu'il pût offrir son bras à Mme de Chasteller. Il semblait à celle-ci être séparée par des journées entières de l'état où se trouvait son âme au commencement de la soirée. Elle avait presque oublié jusqu'au souvenir de l'ennui, qui éteignait presque sa voix après la première heure passée au bal.

Il était minuit; le souper était préparé dans une charmante salle, formée par des murs de charmille de douze ou quinze pieds de hauteur. Pour mettre le souper à l'abri de la rosée du soir, s'il en survenait, ces murs de verdure supportaient une tente à larges bandes rouge et blanc. C'étaient les couleurs de la personne exilée dont on célébrait la fête. Au travers des murs de charmille on apercevait çà et là, par la trouée du feuillage, une belle lune éclairant un paysage étendu et tranquille. Cette nature ravissante était d'accord avec les nouveaux sentiments qui cherchaient à s'emparer du cœur de Mme de Chasteller, et contribuait puissamment à éloigner et à affaiblir les objections de la raison. Lucien avait pris son poste; non pas précisément à côté de Mme de Chasteller : il fallait avoir des ménagements pour les anciens amis de sa nouvelle connaissance. Un regard plus amical qu'il n'eût osé l'espérer lui avait appris cette nécessité; mais il se plaça de façon à pouvoir fort bien la voir et l'entendre.

Il eut l'idée d'exprimer ses sentiments réels par des mots qu'il adresserait, en apparence, aux dames assises auprès de lui. Pour cela il fallait beaucoup parler : il y réussit sans dire trop d'extravagances. Il domina bientôt la conversation; bientôt, tout en amusant fort les dames assises auprès de Mme de Chasteller, il osa faire entendre de loin des choses qui pouvaient avoir une application fort tendre, ce qu'il n'aurait jamais pensé pouvoir tenter de sitôt. Il est sûr que Mme de Chasteller pouvait fort bien feindre de ne pas comprendre ces mots indirects. Lucien parvint à amuser même les hommes placés près de ces dames, et qui ne regardaient pas encore ses succès avec le sérieux de l'envie.

Tout le monde parlait, et on riait fort souvent du côté de la table où Mme de Chasteller était assise. Les personnes placées aux autres parties de la table firent silence, pour tâcher de prendre part à ce qui amusait si fort les voisines de Mme de Chasteller. Celle-ci était très occupée, et de ce qu'elle entendait, qui la faisait rire quelquefois, et de ses réflexions fort sérieuses, qui formaient un étrange contraste avec le ton si gai de cette soirée.

« C'est donc là cet homme timide et que je croyais sans idées ? Quel être effrayant ! » C'était pour la première fois, peut-être, de sa vie, que Lucien avait de l'esprit, et du plus brillant. Vers la fin du souper, il vit que le succès passait ses espérances. Il était heureux, extrêmement animé, et pourtant, par miracle, il ne dit rien d'inconvenant. Là cependant, parmi ces fiers Lorrains, il se trouvait en présence de trois ou quatre préjugés féroces, dont nous n'avons à Paris que la pâle copie : Henri V, la noblesse, la duperie et la sottise, et presque le crime de l'humanité envers le petit peuple. Aucune de ces grandes vérités, fondement du *credo* du faubourg Saint-Germain, et qui ne se laissent pas offenser impunément, ne reçut la plus petite égratignure de la gaieté de Lucien.

C'est que son âme noble avait au fond un respect infini pour la situation malheureuse de tous ces pauvres jeunes gens qui l'entouraient. Ils s'étaient privés quatre ans auparavant, par fidélité à leurs croyances politiques et aux sentiments de toute leur vie, d'une petite part au budget, utile, si ce n'est nécessaire à leur subsistance. Ils avaient perdu bien plus encore : l'unique occupation au monde qui pût les sauver de l'ennui et par laquelle ils ne crussent pas déroger.

Les femmes décidèrent que Lucien était *parfaitement bien*. Ce fut Mme de Commercy qui prononça le mot sacramentel dans la partie de la salle qui était réservée à la plus haute noblesse. Car il y avait une petite réunion de sept ou huit dames qui méprisaient toute cette société, qui, à son tour, méprisait tout le reste de la ville, à peu près comme la garde impériale de Napoléon eût fait peur, en cas de révolte, à cette armée de 1810, qui faisait peur à toute l'Europe.

Au mot si décisif de Mme de Commercy, la jeunesse dorée de Nancy se révolta presque. Ces messieurs, qui savaient être élégants et se bien placer sur la porte d'un café, se taisaient ordinairement au bal, et ne savaient montrer que le mérite de danseurs vigoureux et infatigables. Lorsqu'ils virent que Lucien parlait beaucoup, contre son ordinaire, et que, de plus, il était écouté, ils commencèrent à dire qu'il était fort bruyant et fort déplaisant ; que cette amabilité criarde pouvait être à la mode parmi les bourgeois de Paris et dans les arrière-boutiques de la rue Saint-Honoré, mais ne prendrait jamais dans la bonne société de Nancy. Pendant cette déclaration de ces messieurs, les mots plaisants de Lucien prenaient fort bien, et leur donnaient un démenti. Ils furent réduits à répéter entre eux, d'un air tristement satisfait : « Après tout, ce n'est qu'un bourgeois, né on ne sait où, et qui ne peut jouir que de la noblesse personnelle que lui confère son épaulette de sous-lieutenant. »

Ce mot de nos officiers démissionnaires lorrains résume la grande dispute qui attriste le XIXe siècle : c'est la colère du rang contre le mérite.

Mais aucune de ces dames ne songeait à ces idées tristes ; elles échappaient complètement, en ce moment, à la triste civilisation qui pèse sur les cerveaux mâles de la province. Le souper finissait tout brillant de vin de Champagne ; il avait porté plus de gaieté et de liberté sans conséquence dans les manières de tous. Pour notre héros, il était exalté par les choses assez tendres que, sous le masque de la gaieté, il avait osé adresser de loin à la dame de ses pensées. C'était la première fois de sa vie que le succès le jetait dans une telle ivresse.

En revenant dans la salle de bal, Mme de Chasteller dansa une valse avec M. de Blancet, auquel Lucien succéda, suivant l'usage allemand, après quelques tours. Tout en dansant, et avec une adresse sans adresse, fille du hasard et de la passion, il sut reprendre la conversation sur un ton fort respectueux, mais qui était, cependant, sous plus d'un rapport, celui d'une ancienne connaissance.

Profitant d'un grand *cotillon* que ni Mme de Chasteller ni lui ne voulurent danser, il put lui dire, en riant et sans trop faire tache sur le ton général de l'entretien : « Pour me rapprocher de ces beaux yeux, j'ai acheté un cheval, je suis allé me battre, je me suis lié avec M. Du Poirier.» Les traits fort pâles en ce moment de Mme de Chasteller, ses yeux étonnés, exprimaient une surprise profonde et presque de la terreur. Au nom de Du Poirier, elle répondit à mi-voix et comme hors d'état de prononcer complètement les mots : « C'est un homme bien dangereux ! »

A ces mots, Lucien fut ivre de joie : on ne se fâchait pas des motifs qu'il donnait à sa conduite à Nancy. Mais oserait-il croire ce qu'il lui semblait voir ?

Il y eut un silence expressif de deux ou trois secondes : les yeux de Lucien étaient fixés sur ceux de Mme de Chasteller ; après quoi il osa répondre : « Il est adorable à mes yeux ; sans lui je ne serais pas ici... D'ailleurs, j'ai un affreux soupçon, ajouta la naïveté imprudente de Lucien.

– Lequel ? Et quoi donc ? » dit Mme de Chasteller.

Elle sentit aussitôt qu'une réplique aussi directe, aussi vive de sa part, était une haute inconvenance ; mais elle avait parlé avant de réfléchir. Elle rougit profondément. Lucien fut tout troublé en remarquant que la rougeur s'étendait jusqu'à ses épaules.

Mais il se trouva que Lucien ne pouvait répondre à la question si simple de Mme de Chasteller. « Quelle idée va-t-elle prendre de moi ? » se dit-il. A l'instant sa figure changea d'expression ; il pâlit, comme s'il eût éprouvé une attaque de quelque mal vif et soudain ; ses traits trahissaient l'affreuse douleur que lui causait le souvenir de M. de Busant de Sicile, qui, après plusieurs heures d'oubli, se représentait à lui tout à coup.

Quoi! ce qu'il obtenait n'était donc qu'une faveur banale, tout acquise à l'uniforme, par quelque personne qu'il fût porté! La soif qu'il avait d'arriver à la vérité et l'impossibilité de trouver des termes présentables pour exprimer une idée si offensante le jetaient dans le dernier embarras. « Un mot peut me perdre à jamais », se disait-il.

L'émotion imprévue qui semblait le glacer passa en un instant à Mme de Chasteller. Elle pâlit de la peine si cruelle, et sans doute à elle relative, qui se manifestait subitement dans la physionomie si ouverte et si jeune de Lucien : ses traits étaient comme flétris; ses yeux, si brillants naguère, semblaient ternis et ne plus y voir.

Il y eut entre eux un échange de deux ou trois mots insignifiants. « Mais qu'est-ce donc? dit Mme de Chasteller.

– Je ne sais, répondit machinalement Lucien.

– Mais comment, monsieur, vous ne savez pas?

– Non, madame... Mon respect pour vous... »

Le lecteur pourra-t-il croire que Mme de Chasteller, de plus en plus émue, eut l'affreuse imprudence d'ajouter : « Ce soupçon aurait-il quelque rapport à moi?

– Est-ce que je m'y serais arrêté un centième de seconde? reprit Lucien avec tout le feu du premier malheur vivement senti; est-ce que je m'y serais arrêté, s'il n'était relatif à vous, à vous uniquement au monde? A qui puis-je penser, sinon à vous? Et ce soupçon ne me perce-t-il pas le cœur vingt fois le jour, depuis que je suis à Nancy? »

Il ne manquait à l'intérêt naissant de Mme de Chasteller que de voir son honneur soupçonné. Elle n'eut pas même l'idée de masquer son étonnement du ton que Lucien avait pris dans sa réponse. Le feu avec lequel il venait de lui parler, l'évidence de l'extrême sincérité dans les propos de ce jeune homme, la firent passer d'une pâleur mortelle à une rougeur imprudente; ses yeux mêmes rougirent. Mais, oserai-je bien le dire, en ce siècle gourmé et qui semble avoir contracté mariage avec l'hypocrisie, ce fut d'abord de bonheur que rougit Mme de Chasteller, et non à cause des conjectures que pouvaient former les danseurs qui, en suivant les diverses figures du cotillon, passaient sans cesse devant eux.

Elle pouvait choisir, de répondre ou de ne pas répondre à cet amour; mais combien il était sincère! avec quel dévouement elle était aimée! « Peut-être, probablement même, se dit-elle, ce transport ne durera-t-il pas; mais comme il est vrai! comme il est exempt d'exagération et d'emphase! C'est sans doute là la vraie passion; c'est sans doute ainsi qu'il est doux d'être aimée. Mais être soupçonnée par lui et au point que son amour en soit arrêté! Mais l'imputation est donc infâme?»

Mme de Chasteller restait pensive, la tête appuyée sur son éventail. De temps en temps, ses yeux se tournaient vers Lucien, qui était immobile, pâle comme un spectre, tout à fait tourné vers elle. Les yeux de Lucien étaient d'une indiscrétion qui l'eût fait frémir, si elle y eût pensé.

Résumé du chapitre 18

De quel soupçon a-t-il voulu parler ? se demande Mme de Chas-teller, totalement bouleversée et qui se voit obligée de demander à son cousin, le vicomte de Blancet,de l'aider à sortir de la salle de bal pour respirer à l'air libre. « Je me suis compromise aux yeux de M. Leuwen », *pense-t-elle au comble du désespoir,* « j'ai détruit par un seul instant d'oubli la pureté de la pensée qu'il peut avoir pour moi. Hélas ! mon excuse, c'est que c'est le premier mouve-ment de passion désordonnée que j'ai eu dans ma vie... » *Son émotion est si intense qu'elle craint de se trouver mal...*

(Ici, nous arrivons à la fin des chapitres intitulés Le Chasseur vert, *et la suite de l'ouvrage prend le titre définitif de* Lucien Leuwen.*)*

CHAPITRE 19

P our comble de misère, et par suite de ce savoir-vivre qui fait des provinces un si aimable séjour, plusieurs femmes, qui certes n'avaient aucune amitié bien intime pour Mme de Chasteller, quittèrent le bal, et toutes à la fois firent irruption auprès de la table de marbre; plusieurs apportèrent des bougies. Chacune criait une phrase sur son amitié pour Mme de Chasteller et le désir qu'elle avait de la secourir. M. de Blançay n'avait pas eu assez de caractère pour tenir ferme à une porte du bosquet de charmille et les empêcher de passer.

L'excès de la contrariété et du malheur, aidés par le tapage abominable, furent sur le point de donner à Mme de Chasteller une véritable attaque de nerfs.

« Voyons ce que cette femme si fière de ses richesses et de ses manières peut faire quand elle se trouve mal, pensaient les bonnes amies.

– Si j'agis, je vais tomber encore dans quelque horrible faute », se dit rapidement Mme de Chasteller en les entendant venir. Elle prit le parti de fermer les yeux et de ne pas répondre.

Mme de Chasteller ne voyait aucune excuse à ses torts prétendus, elle était aussi malheureuse que l'on puisse l'être dans les situations agitées de la vie. Si le malheur des âmes tendres n'arrive pas alors au comble de ce que la force de l'âme peut endurer, c'est peut-être que la nécessité d'agir empêche que toute l'âme ne soit tout entière à la vue de son malheur.

Leuwen mourait d'envie de pénétrer sur la terrasse à la suite des dames indiscrètes; il fit quelques pas, mais bientôt il eut horreur de cet acte d'égoïsme grossier, et pour fuir toute tentation il sortit du bal, mais à pas lents. Il regrettait la fin de soirée qu'il abandonnait. Leuwen était étonné, et même, au fond du cœur, inquiet; il était bien éloigné d'apercevoir toute l'étendue de sa victoire. Il éprouvait comme une soif d'instinct de repasser dans sa tête et de peser, avec tout le calme de la raison, tous les événements qui venaient de se passer avec tant de rapidité. Il avait besoin de réfléchir et de voir ce qu'il devait penser.

Ce cœur si jeune encore était étourdi des grands intérêts qu'il venait de manier comme si c'eussent été des vétilles; il ne distinguait rien. Pendant tout le temps du combat, il ne s'était pas permis de réfléchir, de peur de laisser se perdre l'occasion d'agir. Maintenant, il voyait en gros qu'il venait de se passer des choses de la plus haute importance. Il n'osait se livrer aux apparences de bonheur qu'il entrevoyait confusément, et frémissait de découvrir tout à coup, à l'examen, quelque mot, quelque fait, qui le séparât à jamais de Mme de Chasteller. Pour les remords de l'aimer, il n'en était plus question en ce moment.

M. Du Poirier, qui, en homme vraiment habile, ne négligeait point les petits intérêts tout en s'occupant sérieusement des grands, craignait que quelque jeune médecin beau danseur ne s'emparât de l'accident arrivé à Mme de Chasteller; il parut bientôt dans la charmille auprès de la table de marbre qui protégeait encore un peu Mme de Chasteller contre le zèle de ses bonnes amies. Les yeux fermés, la tête appuyée sur ses mains, immobile et silencieuse, environnée de vingt bougies entassées par la curiosité, Mme de Chasteller servait de centre d'attaque à un cercle de douze ou quinze femmes parlant toutes à la fois de leur amitié pour elle et des meilleurs remèdes contre les évanouissements.

Comme M. Du Poirier n'avait aucun intérêt contraire, il dit ce qui était vrai, que Mme de Chasteller avait besoin surtout de tranquillité et de silence.

« Il faut, mesdames, que vous preniez la peine de retourner au bal. Laissez Mme de Chasteller seule avec son médecin et avec M. le vicomte. Nous allons la reconduire bien vite à son hôtel. »

La pauvre affligée, qui entendit cet avis du médecin, en fut bien reconnaissante.

« Je me charge de tout », s'écria M. de Blançay, qui triomphait dans les moments trop rares qui donnent de l'importance à la force physique. Il partit comme un trait, fut en moins de cinq minutes à l'autre extrémité de la ville, à l'hôtel de Pontlevé; il fit atteler, ou plutôt attela lui-même les chevaux, et bientôt on l'entendit amenant lui-même au galop la voiture de Mme de Chasteller. Jamais service ne fut plus agréable.

Mme de Chasteller en marqua sa vive reconnaissance à M. de Blançay lorsqu'il lui offrit son bras pour la conduire à sa voiture. Se sentir seule, séparée de ce public cruel dont le souvenir redoublait son malheur, pouvoir songer en paix à sa faute, fut pour elle, en cet instant, presque du bonheur.

A peine rentrée chez elle, Mme de Chasteller eut assez de force de volonté pour éloigner sa femme de chambre, qui ne demandait rien moins qu'un récit complet de l'accident. Enfin, elle fut seule. Elle pleura longtemps ; elle songea avec amertume à son amie intime, Mme de Constantin, que la politesse savante de son père était parvenue à éloigner. Mme de Chasteller n'osait confier à la poste que de vagues assurances d'affection : elle avait lieu de croire que son père se faisait [communiquer] toutes ses lettres. La directrice de la poste de Nancy pensait bien, et M. de Pontlevé avait la première place dans une sorte de commission établie au nom de Charles X pour la Lorraine, l'Alsace et la Franche-Comté.

« Ainsi, je suis seule, seule au monde, avec ma honte », se disait Mme de Chasteller.

Après avoir beaucoup pleuré dans le silence et l'obscurité, devant une grande fenêtre ouverte qui lui laissait voir à deux lieues vers l'Orient les bois noirs de la forêt de Burelviller, et au-dessus un ciel pur et sombre parsemé d'étoiles scintillantes, son attaque de nerfs se calma, et elle eut le courage d'appeler sa femme de chambre et de l'envoyer se coucher. Jusqu'à ce moment, la réponse d'un être humain lui eût semblé redoubler d'une façon trop cruelle sa honte et son malheur. Une fois qu'elle eut entendu la bonne monter à sa chambre, elle osa se livrer avec moins de timidité à l'examen de toutes ses fautes durant cette fatale soirée.

D'abord, son trouble et sa confusion furent extrêmes. Il lui semblait ne pouvoir tourner la vue d'aucun côté sans apercevoir une nouvelle raison de se mépriser soi-même, et une humiliation sans bornes. Le soupçon dont Leuwen avait osé lui parler la frappait surtout : un homme, un jeune homme, se permettre une telle liberté avec elle ! Leuwen paraissait bien élevé, il fallait donc qu'elle lui eût donné d'étranges encouragements. Quels étaient-ils ? Elle ne se souvenait de rien ; que de l'espèce de pitié et de découragement qu'avait fait naître chez elle, au commencement de la soirée, la singulière absence d'idées de ce jeune homme qu'elle trouvait aimable. « Je l'ai pris pour un homme *fort* à cheval, comme M. de Blançay ! »

Mais quel pouvait être ce soupçon dont il lui avait parlé? C'était là son chagrin le plus apparent. Elle pleura longtemps. Ces larmes étaient comme une réparation d'honneur qu'elle se faisait à elle-même.

« Mais enfin, qu'il ait des soupçons tant qu'il voudra, se dit-elle indignée, c'est une calomnie qu'on lui aura dite. S'il la croit, tant pis pour lui; il manque d'esprit et de discernement, voilà tout! Je suis innocente. »

La fierté de ce mouvement était sincère. Peu à peu, elle cessa de rêver à ce que pouvait être ce soupçon. Ses fautes réelles lui semblèrent alors bien autrement pesantes; elle les voyait sans nombre. Alors, elle pleura de nouveau. Enfin, après des angoisses d'une amertume extrême, faible et à demi-morte de douleur, elle crut distinguer qu'elle avait surtout deux choses à se reprocher : premièrement, elle avait laissé entrevoir ce qui se passait dans son cœur à un public mesquin, platement méchant, et qu'elle méprisait de tout son cœur. Elle sentit redoubler son malheur en repassant sur toutes les raisons qu'elle avait de redouter la cruauté de ce public et de le mépriser. Ces messieurs à genoux devant un écu ou la plus petite apparence de faveur auprès du roi ou du ministre, comme ils sont impitoyables pour les fautes qui n'ont pas l'amour de l'argent pour principe! La revue de son mépris pour cette haute société de Nancy devant laquelle elle s'était compromise lui donnait une douleur détaillée, si j'ose parler ainsi, et cuisante comme le toucher d'un fer rouge. Elle se figurait les regards que chacune des femmes dont elle se figurait le mépris devait lui avoir adressés en dansant le cotillon.

Après que Mme de Chasteller se fut exposée aux traits de cette douleur, comme à plaisir elle revint à une peine bien autrement profonde, et qui en un clin d'œil sembla éteindre tout son courage. C'était l'accusation d'avoir violé, aux yeux de Leuwen, cette retenue féminine sans laquelle une femme ne peut être estimée d'un homme digne, à son tour, de quelque estime. En présence de ce chef d'accusation, sa douleur lui donna comme des moments de répit. Elle en vint à se dire tout haut et d'une voix à demi-étouffée par les sanglots :

« *S'il ne me méprisait pas, je le mépriserais lui-même.*

– Quoi! reprenait-elle après un moment de silence, et comme cédant à sa fureur contre elle-même, un homme a osé me dire qu'il avait des soupçons sur ma conduite, et loin de détourner les yeux, je lui ai demandé de me justifier! Non contente de cette indignité, je me suis donnée en spectacle, j'ai laissé deviner mon cœur par ces êtres vils, dont le seul souvenir, quand je viens à penser sérieusement à eux, me fait prendre la vie en mépris pour des journées entières. Enfin, mes regards sans prudence m'ont mérité d'être rangée par M. Leuwen parmi ces femmes qui se jettent à la tête du premier homme qui leur plaît. Car pourquoi n'aurait-il pas la présomption de son âge? N'a-t-il pas tout ce qui la justifie?»

Mais son imagination abandonna bientôt le plaisir de penser à Leuwen pour en revenir à ces mots affreux : *se jeter à la tête du premier venu.*

«Mais M. Leuwen a raison, reprit-elle avec un courage barbare. Je vois clairement moi-même que je suis un être corrompu. Je ne l'aimais pas avant cette soirée fatale; je ne pensais à lui que raisonnablement, et comme à un jeune homme qui semblait se distinguer un peu de tous ces messieurs que les événements nous ont renvoyés. Il me parle quelques instants, je le trouve d'une timidité singulière. Une sotte présomption me fait jouer avec lui comme avec un être sans conséquence que je voudrais voir parler, et tout à coup il se trouve que je ne songe plus qu'à lui. C'est apparemment parce qu'il me semblait un joli homme. Que ferait de pis la femme la plus corrompue?»

Cette reprise de désespoir fut plus violente que toutes les autres. Enfin, comme l'aube du jour blanchissait le ciel au-dessus des bois noirs de Burelviller, la fatigue et le sommeil vinrent suspendre enfin les remords et le malheur de Mme de Chasteller.

Pendant cette même nuit, Leuwen avait pensé constamment à elle. Quel sujet de joie si elle avait pu voir toute la timidité de cet homme qui paraissait à ses yeux comme un Don Juan terrible et accompli! Lucien n'était point sûr de la façon dont il devait juger les événements qui venaient de se passer durant cette soirée décisive. Ce dernier mot, il ne le prononçait qu'en tremblant. Il croyait avoir lu dans ses yeux qu'elle l'aimerait un jour.

«Mais, grand Dieu! je n'ai donc d'autre avantage auprès de cet être angélique que de faire exception à la règle qui la porte à aimer les lieutenants-colonels! Grand Dieu! Comment une vulgarité de conduite si réelle peut-elle s'unir à toutes les apparences d'une âme si noble? Je vois bien que le ciel ne m'a pas donné le talent de lire dans les cœurs de femme. Dévelroy avait raison : je ne serai qu'un nigaud toute ma vie, encore plus étonné de mon propre cœur que de tout ce qui m'arrive. Ce cœur devrait être au comble du bonheur, et il est navré. Ah! que ne puis-je la voir? je lui demanderais conseil; l'âme que ses yeux semblent annoncer comprendrait mes chagrins : ils sembleraient ridicules aux âmes vulgaires. Quoi! Je gagne cent mille francs à la loterie, et me voici au désespoir de n'avoir pas gagné un million! Je m'occupe d'une façon exagérée d'une des plus jolies femmes de la ville où le hasard m'a jeté. Première faiblesse. Je veux la combattre, je suis battu, et me voilà désirant de lui plaire, comme un de ces petits hommes faibles et manqués qui peuplent les salons de femmes, à Paris. Enfin, la femme que j'ai l'insigne faiblesse d'aimer, j'espère pour peu de temps, semble recevoir mes soins avec une coquetterie dont la forme, du moins, est délicieuse : elle joue le sentiment comme si elle avait deviné que c'est avec une passion sérieuse que j'ai la faiblesse de l'aimer. Au lieu de jouir de mon bonheur, qui n'est pas mal comme cela, je tombe dans une fausse délicatesse. Je me forge des supplices, parce que le cœur d'une femme de la cour a été sensible pour d'autres que pour moi ! Eh ! grand Dieu ! ai-je le talent qu'il faut pour séduire une femme vraiment vertueuse ? Toutes les fois que j'ai voulu m'adresser à quelque femme un peu différente du vulgaire des grisettes, n'ai-je pas échoué de la façon la plus ridicule ? Ernest, qui, après tout, est une bonne tête malgré son pédantisme, ne m'a-t-il pas expliqué comme quoi je n'ai pas assez de sang-froid ? On voit dans ma figure d'enfant de chœur tout ce que je pense... Au lieu de profiter de mes petits succès et de marcher en avant, je reste comme un benêt, occupé à les savourer, à en jouir. Un serrement de main est une ville de Capoue pour moi ; je m'arrête extasié dans les rares délices d'une faveur si décisive au lieu de marcher en avant. Enfin, je n'ai aucun talent pour cette guerre, et je fais le difficile ! Mais, animal, si tu plais, c'est par hasard, uniquement par hasard... »

Après cent tours dans sa chambre :

« Je l'aime, se dit-il tout haut, ou du moins je désire lui plaire. Je me figure qu'elle m'aime ; si elle n'était pas pleine d'humanité pour les lieutenants-colonels, et même pour les lieutenants tout court, ai-je le talent qu'il faut pour réussir auprès d'une femme vraiment délicate ? Saurais-je exalter sa tête jusqu'au point de lui faire oublier complètement ce qu'elle se doit à elle-même ? »

Mais cette répétition du même raisonnement, si elle rendait témoignage de la modestie sincère de notre héros, n'avançait en rien son bonheur. Son cœur avait besoin de trouver à Mme de Chasteller un mérite sans tache. Il l'aimait ainsi, il la lui fallait sublime, et cependant sa raison la lui montrait fort différente. Furieux contre lui-même, il s'écriait :

« Ai-je le talent qu'il faut pour réussir auprès d'une femme de bonne compagnie ? Cela m'est-il jamais arrivé ? Et cependant, je suis malheureux. Voilà bien le vrai portrait de la tête d'un fou. Apparemment que dans mon projet de la séduire, je voudrais d'abord qu'elle ne m'aimât pas. Quoi ! Je désire être aimé d'elle, et je suis triste parce qu'il semble qu'elle me distingue ! Quand on est un sot, il faut du moins n'être pas un lâche. »

Il s'endormit au jour sur cette belle pensée, et avec le demi-projet de demander au colonel Malher d'être envoyé à vingt lieux de Nancy, à N***, où le régiment avait un détachement occupé à observer les ouvriers *mutuellistes*.

Quelle n'eût pas été l'augmentation du supplice de Mme de Chasteller, qui, presque à la même heure, cédait à la fatigue, si elle eût vu cette apparence d'affreux mépris pour elle, qui, retournée de cent façons et vue sous toutes les faces, ôtait le sommeil à l'homme qui l'occupait malgré elle?

Résumé des chapitres 20 à 25

Lucien renonce à s'éloigner de Nancy et se contente d'une course effrénée de deux heures à cheval avant de repasser, sans succès encore, sous les fenêtres de la jeune femme, que le docteur Du Poirier a consignée dans sa chambre depuis son indisposition de la veille. Lucien n'a qu'une amie pour se confier, la très gentille Mlle Théodelinde, et la nuit il s'assoit sur une pierre de la rue de la Pompe, en face de l'Hôtel de Pontlevé, attendant seul que le jour se lève et le chasse, ignorant que Bathilde discrètement le guette également derrière les persiennes.

Plus les jours passent (et les nuits sous les fenêtres), plus le pauvre Lucien semble perdre la tête et tourne en rond dans la ville dès ses devoirs militaires accomplis. « Mon ami, vous vous gâtez », *lui dit un jour Mme de Puy-Laurens. Il s'enivre chaque soir, passe son temps libre à jouer au billard, tente de rendre visite à Mme de Chasteller qui n'ouvre jamais sa porte, la croise dans quelques salons où elle refuse de lui parler. Alors, il lui écrit à trois reprises, mais il lui est répondu de cesser ce manège. Il continue pourtant, trois lettres encore :* « Accordez-moi votre pardon, et je jure, madame, un silence éternel. » *Même réponse.*

Mais le destin, bon enfant, les fait se rencontrer à nouveau chez les Serpierre, et une promenade en calèche est organisée par Mlle Théodelinde dans les bois du Chasseur vert. La musique d'un café, le coucher du soleil dans la forêt qui s'ombre, la douceur de l'air, tout concourt à ce que Bathilde accorde enfin à Lucien ce qu'il désirait plus que tout : un rendez-vous ! Puis, affolée d'avoir cédé, elle engage une très revêche dame de compagnie, Mlle Bérard, dont la présence gâche si fort cette première entrevue que Lucien préfère fuir.

Le lendemain, une nouvelle promenade est préparée par la famille Serpierre. Lucien n'ose pas refuser. Mme de Chasteller, sollicitée à son tour, hésite...

CHAPITRE 26

I l n'y avait qu'un instant pour se décider; l'amour tira parti de ce surcroît de trouble. Tout à coup, au lieu de continuer à marcher en silence et les yeux baissés pour éviter les regards de Leuwen, Mme de Chasteller se tourna vers lui :

« M. Leuwen a-t-il eu quelque sujet de chagrin à son régiment? Il semble plongé dans les ombres de la mélancolie.

– Il est vrai, madame, je suis profondément tourmenté depuis hier. Je ne conçois rien à ce qui m'arrive. »

Et ses yeux, qu'il tourna en plein sur Mme de Chasteller, montraient qu'il disait vrai par leur sérieux profond. Mme de Chasteller fut frappée et s'arrêta comme fixée au sol; elle ne put plus faire un pas.

« Je suis honteux de ce que j'ai à dire, madame, reprit Leuwen, mais enfin mon devoir d'homme d'honneur veut que je parle. »

A ce préambule si sérieux, les yeux de Mme de Chasteller rougirent.

« La forme de mon discours, les mots que je dois employer, sont aussi ridicules que le fond même de ce que j'ai à dire est bizarre et même sot. »

Il y eut un petit silence. Mme de Chasteller regardait Leuwen avec anxiété; il avait l'air très peiné. Enfin, comme dominant péniblement beaucoup de mauvaise honte, il dit en hésitant, et d'une voix faible et mal articulée :

« Le croirez-vous, madame? Pourrez-vous l'entendre sans vous moquer de moi et sans me croire le dernier des hommes? Je ne puis chasser de ma pensée la personne que j'ai rencontrée hier

chez vous. La vue de cette figure atroce, de ce nez pointu avec des lunettes, semble avoir empoisonné mon âme.»
Mme de Chasteller eut envie de sourire.
« Non, madame, jamais depuis mon arrivée à Nancy je n'ai éprouvé ce que j'ai senti après la vision de ce monstre, mon cœur en a été glacé. J'ai pu passer quelquefois jusqu'à une heure entière sans penser à vous, et, ce qui pour moi est encore plus étonnant, il m'a semblé que je n'avais plus d'amour.»
Ici, la figure de Mme de Chasteller devint fort sérieuse; Leuwen n'y vit plus la moindre velléité d'ironie et de sourire.
« Vraiment, je me suis cru fou, ajouta-t-il, reprenant toute l'aisance de son ton habituel, qui aux yeux de Mme de Chasteller excluait jusqu'à la moindre idée de mensonge et d'exagération. Nancy m'a semblé une ville nouvelle que je n'avais jamais vue, car autrefois dans tout au monde c'était vous seule que je voyais; un beau ciel me faisait dire : " Son âme est plus pure ", la vue d'une triste maison : " Si Bathilde habitait là, comme cette maison me plairait ! " Daignez pardonner cette façon de parler trop intime.»
Mme de Chasteller fit un signe d'impatience qui semblait dire : « Continuez; je ne m'arrête point à ces misères.»
– Eh! bien, madame, reprit Leuwen qui semblait étudier dans les yeux de Mme de Chasteller l'effet produit par ses paroles, ce matin la maison triste m'a paru ce qu'elle est, le beau ciel m'a semblé beau sans me rappeler une autre beauté, en un mot, j'avais le malheur de ne plus aimer. Tout à coup, quatre lignes fort sévères que j'ai reçues en réponse à ma lettre, sans doute beaucoup trop longue, ont semblé dissiper un peu l'effet du venin. J'ai eu le bonheur de vous voir, cet affreux malheur s'est dissipé et j'ai repris mes chaînes, mais je me sens encore comme glacé par le poison... Je vous parle, madame, d'une façon un peu emphatique, mais en vérité je ne sais comment expliquer en d'autres mots ce qui m'arrive depuis la vue de votre demoiselle de compagnie. Le signe fatal en est que, pour vous parler un peu le langage de l'amour, il faut que je fasse effort sur moi-même.»
Après cet aveu sincère, il sembla à Leuwen avoir un poids de deux quintaux de moins sur la poitrine. Il avait si peu d'expérience de la vie qu'il ne s'attendait nullement à ce bonheur. Mme de Chasteller, au contraire, semblait atterrée.
« C'est clair, ce n'est qu'un fat. Y a-t-il moyen, se disait-elle, de prendre ceci au sérieux? Dois-je croire que c'est l'aveu naïf d'une âme tendre?»
Les façons de parler habituelles de Leuwen étaient si simples quand il s'adressait à Mme de Chasteller, qu'elle penchait pour

ce dernier avis. Mais elle avait souvent remarqué qu'en s'adressant à toute autre personne qu'elle Leuwen disait souvent exprès des choses ridicules; ce souvenir de tromperie habituelle lui fit mal. D'un autre côté, les manières de Leuwen, l'accent de ses paroles étaient chargées à un tel point, la fin de cette harangue avait l'air si vraie, qu'elle ne voyait pas comment faire pour ne pas y croire. A son âge, serait-il déjà un comédien aussi parfait? Mais si elle ajoutait foi à cette étrange confidence, si elle la croyait sincère, d'abord elle ne devait pas paraître fâchée, encore moins attristée, et comment faire pour ne paraître ni l'un ni l'autre?

Mme de Chasteller entendait les demoiselles de Serpierre qui revenaient au jardin en courant. M. et Mme de Serpierre étaient déjà dans la grande calèche de Leuwen. Mme de Chasteller ne voulut pas se donner le temps d'écouter la raison.

« Si je ne vais pas au *Chasseur vert*, deux de ces pauvres petites perdront cette partie de plaisir. »

Et elle monta en voiture avec les plus jeunes.

« J'aurai du moins, pensa-t-elle, quelques moments pour réfléchir. »

Ses réflexions furent douces.

« M. Leuwen est un honnête homme, et ce qu'il dit, quoique bizarre et incroyable en apparence, est vrai. Sa physionomie, toute sa manière d'être, me l'annonçaient avant qu'il eût parlé. »

Quand on descendit de voiture à l'entrée des bois de Burelviller, Leuwen était un autre homme; Mme de Chasteller le vit au premier coup d'œil. Son front avait repris la sérénité de son âge, ses manières avaient de l'aisance.

« Il y a de l'honnêteté dans ce cœur-là, pensa-t-elle avec délices; le monde n'en a point fait encore un être apprêté et faux; c'est étonnant à vingt-trois ans! Et il a vécu dans la haute société. »

En quoi Mme de Chasteller se trompait fort : dès l'âge de dix-huit ans, Leuwen n'avait point vécu dans la société de la cour et du faubourg Saint-Germain, mais au milieu des cornues et des alambics d'un cours de chimie.

Il se trouva au bout de quelques instants que Leuwen donnait le bras à Mme de Chasteller, et deux des demoiselles de Serpierre marchaient à leurs côtés; le reste de la famille était à dix pas. Il prit un ton fort gai pour ne pas trop attirer l'attention de ces demoiselles.

« Depuis que j'ai osé dire la vérité à la personne que j'estime le plus au monde, je suis un autre homme. Il me semble déjà que les paroles dont je me suis servi, en parlant de cette demoiselle dont la vue m'avait empoisonné, sont ridicules. Je trouve qu'il fait ici un temps aussi beau qu'avant-hier. Mais avant de me livrer au bonheur inspiré par ce beau lieu, j'aurais besoin, madame, d'avoir votre opinion sur le ridicule de cette harangue, où il y avait des chaînes, du poison, et bien d'autres mots tragiques.

— Je vous avouerai, monsieur, que je n'ai pas d'opinion bien arrêtée. Mais en général, ajouta-t-elle après un petit silence et d'un air sévère, je crois voir de la sincérité ; si l'on se trompe, du moins l'on ne veut pas tromper. Et la vérité fait tout passer, même les chaînes, le poison, etc. »

Mme de Chasteller avait envie de sourire en prononçant ces mots.

« Quoi donc, se dit-elle avec un vrai chagrin, je ne pourrai jamais conserver un ton convenable en parlant à M. Leuwen ? Lui parler est-il donc un si grand bonheur pour moi ? Et qui peut me dire que ce n'est pas un fat qui a voulu jouer en moi une pauvre provinciale ? Peut-être, sans être précisément un malhonnête homme, il n'a pour moi que des sentiments fort ordinaires, et cet amour-là est fils de l'ennui d'une garnison. »

C'était ainsi que parlait encore dans le cœur de Mme de Chasteller l'avocat contraire à l'amour, mais déjà il avait étonnamment perdu de sa force. Elle trouvait un plaisir extrême à rêver, et ne parlait que juste autant qu'il le fallait pour ne pas se donner en spectacle à la famille de Serpierre qui s'était réunie autour d'eux. Enfin, heureusement pour Leuwen, les cors allemands arrivèrent et se mirent à jouer des valses de Mozart, et ensuite des duos tirés de *Don Juan* et des *Nozze di Figaro*. Mme de Chasteller devint plus sérieuse encore, mais peu à peu elle fut bien plus heureuse. Leuwen était lui-même tout à fait transporté dans le roman de la vie, l'espérance du bonheur lui semblait une certitude. Il osa lui dire, dans un de ces courts instants de demi-liberté qu'on pouvait avoir en promenant avec toutes ces demoiselles :

« Il faut ne pas tromper le Dieu qu'on adore. J'ai été sincère, c'était la plus grande marque de respect que je puisse donner ; m'en punira-t-on ?

— Vous êtes un homme étrange !

— Il serait plus poli de vous dire oui. Mais, en vérité, je ne sais pas ce que je suis, et je donnerais beaucoup à qui pourrait me le dire. Je n'ai commencé à vivre et à chercher à me connaître que le jour où mon cheval est tombé sous des fenêtres qui ont des persiennes vertes. »

Ces paroles furent dites comme quelqu'un qui les trouve à

mesure qu'il les prononce. Mme de Chasteller ne put s'empêcher d'être profondément touchée de cet air à la fois sincère et noble; Leuwen avait senti une certaine pudeur à parler de son amour plus ouvertement, et on l'en remercia par un sourire tendre.

« Oserai-je me présenter demain? ajouta-t-il. Mais je demanderai une autre faveur, presque aussi grande, celle de n'être pas reçu en présence de cette demoiselle.

– Vous n'y gagnerez rien, lui répondit Mme de Chasteller avec tristesse. J'ai une trop grande répugnance à vous entendre traiter, en tête à tête, un sujet qui semble être le seul dont vous puissiez me parler. Venez, si vous êtes assez honnête homme pour me promettre de me parler de tout autre chose. »

Leuwen promit. Ce fut-là à peu près tout ce qu'ils purent se dire pendant cet après-midi. Il fut heureux pour tous les deux d'être environnés, et en quelque sorte empêchés de se parler. Ils auraient eu toute liberté qu'ils n'auraient pas dit beaucoup plus, et ils n'étaient pas, à beaucoup près, assez intimes, pour ne pas en avoir éprouvé un certain embarras. Leuwen surtout. Mais s'ils ne se dirent rien, leurs yeux semblèrent convenir qu'il n'y avait aucun sujet de querelle entre eux. Ils s'aimaient d'une manière bien différente de l'avant-veille. Ce n'étaient plus des transports de ce bonheur jeune et sans soupçons, mais plutôt de la passion, de l'intimité, et le plus vif désir de pouvoir avoir de la confiance.

« Que je vous croie, et je suis à vous », semblaient dire les yeux de Mme de Chasteller; et elle serait morte de honte, si elle eût vu leur expression. Voilà un des malheurs de l'extrême beauté, elle ne peut voiler ses sentiments. Mais ce langage ne peut être compris avec certitude que par l'indifférence observatrice. Leuwen croyait l'entendre pendant quelques instants, et un moment après doutait de tout.

Leur bonheur de se trouver ensemble était intime et profond. Leuwen avait presque les larmes aux yeux. Plusieurs fois, dans le courant de la promenade, Mme de Chasteller avait évité de lui donner le bras, mais sans affectation aux yeux des Serpierre ni dureté pour lui.

A la fin, comme il était déjà nuit tombante, on quitta le *café-hauss* pour revenir aux voitures, que l'on avait laissées à l'entrée du bois. Mme de Chasteller lui dit :

« Donnez-moi le bras, monsieur Leuwen. »

Leuwen serra le bras qu'on lui offrait, et le mouvement fut presque rendu.

Les cors bohêmes étaient délicieux à entendre dans le lointain. Il s'établit un profond silence.

Par bonheur, lorsqu'on arriva aux voitures, il se trouva qu'une des demoiselles de Serpierre avait oublié son mouchoir dans le jardin du *Chasseur vert ;* on proposa d'y envoyer un domestique, ensuite d'y retourner en voiture.

Leuwen, revenant de bien loin à la conversation, fit observer à Mme de Serpierre que la soirée était superbe, qu'un vent chaud et à peine sensible empêchait le *serein*, que Mlles de Serpierre avaient moins couru que l'avant-veille, que les voitures pouvaient suivre, etc., etc. Enfin, par une foule de bonnes raisons, il concluait que si ces dames ne se trouvaient pas fatiguées, il serait peut-être plus agréable de retourner à pied. Mme de Serpierre renvoya la décision à Mme de Chasteller.

« A la bonne heure, dit-elle, mais à condition que les voitures ne suivront pas : ce bruit de roues qui s'arrêtent quand vous vous arrêtez est désagréable. »

Leuwen pensa que les musiciens, étant payés, allaient quitter le jardin ; il envoya un domestique les engager à recommencer les morceaux de *Don Juan* et des *Nozze*. Il revint auprès de ces dames et reprit sans difficulté le bras de Mme de Chasteller. Les demoiselles de Serpierre étaient enchantées de cette augmentation de promenade. On marchait tous ensemble, la conversation générale était aimable et gaie. Leuwen parlait pour la soutenir et ne pas faire remarquer son silence. Mme de Chasteller et lui n'avaient garde de se rien dire : ils étaient trop heureux ainsi.

Bientôt on entendit les cors recommencer. En arrivant au jardin, Leuwen prétendit que M. de Serpierre et lui avaient grande envie de prendre du punch, qu'on en ferait un très doux pour les dames. Comme l'on se trouvait bien ensemble, la motion du punch passa, malgré l'opposition de Mme de Serpierre qui prétendit que rien n'était plus nuisible au teint des jeunes filles. Cet avis fut soutenu par Mlle Théodelinde, trop attachée à Leuwen pour n'être pas peut-être un peu jalouse.

« Plaidez votre cause auprès de Mlle Théodelinde », lui dit Mme de Chasteller avec enjouement et bonne amitié.

Enfin, on ne rentra à Nancy qu'à neuf heures et demie du soir.

Résumé des chapitres 27 à 31

« Nous prendrons la liberté de sauter à pieds joints sur les deux mois qui suivirent », *écrit maintenant l'auteur,* « cela nous sera d'autant plus facile que Leuwen, au bout de ces deux mois, n'était pas plus avancé que le premier jour. » *Après, effectivement, une expédition punitive du 27ᵉ lanciers envoyé mater une rébellion ouvrière à huit lieues de Nancy (la première — et la seule — campagne de Lucien !), il n'y avait eu à l'Hôtel de Pontlevé qu'un misérable baiser posé à la dérobée sur la main de Bathilde... et elle s'en était fâchée. Lucien tente de se consoler auprès de l'accueillante et lumineuse Mme d'Hocquincourt, mais le cœur n'y est pas et il souffre.*

C'est d'ailleurs, pour son malheur, dans ce salon que Mme de Chasteller le retrouve, l'approche, le querelle presque, alors qu'elle est au bord de prononcer les aveux les plus tendres et que, seule, la présence à ses côtés de la maîtresse de maison la retient. Lucien, plus désemparé que jamais, prend une fois de plus la fuite...

CHAPITRE 32

'il se fût présenté la veille, Mme de Chasteller s'était décidée : elle l'eût prié de ne venir chez elle, à l'avenir, qu'une fois la semaine. Elle était encore sous l'empire de la terreur causée par ℕ mot que, la veille, Mme d'Hocquincourt avait été sur le point d'entendre, et elle de prononcer. Sous l'empire de la soirée terrible passée chez Mme d'Hocquincourt, à force de se dire qu'il lui serait impossible, à la longue, de cacher à Leuwen ce qu'elle sentait pour lui, Mme de Chasteller s'était arrêtée, avec assez de facilité, à la résolution de le voir moins souvent. Mais à peine ce parti pris, elle en sentit toute l'amertume. Jusqu'à l'apparition de Leuwen à Nancy, elle avait été en proie à l'ennui, mais cet ennui eût été maintenant pour elle un état délicieux, comparé au malheur de voir rarement cet être qui était devenu l'objet unique de ses pensées. La veille, elle l'avait attendu avec impatience; elle désirait avoir eu le courage de parler. Mais l'absence de Leuwen dérangea tous ses sentiments. Son courage avait été mis aux plus rudes épreuves; vingt fois, pendant trois mortelles heures d'attente, elle avait été sur le point de changer de résolution. D'un autre côté, le péril pour l'honneur était immense.

« Jamais mon père, pensait-elle, ni aucun de mes parents ne consentira à ce que j'épouse M. Leuwen, un homme du parti contraire, un *bleu*, et qui n'est pas noble. Il n'y faut pas même penser; lui-même n'y pense pas. Que fais-je donc? Je ne puis plus penser qu'à lui. Je n'ai point de mère pour me garder, je manque d'une amie à qui je puisse demander des conseils : mon père m'a séparée violemment de Mme de Constantin. A qui, dans Nancy, oserais-je seulement faire entrevoir l'état de mon cœur ? Il faut donc que je sois sévère pour moi-même.»

Ces raisonnements se soutenaient assez bien, quand enfin dix heures sonnèrent, ce qui est, à Nancy, le moment après lequel il n'est plus permis de se présenter dans une maison non ouverte.

«C'en est fait, se dit Mme de Chasteller, il est chez Mme d'Hocquincourt. Puisqu'il ne vient plus, ajouta-t-elle avec un soupir, en perdant toute occasion de le voir il est inutile de tant m'interroger moi-même pour savoir si j'aurai le courage de lui parler sur la fréquence de ses visites. Je puis me donner quelque répit. Peut-être ne viendra-t-il pas demain. Peut-être ce sera lui qui, sans effort de ma part, et tout naturellement, cessera de venir ici tous les jours.»

Lorsque Leuwen parut enfin le lendemain, elle aussi, deux ou trois fois depuis la veille, avait entièrement changé de pensée à son égard. Il y avait des moments où elle voulait lui faire confidence de ses embarras comme à son meilleur ami et lui dire ensuite :

«Décidez. — Si, comme en Espagne, je le voyais au travers d'une grille, par la fenêtre, moi au rez-de-chaussée de ma maison, et lui dans la rue, à minuit, je pourrais lui dire des choses dangereuses. Mais si tout à coup il me prend la main en me disant, comme avant-hier, d'un ton si simple et si vrai : « Mon ange, vous m'aimez », puis-je répondre de moi ? »

Après les salutations d'usage, une fois assis vis-à-vis l'un de l'autre, ils étaient pâles, ils se regardaient, ils ne trouvaient rien à se dire.

«Vous étiez hier, monsieur, chez Mme d'Hocquincourt ?

— Non, madame, dit Leuwen, honteux de son embarras et reprenant la résolution héroïque d'en finir et de faire décider son sort une fois pour toutes. Je me trouvais à cheval sur la route de Darney lorsqu'a sonné l'heure à laquelle j'aurais pu avoir l'honneur de me présenter chez vous. Au lieu de revenir, j'ai poussé mon cheval comme un fou pour me mettre dans l'impossibilité de vous voir. Je manquais de courage; il était au-dessus de mes forces de m'exposer à votre sévérité habituelle pour moi. Il me semblait entendre mon arrêt de votre bouche.»

Il se tut, puis ajouta d'une voix mal articulée et qui peignait la timidité la plus complète :

«La dernière fois que je vous ai vue, auprès de la petite table verte, je l'avouerai,... j'ai osé me servir d'un mot qui, depuis, m'a causé bien des remords. Je crains d'être puni par vous d'une façon sévère, car vous n'avez pas d'indulgence pour moi.

– Oh! monsieur, puisque vous avez le repentir, je vous pardonne ce mot, dit Mme de Chasteller en essayant de prendre une manière d'être gaie et sans conséquence. Mais j'ai à vous parler, monsieur, d'objets bien plus importants pour moi.» Et son œil, incapable de soutenir plus longtemps l'apparence de la gaieté, prit un sérieux profond. Leuwen frémit; il n'avait point assez de vanité pour que le dépit d'avoir peur lui donnât le courage de vivre séparé de Mme de Chasteller. Que devenir les jours où il ne lui serait pas permis de la voir?

« Monsieur, reprit Mme de Chasteller avec gravité, je n'ai point de mère pour me donner de sages avis. Une femme qui vit seule, ou à peu près, dans une ville de province, doit être attentive aux moindres apparences. Vous venez souvent chez moi...

– Eh! bien?» dit Leuwen, respirant à peine.

Jusque-là, le ton de Mme de Chasteller avait été convenable, sage, froid, aux yeux de Leuwen du moins. Le son de voix avec lequel il prononça ce mot : *eh! bien*, eût manqué peut-être au Don Juan le plus accompli; chez Leuwen il n'y avait aucun talent, c'était l'impulsion de la nature, le naturel. Ce mot de Leuwen changea tout. Il y avait tant de malheur, tant d'assurance d'obéir ponctuellement dans ce mot, que Mme de Chasteller en fut comme désarmée. Elle avait rassemblé tout son courage pour combattre un être fort, et elle trouvait l'extrême faiblesse. En un instant tout changeait, elle n'avait plus à craindre de manquer de résolution, mais bien plutôt de prendre un ton trop ferme, d'avoir l'air d'abuser de la victoire. Elle eut pitié du malheur qu'elle causait à Leuwen.

Il fallait continuer cependant. D'une voix éteinte et avec des lèvres pâles et comprimées avec effort pour tâcher d'avoir l'air de la fermeté, elle expliqua à notre héros les raisons qui lui faisaient désirer de le voir moins souvent et moins longtemps, tous les deux jours par exemple. Il s'agissait d'éviter de faire naître des idées, bien peu fondées sans doute, au public, qui commençait à s'occuper de ces visites, et à Mlle Bérard surtout, qui était un témoin bien dangereux.

Mme de Chasteller eut à peine la force d'achever ces deux ou trois phrases. La moindre objection, le moindre mot, quel qu'il fût, de Leuwen, renversait tout ce projet. Elle avait une vive pitié du malheur dans lequel elle le voyait, elle n'eût jamais eu le courage de persister, elle le sentait. Elle ne voyait plus que lui dans la nature entière. Si Leuwen eût eu moins d'amour ou plus d'esprit, il eût agi tout autrement; mais le fait difficile à excuser en ce siècle, c'est que ce sous-lieutenant de vingt-trois ans se trouva incapable d'articuler un mot contre ce projet qui le tuait; Figurez-vous un lâche qui adore la vie, et qui entend son arrêt de mort.

Mme de Chasteller voyait clairement l'état de Leuwen; elle était elle-même sur le point de fondre en larmes, elle se sentait saisie de pitié pour le malheur extrême qu'elle causait.

« Mais, se dit-elle tout à coup, s'il voit une larme, me voici plus engagée que jamais. Il faut à tout prix mettre fin à cette visite pleine de dangers.

— D'après le vœu que je vous ai exprimé... monsieur... il y a déjà longtemps que je puis supposer que Mlle Bérard compte les minutes que vous passez avec moi... Il serait plus prudent d'abréger. »

Leuwen se leva; il ne pouvait parler, à peine si sa voix fut capable d'articuler à demi :

« Je serais au désespoir, madame... »

Il ouvrit une porte de la bibliothèque qui donnait sur un petit escalier intérieur qu'il prenait souvent pour éviter de passer dans le salon et sous les yeux de la terrible Mlle Bérard.

Mme de Chasteller l'accompagna, comme pour adoucir par cette politesse ce qu'il pouvait y avoir de blessant dans la prière qu'elle venait de lui adresser. Sur le palier de ce petit escalier, Mme de Chasteller dit à Leuwen :

« Adieu, monsieur. A après-demain. »

Leuwen se retourna vers Mme de Chasteller. Il appuya la main droite sur la rampe d'acajou; il chancelait évidemment. Mme de Chasteller eut pitié de lui, elle eut l'idée de lui prendre la main à l'anglaise, en signe de bonne amitié. Leuwen, voyant la main de Mme de Chasteller s'approcher de la sienne, la prit et la porta lentement à ses lèvres. En faisant ce mouvement, sa figure se trouva tout près de celle de Mme de Chasteller; il quitta sa main et la serra dans ses bras, en collant ses lèvres sur sa joue. Mme de Chasteller n'eut pas la force de s'éloigner et resta immobile et presque abandonnée dans les bras de Leuwen. Il la serrait avec extase et redoublait ses baisers. A la fin, Mme de Chasteller s'éloigna doucement, mais ses yeux baignés de larmes montraient franchement la plus vive tendresse. Elle parvint à lui dire pourtant :

« Adieu, monsieur... »

Et comme il la regardait, éperdu, elle se reprit :

« Adieu, *mon ami*, à demain... Mais laissez-moi. »

Et il la laissa, et il descendit l'escalier, en se retournant il est vrai pour la regarder.

Leuwen descendit l'escalier dans un trouble inexprimable.

Bientôt, il fut ivre de bonheur, ce qui l'empêcha de voir qu'il était bien jeune, bien sot.

Quinze jours ou trois semaines suivirent; ce fut peut-être le plus beau moment de la vie de Leuwen, mais jamais il ne retrouva un tel instant d'abandon et de faiblesse. Vous savez qu'il était incapable de le faire naître à force d'en sentir le bonheur.

Il voyait Mme de Chasteller tous les jours; ses visites duraient quelquefois deux ou trois heures, au grand scandale de Mlle Bérard. Quand Mme de Chasteller se sentait hors d'état de soutenir une conversation un peu passable avec lui, elle lui proposait de jouer aux échecs. Quelquefois, il lui prenait timidement la main, un jour même il tenta de l'embrasser; elle fondit en larmes, sans le fuir pourtant, elle lui demanda grâce et se mit sous la sauvegarde de son honneur. Comme cette prière était faite de bonne foi, elle fut écoutée de même. Elle exigeait qu'il ne lui parlât pas ouvertement de son amour, mais en revanche souvent elle plaçait la main dans son épaulette et jouait avec la frange d'argent. Quand elle était tranquille sur ses entreprises, elle était avec lui d'une gaieté douce et intime qui, pour cette pauvre femme, était le bonheur parfait.

Ils se parlaient de tout avec une sincérité parfaite qui, quelquefois eût semblé bien impolie à un indifférent, et toujours trop naïve. Il fallait l'intérêt de cette franchise sans bornes sur tout pour faire oublier un peu le sacrifice qu'on faisait en ne parlant pas d'amour. Souvent un petit mot indirect amené par la conversation les faisait rougir; alors, il y avait un petit silence. C'était lorsqu'il se prolongeait trop que Mme de Chasteller avait recours aux échecs.

Mme de Chasteller aimait surtout que Leuwen lui confiât ses idées sur elle-même, à diverses époques, dans le premier mois de leur connaissance, à cette heure... Cette confidence tendait à affaiblir une des suggestions de ce grand ennemi de notre bonheur nommé la prudence. Elle disait, cette prudence :

« Ceci est un jeune homme d'infiniment d'esprit et fort adroit qui joue la comédie avec vous. »

Jamais Leuwen n'osa lui confier le propos de Bouchard sur le lieutenant-colonel de hussards, et l'absence de toute feinte était si complète entre eux que deux fois ce sujet, approché par hasard, fut sur le point de les brouiller. Mme de Chasteller vit dans ses yeux qu'il lui cachait quelque chose.

« Et c'est ce que je ne pardonnerais pas », lui dit-elle avec fermeté.

Elle lui cachait, elle, que presque tous les jours son père lui faisait une scène à son sujet.

« Quoi ! ma fille, passer deux heures tous les jours avec un homme de ce parti, et encore auquel sa naissance ne permet pas d'aspirer à votre main ! »

Venaient ensuite les paroles attendrissantes sur un vieux père presque octogénaire abandonné par sa fille, par son unique appui.

Le fait est que M. de Pontlevé avait peur du père de Leuwen. Le docteur Du Poirier lui avait dit que c'était un homme de plaisir et d'esprit, dominé par ce penchant infernal, le plus grand ennemi du trône et de l'autel : *l'ironie*. Ce banquier pouvait être assez méchant pour deviner quel était le motif de son attachement passionné pour l'argent comptant de sa fille, et, qui plus est, le dire.

Résumé des chapitres 33 à 35

Ce que Bathilde et Lucien ignorent, c'est que M. de Pontlevé se répand en jérémiades dans tout Nancy en se plaignant de la cour faite à sa fille. Et la solidarité de caste aidant, il faut à peine quinze jours pour que Lucien soit soupçonné d'être un espion à la solde du ministre de la Guerre (ou de Louis-Philippe ?) envoyé pour recueillir des renseignements sur la tendance politique de la bonne société nancéienne. D'un seul coup, les salons se ferment et les amitiés s'estompent autour de Lucien, exception faite de Mme d'Hocquincourt qui continue à rechercher sa présence avec ostentation. Las, la rumeur colporte vite le trop vif intérêt de cette jolie oisive et Mme de Chasteller, sournoisement prévenue, tombe malade.

Du Poirier en profite, d'accord avec M. de Pontlevé, pour interdire sa porte à Lucien et monte contre lui un complot machiavélique. D'abord, il fait passer Bathilde pour plus atteinte qu'elle n'est, s'appliquant par ailleurs à la convaincre elle-même de la gravité de son état. Ensuite, et avec les mêmes mots, il affole Lucien, au point que celui-ci se décide à revoir une dernière fois celle qui croit mourante. Alors le docteur organise sa venue dans le plus grand secret...

L e lendemain, le docteur trouva Mme de Chasteller sans fièvre et tellement bien, qu'il eut peur d'avoir perdu tous les soins qu'il se donnait depuis trois semaines. Il affecta l'air très inquiet devant la bonne Mlle Beaulieu. Il partit comme un homme pressé, et revint une heure après, à une heure insolite.

« Beaulieu, lui dit-il, votre maîtresse tombe dans le marasme.

– Oh! mon Dieu, monsieur! »

Ici, le docteur expliqua longuement ce que c'est que le marasme.

« Votre maîtresse a besoin de lait de femme. Si quelque chose peut lui sauver la vie, c'est l'usage du lait d'une jeune et fraîche paysanne. Je viens de faire courir dans tout Nancy, je ne trouve que des femmes d'ouvriers, dont le lait ferait plus de mal que de bien à Mme de Chasteller, il faut une jeune paysanne... »

Le docteur remarqua que Beaulieu regardait attentivement la pendule.

« Mon village, Chefmont, n'est qu'à cinq lieues d'ici. J'arriverai de nuit, mais n'importe...

– Bien, très bien, brave et excellente Beaulieu. Mais si vous trouvez une jeune nourrice, ne lui faites pas faire les cinq lieues tout d'une traite. N'arrivez qu'après-demain matin; le lait échauffé serait un poison pour votre pauvre maîtresse.

– Croyez-vous, monsieur le docteur, que voir encore une fois M. Leuwen puisse faire du mal à madame? Elle vient en quelque sorte de m'ordonner de le faire entrer ce soir s'il se présente. Elle lui est si attachée!... »

Le docteur croyait à peine au bonheur qui lui arrivait.

« Rien de plus *naturel*, Beaulieu. (Il insistait toujours sur le mot *naturel*.) Qui est-ce qui vous remplace ?

— Anne-Marie, cette brave fille si dévote.

— Eh ! bien, donnez vos instructions à Anne-Marie. Où M. Leuwen se place-t-il en attendant le moment où vous pouvez l'annoncer ?

— Dans la soupente où couchait Joseph autrefois, dans l'antichambre de madame.

— Dans l'état où est votre pauvre maîtresse, elle n'a pas besoin de trop d'émotions à la fois. Si vous m'en croyez, vous ferez défendre la porte pour tout le monde absolument, même pour M. de Blançay. »

Ce détail et beaucoup d'autres furent convenus entre le docteur et Mlle Beaulieu. Cette bonne fille quitta Nancy à cinq heures, laissant ses fonctions à Anne-Marie.

Or, depuis longtemps Anne-Marie, que Mme de Chasteller ne gardait que par bonté et qu'elle avait été sur le point de renvoyer une ou deux fois, était entièrement dévouée à Mlle Bérard, et son espion contre Beaulieu.

Voici ce qui arriva :

A huit heures et demie, dans un moment où Mlle Bérard parlait à la vieille portière, Anne-Marie fit passer dans la cour Leuwen qui, deux minutes après, fut placé dans un retranchement en bois peint qui occupait la moitié de l'antichambre de Mme de Chasteller. De là, Leuwen voyait fort bien ce qui se passait dans la pièce voisine et entendait presque tout ce qui se disait dans l'appartement entier.

Tout à coup, il entendit les vagissements d'un enfant à peine né. Il vit arriver dans l'antichambre le docteur essoufflé portant l'enfant dans un linge qui lui parut taché de sang.

« Votre pauvre maîtresse, dit-il en toute hâte à Anne-Marie, est enfin sauvée. L'accouchement a eu lieu sans accident. M. Le marquis est-il hors de la maison ?

— Oui, monsieur.

— Cette maudite Beaulieu n'y est pas ?

— Elle est en route pour son village.

— *Le docteur* : Sous un prétexte je l'ai envoyée chercher une nourrice, puisque celle que j'ai retenue au faubourg ne veut pas d'un enfant clandestin.

— *Anne-Marie* : Et M. de Blancay ?

— *Le docteur* : Ce qu'il y a de singulier, c'est que votre maîtresse ne veut pas le voir.

— Je le crois pardieu bien, dit Anne-Marie, après un tel cadeau !

– Après tout, peut-être l'enfant n'est pas de lui.

– Ma foi! ces grandes dames, ça ne va pas souvent à l'église, mais en revanche cela a plus d'un amoureux.

– Je crois entendre gémir Mme de Chasteller, je rentre, dit le docteur. Je vais vous envoyer Mlle Bérard. »

Mlle Bérard arriva. Elle exécrait Leuwen, et dans une conversation d'un quart d'heure eut l'art, en disant les mêmes choses que le docteur, d'être bien plus méchante. Mlle Bérard était d'avis que ce gros poupon, comme elle l'appelait, appartenait à M. de Blancay ou au lieutenant-colonel de hussards.

« Ou à M. de Goëllo, dit naturellement Anne-Marie.

– Non, pas à M. de Goëllo, madame ne peut plus le souffrir. C'était de lui la fausse couche qui faillit, dans les temps, la brouiller avec ce pauvre M. de Chasteller. »

On peut juger de l'état où se trouvait Leuwen. Il fut sur le point de sortir de sa cachette et de s'enfuir, même en présence de Mlle Bérard.

« Non, se dit-il; elle s'est moquée de moi comme d'un vrai blanc-bec que je suis. Mais il serait indigne de la compromettre. »

A ce moment, le docteur, craignant de la part de Mlle Bérard quelque raffinement de méchanceté trop peu vraisemblable, vint à la porte de l'antichambre.

« Mademoiselle Bérard! Mademoiselle Bérard! dit-il d'un air alarmé, il y a une hémorragie. Vite, vite, le seau de glace que j'ai apporté sous mon manteau. »

Dès qu'Anne-Marie fut seule, Leuwen sortit en remettant sa bourse à Anne-Marie, en quoi faisant il vit, bien malgré lui, l'enfant qu'elle portait avec ostentation et qui, au lieu de quelques minutes de vie, avait bien un mois ou deux. C'est ce que Leuwen ne remarqua pas. Il dit avec beaucoup de tranquillité apparente à Anne-Marie :

« Je me sens un peu indisposé. Je ne verrai Mme de Chasteller que demain. Voulez-vous venir parler à la portière pendant que je sortirai? »

Anne-Marie le regardait avec des yeux extrêmement ouverts :
« Est-ce qu'il est d'accord, lui aussi? » pensait-elle.

Heureusement pour le succès des projets du docteur, comme le geste de Leuwen la pressait fort, elle n'eut pas le temps de commettre une indiscrétion; elle ne dit rien, alla déposer l'enfant sur un lit dans la chambre voisine, descendit chez la portière.

« Cette bourse si pesante, se disait-elle, est-elle remplie d'argent ou de jaunets? »

Elle conduisit la portière au fond de sa loge, et Leuwen put sortir inaperçu.

Il courut chez lui et s'enferma à clef dans sa chambre. Ce ne fut qu'à ce moment qu'il se permit de considérer en plein tout son malheur. Il était trop amoureux pour être furieux, dans ce premier moment, contre Mme de Chasteller.

« M'a-t-elle jamais dit qu'elle n'eût aimé personne avant moi ? D'ailleurs, vivant avec moi comme un frère par ma sottise et ma très grande sottise, me devait-elle une telle confidence ?... Mais, ma chère Bathilde, je ne puis donc plus t'aimer ? » s'écriait-il tout à coup en fondant en larmes.

« Il serait digne d'un homme, pensa-t-il au bout d'une heure, d'aller chez Mme d'Hocquincourt, que j'abandonne sottement depuis un mois, et de chercher à prendre une revanche. »

Il s'habilla en se faisant une violence mortelle et, comme il allait sortir, il tomba évanoui dans le salon.

Il revint à lui quelques heures après ; un domestique le heurta du pied, en allant voir à trois heures du matin s'il était rentré.

« Ah ! le voilà encore ivre-mort ! Quelle saleté pour un maître ! » dit cet homme.

Leuwen entendit fort bien ces paroles ; il se crut d'abord dans l'état que disait ce domestique ; mais tout à coup l'affreuse vérité lui apparut, et il fut bien plus malheureux que dans la soirée.

Le reste de la nuit se passa dans une sorte de délire. Il eut un instant l'ignoble idée d'aller faire des reproches à Mme de Chasteller ; il eut horreur de cette tentation. Il écrivit au lieutenant-colonel Filloteau qui, par bonheur, commandait le régiment, qu'il était malade, et sortit de Nancy fort matin, espérant n'être pas vu.

Ce fut dans cette promenade solitaire qu'il sentit en plein toute l'étendue de son malheur.

« Je ne puis plus aimer Bathilde ! » se disait-il tout haut de temps en temps.

A neuf heures du matin, comme il se trouvait à six lieues de Nancy, l'idée d'y rentrer lui parut horrible.

« Il faut que j'aille à Paris à franc étrier, voir ma mère. »

Ses devoirs comme militaire avaient disparu à ses yeux, il se sentait comme un homme qui approche des derniers moments. Toutes les choses du monde avaient perdu leur importance à ses yeux, deux objets surnageaient seuls : sa mère, et Mme de Chasteller.

Pour cette âme épuisée par la douleur, l'idée folle de ce voyage fut comme une consolation, la seule qu'il entrevît. C'était une distraction.

Il renvoya son cheval à Nancy et écrivit au colonel Filloteau pour le prier de ne pas faire parler de son absence.

« Je suis mandé secrètement par le ministre de la Guerre. »
Ce mensonge se trouva sous sa plume parce qu'il eut la crainte
folle d'être poursuivi.

Il demanda un cheval à une poste. Comme, sur son air égaré,
on lui faisait quelques objections, il se dit envoyé par le colonel
Filloteau, du 27ᵉ de lanciers, à une compagnie du régiment qui
était détachée à Reims pour faire la guerre aux ouvriers.

Les difficultés qu'il eut pour obtenir le premier cheval ne se
renouvelèrent plus, et trente-deux heures après il était à Paris.

Près d'entrer chez sa mère, il pensa qu'il lui ferait peur ; il alla
descendre à un hôtel garni voisin, et ne revint chez lui que quelques heures plus tard.

SECONDE PARTIE

Lecteur bénévole,

En arrivant à Paris, il me faut faire de grands efforts pour ne pas tomber dans quelque personnalité. Ce n'est pas que je n'aime beaucoup la satire, mais en fixant l'œil du lecteur sur la figure grotesque de quelque ministre, le cœur de ce lecteur fait banqueroute à l'intérêt que je veux lui inspirer pour les autres personnages. Cette chose si amusante, la satire personnelle, ne convient donc point, par malheur, à la narration d'une histoire. Le lecteur est tout occupé à comparer mon portrait à l'original grotesque, ou même odieux, de lui bien connu; il le voit sale ou noir, comme le peindra l'histoire.

Les personnalités sont charmantes quand elles sont vraies et point exagérées, et c'est une tentation que ce que nous voyons depuis vingt ans est bien fait pour nous ôter.

« Quelle duperie, dit Montesquieu, que de calomnier l'Inquisition! » Il eût dit de nos jours : « Comment ajouter à l'amour de l'argent, à la crainte de perdre sa place, et au désir de tout faire pour deviner la fantaisie du maître, qui font l'âme de tous les discours hypocrites de tout ce qui mange plus de cinquante mille francs au budget? »

Je professe qu'au-dessus de cinquante mille francs la vie privée doit cesser d'être murée.

Mais la satire de ces heureux du budget n'entre point dans mon plan. Le vinaigre est en soi une chose excellente, mais mélangé avec une crème il gâte tout. J'ai donc fait tout ce que j'ai pu pour que vous ne puissiez reconnaître, ô lecteur bénévole, un ministre de ces derniers temps qui voulut jouer de mauvais tours à Leuwen. Quel plaisir auriez-vous à voir en détail que ce ministre était voleur, mourant de peur de perdre sa place, et ne se permettant pas un mot qui ne fût une fausseté? Ces gens-là ne sont bons que pour leur héritier. Comme rien d'un peu spontané n'est jamais entré dans leur âme, la vue intérieure de cette âme vous donnerait du dégoût, ô lecteur bénévole, et bien plus encore si j'avais le malheur de vous faire deviner les traits doucereux ou ignobles qui recouvraient cette âme plate.

C'est bien assez de voir ces gens-là quand on va les solliciter le matin.

Non ragioniam di loro, ma guarda e passa.

CHAPITRE 37

« Je ne veux point abuser de mon titre de père pour vous contrarier; soyez libre, mon fils. »

Ainsi, établi dans un fauteuil admirable, devant un bon feu, parlait d'un air riant M. Leuwen père, riche banquier déjà sur l'âge, à Lucien Leuwen, son fils et notre héros.

Le cabinet où avait lieu la conférence entre le père et le fils venait d'être arrangé avec le plus grand luxe sur les dessins de M. Leuwen lui-même. Il avait placé dans ce nouvel ameublement les trois ou quatre bonnes gravures qui avaient paru dans l'année en France et en Italie, et un admirable tableau de l'école romaine dont il venait de faire l'acquisition. La cheminée de marbre blanc contre laquelle s'appuyait Leuwen avait été sculptée à Rome dans l'atelier de Tenerani, et la glace de huit pieds de haut sur six de large, placée au-dessus, avait figuré dans l'exposition de 1834 comme absolument sans défaut. Il y avait loin de là au misérable salon dans lequel, à Nancy, Lucien promenait ses inquiétudes. En dépit de sa douleur profonde, la partie parisienne et vaniteuse de son âme était sensible à cette différence. Il n'était plus dans des pays barbares, il se trouvait de nouveau au sein de sa patrie.

« Mon ami, dit M. Leuwen père, le thermomètre monte trop vite, faites-moi le plaisir de pousser le bouton de ce ventilateur numéro 2... là... derrière la cheminée... Fort bien. Donc, je ne prétends nullement abuser de mon titre pour *abréger* votre liberté. Faites absolument ce qui vous conviendra. »

Leuwen, debout contre la cheminée, avait l'air sombre, agité, tragique, l'air en un mot que nous devrions trouver à un jeune premier de tragédie malheureux par l'amour. Il cherchait avec un effort pénible et visible à quitter l'air farouche du malheureux pour prendre l'apparence du respect et de l'amour filial le plus sincère, sentiments très vivants dans son cœur. Mais l'horreur de sa situation depuis la dernière soirée passée à Nancy avait remplacé sa physionomie de bonne compagnie par celle d'un jeune brigand qui paraît devant ses juges.

« Votre mère prétend, continua M. Leuwen père, que vous ne voulez pas retourner à Nancy? Ne retournez pas en province; à Dieu ne plaise que je m'érige en tyran. Pourquoi ne feriez-vous pas des folies, et même des sottises? Il y en a une, pourtant, mais une seule, à laquelle je ne consentirai pas, parce qu'elle a des suites : c'est le mariage; mais vous avez la ressource des *sommations respectueuses...* et pour cela je ne me brouillerai pas avec vous. Nous plaiderons, mon ami, en dînant ensemble.

— Mais, mon père, répondit Lucien revenant de bien loin, il n'est nullement question de mariage.

— Eh! bien, si vous ne songez pas au mariage, moi j'y songerai. Réfléchissez à ceci : je puis vous marier à une fille riche et pas plus sotte qu'une pauvre, et il est fort possible qu'après moi vous ne soyez pas riche. Ce peuple-ci est si fou, qu'avec une épaulette une fortune bornée est très supportable pour l'amour-propre. Sous l'uniforme, la pauvreté n'est que la pauvreté, ce n'est pas grand-chose, il n'y a pas le mépris. Mais tu croiras ces choses-là, dit M. Leuwen en changeant de ton, quand tu les auras vues toi-même... Je doit te sembler un radoteur... Donc, brave sous-lieutenant, vous ne voulez plus de l'état militaire?

— Puisque vous êtes si bon que de raisonner avec moi au lieu de commander, non, je ne veux plus de l'état militaire en temps de paix, c'est-à-dire passer ma soirée à jouer au billard et à m'enivrer au café, et encore avec défense de prendre sur la table de marbre mal essuyée d'autre journal que le *Journal de Paris*. Dès que nous sommes trois officiers à promener ensemble, un au moins peut passer pour espion dans l'esprit des deux autres. Le colonel, autrefois intrépide soldat, s'est transformé, sous la baguette du juste milieu, en sale commissaire de police. »

M. Leuwen père sourit comme malgré lui. Lucien le comprit, et ajouta avec empressement :

« Je ne prétends point tromper un homme aussi clairvoyant; je ne l'ai jamais prétendu, croyez-le bien, mon père! Mais enfin, il fallait bien commencer mon conte par un bout. Ce n'est donc point pour des motifs raisonnables que, si vous le permettez, je quitterai l'état militaire. Mais cependant, c'est une démarche raisonnable. Je sais donner un coup de lance et commander à cinquante hommes qui donnent des coups de lance; je sais vivre convenablement avec trente-cinq camarades, dont cinq ou six font des rapports de police. Je sais donc le *métier*. Si la guerre survient, mais une vraie guerre, dans laquelle le général en chef ne trahisse pas son armée, et que je pense comme aujourd'hui, je vous demanderai la permission de faire une compagne ou deux. La guerre, suivant moi, ne peut pas durer davantage, si le général en chef ressemble un peu à Washington. Si ce n'est qu'un pillard habile et brave, comme Soult, je me retirerai une seconde fois.

– Ah! c'est là votre politique! reprit son père avec ironie. Diable! c'est de la haute vertu! Mais la politique, c'est bien long! Que voulez-vous pour vous personnellement?

– Vivre à Paris, ou faire de grands voyages : l'Amérique, la Chine.

– Vu mon âge et celui de votre mère, tenons-nous-en à Paris. Si j'étais l'enchanteur Merlin et que vous n'eussiez qu'un mot à dire pour arranger le matériel de votre destinée, que demanderiez-vous? Voudriez-vous être commis dans mon comptoir, ou employé dans le bureau particulier d'un ministre qui va se trouver en possession d'une grande influence sur les destinées de la France, M. de Vaize, en un mot? Il peut être ministre de l'Intérieur demain.

– M. de Vaize? Ce pair de France qui a tant de génie pour l'administration? Ce grand travailleur?

– Précisément, répondit M. Leuwen en riant et admirant la haute vertu des intentions et la bêtise des perceptions.

– Je n'aime pas assez l'argent pour entrer au comptoir, répondit Lucien. Je ne pense pas assez au *métal*, je n'ai jamais senti vivement et longtemps son absence. Cette absence terrible ne sera pas toujours là, en moi, pour répondre victorieusement à tous les dégoûts. Je craindrais de manquer de persévérance une seconde fois si je nommais le comptoir.

– Mais si après moi vous êtes pauvre?

– Du moins à la dépense que j'ai faite à Nancy, maintenant je suis riche; et pourquoi cela ne durerait-il pas bien longtemps encore?

– Parce que 65 n'est pas égal à 24.

– Mais cette différence... »

La voix de Lucien se voilait.

« Pas de phrases, monsieur! Je vous rappelle à l'ordre. La politique et le sentiment nous écartent également de l'objet à l'ordre du jour :

Sera-t-il dieu, table ou cuvette?

C'est de vous qu'il s'agit, et c'est à quoi nous cherchons une réponse. Le comptoir vous ennuie et vous aimez mieux le bureau particulier du comte de Vaize?

– Oui, mon père.

– Maintenant paraît une grande difficulté : serez-vous assez coquin pour cet emploi?»

Lucien tressaillit; son père le regarda avec le même air gai et sérieux tout à la fois. Après un silence, M. Leuwen père reprit :

« Oui, monsieur le sous-lieutenant, serez-vous assez coquin? Vous serez à même de voir une foule de petites manœuvres; voulez-vous, vous subalterne, aider le ministre dans ces choses, ou le contrecarrer? Voudrez-vous *faire aigre*, comme un jeune républicain qui prétend repétrir les Français pour en faire des anges? *That is the question*, et c'est là-dessus que vous me répondrez ce soir, après l'Opéra, car ceci est un secret : pourquoi n'y aurait-il pas crise ministérielle en ce moment? La Finance et la Guerre ne se sont-elles pas dit les gros mots pour la vingtième fois? Je suis fourré là-dedans, je puis ce soir, je puis demain, et peut-être je ne pourrai plus après-demain vous nicher d'une façon brillante.

» Je ne vous dissimule pas que les mères jetteront les yeux sur vous pour vous faire épouser leurs filles; en un mot, la position *la plus honorable*, comme disent les sots. Mais serez-vous assez coquin pour la remplir? Réfléchissez donc à ceci : jusqu'à quel point vous sentez-vous la force d'être un coquin, c'est-à-dire d'aider à faire une petite coquinerie, car depuis quatre ans, il n'est plus question de verser du sang...

– Tout au plus de voler l'argent, interrompit Lucien.

– *Du pauvre peuple!* interrompit à son tour M. Leuwen père d'un air piteux. Ou de l'employer un peu différemment qu'il ne l'emploierait lui-même, ajouta-t-il du même ton. Mais il est un peu bête, et ses députés un peu sots et pas mal intéressés...

– Et que désirez-vous que je sois? demanda Lucien d'un air simple.

– Un coquin, reprit le père, je veux dire un homme politique, un Martignac, je n'irai pas jusqu'à dire un Talleyrand.

A votre âge et dans vos journaux, on appelle cela être un coquin. Dans dix ans, vous saurez que Colbert, que Sully, que le cardinal Richelieu, en un mot tout ce qui a été homme politique, c'est-à-dire *dirigeant les hommes*, s'est élevé au moins à ce premier degré de coquinerie que je désire vous voir. N'allez pas faire comme N... qui, nommé secrétaire général de la police, au bout de quinze jours donna sa démission parce que cela était trop sale. Il est vrai que dans ce temps on faisait fusiller *Frotté* par des gendarmes chargés de le conduire de sa maison en prison, et qu'avant que de partir les gendarmes savaient qu'il essaierait de s'échapper en route, ce qui les réduirait à la triste nécessité de le tuer à coups de fusil.

– Diable! dit Lucien.

– Oui. Le préfet C***, ce brave homme préfet à Troyes et mon ami, dont vous vous souvenez peut-être, un homme de cinq pieds six pouces, à cheveux gris, à Plancy.

– Oui, je m'en souviens très bien. Ma mère lui donnait la belle chambre à damas rouge, à l'angle du château.

– C'est cela. Eh! bien, il perdit sa préfecture dans le Nord, à Caen ou environs, enfin, parce qu'il ne voulut pas être assez coquin, et je l'approuvai fort. Un autre fit l'affaire Frotté.

« Ah! diable, *mon jeune ami*, comme disent les pères nobles, vous êtes étonné?

– *On le serait à moins*, répond souvent le jeune premier, dit Leuwen. Je croyais que les jésuites seuls et la Restauration...

– Ne croyez rien, mon ami, que ce que vous avez vu, et vous en serez plus sage. Maintenant, à cause de cette maudite liberté de la presse, dit M. Leuwen en riant, il n'y a plus moyen de traiter les gens à la Frotté. Les ombres les plus noires du tableau actuel ne sont plus fournies que par des pertes d'argent ou de place...

– Ou par quelques mois de prison préventive!

– Très bien. A ce soir réponse décisive, claire, nette, sans phrases sentimentales surtout. Demain, peut-être je ne pourrai plus *rien pour mon fils.* »

Ces mots furent dits d'une façon à la fois noble et sentimentale, comme eût dit Monvel, le grand acteur.

« A propos, dit M. Leuwen père en revenant, vous savez sans doute que *sans votre père* vous seriez à l'*Abbaye*. J'ai écrit au général D...; j'ai dit que je vous avais envoyé un courrier parce que votre mère était fort malade. Je vais passer à la Guerre pour que votre congé antidaté arrive au colonel. Écrivez-lui de votre côté, et tâchez de le séduire.

– Je voulais vous parler de l'Abbaye. Je pensais à deux jours de prison, et à remédier à tout par ma démission...

— Pas de démission, mon ami; il n'y a que les sots qui donnent leur démission. Je prétends bien que vous serez toute votre vie un jeune militaire de la plus haute distinction attiré par la politique, une véritable *perte pour l'armée*, comme disent les *Débats*.

Résumé des chapitres 38 à 45

« Pendant le voyage de Nancy à Paris, il n'avait pas réfléchi : il fuyait la douleur, le mouvement physique lui tenait lieu de mouvement moral.» *Quant à haïr Mme de Chasteller, c'est au-dessus des forces de Lucien, un aveu de sa part lui aurait suffi... Pour l'heure, l'efficacité de son père et la manière dont il l'avait bousculé dans la vie politique mettaient un peu de baume sur ses blessures, et ce fut sans surprise qu'il apprit dans la presse sa nomination de* « maître des requêtes » *et* « chargé du bureau particulier » *de M. le comte de Vaize, nouveau ministre de l'Intérieur.* « Aujourd'hui, il n'avait besoin que de ne pas trop déguiser le profond dégoût que lui inspiraient tous les hommes.» *Seul M. Gauthier, son ami de Nancy, peut-être lui manquait...*

Très vite, Lucien se voit accréditer de la confiance de son ministre, qui le charge d'opérations extra-ministérielles, comme de gérer, grâce à son père, un portefeuille en bourse, ou de participer à quelques actions de basse politique, dont il se sort avec la détermination d'un esprit froid et sans illusion. Mais la rigueur de son caractère heurte déjà nombre de ses augustes interlocuteurs, dont le comte de Beausobre, actuel ministre des Affaires étrangères.

De son côté, Bathilde de Chasteller, enfin remise et ignorant tout des manigances de son père et de Du Poirier, décide de quitter Nancy, où plus rien ne la retient, pour rejoindre Paris en compagnie de sa fidèle amie Mme de Constantin.

CHAPITRE 46

Leuwen père était un homme fort gros, qui avait le teint fleuri, l'œil vif, et de jolis cheveux gris bouclés. Son habit, son gilet étaient un modèle de cette élégance modeste qui convient à un homme âgé. On trouvait dans toute sa personne quelque chose de leste et d'animé. A son œil noir, à ses brusques changements de physionomie, on l'eût pris plutôt pour un peintre homme de génie (comme il n'y en a plus) que pour un banquier célèbre. Il paraissait dans beaucoup de salons, mais passait sa vie avec les diplomates gens d'esprit (il abhorrait les graves) et le corps respectable des danseuses de l'Opéra; il était leur providence dans leurs petites affaires d'argent, tous les soirs on le trouvait au foyer de l'Opéra. Il faisait assez peu de cas de la société qui s'appelle *bonne*. L'impudence et le charlatanisme, sans lesquels on ne réussit pas, l'importunaient. Il ne craignait que deux choses au monde : les ennuyeux, et l'air humide. Pour fuir ces deux pestes, il faisait des choses qui eussent donné des ridicules à tout autre, mais jusqu'à soixante-cinq ans qu'il avait maintenant, c'était lui qui donnait des ridicules, et n'en prenait pas. Promenant sur le boulevard, son laquais lui donnait un manteau pour passer devant la rue de la Chaussée-d'Antin. Il changeait d'habit cinq ou six fois par jour au moins, suivant le vent qui soufflait, et avait pour cela des appartements dans tous les quartiers de Paris. Son esprit avait du naturel, de la verve, de l'indiscrétion aimable, plutôt que des vues fort élevées. Il s'oubliait quelquefois et avait besoin de s'observer pour ne pas tomber dans les genres imprudents ou indécents.

« Si vous n'aviez pas fait fortune dans le commerce de l'argent, lui disait sa femme qui l'adorait, vous n'eussiez pu réussir dans aucune autre carrière. Vous racontez une anecdote innocemment, et vous ne voyez pas qu'elle blesse mortellement deux ou trois prétentions.

— J'ai paré à ce désavantage : tout homme solvable est toujours sûr de trouver dans ma caisse mille francs offerts de bonne grâce. Enfin, depuis dix ans on ne me discute plus, on m'accepte. »

M. Leuwen ne disait jamais la vérité qu'à sa femme, mais aussi il la lui disait toute; elle était pour lui comme une seconde mémoire à laquelle il croyait plus qu'à la sienne propre. D'abord, il avait voulu s'imposer quelque réserve quand son fils était en tiers présent, mais cette réserve était incommode et gâtait l'entretien (Mme Leuwen aimait à ne pas se priver de la présence de son fils); il le jugeait fort discret, il avait fini par tout dire devant lui.

L'intérieur de ce vieillard, dont les mots méchants faisaient tant de peur, était fort gai.

A l'époque où nous sommes, on trouva pendant quelques jours qu'il était triste, agité; il jouait fort gros jeu le soir, il se permit même de jouer à la Bourse; Mlle Des Brins donna deux soirées dansantes dont il fit les honneurs.

Un soir, à deux heures du matin, en revenant d'une de ces soirées, il trouva son fils qui se chauffait dans le salon, et son chagrin éclata.

« Allez pousser le verrou de cette porte. Et comme Lucien revenait près de la cheminée : Savez-vous un ridicule affreux dans lequel je suis tombé? dit M. Leuwen avec humeur.

— Et lequel, mon père? Je ne m'en serais jamais douté.

— Je vous aime, et par conséquent, vous me rendez malheureux; car la première des duperies, c'est d'aimer, ajouta-t-il en s'animant de plus en plus et prenant un ton sérieux que son fils ne lui avait jamais vu. Dans ma longue carrière je n'ai connu qu'une exception, mais aussi elle est unique. J'aime votre mère, elle est nécessaire à ma vie, et elle ne m'a jamais donné un grain de malheur. Au lieu de vous regarder comme mon rival dans son cœur, je me suis avisé de vous aimer, c'est un ridicule dans lequel je m'étais bien promis de ne jamais tomber, et *vous m'empêchez de dormir.* »

A ce mot, Lucien devint tout à fait sérieux. Son père n'exagérait jamais, et il comprit qu'il allait avoir affaire à un accès de colère réel.

M. Leuwen était d'autant plus irrité qu'il parlait à son fils après s'être promis quinze jours durant de ne pas lui dire un mot de ce qui le tourmentait.

Tout à coup, M. Leuwen quitta son fils.

« Daignez m'attendre », lui dit-il avec amertume.

Il revint bientôt après avec un petit portefeuille de cuir de Russie.

« Il y a là 12 000 francs, et si vous ne les prenez pas, je crois que nous nous brouillerons.

– Le sujet de la querelle serait neuf, dit Lucien en souriant. Les rôles sont renversés, et...

– Oui, ce n'est pas mal. Voilà du petit esprit. Mais, en un mot comme en mille, il faut que vous preniez une grande passion pour Mlle Gosselin. Et n'allez pas lui donner votre argent, et puis vous sauver à cheval dans les bois de Meudon ou au diable, comme c'est votre noble habitude. Il s'agit de passer vos soirées avec elle, de lui donner tous vos moments, il s'agit d'en être fou.

– Fou de Mlle Gosselin!

– Le diable t'emporte! Fou de Mlle Gosselin ou d'une autre que m'importe! Il faut que le public sache que tu as une maîtresse.

– Et, mon père, la raison de cet ordre si sévère?

– Tu la sais fort bien. Et voilà que tu deviens de mauvaise foi en parlant avec ton père, et traitant de tes intérêts encore! Que le diable t'emporte, et qu'après t'avoir emporté il ne te rapporte jamais! Je suis sûr que si je passe deux mois sans te voir, je ne penserai plus à toi. Que n'es-tu resté à ton Nancy! Cela t'allait fort bien, tu aurais été le digne héros de deux ou trois bégueules morales. »

Lucien devint pourpre.

« Mais dans la position que je t'ai faite, ton fichu air sérieux, et même triste, si admiré en province, où il est l'exagération de la mode, n'est propre qu'à te donner le ridicule abominable de n'être au fond qu'un fichu saint-simonien.

– Mais je ne suis point saint-simonien! Je crois vous l'avoir prouvé.

– Eh! sois-le, saint-simonien, sois encore mille fois plus sot, mais ne le parais pas!

– Mon père, je serai plus parlant, plus gai, je passerai deux heures à l'Opéra au lieu d'une.

– Est-ce qu'on change de caractère? Est-ce que tu seras jamais folâtre et léger? Or, toute ta vie, si je n'y mets ordre d'ici à quinze jours, ton sérieux passera non pour l'enseigne du *bon sens*, pour une mauvaise conséquence d'une bonne chose, mais pour tout ce qu'il y a de plus antipathique à la bonne compagnie. Or, quand ici l'on s'est mis à dos la bonne compagnie, il faut accoutumer son amour-propre à recevoir dix coups d'épingle par jour, auquel cas la ressource la plus douce qui reste, c'est de se brûler la cervelle ou, si l'on n'en a pas le courage, d'aller se jeter à la Trappe. Voilà où tu en étais il y a deux mois, moi me tuant de faire comprendre que tu me ruinais en folies de jeune homme. Et en ce bel état, avec ce fichu bon sens sur la figure, tu vas te faire un ennemi du comte de Beausobre, un renard qui ne te pardonnera de la vie, car si tu parviens à faire quelque figure dans le monde et que tu t'avises de parler, tôt ou tard tu peux l'obliger à se couper la gorge avec toi, ce qu'il n'aime pas. Sans t'en douter, malgré tout ton fichu bon sens, que le ciel confonde, tu as à tes trousses huit ou dix hommes d'esprit fort bien disants, fort moraux, fort bien reçus dans le monde, et de plus espions du ministère des Affaires étrangères. Prétendras-tu les tuer en duel? Et si tu es tué, que devient ta mère, car le diable m'emporte si je pense à toi deux mois après que je ne te verrai plus! Et pour toi, depuis trois mois je cours les chances de prendre un accès de goutte qui peut fort bien m'emporter. Je passe ma vie à cette Bourse qui est plus humide que jamais depuis qu'on y a mis des poêles. Pour toi, je me refuse le plaisir de jouer ma fortune à quitte ou double, ce qui m'amuserait. Ainsi, tout résolument, veux-tu prendre une grande passion pour Mlle Gosselin?

– Ainsi, vous déclarez la guerre aux pauvres petits quarts d'heure de liberté que je puis encore avoir. Sans reproche, vous m'avez pris tous mes moments, il n'est pas de pauvre diable d'ambitieux qui travaille autant que moi, car je compte pour travail, et le plus pénible, les séances à l'Opéra et dans les salons, où l'on ne me verrait pas une fois en quinze jours si je suivais mon inclination. Ernest a l'ambition du fauteuil académique, ce petit coquin de Desbacs veut devenir conseiller d'État, cela les soutient; moi, je n'ai aucune passion dans tout cela que le désir de vous prouver ma reconnaissance. Ce qui est le bonheur pour moi, ou du moins ce que je crois tel, c'est de vivre en Europe et en Amérique avec six ou huit mille livres de rente, changeant de ville, ou m'arrêtant un mois ou une année selon que je me trouverais bien. Le charlatanisme, indispensable à Paris, me paraît ridicule, et cependant j'ai de l'humeur quand je le vois réussir. Même riche, il faut ici être comédien et continuellement sur la brèche, ou l'on accroche des ridicules. Or, moi, je ne demande point le bonheur à l'opinion que les autres peuvent avoir de moi; le mien serait de venir à Paris six semaines tous les ans pour voir ce qu'il y aurait de nouveau en tableaux, drames, inventions, jolies danseuses. Avec cette vie, le monde m'oublierait, je serais ici, à Paris, comme un Russe ou un Anglais. Au lieu de me faire l'amant heureux de Mlle Gosselin, ne pourrais-je pas faire un voyage de six mois où vous voudrez, au Kamschatka par exemple, à Canton, dans l'Amérique du sud?

— En revenant, au bout de six mois, tu trouverais ta réputation complètement perdue, et tes vices odieux seraient établis sur des faits incontestables et parfaitement oubliés. C'est ce qu'il y a de pis pour une réputation, la calomnie est bien heureuse quand on la fuit. Il faut ensuite ramener l'attention du public, et redonner l'inflammation à la blessure pour la guérir. M'entends-tu?

— Que trop, hélas! Je vois que vous ne voulez pas de six mois de voyage ou de dix mois de prison en échange de Mlle Gosselin.

— Ah! tu parais devenir raisonnable, le ciel en soit loué! Mais comprends donc que je ne suis pas baroque. Raisonnons ensemble. M. de Beausobre dispose de vingt, de trente, peut-être de quarante espions diplomatiques appartenant à la bonne compagnie, et plusieurs à la très haute société; il a des espions volontaires, tels que de Perte qui a quarante mille livres de rente. Mme la princesse de Vaudémont était à ses ordres. Ces gens ne manquent pas de tact, la plupart ont servi sous dix ou douze ministres, la personne qu'ils étudient de plus près, avec le plus de soin, c'est leur ministre. Je les ai surpris jadis ayant des conférences entre eux à ce sujet. Même, j'ai été consulté par deux ou trois qui m'ont des obligations d'argent. Quatre ou cinq, M. le comte N..., par exemple, que tu vois chez moi, quand ils peuvent écumer une nouvelle, veulent jouer à la rente, et n'ont pas toujours ce qu'il faut pour couvrir la différence. Je leur rends service, par-ci par-là, pour de petites sommes. Enfin, pour te dire tout, j'ai obtenu l'aveu, il y a quinze jours, que le Beausobre a une colère *mue* contre toi. Il passe pour n'avoir du cœur que lorsqu'il y a un grand cordon à gagner. Peut-être rougit-il de s'être trouvé faible en ta présence. Le pourquoi de sa haine, je l'ignore, mais il te fait l'honneur de te haïr.

» Mais ce dont je suis sûr, c'est qu'on a organisé la mise en circulation d'une calomnie qui tend à te faire passer pour un saint-simonien retenu à grand-peine dans le monde par ton amitié pour moi. Après moi, tu arboreras le saint-simonisme, ou te feras chef de quelque nouvelle religion.

» Je ne répondrais pas, même, si la colère de Beausobre lui dure, que quelqu'un de ses espions ne le servît comme [on] servit Édouard III contre Beckett. Plusieurs de ces messieurs, malgré leur brillant cabriolet, ont souvent le besoin le plus pressant d'une gratification de cinquante louis et seraient trop heureux d'accrocher cette somme au moyen d'un duel. C'est à cause de cette partie de mon discours que j'ai la faiblesse de te parler. Tu me fais faire, coquin, ce qui ne m'est pas arrivé depuis quinze ans : manquer à la parole que je me suis donnée à moi-même. C'est à cause de la gratification de cent louis, gagnée si l'on t'envoie *ad patres*, que je n'ai pas pu te parler devant ta mère. Si elle te perd, elle meurt, et j'aurais beau faire des folies, rien ne pourrait me consoler de sa perte; et (ajouta-t-il avec emphase) nous serions une famille effacée du monde.

— Je tremble que vous ne vous moquiez de moi, dit Lucien d'une voix qui semblait s'éteindre à chaque mot. Quand vous me faites une épigramme, elle me semble si bonne que je me la répète pendant huit jours contre moi-même, et le Méphistophélès que j'ai en moi triomphe de la partie agissante. Ne me plaisantez pas sur une chose que vous savez sans doute, mais que je n'ai jamais avouée à âme qui vive.

— Diable! c'est du neuf, en ce cas. Je ne t'en parlerai jamais.

— Je tiens, ajouta Lucien d'une voix brève et rapide et en regardant le parquet, à être fidèle à une maîtresse que je n'ai jamais eue. Le moral entre pour si peu dans mes relations avec Mlle Raimonde, qu'elle ne me donne presque pas de remords; mais cependant... (vous allez vous moquer de moi) elle m'en donne souvent... quand je la trouve gentille. Mais quand je ne lui fais pas la cour..., je suis trop sombre, et il me vient des idées de suicide, car rien ne m'amuse... Répondre à votre tendresse est seulement un devoir moins pénible que les autres. Je n'ai trouvé de distraction complète qu'auprès du lit de ce malheureux Kortis..., et encore à quel prix! Je côtoyais l'infamie... Mais vous vous moquerez de moi, dit Lucien en osant relever les yeux à la dérobée.

— Pas du tout! Heureux qui a une passion, fût-ce d'être amoureux d'un diamant, comme cet Espagnol dont Tallemant des Réaux nous conte l'histoire. La vieillesse n'est autre chose que la privation de folie, l'absence d'illusion et de passion. Je place l'absence des folies bien avant la diminution de la force physique. Je voulais être amoureux, fût-ce de la plus laide cuisinière de Paris, et qu'elle répondît à ma flamme. Je dirais comme saint Augustin : *Credo quia absurdum.* Plus ta passion serait absurde, plus je l'envierais.

– De grâce, ne faites jamais d'allusion indirecte, et de moi seul comprise, à ce grain de folie.

– *Jamais!* » dit M. Leuwen; et sa physionomie prit un caractère de solennité que Lucien ne lui avait jamais vu. C'est que M. Leuwen n'était jamais absolument sérieux; quand il n'avait personne de qui se moquer, il se moquait de soi-même souvent sans que Mme Leuwen même s'en aperçut. Ce changement de physionomie plut à notre héros, et encouragea sa faiblesse.

« Eh bien, reprit-il d'une voix plus assurée, si je fais la cour à Mlle Gosselin ou à toute autre demoiselle célèbre, tôt ou tard je serai obligé d'être heureux, et c'est ce qui me fait horreur. Ne vous serait-il pas égal que je prisse une femme honnête? »

Ici, M. Leuwen éclata de rire.

« Ne... te... fâche pas, dit-il en étouffant. Je suis fidèle... à notre traité, ce n'est pas de la partie réservée... que je ris... Et où diable... prendrais-tu ta femme honnête?... Ah! mon Dieu! (et il riait aux larmes) et quand enfin un beau jour... ta femme honnête confessera sa sensibilité à ta passion, quand enfin sonnera l'heure du berger..., que fera le Berger?

– Il lui reprochera gravement qu'elle manque à la vertu, dit Lucien d'un grand sang-froid. Cela ne sera-t-il pas bien digne de ce siècle moral?

– Pour que la plaisanterie fût bonne, il faudrait choisir cette maîtresse dans le faubourg Saint-Germain.

– Mais vous n'êtes pas duc, mais je ne sais pas avoir de l'esprit et de la gaieté en ménageant trois ou quatre préjugés saugrenus dont nous rions même dans nos salons du juste milieu, si stupides d'ailleurs. »

Tout en parlant, Lucien vint à songer à quoi il s'engageait insensiblement; il tourna à la tristesse sur-le-champ, et dit malgré lui :

« Quoi! mon père, une grande passion! Avec ses assiduités, sa constance, son occupation de tous les moments?

– Précisément.

– *Pater meus, transeat a me calix iste!*

– Mais tu vois mes raisons.

Fais ton arrêt toi-même, et choisis tes supplices [a].

a. *Cinna,* V, sc. I.

» J'en conviens, la plaisanterie serait meilleure avec une vertu à haute piété et à privilèges, mais tu n'es pas ce qu'il faut et d'ailleurs le pouvoir, qui est une bonne chose, se retire de ces gens-là et vient chez nous. Eh! bien, parmi nous autres, nouvelle noblesse, gagnée en écrasant ou escamotant la révolution de Juillet...

– Ah! je vois où vous voulez en venir!

– Eh! bien, dit M. Leuwen, du ton de la plus parfaite bonne foi, où veux-tu trouver mieux? N'est-ce pas une vertu *d'après* celles du faubourg Saint-Germain?

– Comme Dangeau n'était pas un grand seigneur, mais *d'après* un grand seigneur. Ah! Elle est trop ridicule à mes yeux; jamais je ne pourrai m'accoutumer à avoir une grande passion pour Mme Grandet. Dieu! Quel flux de paroles! Quelles prétentions!

– Chez Mlle Gosselin, tu auras des gens désagréables à force du mauvais ton. D'ailleurs, plus elle est différente de ce que l'on a aimé, moins il y a d'infidélité. »

M. Leuwen alla se promener à l'autre bout du salon. Il se reprochait cette allusion.

« J'ai manqué au traité, cela est mal, fort mal. Quoi! même avec mon fils, ne puis-je pas me permettre de penser tout haut?

» Mon ami, ma dernière phrase ne vaut rien, et je parlerai mieux à l'avenir. Mais voilà trois heures qui sonnent. Si tu fais ce sacrifice, c'est pour moi uniquement. Je ne te dirai point que, comme le prophète, tu vis dans un nuage depuis plusieurs mois, qu'au sortir de la nuée tu seras étonné du nouvel aspect de toutes choses... Tu en croiras toujours plus tes sensations que mes récits. Ainsi, ce que mon amitié ose te demander, c'est le sacrifice de six mois de ta vie; il n'y aura de très amer que le premier, ensuite tu prendras de certaines habitudes dans ce salon où vont quelques hommes passables, si toutefois tu n'en es pas expulsé par la vertu terrible de Mme Grandet, auquel cas nous chercherions une autre vertu. Te sens-tu le courage de signer un engagement de six mois? »

Lucien se promenait dans le salon et ne répondait pas.

« Si tu dois signer le traité, signons-le tout de suite, et tu me donneras une bonne nuit, car (en souriant) depuis quinze jours, à cause de vos beaux yeux je ne dors plus. »

Lucien s'arrêta, le regarda et se jeta dans ses bras. M. Leuwen père fut très sensible à cette embrassade : il avait soixante-cinq ans!

Lucien lui dit, pendant qu'il était dans ses bras :

« Ce sera le dernier sacrifice que vous me demanderez ?

– Oui, mon ami, je te le promets. Tu fais mon bonheur. Adieu ! »

Leuwen resta debout dans le salon, profondément pensif. L'émotion si vraie d'un homme si insensible, ce mot si touchant : *tu fais mon bonheur*, retentissaient dans son cœur.

Mais d'un autre côté faire la cour à Mme Grandet lui semblait une chose horrible, une hydre de dégoût, d'ennui et de malheur.

« Devoir renoncer, se disait-il, à tout ce qu'il y a de plus beau, de plus touchant, de plus sublime au monde n'était donc pas assez pour mon triste sort ; il faut que je passe ma vie avec quelque chose de bas et de plat, avec une affectation de tous les moments qui représente exactement tout ce qu'il y a de plat, de grossier, de haïssable dans le train du monde actuel ! Ah ! ma destinée est intolérable !

» Voyons ce que dit la raison, se dit-il tout à coup. Quand je n'aurais pour mon père aucun des sentiments que je lui dois, en stricte justice je dois lui obéir ; car enfin, le mot d'Ernest s'est trouvé vrai ; je me suis trouvé incapable de gagner quatre-vingt-quinze francs par mois. Si mon père ne me donnait pas ce qu'il faut pour vivre à Paris, ce que je devrais faire pour gagner de quoi vivre ne serait-il pas plus pénible que de faire la cour à Mme Grandet ? Non, mille fois non. A quoi bon se tromper soi-même ?

» Dans ce salon, je puis penser, je puis rencontrer des ridicules curieux, des hommes célèbres. Cloué dans le comptoir de quelque négociant d'Amsterdam ou de Londres correspondant de la maison, ma pensée devrait être constamment enchaînée à ce que j'écris, sous peine de commettre des erreurs. J'aimerais bien mieux reprendre ma vie de garnison : la manœuvre le matin, le soir la vie de billard. Avec une pension de cent louis je vivrais fort bien. Mais encore, qui me donnerait ces cent louis ? Ma mère. Mais si elle ne les avait pas, pourrais-je vivre avec ce que produirait la vente de mon mobilier actuel et les quatre-vingt-quinze francs par mois ? »

Lucien prolongea longtemps l'examen qui devait amener la réponse à cette question, afin de ne pas passer à cet autre examen, bien autrement terrible :

« Comment ferai-je dans la journée de demain pour marquer à Mme Grandet que je l'adore ? »

Ce mot le jeta peu à peu dans un souvenir profond et tendre de Mme de Chasteller. Il y trouva tant de charme, qu'il finit par se dire :

« A demain les affaires. »

Ce demain-là n'était qu'une façon de parler, car quand il éteignit sa bougie les tristes bruits d'une matinée d'hiver remplissaient déjà la rue.

Il eut ce jour-là beaucoup de travail au bureau de la rue de Grenelle et à la Bourse. Jusqu'à deux heures, il examina les articles d'un grand règlement sur les gardes nationales, dont il fallait rendre le service de plus en plus ennuyeux, car règnet-on avec une garde nationale ? Depuis plusieurs jours, le ministre avait pris l'habitude de renvoyer à l'examen consciencieux de Leuwen les rapports de ses chefs de division, dont l'examen exigeait plutôt du bon sens et de la probité qu'une profonde connaissance des 44 000 lois, arrêtés et circulaires qui régissent le ministère de l'Intérieur. Le ministre avait donné à ces rapports de Lucien le nom de *sommaires succincts ;* ces sommaires succincts avaient souvent dix ou quinze pages. Lucien était très occupé de ses affaires de télégraphe et, ayant été obligé de laisser en retard plusieurs sommaires succincts, le ministre l'autorisa à prendre deux commis et lui fit le sacrifice de la moitié de son arrière-cabinet. Mais dans cette position indispensable, le commis futur ne serait séparé des plus grandes affaires que par une cloison, à la vérité garnie de matelas en sourdine. La difficulté était de trouver des gens discrets et incapables par honneur de fournir des articles, même anonymes, à cet abhorré *National.*

Lucien, après avoir inutilement cherché dans les bureaux, se souvint d'un ancien élève de l'École polytechnique, garçon fort silencieux, taciturne, qui avait voulu être fabricant et qui, parce qu'il avait les connaissances supérieures, avait cru avoir les inférieures. Ce commis, nommé Coffe, l'homme le plus taciturne de l'École, coûta quatre-vingts louis au ministère, car Lucien le découvrit à Sainte-Pélagie, dont on ne put le tirer qu'en donnant un acompte aux créanciers ; mais il s'engagea à travailler pour dix et, qui plus est, on put parler devant lui en toute sûreté. Ce secours permit à Leuwen de s'absenter quelquefois un quart d'heure du bureau.

Huit jours après, le comte de Vaize reçut cinq ou six dénonciations anonymes contre M. Coffe ; mais dès sa sortie de Sainte-Pélagie, Lucien l'avait mis, à son insu, sous la surveillance de M. Crapart, le chef de la police du ministère. Il fut prouvé que M. Coffe n'avait aucune relation avec les journaux libéraux ; quant à ses rapports prétendus avec le comité gouvernemental de Henri V, le ministre en rit avec Coffe lui-même.

« Accrochez-leur quelques louis, cela m'est tout à fait égal », dit-il à ce commis, qui se trouva fort choqué du propos, car par hasard c'était un honnête homme. Le ministre répondit aux exclamations de Coffe :

« Je vois ce que c'est, vous voulez quelque marque de faveur qui fasse cesser les lettres anonymes des surnuméraires jaloux du poste que M. Leuwen vous a donné.

» Eh ! bien, dit-il à ce dernier, faites-lui une autorisation, que je signerai, pour qu'il puisse faire copier *d'urgence* dans tous les bureaux les pièces dont il faudra les doubles au secrétariat particulier. »

A ce moment, le ministre fut interrompu par l'annonce d'une dépêche télégraphique d'Espagne. Cette dépêche enleva bien vite Leuwen aux idées d'arrangement intérieur pour le jeter dans un cabriolet roulant rapidement vers le comptoir de son père, et de là à la Bourse. Comme à l'ordinaire, il se garda bien d'y entrer, mais attendait des nouvelles de ses agents en lisant les brochures nouvelles chez un libraire voisin.

Tout à coup, il rencontra trois domestiques de son père qui le cherchaient partout pour lui remettre un billet de deux lignes :

« Courez à la Bourse, entrez-y vous-même, arrêtez toute l'opération, coupez net. Faites revendre, même à perte, et, cela fait, venez bien vite me trouver. »

Cet ordre l'étonna beaucoup ; il courut l'exécuter. Il y eut assez de peine, et enfin put courir chez son père.

« Eh ! bien, as-tu défait cette affaire ?

– Tout à fait. Mais pourquoi la défaire ? Elle me semble admirable.

– C'est de bien loin la plus. belle dont nous nous soyons occupés. Il y avait là trois cent mille francs à réaliser.

– Et pourquoi donc s'en retirer ? dit Lucien avec anxiété.

– Ma foi, je ne le sais pas, dit M. Leuwen d'un air sournois. Tu le sauras de ton ministre si tu sais l'interroger. Cours le rassurer : il est fou d'inquiétude. »

L'air de M. Leuwen ne fit qu'augmenter la curiosité de Lucien. Il courut au ministère et trouva M. de Vaize qui l'attendait enfermé à double tour dans sa chambre à coucher qu'il arpentait, tourmenté par une profonde agitation.

« Voilà bien le plus timide des hommes, se dit Lucien.

– Eh ! bien, mon ami ? Êtes-vous parvenu à tout couper ?

– Tout absolument à dix mille francs près que j'avais fait acheter par Rouillon, que je n'ai plus retrouvé.

– Ah ! cher ami, je sacrifierais le billet de cinq cents francs, je sacrifierais même le billet de mille pour ravoir cette bribe et ne pas paraître avoir fait la moindre affaire sur cette damnée dépêche. Voulez-vous aller retirer ces dix mille francs ? »

L'air du ministre disait : « Partez ! »

« Je ne saurais rien, se dit Lucien, si je n'arrache le fin mot dans ce moment où il est hors de lui. »

« En vérité, je ne saurais où aller, reprit Lucien de l'air d'un homme qui n'a pas envie de remonter en cabriolet. M. Rouillon dîne en ville. Je pourrai tout au plus dans deux heures passer chez lui, et ensuite aller explorer les environs de Tortoni. Mais Votre Excellence veut-elle me dire le pourquoi de toute cette peine que je me suis donnée et qui va engloutir toute ma soirée ?

– Je devrais ne vous rien dire, dit Son Excellence en prenant l'air fort inquiet, mais il y a longtemps que je ne doute pas de votre prudence. *On* se réserve cette affaire ; et encore, ajouta-t-il d'un air de terreur, c'est par miracle que je l'ai su, par un de ces cas fortuits admirables. A propos, il faut que demain vous soyez assez complaisant pour acheter une jolie montre de femme... »

Le ministre alla à son bureau, où il prit deux mille francs.

« Voici deux mille francs, faites bien les choses, allez jusqu'à trois mille francs au besoin, s'il le faut. Peut-on pour cela avoir quelque chose de présentable ?

– Je le crois.

– Eh ! bien, il faudra faire remettre cette jolie montre de femme avec une chaîne d'or, et cela par une main sûre, et avec un volume des romans de Balzac portant un chiffre impair, 3, 1, 5, à Mme Lavernaye, rue Sainte-Anne, n° 90. Actuellement que vous savez tout, mon ami, encore un acte de complaisance. Ne laissez pas les choses faites à demi, raccrochez-moi ces dix mille francs, et qu'il ne soit pas dit, ou du moins qu'on ne puisse pas prouver à qui de droit que j'ai fait, moi ou les miens, la moindre affaire sur cette dépêche.

– Votre Excellence ne doit avoir aucune inquiétude à ce sujet, cela vaut fait », dit Lucien en prenant congé avec tout le respect possible.

Il n'eut aucune peine à trouver M. Rouillon, qui dînait tranquillement à son troisième étage avec sa femme et ses enfants. Et moyennant l'assurance de payer la différence à la revente, le soir même, au café Tortoni, ce qui pouvait être un objet de cinquante ou cent francs, toute trace de l'opération fut anéantie, ce dont il prévint le ministre par un mot.

Lucien n'arriva chez son père qu'à la fin du dîner. Il était tout joyeux en venant de la place des Victoires, où logeait M. Rouillon, à la rue de Londres. La corvée du soir, dans le salon de Mme Grandet, ne lui semblait plus qu'une chose fort simple. Tant il est vrai que les caractères qui ont leur imagination pour ennemie doivent agir beaucoup avant les choses pénibles, et non y réfléchir.

« Je vais parler *ab hoc et ab hac*, se disait Lucien, et dire tout ce qui me viendra à la tête, bon, mauvais ou pire. Je suppose que c'est ainsi qu'on est brillant aux yeux de Mme Grandet, cette sublime personne. Car il faut être brillant avant que d'être tendre, et l'on méprise le cadeau si l'objet offert n'est pas de grand prix. »

Résumé des chapitres 47 à 49

Lucien, comme promis, commence sa cour auprès de Mme Grandet, qui n'y est pas insensible. Cette jolie jeune femme mène grand train et reçoit tous les soirs ce que Paris possède de plus clinquant, poursuivant en secret l'espoir fou de transformer son balourd de mari en ministre, mari que cependant elle n'a jamais pensé tromper...

C'est alors que le comte de Vaize charge Lucien d'une nouvelle mission, en province : il s'agit, en peu de jours, de faire gagner au pouvoir en place des élections perdues d'avance, l'une à Champagnier, l'autre à Caen. Lucien refuse d'abord, puis se laisse convaincre et part avec un ancien condisciple, le très honnête M. Coffe.

Les deux complices partent en calèche, font halte à Blois où ils sont pris à partie par une foule déchaînée qui les couvre de boue, parviennent à s'échapper pour arriver enfin sur les lieux de leur premier forfait.

Ils sont reçus par le préfet, M. de Riquebourg, prêt à tout pour leur plaire. Le candidat du gouvernement (Blondeau) est maître de forges, l'opposant (Malot) négociant en tissu et bois de chauffage. La manœuvre arrêtée consiste à faire courir le bruit d'une faillite frappant le négociant afin que la mauvaise nouvelle l'attire audehors au moment crucial. Lui absent, et le doute lancé sur son avenir, avec quelque argent à distribuer, quelques destitutions aussi, et des visites appropriées... le tour est joué ! Trente-six heures plus tard, Lucien et Coffe ont repris la route.

CHAPITRE 50

Ces messieurs firent un détour de six lieues pour aller voir les ruines de la célèbre abbaye de N... Ils les trouvèrent admirables et ne purent, en véritables élèves de l'École polytechnique, résister à l'envie d'en mesurer quelques parties. Cette diversion délassa les voyageurs. Le vulgaire et le plat qui avaient encombré leurs cerveaux furent emportés par les discussions sur la convenance de l'art gothique avec la religion, qui promet l'enfer à cinquante et un enfants sur cent qui naissent, etc.

« Rien n'est bête comme votre église de la Madeleine, dont les journaux sont si fiers. Un temple grec, respirant la gaieté et le bonheur, pour abriter les mystères terribles de la religion des épouvantements ! Saint-Pierre de Rome lui-même n'est qu'une brillante absurdité ; mais en 1500, quand Raphaël et Michel-Ange y travaillaient, Saint-Pierre n'était pas absurde : la religion de Léon X était gaie, lui, pape, plaçait par la main de Raphaël, dans les ornements de sa galerie favorite, les amours du cygne et de Léda répétées vingt fois. Saint-Pierre est devenu absurde depuis le jansénisme de Pascal se reprochant le plaisir d'aimer sa sœur, et depuis que les plaisanteries de Voltaire ont resserré si étroitement le cercle des convenances religieuses.

– Vous traitez trop le ministre en homme d'esprit, dit Coffe. Vous agissez *au mieux de ses intérêts*, comme nous disons dans le commerce. Mais une lettre de vingt lignes ne le satisfait pas. Probablement, il porte toute sa correspondance chez le roi, et, si l'on consulte, tombe sur votre lettre. On trouvera qu'elle serait suffisante si elle était signée Carnot ou Turenne. Mais, permettez-moi de vous le dire, monsieur le commissaire aux élections, votre nom ne rappelle pas encore une masse énorme d'actions de haute prudence.

– Eh! bien, démontrons cette prudence au ministre.»

Les voyageurs s'arrêtèrent quatre heures dans un bourg et écrivirent plus de quarante pages sur MM. Malot, Blondeau et Riquebourg. La conclusion était que, même sans destitutions, M. Blondeau aurait une majorité de quatre voix à dix-huit. Le moyen décisif inventé par M. de Riquebourg, la faillite à Nantes, la nomination de M. Aristide Blondeau secrétaire général du ministère des Finances, et enfin les vingt-cinq louis de M. le grand vicaire, furent annoncés au ministre par une lettre à part, toute en chiffres, adressée à M..., rue Cherche-Midi, n° 3, dont l'office était de recevoir ces lettres et d'écrire les lettres que Son Excellence voulait faire passer pour être de sa main.

« Nous avons fait maintenant les administrateurs comme on l'entend à Paris», dit Coffe à son compagnon en remontant en voiture. Deux heures après, au milieu de la nuit, ils rencontrèrent le courrier, qu'ils prièrent d'arrêter. Le courrier se fâcha, fit l'insolent, et bientôt demanda pardon à M. le Commissaire extraordinaire quand Coffe, avec son ton sec, eut fait connaître au courrier le nom du personnage qui lui remettait des dépêches. Il fallut faire procès-verbal du tout.

Le troisième jour, à midi, nos voyageurs aperçurent à l'horizon les clochers pointus de***, chef-lieu du département de ..., où l'on redoutait tant l'élection de M. Mairobert.

«Voilà***», dit Coffe.

La gaieté de Leuwen le quitta aussitôt; et, se tournant vers Coffe avec un grand soupir :

« Je pense tout haut avec vous, mon cher Coffe. J'ai toute honte bue, vous m'avez vu pleurer... Quelle nouvelle infamie vais-je faire ici?

– Effacez-vous; bornez-vous à seconder les mesures du préfet; travaillez moins sérieusement à la chose.

– Ce fut une faute d'aller loger à la préfecture.

– Sans doute, mais cette faute part du sérieux avec lequel vous travaillez et de l'ardeur avec laquelle vous marchez au résultat. »

En approchant de***, les voyageurs remarquèrent beaucoup de gendarmes sur la route, et certains bourgeois, marchant raide, en redingote, et avec de gros bâtons.

« Si je ne me trompe, voici les assommeurs de la Bourse, dit Coffe.

– Mais a-t-on assommé à la Bourse? N'est-ce pas la *Tribune* qui a inventé cela?

– Pour ma part, j'ai reçu cinq ou six coups de bâton, et la chose aurait mal fini, si je ne me fusse trouvé un grand compas avec lequel je fis mine d'éventrer ces messieurs. Leur digne chef, M. N..., était à dix pas de là, à une fenêtre de l'entresol, et criait : « Ce petit homme chauve est un agitateur.» Je me sauvai par la rue des Colonnes.»

En arrivant à la porte de ***, on examina pendant dix minutes les passeports des deux voyageurs, et, comme Leuwen se fâchait, un homme d'un certain âge, grand et fort, et badinant avec un énorme bâton, et qui se promenait sous la porte l'envoya faire f... en termes forts clairs.

« Monsieur, je m'appelle Leuwen, maître des requêtes, et je vous regarde comme un plat. Donnez-moi votre nom, si vous l'osez.

– Je m'appelle *Lustucru*, répondit l'homme au bâton en ricanant et tournant autour de la voiture. Donnez mon nom à votre procureur du roi, monsieur l'homme brave. Si jamais nous nous rencontrons en Suisse, ajouta-t-il à voix basse, vous aurez autant de soufflets et de marques de mépris que vous pouvez désirer pour obtenir de l'avancement de vos chefs.

– Ne prononce jamais le mot honneur, espion déguisé !

– Ma foi, dit Coffe en riant presque, je serai ravi de vous voir un peu bafoué comme je le fus jadis place de la Bourse.

– Au lieu de compas, j'ai des pistolets.

– Vous pouvez tuer impunément ce gendarme déguisé. Il a l'ordre de ne pas se fâcher, et peut-être à Montmirail ou Waterloo il était un brave soldat. Aujourd'hui, nous appartenons au même régiment, continua Coffe avec un rire amer; ne nous fâchons pas.

– Vous êtes cruel, dit Leuwen.

– Je suis vrai quand on m'interroge, c'est à prendre ou à laisser.»

Les larmes vinrent aux yeux de Leuwen.

La voiture eut la permission d'entrer en ville. En arrivant à l'auberge, Leuwen prit la main de Coffe.

« Je suis un enfant.

– Non pas, vous êtes un heureux du siècle, comme disent les prédicateurs, et vous n'avez jamais eu de besogne désagréable à faire.»

L'hôte mit beaucoup de mystère à les recevoir : il y avait des appartements prêts, et il n'y en avait pas.

Le fait est que l'hôte fit prévenir la préfecture. Les auberges qui redoutaient les vexations des gendarmes et des agents de police avaient ordre de ne point avoir d'appartements pour les partisans de M. Mairobert.

Le préfet, M. Boucaut, donna l'autorisation de loger MM. Leuwen et Coffe. A peine dans leurs chambres, un monsieur très jeune, fort bien mis, mais évidemment armé de pistolets, vint remettre sans mot dire à Leuwen deux exemplaires d'un petit pamphlet in-18, couvert de papier rouge et fort mal imprimé. C'était la collection de tous les articles ultra-libéraux que M. Boucaut de Séranville avait publiés dans le *National,* le *Globe,* le *Courrier,* et autres journaux libéraux de 1829.

« Ce n'est pas mal, disait Leuwen ; il écrit bien.

– Quelle emphase ! Quelle plate imitation de M. de Chateaubriand ! A tous moments, les mots sont détournés de leur sens naturel, de leur acception commune.»

Ces messieurs furent interrompus par un agent de police qui, avec un sourire faux et en faisant force questions, vint leur remettre deux pamphlets in-8°.

« Voilà du luxe ! C'est l'argent des contribuables, dit Coffe. Je parierais que c'est un pamphlet de goût.

– Eh ! parbleu, c'est le nôtre, dit Leuwen, c'est celui que nous avons perdu à Blois ; c'est du Torpet tout pur.»

Et ils se remirent à lire les articles qui faisaient briller autrefois dans le *Globe* le nom de M. Boucaut de Séranville.

« Allons voir ce renégat, dit Leuwen.

– Je ne suis pas d'accord sur les qualités. Il ne croyait pas plus en 1829 les doctrines libérales qu'aujourd'hui les maximes d'ordre, de paix publique, de stabilité. Sous Napoléon, il se fût fait tuer pour être capitaine. Le seul avantage de l'hypocrisie d'alors sur celle d'aujourd'hui, de 1809 sur celle de 1834, c'est que celle en usage sous Napoléon ne pouvait se passer de la bravoure, qualité qui, en temps de guerre, n'admet guère l'hypocrisie.

– Le but était noble et grand.

– Cela était l'affaire de Napoléon. Appelez un cardinal de Richelieu, au trône de France, et la platitude du Boucaut, le zèle avec lequel il fait déguiser des gendarmes auront peut-être un but utile. Le malheur de ces pauvres préfets, c'est que leur métier actuel n'exige que les qualités d'un procureur de Basse-Normandie.

– Un procureur de Basse-Normandie reçut l'empire, et le vendit à ses compères.»

Ce fut dans ces dispositions hautes et vraiment philosophiques, voyant les Français du xixe siècle sans haine ni amour et uniquement comme des machines menées par le possesseur du budget, que Leuwen et Coffe entrèrent à la préfecture de ***.

Un valet de chambre, vêtu avec un soin rare en province, les introduisit dans un salon fort élégant. Des portraits à l'huile de tous les membres de la famille royale ornaient ce cabinet, qui n'eût pas été déplacé dans une des maisons les plus élégantes de Paris.

« Ce renégat va nous faire attendre ici dix minutes. Vu votre grade, le sien, et ses grandes occupations, c'est la règle.

– J'ai justement apporté le pamphlet in-18 composé de ses articles. S'il nous fait attendre plus de cinq minutes, il me trouvera plongé dans la lecture de ses ouvrages. »

Ces messieurs se chauffaient près de la cheminée quand Leuwen vit à la pendule que les cinq minutes d'attente sans affectation de la part de l'attendu étaient expirées. Il s'établit dans un fauteuil tournant le dos à la porte, et continua la conversation ayant à la main le pamphlet in-18 couvert de papier rouge.

On entendit un bruit léger, et Leuwen devint tout attention pour son pamphlet. Une porte s'ouvrit, et Coffe, qui tournait le dos à la cheminée et que la rencontre de ces deux fats amusait assez, vit paraître un être exigu, très petit, très mince, fort élégant ; il était dès le matin en pantalon noir collant, avec des bas qui dessinaient la jambe la plus grêle peut-être de son département. A la vue du pamphlet, que Leuwen ne remit dans sa poche que quatre ou cinq mortelles secondes après l'entrée de M. de Séranville, la figure de celui-ci prit une couleur de rouge foncé, couleur de vin. Coffe remarqua que les coins de sa bouche se contractaient.

Coffe trouva que le ton de Leuwen était froid, simple, militaire, un peu goguenard.

« Il est singulier, pensa Coffe, combien l'habit militaire a besoin de peu de temps pour s'incruster dans le caractère du Français qui le porte. Voilà ce bon enfant au fond, qui a été soldat, et quel soldat, pendant dix mois, et toute sa vie sa jambe, son bras, diront : je suis militaire. Il n'est pas étonnant que les Gaulois aient été le peuple le plus brave de l'Antiquité. Le plaisir de porter un signe militaire bouleverse ces êtres-là, mais leur inspire avec la dernière force deux ou trois vertus auxquelles ils ne manquent jamais. »

Pendant ces réflexions philosophiques et peut-être légèrement envieuses, car Coffe était pauvre et y pensait souvent, la conversation entre Leuwen et le préfet s'engageait profondément sur les élections.

Le petit préfet parlait lentement et avec une extrême affectation d'élégance. Mais il était évident qu'il se contenait. En parlant de ses adversaires politiques, ses petits yeux brillaient, sa bouche se contractait sur ses dents.

« Ou je me trompe fort, se dit Coffe, ou voilà une mine atroce. Elle est surtout plaisante, ajouta Coffe, quand il prononce le mot *monsieur* dans la demi-phrase *monsieur Mairobert* (qui revenait sans cesse). Il est fort possible que ce soit là un petit fanatique. Il m'a l'air de faire fusiller le Mairobert s'il le tenait à son aise devant une bonne commission militaire comme celle du colonel Caron. Il se peut aussi que la vue du pamphlet rouge ait troublé à fond cette âme *politique*. (Le préfet venait de dire : *Si je suis jamais un homme politique.*) Plaisant fat, pensa Coffe, pour être un *homme politique*. Si le cosaque ne fait pas la conquête de la France, nos hommes politiques seront des Fox ou des Peel, des Tom Jones comme Fox, ou des Blifils comme M. Peel, et M. de Séranville sera tout au plus un grand chambellan ou un grand référendaire de la Chambre des pairs. »

Il était évident que M. de Séranville traitait Leuwen très froidement.

« Il le prend pour un rival, se dit Coffe. Cependant, ce petit fat exigu a bien trente-deux ou trente-trois ans. Le Leuwen n'est, ma foi, pas mal : parfaitement froid avec tendance à une ironie polie de fort bonne compagnie ; et l'attention qu'il donne à ses manières pour les rendre sèches et leur ôter le ton d'enjouement de bonne compagnie n'ôte point l'attention qu'il donne à ses idées.

— Vous conviendrait-il, monsieur le préfet, de me confier le bordereau de vos élections ? »

M. de Séranville hésita évidemment, et enfin dit :

« Je le sais par cœur, mais je ne l'ai pas écrit.

— M. Coffe, mon adjoint dans ma mission... »

Leuwen répéta les qualités de Coffe, parce qu'il lui semblait que M. le préfet lui accordait trop peu de part dans son attention.

« ... M. Coffe aura peut-être un crayon, et, si vous le permettez, notera les chiffres, si vous avez la bonté de nous les confier. »

L'ironie de ces derniers mots ne fut pas perdue pour M. de Séranville. Sa mine fut réellement agitée pendant que Coffe dévissait, avec le sang-froid le plus provocant, l'écritoire du portefeuille en cuir de Russie de M. le maître des requêtes.

« A nous deux, nous mettons ce petit homme sur le gril. Mon affaire à moi est de le retenir le plus longtemps possible dans cette position agréable. »

L'arrangement de l'écritoire, ensuite de la table, prit bien une minute et demie pendant laquelle Leuwen fut de la froideur et du silence les plus parfaits.

« Le fat militaire l'emporte sur le fat civil », se disait Coffe.

Quand il fut enfin commodément arrangé pour écrire :
« S'il vous convient de nous communiquer votre bordereau, nous pouvons en prendre note.

— Certainement, certainement, dit le préfet exigu.

— Répétition vicieuse », pensa l'inexorable Coffe.

Et le préfet dit, mais sans dicter...

« Il y a de l'habitude de diplomate dans cette nuance, se dit Leuwen. Il est moins bourgeois que le Riquebourg, mais réussira-t-il aussi bien ? Toute l'attention que cet être-là donne à la figure qu'il fait dans son salon n'est-elle pas volée à son métier de préfet, de directeur d'élections ? Cette tête étroite, ce front si bas, ont-ils assez de cervelle pour qu'il y en ait à la fois pour la fatuité et pour le métier ? J'en doute. *Videbimus infra.* »

Leuwen arriva à se rendre le témoignage qu'il était convenable avec ce petit préfet ergoteur, et qu'il donnait l'attention nécessaire à la friponnerie dans laquelle il avait accepté un rôle. Ce fut le premier plaisir que lui donna sa mission, la première compensation à l'affreuse douleur causée par la boue de Blois.

Coffe écrivait pendant que le préfet, immobile et les jambes serrées vis-à-vis de Leuwen, disait :

Électeurs inscrits...............................	1 280
Présents, probablement	900
M. Gonin, candidat constitutionnel................	400
M. de Mairobert.................................	500

M. le préfet n'ajouta aucun détail sur les nuances qui formaient ces chiffres totaux : 400 et 500, et Leuwen ne jugea pas convenable de lui demander de nouveau des détails.

M. de Séranville s'excusa de les loger à la préfecture sur les ouvriers qu'il avait et qui l'empêchaient d'offrir les pièces les plus convenables. Il n'invita ces messieurs à dîner que pour le lendemain.

Ces trois messieurs se quittèrent avec une froideur qui ne pouvait pas être plus grande sans devenir marquée.

A peine dans la rue :

« Celui-ci est bien moins ennuyeux que le Riquebourg, dit Leuwen gaiement à Coffe, car la conscience d'avoir bien joué son rôle plaçait pour la première fois sur le second plan l'outrage de Blois.

— Et vous avez été infiniment plus homme d'État, c'est-à-dire insignifiant et donnant dans le lieu commun élégant et vide.

— Aussi en savons-nous beaucoup moins sur les élections de Caen après une conférence d'une grande heure que sur celles de M. de Riquebourg après un quart d'heure, dès que vous l'eûtes fait sortir de ses maudites généralités par vos questions incisives.

» M. de Séranville n'admettrait nulle comparaison avec ce bon bourgeois de Riquebourg, qui dissertait sur les comptes de sa cuisinière. Il est bien plus commode, il n'est nullement ridicule, il est bien plus confit en méfiance et méchanceté, comme dirait mon père. Mais je parie qu'il ne fait pas son affaire aussi bien que M. de Riquebourg.

– C'est un animal qui a infiniment plus d'apparence que le Riquebourg, dit Coffe, mais il est fort possible qu'à l'user il vaille beaucoup moins.

– J'ai bien retrouvé sur sa figure, surtout quand il parle de M. Mairobert, l'âcreté qui fait la seule vie des articles de littérature compris dans le pamphlet rouge.

– Serait-ce un fanatique sombre qui aurait besoin d'agir, de comploter, de faire sentir son pouvoir aux hommes ? Il aurait mis ce besoin de venin au service de son ambition, comme jadis il l'employait dans la critique des ouvrages littéraires de ses rivaux.

– Il y a plutôt du sophiste qui aime à parler et à ergoter parce qu'il s'imagine raisonner puissamment. Cet homme serait puissant dans un comité de la Chambre des députés, il serait un Mirabeau pour les notaires de campagne.»

En sortant de l'hôtel de la préfecture, ces messieurs apprirent que le courrier de Paris ne partait que le soir. Ils se mirent à parcourir la ville gaiement. Il était évident que quelque chose d'extraordinaire pressait la démarche ordinairement si désoccupée des bourgeois de province.

« Ces gens-ci n'ont point l'air apathique qui leur est normal, dit Leuwen.

– Vous verrez qu'au bout de trente ou quarante ans d'élections le provincial sera moins bête.»

Il y avait une collection d'antiquités romaines trouvées à Lillebonne. Ces messieurs perdaient leur temps à discuter avec le custode l'antiquité d'une chimère étrusque tellement verdie par le temps que la forme en était presque perdue. Le custode, d'après son bibliothécaire, la faisait âgée de 2 700 ans, quand nos voyageurs furent abordés par un monsieur très poli.

« Ces messieurs voudront-ils bien me pardonner si je leur adresse la parole sans être connu ? Je suis le valet de chambre du général Fari, qui attend ces messieurs depuis une heure à leur auberge et qui les prie d'agréer ses excuses de ce qu'il les fait avertir. Mais le général Fari m'a chargé de dire à ces messieurs ces propres mots : Le temps presse.

– Nous vous suivons, dit Leuwen. Voilà un valet de chambre qui me fait envie.

– Voyons si nous pourrons dire : Tel valet, tel maître. Dans le fait, nous étions un peu enfants d'examiner des antiquités, tandis que nous sommes chargés de construire le présent. Peut-être que dans notre conduite il y avait un peu d'aigreur contre la fatuité administrative du Séranville. Votre fatuité militaire, si vous me permettez le mot, a complètement battu la sienne.»

Ces messieurs trouvèrent la porte de leur auberge suffisamment garnie de gendarmes, et dans leur salon un homme de cinquante ans, à figure rouge; il avait l'air un peu paysan, mais ses yeux étaient animés et doux, et ses manières ne démentaient pas ce que promettait son regard. C'était le général Fari, commandant la division. Avec des façons un peu communes d'un homme qui avait été simple dragon pendant cinq ans, il était difficile d'avoir plus de véritable politesse et, à ce qu'il paraît, d'entendre mieux les affaires. Coffe fut étonné de le trouver absolument pur de fatuité militaire, ses bras et ses jambes remuaient comme ceux d'un homme d'esprit ordinaire. Son zèle pour faire élire M. Gonin, pamphlétaire employé par le gouvernement, et pour éloigner M. Mairobert n'avait aucune nuance de méchanceté ni même d'animosité. Il parlait de M. Mairobert comme il aurait fait d'un général prussien commandant la ville qu'il assiégeait. Le général Fari parlait avec beaucoup d'égards de tout le monde, et même du préfet; toutefois, il était évident qu'il n'était point infidèle à la règle qui fait du général l'ennemi naturel et instinctif du préfet qui fait tout dans le pays, tandis que le général n'a à vexer qu'une douzaine d'officiers supérieurs au plus.

A peine le général Fari avait-il reçu la lettre du ministre, que Leuwen lui avait envoyée en arrivant, qu'il l'avait cherché.

« Mais vous étiez à la préfecture. Je vous l'avouerai, messieurs, je tremble pour notre élection. Les 500 votants pour M. Mairobert sont énergiques, pleins de conviction, ils peuvent faire des prosélytes. Nos 400 votants sont silencieux, tristes. Je trancherai le mot avec vous, messieurs, car nous sommes au moment de la bataille, et tous les vains ménagements peuvent compromettre la chose, je trouve nos bons électeurs honteux de leur rôle. Ce diable de M. Mairobert est le plus honnête homme du monde, riche, obligeant. Il n'a jamais été en colère qu'une fois dans sa vie, et encore poussé à bout par le pamphlet noir...

– Quel pamphlet? dit Leuwen.

– Quoi! monsieur, M. le préfet ne vous a pas remis un pamphlet couvert de papier de deuil?

– Vous m'en donnez la première nouvelle, et je vous serais vraiment obligé, général, si vous pouvez me le procurer.

– Le voici.

– Comment! C'est le pamphlet du préfet. N'a-t-il pas eu ordre par le télégraphe de n'en pas laisser sortir un exemplaire de chez son imprimeur?

– M. de Séranville a pris sur lui de ne pas obéir à cet ordre. Ce pamphlet est peut-être un peu dur, il circule depuis avant-hier, et je ne puis vous le dissimuler, messieurs, il produit l'effet le plus déplorable. Du moins, telle est ma façon de voir les choses. »

Leuwen, qui ne l'avait vu que manuscrit dans le cabinet du ministre, le parcourait rapidement. Et comme un manuscrit est toujours obscur, les traits de satire et même de calomnie contre M. Mairobert lui semblaient cent fois plus forts.

« Grand Dieu! » disait Leuwen en lisant; et l'accent était plus celui de l'honnête homme froissé que celui du commissaire aux élections choqué d'une fausse manœuvre.

« Grand Dieu! dit-il enfin. Et l'élection se fait après-demain! Et M. Mairobert est généralement estimé en ce pays! Ceci décidera à agir les honnêtes gens indolents, et même les timides.

– Je crains bien, dit le général que ce pamphlet ne lui donne quarante voix de cette espèce. Il n'y a qu'une façon de voir sur son compte. Si le gouvernement du roi ne l'éloignait pas, il aurait toutes les voix moins la sienne et celle de douze ou quinze jésuites enragés.

– Mais au moins il sera avare? dit Leuwen. On l'accuse ici de gagner ses procès en donnant à dîner aux juges du tribunal de première instance.

– C'est l'homme le plus généreux. Il a des procès, car enfin nous sommes en Normandie, dit le général en souriant; il les gagne parce que c'est un homme d'un caractère ferme, mais tout le département sait qu'il n'y a pas deux ans il a rendu comme aumône à une veuve la somme qu'elle avait été condamnée à lui payer à la suite d'un procès injuste commencé par son mari. M. Mairobert a mieux de 60 000 livres de rente, et chaque année presque il fait des héritages de douze ou quinze mille livres de rente. Il a sept à huit oncles, tous riches et non mariés. Il n'est point niais comme la plupart des hommes bienfaisants. Il y a peut-être quarante fermiers dans le pays auxquels il double les bénéfices qu'ils font. C'est pour accoutumer, dit-il, les fermiers à tenir des livres comme les commerçants, chose sans laquelle, dit-il, il n'y a point d'agriculture. Le fermier prouve à M. Mairobert que, ses enfants, sa femme et lui entretenus, il a gagné 500 francs cette année; M. Mairobert lui remet une somme pareille de 500 francs, remboursable sans intérêts dans dix ans.

» A cent petits industriels peut-être il donne la moitié ou le tiers de leurs bénéfices. Comme conseiller de préfecture provisoire, il a mené la préfecture et a tout fait en 1814 pendant la présence des étrangers. Il a tenu tête à un colonel insolent et l'a chassé de la préfecture le pistolet à la main. Enfin, c'est un homme complet.

– M. de Séranville ne m'a pas dit le plus petit mot de tout cela.»

Il parcourut encore quelques phrases du pamphlet.

«Grand Dieu! ce pamphlet nous perd. Et les bras lui tombèrent. Vous avez bien raison, général, nous sommes au commencement d'une bataille qui peut devenir une déroute. Quoique M. Coffe et moi n'ayons pas l'honneur d'être connus de vous, nous vous demandons une confiance entière pendant les trois jours qui nous restent encore jusqu'au scrutin définitif, qui décidera entre M. Mairobert et le gouvernement. Je puis disposer de cent mille écus, j'ai sept à huit places à donner, je puis demander par le télégraphe autant de destitutions pour le moins. Voici, général, mes instructions particulières, que je me suis faites à moi-même, et que je ne confie qu'à vous.»

Le général Fari les lut lentement et avec une attention marquée.

« M. Leuwen, dit-il ensuite, dans ce qui regarde les élections je n'aurai pas de secrets pour vous, comme vous n'en avez pas pour moi. *Il est trop tard.* Si vous fussiez venu il y a deux mois, si M. le préfet avait consenti à écrire moins et à parler davantage, peut-être eussions-nous pu gagner les gens timides. Tout ce qui est riche ici n'apprécie pas convenablement le gouvernement du roi, mais a une peur effroyable de la république. Néron, Caligula, le diable, régnerait, qu'on le soutiendrait par peur de la république, qui ne veut pas nous gouverner selon nos penchants actuels, mais qui prétend nous repétrir, et ce remaniement du caractère français exige des Carrier et des Joseph Le Bon. Nous sommes donc sûrs de 300 voix de gens riches; nous en aurions 350, mais il faut calculer sur 30 jésuites et sur 15 ou 20 propriétaires, jeunes gens poitrinaires ou vieillards de bonne foi, qui voteront d'après les ordres de M. l'évêque, qui lui-même s'entend avec le comité de Henri V.

» Nous avons dans le département 33 ou 34 républicains décidés. S'il s'agissait de voter entre la monarchie et la république, nous aurions, sur 900 voix, 860 contre 40. Mais on voudrait que la *Tribune* n'en fût pas à son cent quatrième procès, et surtout que le gouvernement du roi n'humiliât pas la nation à l'égard des étrangers. De là les 500 voix qu'espèrent les partisans de M. Mairobert.

» Je pensais, il y a deux mois, que M. Mairobert n'aurait pas plus de 350 à 380 voix inattaquables. Je supposais que dans sa tournée électorale M. le préfet gagnerait 100 voix indécises, surtout dans le canton de R..., qui a le plus pressant besoin d'une grande route débouchant à D... Le préfet n'a aucune influence personnelle. Il parle trop bien et manque de rondeur apparente ; il est incapable de séduire un Bas-Normand par une conversation d'une demi-heure. Il est terrible même avec ses commissaires de police, qui sont pourtant à plat ventre devant lui. L'un d'eux, un misérable digne [du bagne], où peut-être il a été, M. de Saint-..., s'est fâché il y a un mois, et, dans des termes que vous me dispenserez de répéter, a dit son fait au préfet et le lui a prouvé. Voyant bien qu'il n'avait aucune influence personnelle, M. de Séranville s'est jeté dans le système des circulaires et des lettres menaçantes aux maires. Selon moi (à la vérité je n'ai jamais administré, je n'ai que commandé, et je me soumets aux lumières des plus expérimentés), mais enfin, selon moi, M. de Séranville, qui écrit fort bien, a abusé de la lettre administrative. Je connais plus de quarante maires, dont je puis fournir la liste au ministre, que ces menaces continuelles ont *cabrés*.

» Eh ! bien, que peut-il arriver après tout ? disent-ils. Il *ratera* son élection. Eh ! bien, tant mieux : il sera déplacé et nous en serons délivrés. Nous ne pouvons pas avoir pis. »

» M. Bordier, un maire timide de la grande commune de N..., qui a neuf électeurs, a été tellement épouvanté par les lettres du préfet et la nature des renseignements qu'on lui demandait, qu'il a prétendu avoir la goutte. Depuis cinq jours, il ne sort plus de chez lui, et fait dire qu'il est au lit. Mais dimanche, à six heures du matin, au petit jour, il est sorti pour aller à la messe.

» Enfin, dans sa tournée électorale, M. le préfet a fait peur à quinze ou vingt électeurs timides, et en a cabré cent au moins qui, réunis aux 360 que je regarde comme inébranlables, gens qui veulent un roi soliveau gouvernant *recta* d'après la Charte, font bien un total de 460. C'est là le chiffre de M. Mairobert, c'est une bien petite majorité, 10 seulement. »

Le général, Leuwen et Coffe raisonnèrent longtemps sur ces chiffres, qu'on retourna de toutes les façons. On arrivait toujours pour M. Mairobert à 450 au moins, une seule voix de plus donnant la majorité dans un collège de 900.

« Mais Mgr l'évêque doit avoir un grand vicaire favori. Si l'on donnait 10 000 francs à ce jésuite...

— Il a de l'aisance et veut devenir évêque. D'ailleurs, il ne serait peut-être pas impossible qu'il fût honnête homme. Ça s'est vu. »

Résumé du chapitre 51

L'affaire semble perdue cette fois, et Lucien s'empresse de le télégraphier à son ministre. D'autant que ce préfet-là met autant de bâtons dans les roues qu'il peut, pensant que Lucien est en fait venu prendre sa place. Ce dernier a pourtant une idée, dangereuse, qu'il soumet au général Fari : « Dans cet état désespéré, n'y aurait-il pas moyen de faire une démarche auprès du chef du parti légitimiste, M. Le Canu ? Je lui dirais : Je ferai nommer celui de vos électeurs que vous me désignerez ; je lui donne les trois cent quarante voix du gouvernement... »
Le système est périlleux, coûteux (encore des distributions d'argent à faire) et demande l'appui de l'évêque, mais « que nous fait, général, un légitimiste de plus à la Chambre ? D'abord, il y a cent à parier contre un que ce sera un imbécile muet ou un ennuyeux que personne n'écoutera... » *Lucien s'active, Coffe le suit sans le croire, les messages se succèdent pour informer le ministre et le vieux général Fari se bat comme un lion. Mais il reste un dernier bastion à prendre : M. de Séranville, le préfet, doit céder l'ensemble de ses voix...*

e général Fari avait fait louer depuis un mois par son petit aide de camp, M. Ménière, un appartement au premier étage en face de la salle des Ursulines, où se faisait l'élection. Là, il s'établit avec Leuwen dès dix heures du matin. Ces messieurs avaient des nouvelles de quart d'heure en quart d'heure par des affidés du général. Quelques affidés de la préfecture, ayant su le courrier de la veille et voyant dans Leuwen le préfet futur si M. de Séranville manquait son élection, faisaient passer tous les quarts d'heure à Leuwen des cartes avec des mots au crayon rouge. Les avis donnés par ces cartes se trouvèrent fort justes. Les opérations électorales, commencées à dix heures et demie, suivaient un cours régulier. Le président d'âge était dévoué au préfet, qui avait eu soin de faire retarder aux portes la lourde berline d'un M. de Marconnes, plus âgé que son président d'âge dévoué, et qui n'arriva à *** qu'à onze heures. Trente ministériels qui avaient déjeuné à la préfecture furent hués en entrant dans la salle des élections.

Un petit imprimé avait été distribué avec profusion aux électeurs.

« Honnêtes gens de tous les partis, qui voulez le bien du pays dans lequel vous êtes nés, éloignez M. le préfet de Séranville. Si M. Mairobert est élu député, M. le préfet sera destitué ou nommé ailleurs. Qu'importe, après tout, le député nommé? Chassons un préfet tracassier et menteur. A qui n'a-t-il pas manqué de parole? »

Vers midi, l'élection du président définitif prenait la plus mauvaise tournure. Tous les électeurs du canton de ..., arrivés de bonne heure, votaient en faveur de M. Mairobert.

« Il est à craindre, s'il est président, dit le général à Leuwen, que quinze ou vingt de nos ministériels, gens timides, et que dix ou quinze électeurs de campagne imbéciles, le voyant placé au bureau dans la position la plus en vue, n'osent pas écrire un autre nom que le sien sur leur bulletin. »

Tous les quarts d'heure, Leuwen envoyait Coffe regarder le télégraphe ; il grillait de voir arriver la réponse à sa dépêche n° 2.

« Le préfet est bien capable de retarder cette réponse, dit le général ; il serait bien digne de lui d'avoir envoyé un de ses commis à la station du télégraphe, à quatre lieues d'ici, de l'autre côté de la colline, pour tout arrêter. C'est par des traits de cette espèce qu'il croit être un nouveau cardinal Mazarin, car il sait l'histoire de France, notre préfet. »

Et le bon général voulait prouver par ce mot qu'il la savait aussi. Le petit capitaine Ménière offrit de monter à cheval et d'aller en un temps de galop sur la montagne observer le mouvement de la seconde station du télégraphe, mais M. Coffe demanda son cheval au capitaine et courut à sa place.

Il y avait mille personnes au moins devant la salle des Ursulines. Leuwen descendit dans la place pour juger un peu de l'esprit général des conversations ; il fut reconnu. Le peuple, quand il se voit en masse, est fort insolent :

« Regardez ! Regardez ! Voilà ce petit commissaire de police freluquet envoyé de Paris pour espionner le préfet ! »

Il n'y fut presque pas sensible.

Deux heures sonnèrent, deux heures et demie ; le télégraphe ne remuait pas.

Leuwen séchait d'impatience. Il alla voir l'abbé Disjonval.

« Je n'ai pu faire différer plus longtemps le vote de mes amis, lui dit cet abbé, auquel Leuwen trouva un air piqué.

— Voilà un homme qui craint que je ne me sois moqué de lui, et il y va de franc jeu avec moi. Je jurerais qu'il a retardé le vote de ses amis, à la vérité bien peu nombreux. »

Au moment où Leuwen cherchait à prouver à l'abbé Disjonval, par des discours chaleureux, qu'il n'avait pas voulu le tromper, Coffe accourut tout haletant :

« Le télégraphe marche !

— Daignez m'attendre chez vous encore un quart d'heure, dit Leuwen à l'abbé Disjonval ; je vole au bureau du télégraphe. »

Leuwen revint tout courant vingt minutes après.

« Voilà la dépêche originale », dit-il à l'abbé Disjonval.

« Le ministre des Finances à M. le receveur général.

« Remettez cent mille francs à M. le général Fari et à M. Leuwen. »

– Le télégraphe marche encore, dit Leuwen à l'abbé Disjonval.

– Je vais au collège, dit l'abbé Disjonval, qui paraissait persuadé. Je ferai ce que je pourrai pour la nomination du président. Nous portons M. de Crémieux. De là, je cours chez M. Le Canu. Je vous engagerais à y aller sans délai. »

La porte de l'appartement de l'abbé était ouverte, il y avait grand monde dans l'antichambre, que Leuwen et Coffe traversèrent en volant.

« Monsieur, voici la dépêche originale.

– Il est trois heures dix minutes, dit l'abbé Le Canu. J'ose espérer que vous n'aurez aucune objection à M. de Crémieux : cinquante-cinq ans, vingt mille francs de rente, abonné aux *Débats*, n'a pas émigré.

– M. le général Fari et moi approuvons M. de Crémieux. S'il est élu au lieu de M. Mairobert, le général et moi vous remettrons les cent mille francs. En attendant l'événement, en quelles mains voulez-vous, monsieur, que je dépose les cent mille francs ?

– La calomnie veille autour de nous, monsieur. C'est déjà beaucoup que quatre personnes, quelque honorables qu'elles soient, sachent un secret dont la calomnie peut tellement abuser. Je compte, monsieur, dit l'abbé Le Canu en montrant Coffe, vous, monsieur, l'abbé Disjonval et moi. A quoi bon faire voir le détail à M. le général Fari, d'ailleurs si digne de toute considération ? »

Leuwen fut charmé de ces paroles, qui étaient *ad rem*.

« Monsieur, je suis trop jeune pour me charger seul de la responsabilité d'une dépense secrète assez forte. » Etc., etc.

Leuwen fit consentir M. l'abbé Le Canu à l'intervention du général.

« Mais je tiens expressément, et j'en fais une condition *sine qua non*, je tiens à ce que le préfet n'intervienne nullement.

– Belle récompense de son assiduité à entendre la messe », pensa Leuwen.

Leuwen fit consentir M. l'abbé Le Canu à ce que la somme de cent mille francs fût déposée dans une cassette dont le général Fari et un M. Ledoyen, ami de M. Le Canu, auraient chacun une clef.

A son retour à l'appartement vis-à-vis la salle d'élection,

Leuwen trouva le général extrêmement rouge. L'heure approchait où le général avait résolu d'aller déposer son vote, et il avoua franchement à Leuwen qu'il craignait fort d'être hué. Malgré ce souci personnel, le général fut extrêmement sensible à l'air de *ad rem* qu'avaient pris les réponses de M. l'abbé Le Canu.

Leuwen reçut un mot de l'abbé Disjonval qui le priait de lui envoyer M. Coffe. Coffe rentra une demi-heure après; Leuwen appela le général, et Coffe dit à ces messieurs :

« J'ai vu, ce qu'on appelle vu, quinze hommes qui montent à cheval et vont battre la campagne pour faire arriver ce soir ou demain avant midi cent cinquante électeurs légitimistes. M. l'abbé Disjonval est un jeune homme, vous ne lui donneriez pas quarante ans. « Il nous aurait fallu le temps d'avoir quatre articles de la *Gazette de France* », m'a-t-il répété trois fois. Je crois qu'ils y vont bon jeu bon argent. »

Le directeur du télégraphe envoya à Leuwen une seconde dépêche télégraphique adressée à lui-même :

« J'approuve vos projets. Donnez cent mille francs. Un légitimiste quelconque, même M. Berryer ou Fitz-James, vaut mieux que M. Hampden. »

« Je ne comprends pas, dit le général; qu'est-ce que M. Hampden?

— Hampden veut dire Mairobert, c'est le nom dont je suis convenu avec le ministre.

— Voilà l'heure, dit le général fort ému. Il prit son uniforme et quitta l'appartement d'observation pour aller donner son vote. La foule s'ouvrit pour lui laisser faire les cent pas qui le séparaient de la porte de la salle. Le général entra; au moment où il s'approchait du bureau, il fut applaudi par tous les électeurs mairobertistes.

« Ce n'est pas un plat coquin comme le préfet, disait-on tout haut, il n'a que ses appointements, et il a une famille à nourrir. »

Leuwen expédia cette dépêche télégraphique n° 3 : ***, quatre heures.

« Les chefs légitimistes paraissent de bonne foi. Des observateurs militaires placés aux portes ont vu sortir dix-neuf ou vingt agents qui vont chercher dans la campagne cent soixante électeurs légitimistes. Si quatre-vingts ou cent arrivent le 18 avant trois heures, Hampden ne sera pas élu. Dans ce moment, Hampden a la majorité pour la présidence. Le scrutin sera dépouillé à cinq heures. »

Le scrutin dépouillé donna :

Électeurs présents 873
Majorité 437
Voix à M. Mairobert 451
A M. Gonin, le candidat du préfet 389
A M. de Crémieux, le candidat de M. Le Canu depuis
qu'il avait ccepté les cent mille francs 19
Voix perdues 14

Ces dix-neuf voix à M. de Crémieux firent beaucoup de plaisir au général et à Leuwen; c'était une demi-preuve que M. Le Canu ne se jouait pas d'eux.

A six heures, des valeurs sans reproche s'élevant à cent mille francs furent remises par M. le receveur général lui-même entre les mains du général Fari et de Leuwen, qui lui en donnèrent reçu. M. Ledoyen se présenta. C'était un fort riche propriétaire, généralement estimé. La cérémonie de la cassette fut effectuée, il y eut parole d'honneur réciproque de remettre la cassette et son contenu à M. Ledoyen si tout autre que M. Mairobert était élu, et à M. le général Fari si M. Mairobert était député.»

M. Ledoyen parti, on dîna.

«Maintenant, la grande affaire est le préfet, dit le général, extraordinairement gai ce soir-là. Prenons courage, et montons à l'assaut.

«Il y aura bien 900 votants demain.

M. Gonin a eu 389
M. de Crémieux 19
                                               408

«Nous voilà avec 408 voix sur 873. Supposons, que les vingt-sept voix arrivées demain matin donnent dix-sept voix à Mairobert et dix à nous nous sommes:
Crémieux 418
Mairobert 468

«Cinquante et une voix de M. Le Canu donnent l'avantage à M. de Crémieux.»

Ces chiffres furent retournés de cent façons par le général, Leuwen, Coffe et l'aide de camp Ménière, les seuls convives de ce dîner.

«Appelons nos deux meilleurs agents», dit le général.

Ces messieurs parurent et, après une assez longue

discussion, dirent d'eux-mêmes que la présence de soixante légitimistes décidait l'affaire.

« Maintenant, à la préfecture, dit le général.

– Si vous ne trouvez pas d'indiscrétion à ma demande, dit Leuwen, je vous prierais de porter la parole, je suis odieux à ce petit préfet.

– Cela est un peu contre nos conventions ; je m'étais réservé un rôle tout à fait secondaire. Mais enfin, j'ouvrirai le débat, *comme on dit en Angleterre.* »

Le général tenait beaucoup à montrer qu'*il avait des lettres.* Il avait bien mieux : un rare bon sens, et de la bonté. A peine eut-il expliqué au préfet qu'on le suppliait de donner les 389 voix dont il avait disposé la veille lors de la nomination du président à M. de Crémieux, qui de son côté se faisait fort de réunir soixante voix légitimistes, et peut-être quatre-vingts..., le préfet l'interrompit d'une voix aigre :

« Je ne m'attendais pas à moins, après toutes ces communications télégraphiques. Mais enfin, messieurs, il vous en manque une : je ne suis pas encore destitué, et M. Leuwen n'est pas encore préfet de ***. »

Tout ce que la colère peut mettre dans la bouche d'un petit sophiste sournois fut adressé par M. de Séranville au général et à Leuwen. La scène dura cinq heures. Le général ne perdit un peu patience que vers la fin. M. de Séranville, toujours ferme à refuser, changea cinq ou six fois de système quant aux raisons de refuser.

« Mais, monsieur, même en vous réduisant aux raisons égoïstes, votre élection est évidemment perdue. Laissez-la mourir entre les mains de M. Leuwen. Comme les médecins appelés trop tard, M. Leuwen aura tout l'odieux de la mort du malade.

– Il aura ce qu'il voudra ou ce qu'il pourra, mais jusqu'à ma destitution, il n'aura pas la préfecture de ***. »

Ce fut sur cette réponse de M. de Séranville que Leuwen fut obligé de retenir le général.

« Un homme qui trahirait le gouvernement, dit le général, ne pourrait pas faire mieux que vous, monsieur le préfet, et c'est ce que je vais écrire aux ministres. Adieu, monsieur. »

A minuit et demi, en sortant, Leuwen dit au général :

« Je vais écrire ce beau résultat à M. l'abbé Le Canu.

– Si vous m'en croyez, voyons un peu agir ces alliés suspects ; attendons demain matin, après votre dépêche télégraphique. D'ailleurs, ce petit animal de préfet peut se raviser. »

A cinq heures et demie du matin, Leuwen attendait le jour dans le bureau du télégraphe. Dès qu'on put y voir, la dépêche suivante fut expédiée (n° 4) :

« Le préfet a refusé ses 389 voix d'hier à M. de Crémieux. Le concours des 70 à 80 voix que le général Fari et M. Leuwen attendaient des légitimistes devient inutile, et M. Hampden va être élu. »

Leuwen, mieux avisé, n'écrivit pas à MM. Disjonval et Le Canu, mais alla les voir. Il leur expliqua le malheur nouveau avec tant de simplicité et de sincérité évidente que ces messieurs, qui connaissaient le génie du préfet, finirent par croire que Leuwen n'avait pas voulu leur tendre un piège.

« L'esprit de ce petit préfet des Grandes Journées, dit M. Le Canu, est comme les cornes des boucs de mon pays : noir, dur, et tortu. »

Le pauvre Leuwen était tellement emporté par l'envie de ne pas passer pour un coquin, qu'il supplia M. Disjonval d'accepter de sa bourse le remboursement des frais de messager et autres qu'avait pu entraîner la convocation extraordinaire des électeurs légitimistes. M. Disjonval refusa, mais, avant de quitter la ville de ***, Leuwen lui fit remettre cinq cents francs par M. le président Donis d'Angel.

Le grand jour de l'élection, à dix heures, le courrier de Paris apporta cinq lettres annonçant que M. Mairobert était mis en accusation à Paris comme fauteur du grand mouvement insurrectionnel et républicain dont l'on parlait alors. Aussitôt, douze des négociants les plus riches déclarèrent qu'ils ne donneraient pas leurs voix à Mairobert.

« Voilà qui est bien digne du préfet, dit le général à Leuwen, avec lequel il avait repris son poste d'observation vis-à-vis la salle des Ursulines. Il serait plaisant, après tout, que ce petit sophiste réussît. C'est bien alors, monsieur, ajouta le général avec la gaieté et la générosité d'un homme de cœur, que, pour peu que le ministre soit votre ennemi et ait besoin d'un bouc émissaire, vous jouerez un joli rôle.

– Je recommencerais mille fois. Quoique la bataille fût perdue, j'ai fait donner mon régiment.

– Vous êtes un brave garçon... Permettez-moi cette locution familière », ajouta bien vite le bon général, craignant d'avoir manqué à la politesse, qui était pour lui comme une langue étrangère apprise tard.

Leuwen lui serra la main avec émotion et laissa parler son cœur.

A onze heures, on constata la présence de 948 électeurs. Au

moment où un émissaire du général venait lui donner ce chiffre, M. le président Donis voulut forcer toutes les consignes pour pénétrer dans l'appartement, mais n'y réussit pas.

« Recevons-le un instant, dit Leuwen.

– Ah! que non. Ce pourrait être la base d'une calomnie de la part du préfet, de la part de M. Le Canu, ou de la part de ces pauvres républicains plus fous que méchants. Allez recevoir le digne président, et ne vous laissez pas trahir par votre honnêteté naturelle.

– Il me portait l'assurance que, malgré les contre-ordres de ce matin, il y a quarante-neuf légitimistes et onze partisans du préfet gagnés en faveur de M. de Crémieux dans la salle des Ursulines. »

L'élection suivit son cours paisible; les figures étaient plus sombres que la veille. La fausse nouvelle du préfet sur la mise en accusation de M. Mairobert avait mis en colère cet homme si sage jusque-là, et surtout ses partisans. Deux ou trois fois, on fut sur le point d'éclater. On voulait envoyer trois députés à Paris pour interroger les cinq personnes qui avaient donné la nouvelle du mandat d'arrêt lancé contre M. Mairobert. Mais enfin un beau-frère de M. Mairobert monta sur une charrette arrêtée à cinquante pas de la salle des Ursulines et dit :

« Renvoyons notre vengeance à quarante-huit heures après l'élection, autrement la majorité vendue à la Chambre des députés l'annulera. »

Ce bref discours fut bientôt imprimé à vingt mille exemplaires. On eut même l'idée d'apporter une presse sur la place voisine de la salle d'élection. Les agents de la préfecture n'osèrent approcher de la presse ni tenter de mettre obstacle à la circulation du bref discours. Ce spectacle frappa les esprits et contribua à les calmer. Leuwen, qui se promenait hardiment partout, ne fut point insulté ce jour-là; il remarqua que cette foule sentait sa force. A moins de la mitrailler à distance, aucune force ne pouvait agir sur elle.

« Voilà le peuple vraiment souverain », se dit-il.

Il revenait de temps à autre à l'appartement d'observation. L'avis du capitaine Ménière était que personne n'aurait la majorité ce jour-là.

A quatre heures, il arriva une dépêche télégraphique au préfet, qui lui ordonnait de porter ses votes au légitimiste désigné par le général Fari et par Leuwen. Le préfet ne fit rien dire au général ni à Leuwen. A quatre heures un quart, Leuwen eut une dépêche télégraphique dans le même sens. Sur quoi Coffe s'écria :

« Un peu moins de fortune, et plus tôt arrivée *a*... »

Le général fut charmé de la citation et se la fit répéter.
A ce moment, ces messieurs furent étourdis par un vivat
général et assourdissant.

« Est-ce joie ou révolte? s'écria le général en courant à la
fenêtre. – C'est joie, dit-il avec un soupir, et nous sommes f...»

En effet, un émissaire qui arriva son habit déchiré tant il
avait eu de peine à traverser la foule apporta le bulletin de
dépouillement du scrutin.

Électeurs présents	948
Majorité	475
M. Mairobert	475
M. Gonin, candidat du préfet	401
M. de Crémieux	61
M. Sauvage, républicain, voulant retremper le caractère des Français par des lois draconiennes	9
Voix perdues	2

Le soir, la ville fut entièrement illuminée.

« Mais où sont donc les fenêtres des quatre cent un partisans
du préfet?» disait Leuwen à Coffe. La réponse fut un bruit
effroyable de vitres cassées; on brisait les fenêtres du président
Donis d'Angel.

Le lendemain, Leuwen s'éveilla à onze heures du matin et
alla seul promener dans toute la ville. Une singulière pensée
s'était rendue maîtresse de son esprit.

« Que dirait Mme de Chasteller si je lui racontais ma
conduite?»

Il fut bien une heure avant de trouver la réponse à cette
question, et cette heure fut bien douce.

« Pourquoi ne lui écrirais-je pas?» se dit Leuwen. Et cette
question s'empara de son âme pour huit jours.

En approchant de Paris, il vint par hasard à penser à la rue
où logeait Mme Grandet, et ensuite à elle. Il partit d'un éclat
de rire.

« Qu'avez-vous donc? lui dit Coffe.

– Rien. J'avais oublié le nom d'une belle dame pour qui j'ai
une grande passion.

– Je croyais que vous pensiez à l'accueil que va vous faire
votre ministre.

– Le diable l'emporte!... Il me recevra froidement, me

a. Polyeucte [II-1].

305

demandera l'état de mes déboursés, et trouvera que c'est bien cher.

– Tout dépend du rapport que les espions du ministre lui auront fait sur votre mission. Votre conduite a été furieusement imprudente, vous avez donné pleinement dans cette folie de la première jeunesse qu'on appelle zèle. »

Résumé des chapitres 53 à 61

Lucien ne s'est pas trompé, M. de Vaize n'a pas apprécié l'effort et le reçoit assez vertement. Deux jours après, il lui montre pourtant la liste des gratifications royales concernant les dernières élections ; à la quatrième ligne, Lucien peut lire : « M. Leuwen, maître des requêtes, non succès, M. Mairobert nommé à la majorité d'une voix, mais zèle remarquable, sujet précieux, 8 000 francs. » *Prudent déjà (pour sa future carrière), Lucien refuse, raye son nom sur la liste qu'il remplace par celui de Coffe, qui n'a pas les mêmes ambitions. A la vérité, il voudrait surtout avoir l'avis de son père sur ses récentes stratégies politiciennes...*

M. Leuwen père, justement, rentre gaiement de l'Aveyron dont il vient de se faire élire député : « L'air est chaud, les perdrix excellentes, et les hommes plaisants ! » *Mais le récit de Lucien altère un peu sa bonne humeur, du moins pour ce qui concerne la conduite du comte de Vaize, dont il décide, à plus ou moins long terme, la chute.*

M. Leuwen en député s'agite superbement et s'amuse, ses discours font recette, son pouvoir à la Chambre devient incontournable, et le roi lui-même le reçoit, avec l'amicale complicité du vieux ministre de la Guerre. Mme Grandet, elle, voit dans ce succès soudain le moyen de pousser son mari aux affaires et laisse entendre au père de Lucien qu'elle serait prête à tout pour ce faire... A tout ? Un peu inquiète tout de même de s'être si loin lancée, elle cherche auprès de son mari une raison de se rassurer...

CHAPITRE 62

Scène avec le mari.
Mme Grandet, M. Grandet

me Grandet : M. Leuwen est un père passionné. Son principal motif, sa grande inquiétude dans toute cette affaire, c'est le goût que M. Lucien Leuwen montre pour Mlle Raimonde, de l'Opéra.

– Ma foi, tel père, tel fils !

– C'est ce que j'ai pensé, dit Mme Grandet en riant. Il faut vous charger de ce sujet-là, ajouta-t-elle d'un air plus sérieux, ou bien vous n'aurez pas la voix de M. Leuwen.

– C'est une belle voix que vous me promettez là.

– Je sais que vous avez de l'esprit ; mais tant que cette petite voix se fera écouter, tant que ses sarcasmes seront de mode à la Chambre, on prétend qu'il peut défaire les ministères et l'on ne se hasardera pas à en composer un sans lui.

– C'est plaisant ! Un banquier à demi-hollandais, connu par ses campagnes à l'Opéra, et qui n'a pas voulu être capitaine de la garde nationale, ajouta M. Grandet d'un air tragique (son ambition datait des journées de juin). De plus, ajouta-t-il d'un air encore plus sombre (il était fort bien reçu par la reine), de plus, connu par d'infâmes plaisanteries sur tout ce que les hommes en société doivent respecter. Etc., etc. »

M. Grandet était un demi-sot, lourd et assez instruit, qui chaque soir suait sang et eau pendant une heure pour se *tenir au courant de notre littérature,* c'était son mot. Du reste, il n'eût pas su distinguer une page de Voltaire d'une page de M. Viennet. On peut deviner sa haine pour un homme d'esprit qui avait des succès et ne se donnait aucune peine. C'était ce qui l'outrait davantage.

Mme Grandet savait qu'il n'y avait aucun parti à tirer de son mari jusqu'à ce qu'il eût épuisé toutes les phrases bien faites, à ce qu'il pensait, qu'un sujet quelconque pouvait lui fournir. Le malheur, c'est qu'une de ces phrases engendrait l'autre. M. Grandet avait l'habitude de se laisser aller à ce mouvement, il espérait arriver ainsi à avoir de l'esprit, et il eût eu raison, si au lieu de Paris il eût habité Lyon ou Bourges.

Quand Mme Grandet, par son silence, fut tombée d'accord avec lui sur tous les démérites de M. Leuwen, et ce riche sujet occupa bien vingt minutes :

« Vous marchez maintenant dans la route de la haute ambition. Vous souvient-il du mot du chancelier Oxenstiern à son fils ?

– C'est mon bréviaire que ces bons mots des grands hommes, ils me conviennent tout à fait : " O mon fils, vous reconnaîtrez avec combien peu de talent l'on mène les grandes affaires de ce monde. "

– Eh! bien, pour un homme comme vous, M. Leuwen est un moyen. Qu'importe son mérite! Si une Chambre composée de demi-sots s'amuse de ses quolibets et prend ses conversations de tribune pour l'éloquence à haute portée d'un véritable homme d'État, que vous importe? Songez que c'est une faible femme, Mme de..., qui, parlant à une autre faible femme, la reine [Anne] d'Autriche, a fait entrer dans le Conseil le fameux cardinal de Richelieu. Quel que soit M. Leuwen, il s'agit de flatter sa manie tant que la Chambre aura celle de l'admirer. Mais ce que je vous demande, à vous qui courez les cercles politiques et qui voyez ce qui se passe avec un coup d'œil sûr, le crédit de M. Leuwen est-il réel? Car il n'entre pas dans mon système de haute et pure moralité de faire des promesses et ensuite de ne les pas tenir avec religion. Elle ajouta avec humeur : Cela ne m'irait point du tout.

– Eh! bien, oui, répondit M. Grandet avec humeur, M. Leuwen a tout crédit pour le moment. Ses quolibets à la tribune séduisent tout le monde. Déjà, pour le goût littéraire, je suis de l'avis de mon ami Viennet, de l'Académie française : nous sommes en pleine décadence. Le maréchal le porte, car il veut de l'argent avant tout et M. Leuwen, je ne sais en vérité pourquoi ni comment, est le représentant de la Bourse. Il amuse le vieux maréchal par ses calembredaines de mauvais ton. Il n'est pas difficile d'être aimable quand l'on se permet de tout dire. Le roi, malgré son goût exquis, souffre cet esprit de M. Leuwen. On dit que c'est lui uniquement qui a démoli le pauvre de Vaize, au Château, dans l'esprit du roi.

– Mais, en vérité, M. de Vaize à la tête des Arts, cela était trop plaisant. On lui propose un tableau de Rembrandt à acheter pour le Musée, il écrit en marge du rapport : " *Me dire ce que M. Rembrandt a exposé au dernier Salon.* "

– Oui, mais M. de Vaize est poli, et Leuwen sacrifiera toujours un ami à un bon mot.

– Vous sentez-vous le courage de prendre M. Lucien Leuwen, ce fils silencieux d'un père si bavard, pour votre secrétaire général ?

– Comment ! Un sous-lieutenant de lanciers secrétaire général ! Mais c'est un rêve ! Cela ne s'est jamais vu ! Où est la gravité ?

– Hélas ! nulle part. Il n'y a plus de gravité dans nos mœurs, c'est déplorable. M. Leuwen n'a pas été grave en me donnant son ultimatum, sa condition *sine qua non*... Songer, monsieur, que si nous faisons une promesse, il faut la tenir.

– Prendre pour secrétaire général un petit sournois qui s'avise aussi d'avoir des idées ! Il jouera auprès de moi le rôle que M. de N... jouait auprès de M. de Villèle. Je ne me soucie pas d'un *ennemi intime.* »

Mme Grandet eut encore à supporter vingt minutes d'humeur, les phrases spirituelles et profondes d'un demi-sot qui cherchait à imiter Montesquieu, qui ne comprenait pas un mot à sa position, et qui avait l'intelligence bouchée par cent mille livres de rente. Cette réplique chaleureuse de M. Grandet, et toute palpitante d'intérêt, comme il l'aurait appelée lui-même, ressemblait comme deux gouttes d'eau à un article de journal de MM. Salvandy ou Viennet, et nous en ferons grâce au lecteur, qui aura certainement lu quelque chose dans ce genre-là ce matin.

Enfin, M. Grandet, qui comprit un peu qu'il ne pouvait avoir quelque chance de ministère que par M. Leuwen, consentit à laisser la place de secrétaire général à la nomination de celui-ci.

« Quant au titre de son fils, M. Leuwen en décidera. A cause de la Chambre, il vaudra peut-être mieux qu'il soit simple secrétaire intime, comme il est aujourd'hui sous M. de Vaize, mais avec toutes les affaires du secrétaire général.

» Tout ce tripotage ne me convient guère. Dans une administration loyale, chacun doit porter le titre de ses fonctions.

– Alors, vous devriez vous appeler intendant d'une femme de génie qui vous fait ministre », pensa Mme Grandet.

Il fallut encore perdre quelques minutes. Mme Grandet savait qu'on ne pouvait prendre ce brave colonel de garde nationale, son mari, que par pure fatigue physique. En parlant avec sa femme, il s'*exerçait* à avoir de l'esprit à la Chambre des députés. On devine toute la grâce et l'à-propos qu'une telle prétention devait donner en un négociant parfaitement raisonnable et privé de toute espèce d'imagination.

– Il faudra étourdir d'affaires M. Lucien Leuwen, lui faire oublier Mlle Raimonde.

– Noble fonction, en vérité.

– C'est la marotte de l'homme qui, par un jeu ridicule de la fortune, a le pouvoir maintenant, mais je dis tout pouvoir. Et quoi de respectable comme l'homme qui a le pouvoir!» Dix minutes après, M. Grandet riant de la bonhomie de M. Leuwen, on reparla de Mlle Raimonde. M. Grandet ayant dit sur ce sujet tout ce qu'on peut dire, il dit enfin : « Pour faire oublier cette passion ridicule, un peu de coquetterie de votre part ne serait pas déplacée. Vous pourriez lui offrir votre amitié.»

Ceci fut dit avec simple bon sens, c'était le ton *naturel* de M. Grandet, jusque-là *il avait eu de l'esprit*. (La conférence était arrivée à son septième quart d'heure.)

« Sans doute», répondit Mme Grandet avec le ton de la plus grande rondeur, et, au fond, beaucoup de joie. («Voilà un immense pas de fait, pensa-t-elle, il fallait le constater.»)

Elle se leva.

« Voilà une idée, dit-elle à son mari, mais elle est pénible pour moi.

– Votre réputation est placée si haut, votre conduite, à vingt-six ans, et avec tant de beauté, a été si pure, a paru à une distance tellement élevée au-dessus de tous les soupçons, même de l'envie qui poursuit mes succès, que vous avez toute liberté de vous permettre, dans les limites de l'honnêteté, et même de l'honneur, tout ce qui peut être utile à notre maison.

– (Le voilà qui parle de ma réputation comme il parlerait des bonnes qualités de son cheval.)

– Ce n'est pas d'hier que le nom de Grandet est en possession de l'estime des honnêtes gens. Nous ne sommes pas nés *sous un chou*.

– (Ah! Grand Dieu, pensa Mme Grandet, il va me parler de son aïeul le capitoul de Toulouse!)

» Sentez bien, M. le ministre, toute l'étendue de l'engagement que vous allez souscrire! Il ne convient pas à ma considération d'admettre de changement brusque dans ma société. Si une fois M. Lucien est notre ami intime, tel qu'il aura été pendant les deux premiers mois de notre ministère tel il faudra qu'il soit pendant deux ans, même dans le cas où M. Leuwen perdrait son crédit à la Chambre ou auprès du roi, même dans le cas peu probable où votre ministère finirait...

– Les ministères durent bien au moins trois ans, la Chambre a encore quatre budgets à voter, répliqua M. Grandet d'un ton piqué.

– Ah! Grand Dieu! se dit Mme Grandet, je viens de m'attirer encore dix minutes de haute politique à la façon du comptoir.

Elle se trompait, la conversation ne revint qu'au bout de dix-sept minutes à l'engagement à prendre par M. Grandet d'admettre M. Lucien Leuwen à une amitié intime de trois ans, si l'on se déterminait à l'admettre pour un mois.

« Mais le public vous le donnera pour amant !

– C'est un malheur dont je souffrirai plus que personne. Je m'attendais que vous chercheriez à m'en consoler... Mais enfin, voulez-vous êtes ministre ?

– Je veux être ministre, mais par des voies honorables, comme Colbert.

– Où est le cardinal Mazarin mourant, pour vous présenter au roi ? »

Ce trait d'histoire, cité à propos, inspira de l'admiration à M. Grandet et lui sembla une raison.

Résumé des chapitres 63 et 64

Ainsi le sort en est jeté... « Et une telle femme me fait presque la cour ! » *pense Lucien un peu ahuri quand sa ravissante hôtesse lui donne carrément un rendez-vous plus discret que les autres...* « N'est-ce donc que cela, que le bonheur que peut donner le monde ? » *se demande-t-il en sortant de ce brillant salon Grandet où il se sait dorénavant désiré de la plus belle impatience.* « Ce monde que je vois chez ma maîtresse, se dit-il en riant, est comme une histoire écrite en mauvais langage, mais intéressante dans le fond des choses. [...] Je pourrais prendre peu à peu l'habitude de cette absence d'intérêt pour ce que je dis et de ces expressions diminuant ma pensée que ma mère me recommande souvent... » *Dans les jours qui suivirent, huit ou dix fois depuis son bonheur auprès de Mme Grandet, l'idée de Mme de Chasteller s'est présentée à lui :* « Mon cœur n'est pour rien dans cette aventure de jeunesse et d'ambitions... » *Pendant que Lucien songe à la vacuité des gestes qu'il accumule sans y prendre vraiment part, son père, fidèle à ses engagements, mène M. Grandet auprès de son illustre ami le vieux maréchal ministre de la Guerre, et l'entrevue est un fiasco total. Mme Grandet se sent trahie, et les reproches qu'elle fait à M. Leuwen choquent profondément ce dernier qui croit bon, pour se défendre, de répéter toute l'histoire à Lucien. Celui-ci tombe de bien haut et court se réfugier incognito dans un petit hôtel où personne n'aura l'idée de le chercher. Mme Grandet l'attend une nuit entière...*

CHAPITRE 65

Quand Lucien vit entrer dans son bureau Mme Grandet, l'humeur la plus vive s'empara de lui. « Quoi! je n'aurai jamais la paix avec cette femme-là! Elle me prend sans doute pour un des valets qui l'entourent! Elle aurait dû lire dans mon billet que je ne veux pas la voir.»

Mme Grandet se jeta dans un fauteuil avec toute la fierté d'une personne qui depuis six ans dépense chaque année cent vingt mille francs sur le pavé de Paris. Cette nuance d'argent saisit Lucien, et toute sympathie fut détruite chez lui.

« Je vais avoir affaire, se dit-il, à une épicière *demandant son dû*. Il faudra parler clair et haut pour être compris.»

Mme Grandet restait silencieuse dans ce fauteuil; Lucien était immobile, dans une position plus bureaucratique que galante : ses deux mains étaient appuyées sur les bras de son fauteuil et ses jambes étendues dans toute leur longueur. Sa physionomie était tout à fait celle d'un marchand *qui perd*; pas l'ombre de sentiments généreux, au contraire, l'apparence de toutes les façons de sentir âpres, strictement justes, aigrement égoïstes.

Après une minute, Lucien eut presque honte de lui-même. « Ah! si Mme de Chasteller me voyait! Mais je lui répondrais : la politesse déguiserait trop ce que je veux faire comprendre à cette épicière fière des hommages de ses députés du centre.

– Faudra-t-il, monsieur, lui dit Mme Grandet, que je vous prie de faire retirer votre huissier?»

Le langage de Mme Grandet ennoblissait les fonctions, suivant son habitude. Il ne s'agissait que d'un simple garçon de bureau

314

qui, voyant une belle dame à équipage entrer d'un air si troublé, était resté par curiosité, sous prétexte d'arranger le feu qui allait à merveille. Cet homme sortit sur un regard de Lucien. Le silence continuait.

« Quoi ! monsieur, dit enfin Mme Grandet, vous n'êtes pas étonné, stupéfait, confondu, de me voir ici ?

– Je vous avouerai, madame, que je ne suis qu'étonné d'une démarche très flatteuse assurément, mais que je ne mérite plus. »

Lucien n'avait pu se faire violence au point d'employer des mots décidément peu polis, mais le ton avec lequel ces paroles étaient dites éloignait à jamais toute idée de reproche passionné et les rendait presque froidement insultantes. L'insulte vint à propos renforcer le courage chancelant de Mme Grandet. Pour la première fois de sa vie, elle était timide, parce que cette âme si sèche, si froide, depuis quelques jours éprouvait des sentiments tendres.

« Il me semblait, monsieur, reprit-elle d'une voix tremblante de colère, si j'ai bien compris les protestations, quelquefois longues, relatives à votre haute vertu, que vous prétendiez à la qualité d'honnête homme.

– Puisque vous me faites l'honneur de me parler de moi, madame, je vous dirai que je cherche encore à être juste, et à voir sans me flatter ma position et celle des autres envers moi.

– Votre justice appréciative s'abaissera-t-elle jusqu'à considérer combien ma démarche de ce moment est dangereuse ? Mme de Vaize peut reconnaître ma livrée.

– C'est précisément, madame, parce que je vois le danger de cette démarche, que je ne sais comment la concilier avec l'idée que je me suis faite de la haute prudence de Mme Grandet, et de la sagesse qui lui permet toujours de calculer toutes les circonstances qui peuvent rendre une démarche plus ou moins utile à ses magnanimes projets.

– Apparemment, monsieur, que vous m'avez emprunté cette prudence rare, et que vous avez *trouvé utile* de changer en vingt-quatre heures tous les sentiments dont les assurances se renouvelaient sans cesse et m'importunaient tous les jours ?

– Parbleu ! madame, pensa Lucien, je n'aurai pas la complaisance de me laisser battre par le vague de vos phrases.

« Madame, reprit-il avec le plus grand sang-froid, ces sentiments, dont vous me faites l'honneur de vous souvenir, ont été humiliés par un succès qu'ils n'ont pas dû absolument à eux-mêmes. Ils se sont enfuis en rougissant de leur erreur. Avant que de partir, ils ont obtenu la douloureuse certitude qu'ils ne devaient un triomphe apparent qu'à la promesse fort prosaïque

d'une présentation pour un ministère. Un cœur qu'ils avaient la présomption, sans doute déplacée, de pouvoir toucher, a cédé tout simplement au calcul d'ambition, et il n'y a eu de tendresse que dans les mots. Enfin, je me suis aperçu tout simplement qu'on me trompait, et c'est un éclaircissement, madame, que mon absence voulait essayer de vous épargner. C'est là ma façon d'être honnête homme.»
Mme Grandet ne répondait pas.
« Eh! bien, pensa Lucien, je vais vous ôter tout moyen de ne pas comprendre.»
Il ajouta du même ton :
« Avec quelque fermeté de courage qu'un cœur qui sait aspirer aux hautes positions supporte toutes les douleurs qui viennent aux sentiments vulgaires, il est un genre de malheur qu'un noble cœur supporte avec dépit, c'est celui de s'être trompé dans un calcul. Or, madame, je le dis à regret et uniquement parce que vous m'y forcez, peut-être vous êtes-vous... trompée dans le rôle que votre haute sagesse avait bien voulu destiner à mon inexpérience. Voilà, madame, des paroles peu agréables que je brûlais de vous épargner, et en cela je me croyais *honnête homme*, je l'avoue, mais vous me forcez dans mes derniers retranchements, dans ce bureau...»
Lucien eût pu continuer à l'infini cette justification trop facile. Mme Grandet était atterrée. Les douleurs de son orgueil eussent été atroces si, heureusement pour elle, un sentiment moins sec ne fût venu l'aider à souffrir. Au mot fatal et trop vrai de *présentation à un ministère*, Mme Grandet s'était couvert les yeux de son mouchoir. Peu après, Lucien crut remarquer qu'elle avait des mouvements convulsifs qui la faisaient changer de position dans cet immense fauteuil doré du ministère. Malgré lui, Lucien devint fort attentif.
« Voilà sans doute, se disait-il, comment ces comédiennes de Paris répondent aux reproches qui n'ont pas de réponse.»
Mais malgré lui il était un peu touché par cette image bien jouée de l'extrême malheur. Ce corps d'ailleurs qui s'agitait sous ses yeux était si beau!
Mme Grandet sentait en vain qu'il fallait à tout prix arrêter le discours fatal de Lucien, qui allait s'irriter par le son de ses paroles et peut-être prendre avec lui-même des engagements auxquels il ne songeait peut-être pas en commençant. Il fallait donc faire une réponse quelconque, et elle ne se sentait pas la force de parler.
Ce discours de Lucien que Mme Grandet trouvait si long finit enfin, et Mme Grandet trouva qu'il finissait trop tôt, car il fallait

répondre, et que dire ? Cette situation affreuse changea sa façon de sentir ; d'abord, elle se disait, comme par habitude : « Quelle humiliation !» Bientôt elle ne se trouva plus sensible aux malheurs de l'orgueil ; elle se sentait pressée par une douleur bien autrement poignante : ce qui faisait le seul intérêt de sa vie depuis quelques jours allait lui manquer ! Et que ferait-elle après, avec son salon et le plaisir d'avoir des soirées brillantes, où l'on s'amusât, où il n'y eût que la meilleure société de la cour de Louis-Philippe ?

Mme Grandet trouva que Lucien avait raison, elle voyait combien sa colère à elle était peu fondée, elle n'y pensait plus, elle allait plus loin : elle prenait le parti de Lucien contre elle-même.

Le silence dura plusieurs minutes ; enfin, Mme Grandet ôta le mouchoir qu'elle avait devant les yeux, et Lucien fut frappé d'un des plus grands changements de physionomie qu'il eût jamais vus. Pour la première fois de sa vie, du moins aux yeux de Lucien, cette physionomie avait une expression féminine. Mais Lucien observait ce changement, et en était peu touché. Son père, Mme Grandet, Paris, l'ambition, tout cela en ce moment était frappé du même anathème à ses yeux. Son âme ne pouvait être touchée que de ce qui se passerait à Nancy.

« J'avouerai mes torts, monsieur ; mais pourtant ce qui m'arrive est flatteur pour vous. Je n'ai en toute ma vie manqué à mes devoirs que pour vous. La cour que vous me faisiez me flattait, m'amusait, mais me semblait absolument sans danger. J'ai été séduite par l'ambition, je l'avoue, et non par l'amour ; mais mon cœur a changé (ici Mme Grandet rougit profondément, elle n'osait pas regarder Lucien), j'ai eu le malheur de m'attacher à vous. Peu de jours ont suffi pour changer mon cœur à mon insu. J'ai oublié le juste soin d'élever ma maison, un autre sentiment a dominé ma vie. L'idée de vous perdre, l'idée surtout de n'avoir pas votre estime, est affreuse, intolérable pour moi... Je suis prête à tout sacrifier pour mériter de nouveau cette estime. »

Ici, Mme Grandet se cacha de nouveau la figure, et enfin de derrière son mouchoir elle osa dire :

« Je vais rompre avec M. votre père, renoncer aux espérances du ministère, mais ne vous séparez pas de moi. »

Et en lui disant ces derniers mots Mme Grandet lui tendit la main avec une grâce que Lucien trouva bien extraordinaire.

« Cette grâce, ce changement étonnant chez cette femme si fière, c'était votre mérite qui en était l'auteur, lui disait la vanité. Cela n'est-il pas plus beau que de l'avoir fait céder à force de talent ?»

Mais Lucien restait froid à ces compliments de la vanité. Sa physionomie n'avait d'autre expression que celle du calcul. La méfiance ajoutait :

« Voilà une femme admirablement belle, et qui sans doute compte sur l'effet de sa beauté. Tâchons de n'être pas dupe. Voyons : Mme Grandet me prouve son amour par un sacrifice assez pénible, celui de la fierté de toute sa vie. Il faut donc croire à cet amour... Mais doucement ! Il faudra que cet amour résiste à des épreuves un peu plus décisives et d'une durée un peu plus longue que ce qui vient d'avoir lieu. Ce qu'il y a d'agréable, c'est que, si cet amour est réel, je ne le devrai pas à la pitié. Ce ne sera pas un amour inspiré par contagion, comme dit Ernest. »

Il faut avouer que la physionomie de Lucien n'était point du tout celle d'un héros de roman pendant qu'il se livrait à ces sages raisonnements. Il avait plutôt l'air d'un banquier qui pèse la convenance d'une grande spéculation.

« La vanité de Mme Grandet, continua-t-il, peut regarder comme le pire des maux d'être quittée, *elle doit tout sacrifier pour éviter cette humiliation*, même les intérêts de son ambition. Il se peut fort bien que ce ne soit pas l'amour qui fasse ces sacrifices, mais tout simplement la vanité, et la mienne serait bien aveugle si elle se glorifiait d'un triomphe d'une nature aussi douteuse. Il convient donc d'être rempli d'égards, de respect ; mais au bout du compte sa présence ici m'importune, je me sens incapable de me soumettre à ses exigences, son salon m'ennuie. C'est ce qu'il s'agit de lui faire entendre avec politesse.

« Madame, je ne m'écarterai point avec vous du système d'égards les plus respectueux. Le rapprochement qui nous a placés pour un instant dans une position intime a pu être la suite d'un malentendu, d'une erreur, mais je n'en suis pas moins à jamais votre obligé. Je me dois à moi-même, madame, je dois encore plus à mon respect pour le lien qui nous unit un court instant l'aveu de la vérité. Le respect, la reconnaissance même remplissent mon cœur, mais je n'y trouve plus d'amour. »

Mme Grandet le regarda avec des yeux rougis par les larmes, mais dans lesquels l'extrême attention suspendait les larmes.

Après un petit silence, Mme Grandet se remit à pleurer sans nulle retenue. Elle regardait Lucien, et elle osa dire ces étranges paroles :

« Tout ce que tu dis est vrai, je mourais d'ambition et d'orgueil. Me voyant extrêmement riche, le but de ma vie était de devenir une dame titrée, j'ose t'avouer ce ridicule amer. Mais ce n'est pas de cela que je rougis en ce moment. C'est par ambition uniquement que je me suis donnée à toi. Mais je meurs d'amour. Je suis une indigne, je l'avoue. Humilie-moi; je mérite tous les mépris. Je meurs d'amour et de honte. Je tombe à tes pieds, je te demande pardon, je n'ai plus d'ambition ni même d'orgueil. Dis-moi ce que tu veux que je fasse à l'avenir. Je suis à tes pieds, humilie-moi tant que tu voudras; plus tu m'humilieras, plus tu seras humain envers moi.

– Tout cela, est-ce encore de l'affectation?» se disait Lucien. Il n'avait jamais vu de scène de cette force.

Elle se jeta à ses pieds. Depuis un moment, Lucien, debout, essayait de la relever. Arrivée à ces derniers mots, il sentit ses bras faiblir dans ses mains qui les avaient saisis par le haut. Il sentit bientôt tout le poids de son corps : elle était profondément évanouie.

Lucien était embarrassé, mais point touché. Son embarras venait uniquement de la crainte de manquer à ce précepte de sa morale : *ne faire jamais de mal inutile.* Il lui vint une idée, bien ridicule en cet instant, qui coupa court à tout attendrissement. L'avant-veille, on était venu quêter chez Mme Grandet, qui avait une terre dans les environs de Lyon, pour les malheureux prévenus du procès d'avril, que l'on allait transférer de la prison de Perrache à Paris par le froid, et qui n'avaient pas d'habits [a].

«Il m'est permis, messieurs, avait-elle dit aux quêteurs, de trouver votre demande singulière. Vous ignorez apparemment que mon mari est dans l'État, et M. le préfet de Lyon a défendu cette quête.»

Elle-même avait raconté tout cela à sa société. Lucien l'avait regardée, puis avait dit en l'observant :

«Par le froid qu'il fait, une douzaine de ces gueux-là mourront de froid sur leurs charrettes; ils n'ont que des habits d'été, et on ne leur distribue pas de couvertures.

– Ce sera autant de peine de moins pour la cour de Paris», avait dit un gros député, héros de juillet.

L'œil de Lucien était fixé sur Mme Grandet; elle ne sourcilla pas.

En la voyant évanouie, ses traits, sans expression autre que la hauteur qui leur était naturelle, lui rappelèrent l'expression qu'ils avaient lorsqu'il lui présentait l'image des prisonniers mourant de froid et de misère sur leurs charrettes. Et au milieu d'une scène d'amour Lucien fut homme de parti.

«Que ferai-je de cette femme? se dit-il. Il faut être humain, lui donner de bonnes paroles, et la renvoyer chez elle à tout prix.»

Il la déposa doucement contre le fauteuil, elle était assise par

a. Voir les journaux du commencement de mars 1835.

319

terre. Il alla fermer la porte à clef. Puis, avec son mouchoir trempé dans le modeste pot à l'eau de faïence, seul meuble culinaire d'un bureau, il humecta ce front, ces joues, ce cou, sans que tant de beauté lui donnât un instant de distraction.

« Si j'étais méchant, j'appellerais Desbacs au secours, il a dans son bureau toutes sortes d'eaux de senteur. »

Mme Grandet soupira enfin.

« Il ne faut pas qu'elle se voie assise par terre, cela lui rappellerait la scène cruelle. »

Il la saisit à bras-le-corps et la plaça assise dans le grand fauteuil doré. Le contact de ce corps charmant lui rappela cependant un peu qu'il tenait dans ses bras et qu'il avait à sa disposition une des plus jolies femmes de Paris. Et sa beauté, n'étant pas d'expression et de grâce, mais une vraie beauté *sterling* et pittoresque, ne perdait presque rien à l'état d'évanouissement.

Mme Grandet se remit un peu, elle le regardait avec des yeux encore à demi voilés par le peu de force de la paupière supérieure.

Lucien pensa qu'il devait lui baiser la main. Ce fut ce qui hâta le plus la résurrection de cette pauvre femme amoureuse.

« Viendrez-vous chez moi? lui dit-elle d'une voix basse et à peine articulée.

– Sans doute, comptez sur moi. Mais ce bureau est un lieu de danger. La porte est fermée, on peut frapper. Le petit Desbacs peut se présenter... »

L'idée de ce méchant rendit des forces à Mme Grandet.

« Soyez assez bon pour me soutenir jusqu'à ma voiture.

– Ne serait-il pas bien de parler d'entorse devant vos gens? »

Elle le regarda avec des yeux où brillait le plus vif amour.

« Généreux ami, ce n'est pas vous qui chercheriez à me compromettre et à afficher un triomphe. Quel cœur est le vôtre! »

Lucien se sentit attendri; ce sentiment fut désagréable. Il plaça sur le dossier du fauteuil la main de Mme Grandet qui s'appuyait sur lui, et courut dans la cour dire aux gens d'un air effaré :

« Mme Grandet vient de se donner une entorse, peut-être elle s'est cassé la jambe. Venez vite! »

Un homme de peine du ministère tint les chevaux, le cocher et le valet de pied accoururent et aidèrent Mme Grandet à gagner sa voiture.

Elle serrait la main de Lucien avec le peu de force qui lui était revenu. Ses yeux reprirent de l'expression, celle de la prière, quand elle lui dit de l'intérieur de la voiture :

« A ce soir!

– Sans doute, madame; j'irai savoir de vos nouvelles.»
L'aventure parut fort louche aux domestiques, surpris de l'air
ému de leur maîtresse. Ces gens-là deviennent fins à Paris, cet
air-là n'était pas celui de la douleur physique pure.

Lucien se renferma de nouveau à clef dans son bureau. Il se
promenait à grands pas dans la diagonale de cette petite pièce.
« Scène désagréable! se dit-il enfin. Est-ce une comédie?
A-t-elle chargé l'expression de ce qu'elle sentait? L'évanouissement était réel... autant que je puis m'y connaître... C'est là un
triomphe de vanité... Ça ne fait aucun plaisir.»

Il voulut reprendre un *rapport* commencé, et il s'aperçut qu'il
écrivait des niaiseries. Il alla chez lui, monta à cheval, passa le
pont de Grenelle, et bientôt se trouva dans le bois de Meudon.
Là, il mit son cheval au pas et se mit à réfléchir. Ce qui surnagea
à tout, ce fut le remords d'avoir été attendri au moment où
Mme Grandet avait écarté le mouchoir qui cachait sa figure, et
celui, plus fort, d'avoir été ému au moment où il l'avait saisie
insensible, assise à terre devant le fauteuil, pour l'asseoir dans ce
fauteuil.

« Ah! si je suis infidèle à Mme de Chasteller, elle aura une raison de l'être à son tour.

– Il me semble qu'elle ne commence pas mal, dit le parti
contraire. Peste, un accouchement! Excusez du peu!

– Puisque personne au monde ne voit ce ridicule, répondit
Lucien piqué, il n'existe pas. Le ridicule a besoin d'être vu, ou il
n'existe pas.»

En rentrant à Paris, Lucien passa au ministère; il se fit annoncer chez M. de Vaize et lui demanda un congé d'un mois. Ce
ministre, qui depuis trois semaines ne l'était plus qu'à demi, et
vantait les douceurs du repos (*otium cum dignitate*, répétait-il
souvent), fut étonné et enchanté de voir fuir l'aide de camp du
général ennemi.

« Qu'est-ce que cela peut vouloir dire?» pensait M. de Vaize.

Lucien, muni de son congé en bonne forme, écrit par lui et
signé par le ministre, alla voir sa mère, à laquelle il parla d'une
partie de campagne de quelques jours.

« De quel côté? demanda-t-elle avec anxiété.

– En Normandie», répondit Lucien, qui avait compris le
regard de sa mère.

Il avait eu quelques remords de tromper une si bonne mère,
mais la question : *de quel côté?* avait achevé de les dissiper.

« Ma mère hait Mme de Chasteller », se dit-il. Ce mot était
une réponse à tout.

Il écrivit un mot à son père, passa à cheval chez Mme Grandet qu'il trouva bien faible, il fut très poli et promit de repasser dans la soirée.

Dans la soirée, il partit pour Nancy, ne regrettant rien à Paris et désirant de tout cœur d'être oublié par Mme Grandet.

CHAPITRE 66

près la mort subite de M. Leuwen, Lucien revint à Paris. Il passa une heure avec sa mère, et ensuite alla au comptoir. Le chef de bureau, M. Reffre, homme sage à cheveux blancs couronnés dans les affaires, lui dit, même avant de parler de la mort du chef :

« Monsieur, j'ai à vous parler de vos affaires ; mais, s'il vous plaît, nous passerons dans votre chambre. »

A peine arrivés :

« Vous êtes un homme, et un brave homme. Préparez-vous à tout ce qu'il y a de pis. Me permettez-vous de parler librement ?

– Je vous en prie, mon cher monsieur Reffre. Dites-moi nettement tout ce qu'il y a de pis.

– Il faut faire banqueroute.

– Grand Dieu ! Combien doit-on ?

– Juste autant qu'on a. Si vous ne faites pas banqueroute, il ne vous reste rien.

– Y a-t-il moyen de ne pas faire banqueroute ?

– Sans doute, mais il ne vous restera pas peut-être cent mille écus, et encore il faudra cinq ou six ans pour opérer la rentrée de cette somme.

– Attendez-moi un instant, je vais parler à ma mère.

– Monsieur, madame votre mère n'est pas dans les affaires. Peut-être ne faudrait-il pas prononcer le mot de banqueroute aussi nettement. Vous pouvez payer soixante pour cent, et il vous reste une honnête aisance. Monsieur votre père était aimé de tout le haut commerce, il n'est pas de petit boutiquier auquel il n'ait prêté une ou deux fois en sa vie une couple de billets de mille francs. Vous aurez votre concordat signé à soixante pour cent avant trois jours, même avant la vérification du grand livre. Et, ajouta M.

Reffre en baissant la voix, les affaires des dix-neuf derniers jours sont portées à un livre à part que j'enferme tous les soirs. Nous avons pour 1 900 000 francs de sucre, et sans ce livre on ne saurait où les prendre.

– Et cet homme est parfaitement honnête», pensa Lucien. M. Reffre, le voyant pensif, ajouta :

«Monsieur Lucien a un peu perdu l'habitude du comptoir depuis qu'il est dans les honneurs, il attache peut-être à ce mot banqueroute la fausse idée qu'on en a dans le monde. M. Van Peters, que vous aimiez tant, avait fait banqueroute à New York, et cela l'avait si peu déshonoré que nos plus belles affaires sont avec New York et toute l'Amérique du Nord.

– Une place va me devenir nécessaire», pensait Lucien.

. M. Reffre, croyant le décider, ajouta :

«Vous pourriez offrir quarante pour cent; j'ai tout arrangé dans ce sens. Si quelque créancier de mauvaise humeur veut nous forcer la main, vous le réduirez à trente-cinq pour cent. Mais, suivant moi, quarante pour cent serait manquer à la probité. Offrez soixante, et Mme Leuwen n'est pas obligée de *mettre à bas* son carrosse. Mme Leuwen sans voiture! Il n'est pas un de nous à qui ce spectacle ne perçât le cœur. Il n'est pas un de nous à qui monsieur votre père n'ait donné en cadeau plus du montant de ses appointements.»

Lucien se taisait encore et cherchait à voir s'il était possible de cacher cet événement à sa mère.

«Il n'est pas un de nous qui ne soit décidé à tout faire pour qu'il reste à madame votre mère et à vous une somme ronde de 600 000 francs; et d'ailleurs, ajouta Reffre (et ses sourcils noirs se dressèrent sur ses petits yeux), quand aucun de ces messieurs ne le voudrait, je le veux, moi qui suis leur chef, et, fussent-ils des traîtres, vous aurez 600 000 francs, aussi sûr que si vous les teniez, outre le mobilier, l'argenterie, etc.

– Attendez-moi, monsieur», dit Lucien.

Ce détail de mobilier, d'argenterie, lui fit horreur. Il se vit s'occupant d'avance à partager un vol.

Il revint à M. Reffre après un gros quart d'heure; il avait employé dix minutes à préparer l'esprit de sa mère. Elle avait, comme lui, horreur de la banqueroute, et avait offert le sacrifice de sa dot, montant à 150 000 francs, ne demandant qu'une pension viagère de 1 200 francs pour elle et 1 200 francs pour son fils.

M. Reffre fut atterré de la résolution de payer intégralement tous les créanciers. Il supplia Lucien de réfléchir vingt-quatre heures.

« C'est justement, mon cher Reffre, la seule et unique chose que je ne puisse pas vous accorder.

– Eh! bien, monsieur Lucien, au moins ne dites mot de notre conversation. Ce secret est entre madame votre mère, vous et moi. Ces messieurs ne font tout au plus qu'entrevoir des difficultés.

– A demain, mon cher Reffre. Ma mère et moi ne vous regardons pas moins comme notre meilleur ami. »

Le lendemain, M. Reffre répéta ses offres; il suppliait Lucien de consentir à la banqueroute en donnant quatre-vingt-dix pour cent aux créanciers. Le surlendemain, après un nouveau refus, M. Reffre dit à Lucien :

« Vous pouvez tirer bon parti du nom de la maison. Sous la condition de payer toutes les dettes, dont voici l'état complet, dit-il en montrant une feuille de papier grand aigle chargée de chiffres, avec condition de payer intégralement les dettes et l'abandon de toutes les créances de la maison, vous pourrez vendre le nom de la maison 50 000 écus peut-être. Je vous engage à prendre des informations sous le sceau du secret. En attendant, moi qui vous parle, Jean-Pierre Reffre, et M. Gavardin (c'était le caissier), nous vous offrons 100 000 francs comptant, avec recours contre nous pour toutes sortes de dettes de feu M. Leuwen, notre honoré patron, même ce ·qu'il peut devoir à son tailleur et à son sellier.

– Votre proposition me plaît fort. J'aime mieux avoir affaire à vous, brave et honnête ami, pour 100 000 francs, que de recevoir 150 000 francs de tout [autre], qui n'aurait peut-être pas la même vénération pour l'honneur de mon père. Je ne vous demande qu'une chose : donnez un intérêt à M. Coffe.

– Je vous répondrai avec franchise. Travailler avec M. Coffe m'ôte tout appétit à dîner. C'est un parfait honnête homme, mais sa vue me *cire*. Mais il ne sera pas dit que la maison Reffre et Gavardin refuse une proposition faite par un Leuwen. Notre prix d'achat pour la cession complète sera 100 000 francs comptant, 1 200 francs de pension viagère pour madame, autant pour vous, monsieur, tout le mobilier, vaisselle, chevaux, voiture, etc., sauf un portrait de notre sieur Leuwen et un autre de notre sieur Van Peters, à votre choix. Tout cela est porté dans le projet d'acte que voici, et sur lequel je vous engage à consulter un homme que tout Paris vénère et que le commerce ne doit nommer qu'avec vénération : M. Laffitte. Je dois ajouter, dit M. Reffre en s'approchant de la table, une pension viagère de 600 francs pour M. Coffe. »

Toute l'affaire fut traitée avec cette rondeur. Leuwen consulta les amis de son père, dont plusieurs, poussés à bout, le blâmèrent de ne pas faire banqueroute avec soixante pour cent aux créanciers. « Qu'allez-vous devenir, une fois dans la misère ? lui disait-on. Personne ne voudra vous recevoir. » Leuwen et sa mère n'avaient pas eu une seconde d'incertitude. Le contrat fut signé avec *MM. Reffre et Gavardin*, qui donnèrent 4 000 francs de pension viagère à Mme Leuwen parce qu'un autre commis offrait cette augmentation. Du reste, le contrat fut signé avec les clauses indiquées ci-dessus. Ces messieurs payèrent 100 000 francs comptant, et le même jour Mme Leuwen mit en vente ses chevaux, ses voitures et sa vaisselle d'argent. Son fils ne s'opposa à rien ; il lui avait déclaré que pour rien au monde il ne prendrait autre chose que sa pension viagère de 1 200 francs et 20 000 francs de capital.

Pendant ces transactions, Lucien vit fort peu de monde. Quelque ferme qu'il fût dans sa ruine, les commisérations du vulgaire l'eussent impatienté.

Il reconnut bientôt l'effet des calomnies répandues par les agents de M. le comte de Beausobre. Le public crut que ce grand changement n'avait nullement altéré la tranquillité de Lucien, parce qu'il était saint-simonien au fond, et que, si cette religion lui manquait, au besoin il en créerait une autre.

Lucien fut bien étonné de recevoir une lettre de Mme Grandet, qui était à une maison de campagne près de Saint-Germain, et qui lui assignait un rendez-vous à Versailles, rue de Savoie, n° 62. Lucien avait grande envie de s'excuser, mais enfin il se dit :

« J'ai assez de torts envers cette femme, sacrifions encore une heure. »

Lucien trouva une femme perdue d'amour et ayant à grand-peine la force de parler raison. Elle mit une adresse vraiment remarquable à lui faire, avec toute la délicatesse possible, la scabreuse proposition que voici : elle le suppliait d'accepter d'elle une pension de 12 000 francs, et ne lui demandait que de venir la voir, en tout bien tout honneur, quatre fois la semaine.

« Je vivrai les autres jours en vous attendant. »

Lucien vit que s'il répondait comme il le devait il allait provoquer une scène violente. Il fit entendre que, pour certaines raisons, cet arrangement ne pouvait commencer que dans six mois, et qu'il se réservait de répondre par écrit dans vingt-quatre heures. Malgré toute sa prudence, cette ennuyeuse visite ne finit pas sans larmes, et elle dura deux heures et un quart.

Pendant ce temps, Lucien suivait une négociation bien différente avec le vieux maréchal ministre de la Guerre, qui, toujours à la veille de perdre sa place depuis quatre mois, était encore ministre de la Guerre. Quelques jours avant la course à Versailles, Lucien avait vu entrer chez lui un des officiers du maréchal qui, de la part du vieux ministre, l'avait engagé à se trouver le lendemain au ministère de la Guerre, à six heures et demie du matin.

Lucien alla à ce rendez-vous, encore tout endormi. Il trouva le vieux maréchal qui avait l'apparence d'un curé de campagne malade.

« Eh! bien, jeune homme, lui dit le vieux général d'un air grognon, *sic transit gloria mundi!* Encore un de ruiné. Grand Dieu! on ne sait que faire de son argent! Il n'y a de sûr que les terres, mais les fermiers ne paient jamais. Est-il vrai que vous n'avez pas voulu faire banqueroute, et que vous avez vendu votre fonds 100 000 francs?

– Très vrai, monsieur le maréchal.

– J'ai connu votre père, et pendant que je suis encore dans cette galère, je veux demander pour vous à Sa Majesté une place de six à huit mille francs. Où la voulez-vous?

– Loin de Paris.

– Ah! je vois : vous voulez être préfet. Mais je ne veux rien devoir à ce polisson de de Vaize. Ainsi, *pas de ça, Larirette.* (Ceci fut dit en chantant.)

– Je ne pensais pas à une préfecture. Hors de France, voulais-je dire.

– Il faut parler net entre amis. Diable! je ne suis pas ici *pour vous faire* de la diplomatie. Donc, secrétaire d'ambassade?

– Je n'ai pas de titre pour être premier; je ne sais pas le métier. Attaché est trop peu : j'ai 1 200 francs de rente.

– Je ne vous ferai ni premier, ni dernier, mais second. Monsieur le chevalier Leuwen, maître des requêtes, lieutenant de cavalerie, a des titres. Écrivez-moi demain si vous voulez ou non être second. »

Et le maréchal le congédia de la main, en disant : « Honneur! »

Le lendemain, Lucien, qui pour la forme avait consulté sa mère, écrivit qu'il acceptait.

En revenant de Versailles, il trouva un mot de l'aide de camp du maréchal qui l'engageait à se rendre au ministère, le même soir, à neuf heures. Lucien n'attendit pas. Le maréchal lui dit :

« J'ai demandé pour vous à Sa Majesté la place de second secrétaire d'ambassade à Capel. Vous aurez, si le roi signe, 4 000 francs d'appointements, et de plus une pension de

4 000 francs pour les services rendus par feu votre père, sans lequel ma loi sur... ne passait pas.

Je ne vous dirai pas que cette pension est solide comme du marbre, mais enfin cela durera bien quatre ou cinq ans, et dans quatre ou cinq ans, si vous servez votre ambassadeur comme vous avez servi de Vaize et si vous cachez vos principes jacobins (c'est le roi qui m'a dit que vous étiez jacobin; c'est un beau métier, et qui vous rapportera gros), *enfin, bref,* si vous êtes adroit, avant que la pension de 4 000 francs ne soit supprimée vous aurez accroché six ou huit mille francs d'appointements. C'est plus que n'a un colonel. Sur quoi, bonne chance. Adieu. J'ai payé ma dette, ne me demandez jamais rien, et ne m'écrivez pas.»

Comme Leuwen s'en allait : « Si vous ne recevez rien de la rue Neuve-des-Capucines d'ici à huit jours, revenez à neuf heures du soir. Dites au portier en sortant que vous reviendrez dans huit jours. Bonsoir. Adieu.»

Rien ne retenait Lucien à Paris, il désirait n'y reparaître que lorsque sa ruine serait oubliée.

« Quoi! vous qui pouviez espérer tant de millions!» lui disaient tous les nigauds qu'il rencontrait au foyer de l'Opéra. Et plusieurs de ces gens-là le saluaient de façon à lui dire : « Ne nous parlons pas.»

Sa mère montra une force de caractère et un esprit du meilleur goût; jamais une plainte. Elle eût pu garder son magnifique appartement dix-huit mois encore. Avant le départ de Lucien, elle s'était établie dans un appartement de quatre pièces au troisième étage, sur le boulevard. Elle annonça à un petit nombre d'amis qu'elle leur offrirait du thé tous les vendredis, et que pendant son deuil sa porte serait fermée tous les autres jours.

Le huitième jour après la dernière entrevue avec le maréchal, Lucien se demandait s'il devait se présenter ou attendre encore, quand on lui apporta un grand paquet adressé à Monsieur le chevalier Leuwen, second secrétaire d'ambassade à [Capel]. Lucien sortit à l'instant pour aller chez le brodeur commander un petit uniforme; il vit le ministre, reçut un quartier d'avance de ses appointements, étudia au ministère la correspondance de l'ambassade de Capel, moins les lettres secrètes. Tout le monde lui parla d'acheter une voiture, et trois jours après avoir reçu avis de sa nomination il partit bravement par la malle-poste. Il avait résisté héroïquement à l'idée de se rendre à son poste par Nancy, Bâle et Milan.

Il s'arrêta deux jours, avec délices, sur le lac de Genève et visita les lieux que la *Nouvelle-Héloïse* a rendus célèbres; il trouva chez un paysan de Clarens un lit brodé qui avait appartenu à Mme de Warens.

A la sécheresse d'âme qui le gênait à Paris, pays si parfait pour y recevoir des compliments de condoléances, avait succédé une mélancolie tendre : il s'éloignait de Nancy peut-être pour toujours.

Cette tristesse ouvrit son âme au sentiment des arts. Il vit, avec plus de plaisir qu'il n'appartient de le faire à un ignorant, Milan, Sarono, la Chartreuse de Pavie, etc. Bologne, Florence le jetèrent dans un état d'attendrissement et de sensibilité aux moindres petites choses qui lui eût causé bien des remords trois ans auparavant.

Enfin, en arrivant à son poste, à Capel, il eut besoin de se sermonner pour prendre envers les gens qu'il allait voir le degré de sécheresse convenable.

Épilogue

Une fois n'est pas coutume, Lucien Leuwen *(ou* L'Orange de Malte, *ou* Le Télégraphe, *ou* L'Amarante et le Noir, *ou encore* Le Rouge et le Blanc, *entre autres titres notés par l'auteur...) aurait dû — s'il y avait une fin — finir bien ! Dans la plupart des plans laissés par Stendhal lui-même, Lucien épouse Mme de Chasteller à Paris, alors qu'il croit encore qu'elle a eu un enfant d'un autre. Après la cérémonie, la jeune femme lui demande de chercher la vérité sur cet enfant à Nancy, et de ne lui revenir que s'il la trouve...* Et Lucien revient huit jours après. « Fin du roman. »

Illustration de La Chartreuse de Parme. *Gravure de Foulquier, 1883.*

STENDHAL

LA CHARTREUSE
DE PARME

En 1836, Stendhal, consul à Rome, obtient un congé qui lui permet de revenir à Paris, où il reste trois ans. Depuis quelque temps déjà, il se passionne pour une suite de chroniques italiennes qu'il a dénichées dans de vieux manuscrits et fait recopier à son usage. De cette masse de documents (dont il tire ses propres Chroniques Italiennes), *il extrait une histoire qui l'intéresse particulièrement, celle de la famille Farnèse avec, au centre, Alexandre, futur pape, dont la tante influence largement la carrière. Ce n'est certes pas la seule source de Stendhal, mais il est certain qu'il s'applique à annoter ce texte depuis 1834 et effectue des recherches autour des personnages, ce qui permet de dire que, le moment venu, il est parfaitement prêt. Début septembre 1838, il semble qu'il se décide précisément à en faire un roman. Le 4 novembre, il s'enferme chez lui et s'attelle à la tâche... A cette époque, on peut lire dans son* Journal : 4 novembre 1838. « Je corrige les vingt premières pages of the Chartreuse.» - 2 décembre 1838. « I am at 640 of the manuscrit of the Chartreuse.» *Le 26 décembre de la même année, il donne à son cousin Romain Colomb* La Chartreuse de Parme *terminé pour qu'il le remette à son éditeur, il ne lui aura fallu que cinquante-deux jours pour l'écrire ! L'ouvrage, en deux volumes, paraît dans les premiers jours d'avril de l'année suivante, et le 5 de ce mois, son auteur reçoit une lettre de Balzac qui commence ainsi :* « Monsieur, Il ne faut jamais retarder de faire plaisir à ceux qui nous ont donné du plaisir. *La Chartreuse* est un grand et beau livre. Je vous le dis sans flatterie, sans envie, car je serais incapable de le faire, et l'on peut louer franchement ce qui n'est pas de notre métier. Je fais une fresque et vous avez fait des statues italiennes. Il y a progrès sur tout ce que nous vous devons... »

LIVRE PREMIER

Gia mi fur dolci inviti a empir le carte
I luoghi ameni
ARIOST Sat. IV.

AVERTISSEMENT

'est dans l'hiver de 1830 et à trois cents lieues de Paris que cette nouvelle fut écrite; ainsi aucune allusion aux choses de 1839. Bien des années avant 1830, dans le temps où nos armées parcouraient l'Europe, le hasard me donna un billet de logement pour la maison d'un chanoine : c'était à Padoue, charmante ville d'Italie; le séjour s'étant prolongé, nous devînmes amis.

Repassant à Padoue vers la fin de 1830, je courus à la maison du bon chanoine : il n'était plus, je le savais, mais je voulais revoir le salon où nous avions passé tant de soirées aimables, et, depuis, si souvent regrettées. Je trouvai le neveu du chanoine et la femme de ce neveu qui me reçurent comme un vieil ami. Quelques personnes survinrent, et l'on ne se sépara que fort tard; le neveu fit venir du café Pedroti un excellent zambajon. Ce qui nous fit veiller surtout, ce fut l'histoire de la duchesse Sanseverina à laquelle quelqu'un fit allusion, et que le neveu voulut bien raconter tout entière, en mon honneur.

— Dans le pays où je vais, dis-je à mes amis, je ne trouverai guère de soirées comme celle-ci, et pour passer les longues heures du soir, je ferai une nouvelle de votre histoire.

— En ce cas, dit le neveu, je vais vous donner les annales de mon oncle, qui, à l'article Parme, mentionne quelques-unes des intrigues de cette cour, du temps que la duchesse y faisait la pluie et le beau temps; mais, prenez garde! cette histoire n'est rien moins que morale, et maintenant que vous vous piquez de pureté évangélique en France, elle peut vous procurer le renom d'assassin.

Je publie cette nouvelle sans rien changer au manuscrit de 1830, ce qui peut avoir deux inconvénients :
Le premier pour le lecteur : les personnages étant Italiens l'intéresseront peut-être moins, les cœurs de ce pays-là diffèrent assez des cœurs français : les Italiens sont sincères, bonnes gens, et, non effarouchés, disent ce qu'ils pensent ; ce n'est que par accès qu'ils ont de la vanité ; alors elle devient passion, et prend le nom de puntiglio. *Enfin la pauvreté n'est pas un ridicule parmi eux.*
Le second inconvénient est relatif à l'auteur.
J'avouerai que j'ai eu la hardiesse de laisser aux personnages les aspérités de leurs caractères ; mais, en revanche, je le déclare hautement, je déverse le blâme le plus moral sur beaucoup de leurs actions. A quoi bon leur donner la haute moralité et les grâces des caractères français, lesquels aiment l'argent par-dessus tout et ne font guère de péchés par haine ou par amour? Les Italiens de cette nouvelle sont à peu près le contraire. D'ailleurs il me semble que toutes les fois qu'on s'avance de deux cents lieues du midi au nord, il y a lieu à un nouveau paysage comme à un nouveau roman. L'aimable nièce du chanoine avait connu et même beaucoup aimé la duchesse Sanseverina, et me prie de ne rien changer à ses aventures, lesquelles sont blâmables.

23 janvier 1839.

CHAPITRE 1

Milan en 1796

L e 15 mai 1796, le général Bonaparte fit son entrée dans Milan à la tête de cette jeune armée qui venait de passer le pont de Lodi, et d'apprendre au monde qu'après tant de siècles César et Alexandre avaient un successeur. Les miracles de bravoure et de génie dont l'Italie fut témoin en quelques mois réveillèrent un peuple endormi; huit jours encore avant l'arrivée des Français, les Milanais ne voyaient en eux qu'un ramassis de brigands, habitués à fuir toujours devant les troupes de sa majesté impériale et royale : c'était du moins ce que leur répétait trois fois la semaine un petit journal grand comme la main, imprimé sur du papier sale.

Au moyen âge, les Lombards républicains avaient fait preuve d'une bravoure égale à celle des Français, et ils méritèrent de voir leur ville entièrement rasée par les empereurs d'Allemagne. Depuis qu'ils étaient devenus de *fidèles sujets*, leur grande affaire était d'imprimer des sonnets sur de petits mouchoirs de taffetas rose quand arrivait le mariage d'une jeune fille appartenant à quelque famille noble ou riche. Deux ou trois ans après cette grande époque de sa vie, cette jeune fille prenait un cavalier servant : quelquefois le nom du sigisbée choisi par la famille du mari occupait une place honorable dans le contrat de mariage. Il y avait loin de ces mœurs efféminées aux émotions profondes que donna l'arrivée imprévue de l'armée française. Bientôt surgirent des mœurs nouvelles et passionnées. Un peuple tout entier s'aperçut, le 15 mai 1796, que tout ce qu'il avait respecté jusque-là était souverainement ridicule et quelquefois odieux. Le départ du dernier régiment de l'Autriche marqua la chute des idées anciennes : exposer sa vie devint à la mode. On vit que pour être heureux après des siècles de sensations affadissantes, il fallait aimer la patrie d'un amour réel et chercher les actions héroïques. On était plongé dans une nuit profonde par la continuation du despotisme jaloux de Charles-Quint et de Philippe II ; on renversa leurs statues, et tout à coup on se trouva inondé de lumière. Depuis une cinquantaine d'années, et à mesure que l'*Encyclopédie* et Voltaire éclataient en France, les moines criaient au bon peuple de Milan, qu'apprendre à lire ou quelque chose au monde était une peine fort inutile, et qu'en payant bien exactement le dîme à son curé, et lui racontant fidèlement tous ses petits péchés, on était à peu près sûr d'avoir une belle place en paradis. Pour achever d'énerver ce peuple autrefois si terrible et si raisonneur, l'Autriche lui avait vendu à bon marché le privilège de ne point fournir de recrues à son armée.

En 1796, l'armée milanaise se composait de vingt-quatre faquins habillés de rouge, lesquels gardaient la ville de concert avec quatre magnifiques régiments de grenadiers hongrois. La liberté des mœurs était extrême, mais la passion fort rare ; d'ailleurs, outre le désagrément de devoir tout raconter au curé, sous peine de ruine même en ce monde, le bon peuple de Milan était encore soumis à certaines petites entraves monarchiques qui ne laissaient pas que d'être vexantes. Par exemple l'archiduc, qui résidait à Milan et gouvernait au nom de l'empereur, son cousin, avait eu l'idée lucrative de faire le commerce des blés. En conséquence, défense aux paysans de vendre leurs grains jusqu'à ce que son altesse eût rempli ses magasins.

En mai 1796, trois jours après l'entrée des Français, un jeune peintre en miniature, un peu fou, nommé Gros, célèbre depuis, et qui était venu avec l'armée, entendant raconter au grand café des *Servi* (à la mode alors) les exploits de l'archiduc, qui de plus était énorme, prit la liste des glaces imprimée en placard sur une feuille de vilain papier jaune. Sur le revers de la feuille il dessina le gros archiduc ; un soldat français lui donnait un coup de baïonnette dans le ventre, et, au lieu de sang, il en sortait une quantité de blé incroyable. La chose nommée plaisanterie ou caricature n'était pas connue en ce pays de despotisme cauteleux. Le dessin, laissé par Gros sur la table du café des *Servi* parut un miracle descendu du ciel ; il fut gravé dans la nuit, et le lendemain on en vendit vingt mille exemplaires.

Le même jour, on affichait l'avis d'une contribution de guerre de six millions, frappée pour les besoins de l'armée française, laquelle, venant de gagner six batailles et de conquérir vingt provinces, manquait seulement de souliers, de pantalons, d'habits et de chapeaux.

La masse de bonheur et de plaisir qui fit irruption en Lombardie avec ces Français si pauvres fut telle que les prêtres seuls et quelques nobles s'aperçurent de la lourdeur de cette contribution de six millions, qui, bientôt fut suivie de beaucoup d'autres. Ces soldats français riaient et chantaient toute la journée ; ils avaient moins de vingt-cinq ans, et leur général en chef, qui en avait vingt-sept, passait pour l'homme le plus âgé de son armée. Cette gaieté, cette jeunesse, cette insouciance, répondaient d'une façon plaisante aux prédications furibondes des moines, qui, depuis six mois, annonçaient du haut de la chaire sacrée que les Français étaient des monstres, obligés, sous peine de mort, à tout brûler et à couper la tête à tout le monde. A cet effet, chaque régiment marchait avec la guillotine en tête.

Dans les campagnes, on voyait sur la porte des chaumières le soldat français occupé à bercer le petit enfant de la maîtresse du logis, et presque chaque soir quelque tambour, jouant du violon, improvisait un bal. Les contredanses se trouvant beaucoup trop savantes et compliquées pour que les soldats, qui d'ailleurs ne les savaient guère, pussent les apprendre aux femmes du pays, c'étaient celles-ci qui montraient aux jeunes Français *la Monférine, la Sauteuse* et autres danses italiennes.

Les officiers avaient été logés, autant que possible, chez les gens riches ; ils avaient bon besoin de se refaire. Par exemple, un lieutenant, nommé Robert, eut un billet de logement pour le palais de la marquise del Dongo. Cet officier, jeune réquisitionnaire assez leste, possédait pour tout bien, en entrant dans ce palais, un écu de six francs qu'il venait de recevoir à Plaisance. Après le passage du pont de Lodi, il prit à un bel officier autrichien, tué par un boulet, un magnifique pantalon de nankin tout neuf, et jamais vêtement ne vint plus à propos. Ses épaulettes d'officier étaient en laine, et le drap de son habit était cousu à la doublure des manches pour que les morceaux tinssent ensemble ; mais il y avait une circonstance plus triste : les semelles de ses souliers étaient en morceaux de chapeau également pris sur le champ de bataille, au-delà du pont de Lodi. Ces semelles improvisées tenaient au-dessus des souliers par des ficelles fort visibles, de façon que lorsque le majordome de la maison se présenta dans la chambre du lieutenant Robert pour l'inviter à dîner avec madame la marquise, celui-ci fut plongé dans un mortel embarras. Son voltigeur et lui passèrent les deux heures qui les séparaient de ce fatal dîner à tâcher de recoudre un peu l'habit et à teindre en noir, avec de l'encre, les malheureuses ficelles des souliers. Enfin, le moment terrible arriva. « De la vie je ne fus plus mal à mon aise, me disait le lieutenant Robert ; ces dames pensaient que j'allais leur faire peur, et moi j'étais plus tremblant qu'elles. Je regardais mes souliers et ne savais comment marcher avec grâce. La marquise del Dongo, ajouta-t-il, était alors dans tout l'éclat de sa beauté : vous l'avez connue avec ses yeux si beaux et d'une douceur angélique, et ses jolis cheveux d'un blond foncé qui dessinaient si bien l'ovale de cette figure charmante. J'avais dans ma chambre une Hérodiade de Léonard de Vinci, qui semblait son portrait. Dieu voulut que je fusse tellement saisi de cette beauté surnaturelle que j'en oubliai mon costume. Depuis deux ans je ne voyais que des choses laides et misérables dans les montagnes du pays de Gênes : j'osai lui adresser quelques mots sur mon ravissement.

« Mais j'avais trop de sens pour m'arrêter longtemps dans le genre complimenteur. Tout en tournant mes phrases, je voyais dans une salle à manger toute de marbre, douze laquais et des valets de chambre vêtus avec ce qui me semblait alors le comble de la magnificence. Figurez-vous que ces coquins-là avaient non-seulement de bons souliers, mais encore des boucles d'argent. Je voyais du coin de l'œil tous ces regards stupides fixés sur mon habit, et peut-être aussi sur mes souliers, ce qui me perçait le cœur. J'aurais pu d'un mot faire peur à tous ces gens ; mais comment les mettre à leur place sans courir le risque d'effaroucher les dames ? car la marquise, pour se donner un peu de courage, comme elle me l'a dit cent fois depuis, avait envoyé prendre au couvent où elle était pensionnaire en ce temps-là, Gina del Dongo, sœur de son mari, qui fut depuis cette charmante comtesse Pietranera : personne dans la prospérité ne la surpassa par la gaieté et l'esprit aimable, comme personne ne la surpassa par le courage et la sérénité d'âme dans la fortune contraire.

« Gina, qui pouvait avoir alors treize ans, mais qui en paraissait dix-huit, vive et franche, comme vous savez, avait tant de peur d'éclater de rire en présence de mon costume, qu'elle n'osait pas manger ; la marquise, au contraire, m'accablait de politesses contraintes ; elle voyait fort bien dans mes yeux des mouvements d'impatience. En un mot, je faisais une sotte figure, je mâchais le mépris, chose qu'on dit impossible à un Français. Enfin, une idée descendue du ciel vint m'illuminer : je me mis à raconter à ces dames ma misère, et ce que nous avions souffert depuis deux ans dans les montagnes du pays de Gênes où nous retenaient de vieux généraux imbéciles. Là, disais-je, on nous donnait des assignats qui n'avaient pas cours dans le pays, et trois onces de pain par jour. Je n'avais pas parlé deux minutes que la bonne marquise avait les larmes aux yeux, et la Gina était devenue sérieuse.

– Quoi, monsieur le lieutenant, me disait celle-ci, trois onces de pain!

– Oui, mademoiselle; mais en revanche la distribution manquait trois fois la semaine, et comme les paysans chez lesquels nous logions étaient encore plus misérables que nous, nous leur donnions un peu de notre pain.

« En sortant de table, j'offris mon bras à la marquise jusqu'à la porte du salon, puis, revenant rapidement sur mes pas, je donnai au domestique qui m'avait servi à table cet unique écu de six francs sur l'emploi duquel j'avais fait tant de châteaux en Espagne.

« Huit jours après, continuait Robert, quand il fut bien avéré que les Français ne guillotinaient personne, le marquis del Dongo revint de son château de Grianta sur le lac de Côme, où bravement il s'était refugié à l'approche de l'armée, abandonnant au hasard de la guerre sa jeune femme si-belle et sa sœur. La haine que ce marquis avait pour nous était égale à sa peur, c'est-à-dire incommensurable : sa grosse figure pâle et dévote était amusante à voir quand il me faisait des politesses. Le lendemain de son retour à Milan, je reçus trois aunes de drap et deux cents francs sur la contribution des six millions : je me remplumai, et devins le chevalier de ces dames, car les bals commencèrent.»

L'histoire du lieutenant Robert fut à peu près celle de tous les Français; au lieu de se moquer de la misère de ces braves soldats, on en eut pitié et on les aima.

Cette époque de bonheur imprévu et d'ivresse ne dura que deux petites années; la folie avait été si excessive et si générale, qu'il me serait impossible d'en donner une idée, si ce n'est par cette réflexion historique et profonde : ce peuple s'ennuyait depuis cent ans.

La volupté naturelle aux pays méridionaux avait régné jadis à la cour des Visconti et des Sforce, ces fameux ducs de Milan. Mais depuis l'an 1624, que les Espagnols s'étaient emparés du Milanais, et emparés en maîtres taciturnes, soupçonneux, orgueilleux, et craignant toujours la révolte, la gaieté s'était enfuie. Les peuples, prenant les mœurs de leurs maîtres, songeaient plutôt à se venger de la moindre insulte par un coup de poignard qu'à jouir du moment présent.

La joie folle, la gaieté, la volupté, l'oubli de tous les sentiments tristes, ou seulement raisonnables, furent poussés à un tel point, depuis le 15 mai 1796, que les Français entrèrent à Milan, jusqu'en avril 1799, qu'ils en furent chassés à la suite de la bataille de Cassano, que l'on a pu citer de vieux marchands millionnaires, de vieux usuriers, de vieux notaires qui, pendant cet intervalle, avaient oublié d'être moroses et de gagner de l'argent.

Tout au plus eût-il été possible de compter quelques familles appartenant à la haute noblesse, qui s'étaient retirées dans leurs palais à la campagne, comme pour bouder contre l'allégresse générale et l'épanouissement de tous les cœurs. Il est véritable aussi que ces familles nobles et riches avaient été distinguées d'une manière fâcheuse dans la répartition des contributions de guerre demandées pour l'armée française.

Le marquis del Dongo, contrarié de voir tant de gaieté, avait été un des premiers à regagner son magnifique château de Grianta, au-delà de Côme, où les dames menèrent le lieutenant Robert. Ce château, situé dans une position peut-être unique au monde, sur un plateau à cent cinquante pieds au-dessus de ce lac sublime dont il domine une grande partie, avait été une place forte. La famille del Dongo le fit construire au quinzième siècle, comme le témoignaient de toutes parts les marbres chargés de ses armes; on y voyait encore des ponts-levis et des fossés profonds, à la vérité privés d'eau; mais avec ses murs de quatre-vingts pieds de haut et de six pieds d'épaisseur, ce château était à l'abri d'un coup de main, et c'est pour cela qu'il était cher au soupçonneux marquis. Entouré de vingt-cinq ou trente domestiques qu'il supposait dévoués, apparemment parce qu'il ne leur parlait jamais que l'injure à la bouche, il était moins tourmenté par la peur qu'à Milan.

Cette peur n'était pas tout à fait gratuite : il correspondait fort activement avec un espion placé par l'Autriche sur la frontière suisse à trois lieues de Grianta, pour faire évader les prisonniers faits sur le champ de bataille, ce qui aurait pu être pris au sérieux par les généraux français.

Le marquis avait laissé sa jeune femme à Milan : elle y dirigeait les affaires de la famille, elle était chargée de faire face aux contributions imposées à la *casa del Dongo*, comme on dit dans le pays; elle cherchait à les faire diminuer, ce qui l'obligeait à voir ceux des nobles qui avaient accepté des fonctions publiques, et même quelques non-nobles fort influents. Il survint un grand événement dans cette famille. Le marquis avait arrangé le mariage de sa jeune sœur Gina avec un personnage fort riche et de la plus haute naissance; mais il portait de la poudre : à ce titre, Gina le recevait avec des éclats de rire, et bientôt elle fit la folie d'épouser le comte Pietranera. C'était, à la vérité, un fort bon gentilhomme, très bien fait de sa personne, mais ruiné de père en fils, et pour comble de disgrâce, partisan fougueux des idées nouvelles. Pietranera était sous-lieutenant dans la légion italienne ; surcroît de désespoir pour le marquis.

Après ces deux années de folie et de bonheur, le Directoire de Paris, se donnant des airs de souverain bien établi, montra une haine mortelle pour tout ce qui n'était pas médiocre. Les généraux ineptes qu'il donna à l'armée d'Italie perdirent une suite de batailles dans ces mêmes plaines de Vérone, témoins deux ans auparavant des prodiges d'Arcole et de Lonato. Les Autrichiens se rapprochèrent de Milan ; le lieutenant Robert, devenu chef de bataillon et blessé à la bataille de Cassano, vint loger pour la dernière fois chez son amie la marquise del Dongo. Les adieux furent tristes ; Robert partit avec le comte Pietranera qui suivait les Français dans leur retraite sur Novi. La jeune comtesse, à laquelle son frère refusa de payer sa légitime, suivit l'armée, montée sur une charrette.

Alors commença cette époque de réaction et de retour aux idées anciennes, que les Milanais appellent *i tredici mesi* (les treize mois), parce qu'en effet leur bonheur voulut que ce retour à la sottise ne durât que treize mois, jusqu'à Marengo. Tout ce qui était vieux, dévot, morose, reparut à la tête des affaires et reprit la direction de la société : bientôt les gens restés fidèles aux bonnes doctrines publièrent dans les villages que Napoléon avait été pendu par les Mameluks en Égypte, comme il le méritait à tant de titres.

Parmi ces hommes qui étaient allés bouder dans leurs terres, et qui revenaient altérés de vengeance, le marquis del Dongo se distinguait par sa fureur ; son exagération le porta naturellement à la tête du parti. Ces messieurs, fort honnêtes gens quand ils n'avaient pas peur, mais qui tremblaient toujours, parvinrent à circonvenir le général autrichien : assez bon homme, il se laissa persuader que la sévérité était de la haute politique, et fit arrêter cent cinquante patriotes : c'était bien alors ce qu'il y avait de mieux en Italie.

Bientôt on les déporta aux *bouches de Cattaro*, et, jetés dans des grottes souterraines, l'humidité, et surtout le manque de pain, firent bonne et prompte justice de tous ces coquins. Le marquis del Dongo eut une grande place, et, comme il joignait une avarice sordide à une foule d'autres belles qualités, il se vanta publiquement de ne pas envoyer un écu à sa sœur, la comtesse Pietranera : toujours folle d'amour, elle ne voulait pas quitter son mari, et mourait de faim en France avec lui. La bonne marquise était désespérée; enfin elle réussit à dérober quelques petits diamants dans son écrin, que son mari lui reprenait tous les soirs pour l'enfermer sous son lit, dans une caisse de fer : la marquise avait apporté 800.000 francs de dot à son mari, et recevait 80 francs par mois pour ses dépenses personnelles. Pendant les treize mois que les Français passèrent hors de Milan, cette femme si timide trouva des prétextes et ne quitta pas le noir.

Nous avouerons que, suivant l'exemple de beaucoup de graves auteurs, nous avons commencé l'histoire de notre héros une année avant sa naissance. Ce personnage essentiel n'est autre, en effet, que Fabrice Valserra, *marchesino* del Dongo, comme on dit à Milan [1]. Il venait justement de se donner la peine de naître lorsque les Français furent chassés, et se trouvait, par le hasard de la naissance, le second fils de ce marquis del Dongo si grand seigneur, et dont vous connaissez déjà le gros visage blême, le sourire faux et la haine sans bornes pour les idées nouvelles. Toute la fortune de la maison était substituée au fils aîné Ascanio del Dongo, le digne portrait de son père. Il avait huit ans, et Fabrice deux, lorsque tout à coup ce général Bonaparte, que tous les gens bien nés croyaient pendu depuis longtemps, descendit du mont Saint-Bernard. Il entra dans Milan : ce moment est encore unique dans l'histoire; figurez-vous tout un peuple amoureux fou. Peu de jours après, Napoléon gagna la bataille de Marengo. Le reste est inutile à dire. L'ivresse des Milanais fut au comble; mais, cette fois, elle était mélangée d'idées de vengeance : on avait appris la haine à ce bon peuple. Bientôt l'on vit arriver ce qui restait des patriotes déportés aux bouches de Cattaro; leur retour fut célébré par une fête nationale. Leurs figures pâles, leurs grands yeux étonnés, leurs membres amaigris, faisaient un étrange contraste avec la joie qui éclatait de toutes parts. Leur arrivée fut le signal du départ pour les familles les plus compromises. Le marquis del Dongo fut des premiers à s'enfuir à son château de Grianta. Les chefs des grandes familles étaient remplis de haine et de peur; mais leurs femmes, leurs filles, se rappelaient les joies du premier séjour des Français, et regrettaient Milan et les bals si gais, qui, aussitôt après Marengo s'organisèrent à la *casa Tanzi*. Peu de jours après la victoire, le général français, chargé de maintenir la tranquillité dans la Lombardie, s'aperçut

---

1. On prononce *markesine*. Dans les usages du pays, empruntés à l'Allemagne, ce titre se donne à tous les fils de marquis; *contina* à tous les fils de comte, *contessina* à toutes les filles de comte, etc.

que tous les fermiers des nobles, que toutes les vieilles femmes de la campagne, bien loin de songer encore à cette étonnante victoire de Marengo, qui avait changé les destinées de l'Italie et reconquis treize places fortes dans un jour, n'avaient l'âme occupée que d'une prophétie de saint Giovita, le premier patron de Brescia. Suivant cette parole sacrée, les prospérités des Français et de Napoléon devaient cesser treize semaines juste après Marengo. Ce qui excuse un peu le marquis del Dongo et tous les nobles boudeurs des campagnes, c'est que réellement et sans comédie ils croyaient à la prophétie. Tous ces gens-là n'avaient pas lu quatre volumes en leur vie; ils faisaient ouvertement leurs préparatifs pour rentrer à Milan au bout des treize semaines; mais le temps, en s'écoulant, marquait de nouveaux succès pour la cause de la France. De retour à Paris, Napoléon, par de sages décrets, sauvait la révolution à l'intérieur, comme il l'avait sauvée à Marengo contre les étrangers. Alors les nobles lombards, réfugiés dans leur châteaux, découvrirent que d'abord ils avaient mal compris la prédiction du saint patron de Brescia : il ne s'agissait pas de treize semaines, mais bien de treize mois. Les treize mois s'écoulèrent, et la prospérité de la France semblait s'augmenter tous les jours.

Nous glissons sur dix années de progrès et de bonheur, de 1800 à 1810. Fabrice passa les premières au château de Grianta, donnant et recevant force coups de poing au milieu des petits paysans du village, et n'apprenant rien, pas même à lire. Plus tard, on l'envoya au collège des jésuites à Milan. Le marquis son père exigea qu'on lui montrât le latin, non point d'après ces vieux auteurs qui parlent toujours de républiques, mais sur un magnifique volume orné de plus de cent gravures, chef-d'œuvre des artistes du dix-septième siècle; c'était la généalogie latine des Valserra, marquis del Dongo, publiée en 1650 par Fabrice del Dongo, archevêque de Parme. La fortune des Valserra étant surtout militaire, les gravures représentaient force batailles, et toujours on voyait quelque héros de ce nom donnant de grands coups d'épée. Ce livre plaisait fort au jeune Fabrice. Sa mère, qui l'adorait, obtenait de temps en temps la permission de venir le voir à Milan; mais son mari ne lui offrant jamais d'argent pour ces voyages, c'était sa belle-sœur, l'aimable comtesse Pietranera, qui lui en prêtait. Après le retour des Français, la comtesse était devenue l'une des femmes les plus brillantes de la cour du prince Eugène, vice-roi d'Italie.

Lorsque Fabrice eut fait sa première communion, elle obtint du marquis, toujours exilé volontaire, la permission de le faire sortir quelquefois de son collège. Elle le trouva singulier, spirituel, fort sérieux, mais joli garçon, et ne déparant point trop le salon d'une femme à la mode; du reste, ignorant à plaisir, et sachant à peine écrire. La comtesse, qui portait en toutes choses son caractère enthousiaste, promit sa protection au chef de l'établissement si son neveu Fabrice faisait des progrès étonnants, et à la fin de l'année avait beaucoup de prix. Pour lui donner les moyens de les mériter, elle l'envoyait chercher tous les samedis soirs, et souvent ne le rendait à ses maîtres que le mercredi ou le jeudi. Les jésuites, quoique tendrement chéri par le prince vice-roi, étaient repoussés d'Italie par les lois du royaume, et le supérieur du collège, homme habile, sentit tout le parti qu'il pourrait tirer de ses relations avec une femme toute-puissante à la cour. Il n'eut garde de se plaindre des absences de Fabrice, qui, plus ignorant que jamais, à la fin de l'année obtint cinq premiers prix. A cette condition, la brillante comtesse Pietranera, suivie de son mari, général commandant une des divisions de la garde, et de cinq ou six des plus grands personnages de la cour du vice-roi, vint assister à la distribution des prix chez les jésuites. Le supérieur fut complimenté par ses chefs.

La comtesse conduisait son neveu à toutes ces fêtes brillantes qui marquèrent le règne trop court de l'aimable prince Eugène. Elle l'avait créé de son autorité officier de hussards, et Fabrice, âgé de douze ans, portait cet uniforme. Un jour, la comtesse, enchantée de sa jolie tournure, demanda pour lui au prince une place de page, ce qui voulait dire que la famille del Dongo se ralliait. Le lendemain, elle eut besoin de tout son crédit pour obtenir que le vice-roi voulût bien ne pas se souvenir de cette demande, à laquelle rien ne manquait que le consentement du père du futur page, et se consentement eût été refusé avec éclat. A la suite de cette folie, qui fit frémir le marquis boudeur, il trouva un prétexte pour rappeler à Grianta le jeune Fabrice. La comtesse méprisait souverainement son frère, elle le regardait comme un sot triste, et qui serait méchant si jamais il en avait le pouvoir. Mais elle était folle de Fabrice, et, après dix ans de silence, elle écrivit au marquis pour réclamer son neveu : sa lettre fut laissée sans réponse.

A son retour dans ce palais formidable, bâti par les plus belliqueux de ses ancêtres, Fabrice ne savait rien au monde que faire l'exercice et monter à cheval. Souvent le comte Pietranera, aussi fou de cet enfant que sa femme, le faisait monter à cheval et le menait avec lui à la parade.

En arrivant au château de Grianta, Fabrice, les yeux encore bien rouges des larmes répandues en quittant les beaux salons de sa tante, ne trouva que les caresses passionnées de sa mère et de ses sœurs. Le marquis était enfermé dans son cabinet avec son fils aîné, le marchesino Ascanio; ils y fabriquaient des lettres chiffrées qui avaient l'honneur d'être envoyées à Vienne; le père et le fils ne paraissaient qu'aux heures des repas. Le marquis répétait avec affectation qu'il apprenait à son successeur naturel à tenir, en partie double, le compte des produits de chacune de ses terres. Dans le fait, le marquis était trop jaloux de son pouvoir pour parler de ces choses-là à un fils, héritier nécessaire de toutes ces terres substituées. Il l'employait à chiffrer des dépêches de quinze ou vingt pages que deux ou trois fois la semaine il faisait passer en Suisse, d'où on les acheminait à Vienne. Le marquis prétendait faire connaître à ses souverains légitimes l'état intérieur du royaume d'Italie qu'il ne connaissait pas lui-même, et toutefois ses lettres avaient beaucoup de succès; voici comment. Le marquis faisait compter sur la grande route, par quelque agent sûr, le nombre des soldats de tel régiment français ou italien qui changeaient de garnison, et, en rendant compte du fait à la cour de Vienne, il avait soin de diminuer d'un grand quart le nombre des soldats présents. Ces lettres, d'ailleurs ridicules, avaient le mérite d'en démentir d'autres plus véridiques, et elles plaisaient. Aussi, peu de temps avant l'arrivée de Fabrice au château, le marquis avait-il reçu la plaque d'un ordre renommé : c'était le cinquième qui ornait son habit de chambellan. A la vérité, il avait le chagrin de ne pas oser arborer cet habit hors de son cabinet; mais il ne se permettait jamais de dicter une dépêche sans avoir revêtu le costume brodé, garni de tous ses ordres. Il eût cru manquer de respect d'en agir autrement.

La marquise fut émerveillée des grâces de son fils. Mais elle avait conservé l'habitude d'écrire deux ou trois fois par an au général comte d'A***, c'était le nom actuel du lieutenant Robert. La marquise avait horreur de mentir aux gens qu'elle aimait; elle interrogea son fils et fut épouvantée de son ignorance.

S'il me semble peu instruit, se disait-elle, à moi qui ne sais rien, Robert, qui est si savant, trouverait son éducation absolument manquée; or maintenant il faut du mérite. Une autre particularité, qui l'étonna presque autant, c'est que Fabrice avait pris au sérieux toutes les choses religieuses qu'on lui avait enseignées chez les jésuites. Quoique fort pieuse elle-même, le fanatisme de cet enfant la fit frémir; si le marquis a l'esprit de deviner ce moyen d'influence, il va m'enlever l'amour de mon fils. Elle pleura beaucoup, et sa passion pour Fabrice s'en augmenta.

La vie de ce château, peuplé de trente ou quarante domestiques, était fort triste ; aussi Fabrice passait-il toutes ses journées à la chasse ou à courir le lac sur une barque. Bientôt il fut étroitement lié avec les cochers et les hommes des écuries ; tous étaient partisans fous des Français et se moquaient ouvertement des valets de chambre dévots, attachés à la personne du marquis ou à celle de son fils aîné. Le grand sujet de plaisanterie contre ces personnages graves, c'est qu'ils portaient de la poudre à l'instar de leurs maîtres.

Résumé du chapitre 2

Le marquis del Dongo, ne sachant quoi faire de Fabrice, confie son éducation au curé de Grianta, l'abbé Blanès, « personnage d'une honnêteté et d'une vertu primitives *». Ce saint homme, qui n'a jamais appris le latin, se passionne pour l'astrologie et les calculs qui s'y rattachent ; Fabrice, à son contact, s'accoutume aux étoiles et aux prédictions.*

Sa jeune tante, Gina, devenue veuve (le comte Pietranera est tué au cours d'un duel), vient habiter peu après chez les del Dongo à la grande joie de la mère de Fabrice : « Tu m'as rendu les beaux jours de la jeunesse ; la veille de ton arrivée, j'avais cent ans. *» Pendant que le marquis et son fils aîné complotent avec plus ou moins d'adresse auprès des Autrichiens, Fabrice fait de longues promenades sur le lac de Côme avec sa mère et la comtesse.*

Le 7 mars 1815, la nouvelle se répand comme une traînée de poudre : Napoléon vient de débarquer au golfe de Juan ! Fabrice, fou de bonheur, annonce à Gina qu'il part rejoindre l'empereur : « S'il le faut, j'irai à pied... *» Muni de tout l'argent et des quelques diamants que possèdent sa mère et sa tante, Fabrice part droit devant lui, atteint assez rapidement Lugano, passe en France, arrive à Paris où il manque l'empereur, et décide de se rendre directement sur le champ de bataille. Malheureusement, à cause de son accent (il parle mal le français), il est emprisonné parce qu'un officier le prend pour un espion.*

Trente-trois jours plus tard, il parvient à s'échapper grâce à la complicité de la femme du geôlier, qui lui donne les vêtements et les papiers d'un hussard décédé. Et c'est ainsi vêtu qu'il s'approche de Waterloo ; il n'a que seize ans...

CHAPITRE 3

abrice trouva bientôt des vivandières, et l'extrême reconnaissance qu'il avait pour la geôlière de B*** le porta à leur adresser la parole; il demanda à l'une d'elles où était le 4ᵉ régiment de hussards, auquel il appartenait.

– Tu ferais tout aussi bien de ne pas tant te presser, mon petit soldat, dit la cantinière touchée par la pâleur et les beaux yeux de Fabrice. Tu n'as pas encore la poigne assez ferme pour les coups de sabre qui vont se donner aujourd'hui. Encore si tu avais un fusil, je ne dis pas, tu pourrais lâcher ta balle tout comme un autre.

Ce conseil déplut à Fabrice; mais il avait beau pousser son cheval, il ne pouvait aller plus vite que la charrette de la cantinière. De temps à autre le bruit du canon semblait se rapprocher et les empêchait de s'entendre, car Fabrice était tellement hors de lui d'enthousiasme et de bonheur, qu'il avait renoué la conversation. Chaque mot de la cantinière redoublait son bonheur en le lui faisant comprendre. A l'exception de son vrai nom et de sa fuite de prison, il finit par tout dire à cette femme qui semblait si bonne. Elle était fort étonnée et ne comprenait rien du tout à ce que lui racontait ce beau jeune soldat.

– Je vois le fin mot, s'écria-t-elle enfin d'un air de triomphe : vous êtes un jeune bourgeois amoureux de la femme de quelque capitaine du 4ᵉ de hussards. Votre amoureuse vous aura fait cadeau de l'uniforme que vous portez, et vous courez après elle. Vrai, comme Dieu est là-haut, vous n'avez jamais été soldat; mais, comme un brave garçon que vous êtes, puisque votre régiment est au feu, vous voulez y paraître, et ne pas passer pour un capon.

Fabrice convint de tout : c'était le seul moyen qu'il eût de recevoir de bons conseils. J'ignore toutes les façons d'agir de ces Français, se disait-il, et, si je ne suis pas guidé par quelqu'un, je parviendrai encore à me faire jeter en prison, et l'on me volera mon cheval.

– D'abord, mon petit, lui dit la cantinière, qui devenait de plus en plus son amie, conviens que tu n'as pas vingt et un ans : c'est tout le bout du monde si tu en as dix-sept. C'était la vérité, et Fabrice l'avoua de bonne grâce.

– Ainsi, tu n'es pas même conscrit; c'est uniquement à cause des beaux yeux de la madame que tu vas te faire casser les os. Peste! elle n'est pas dégoûtée. Si tu as encore quelques-uns de ces *jaunets* qu'elle t'a remis, il faut *primo* que tu achètes un autre cheval; vois comme ta rosse dresse les oreilles quand le bruit du canon ronfle d'un peu près; c'est là un cheval de paysan qui te fera tuer dès que tu seras en ligne. Cette fumée blanche, que tu vois là-bas par-dessus la haie, ce sont des feux de peloton, mon petit! Ainsi, prépare-toi à avoir une fameuse venette, quand tu vas entendre siffler les balles. Tu ferais aussi bien de manger un morceau tandis que tu en as encore le temps.

Fabrice suivit ce conseil et, présentant un napoléon à la vivandière, la pria de se payer.

– C'est pitié de le voir! s'écria cette femme; le pauvre petit ne sait pas seulement dépenser son argent! Tu mériterais bien qu'après avoir empoigné ton napoléon je fisse prendre son grand trot à Cocotte; du diable si ta rosse pourrait me suivre. Que ferais-tu, nigaud, en me voyant détaler? Apprends que, quand le brutal gronde, on ne montre jamais d'or. Tiens, lui dit-elle, voilà 18 fr. 50 cent., et ton déjeuner te coûte 30 sous. Maintenant, nous allons bientôt avoir des chevaux à revendre. Si la bête est petite, tu en donneras 10 francs, et, dans tous les cas, jamais plus de 20 francs, quand ce serait le cheval des quatre fils Aymon.

Le déjeuner fini, la vivandière, qui pérorait toujours, fut interrompue par une femme qui s'avançait à travers champs, et qui passa sur la route.

– Holà, hé! lui cria cette femme; holà! Margot! ton 6ᵉ léger est sur la droite.

– Il faut que je te quitte, mon petit, dit la vivandière à notre héros; mais en vérité tu me fais pitié; j'ai de l'amitié pour toi, sacredié! Tu ne sais rien de rien, tu vas te faire moucher, comme Dieu est Dieu! Viens-t'en au 6ᵉ léger avec moi.

– Je comprends bien que je ne sais rien, lui dit Fabrice, mais je veux me battre et je suis résolu d'aller là-bas vers cette fumée blanche.

– Regarde comme ton cheval remue les oreilles! Dès qu'il sera là-bas, quelque peu de vigueur qu'il ait, il te forcera la main, il se mettra à galoper, et Dieu sait où il te mènera. Veux-tu m'en croire? Dès que tu seras avec les petits soldats, ramasse un fusil et une giberne, mets-toi à côté des soldats et fais comme eux, exactement. Mais, mon Dieu, je parie que tu ne sais pas seulement déchirer une cartouche.

Fabrice, fort piqué, avoua cependant à sa nouvelle amie qu'elle avait deviné juste.

– Pauvre petit! il va être tué tout de suite; vrai comme Dieu! ça ne sera pas long. Il faut absolument que tu viennes avec moi, reprit la cantinière d'un air d'autorité.

– Mais je veux me battre.

– Tu te battras aussi; va, le 6ᵉ léger est un fameux, et aujourd'hui il y en a pour tout le monde.

– Mais serons-nous bientôt à votre régiment?

– Dans un quart d'heure tout au plus.

Recommandé par cette brave femme, se dit Fabrice, mon ignorance de toutes choses ne me fera pas prendre pour un espion, et je pourrai me battre. A ce moment, le bruit du canon redoubla, un coup n'attendait pas l'autre. C'est comme un chapelet, dit Fabrice.

– On commence à distinguer les feux de peloton, dit la vivandière en donnant un coup de fouet à son petit cheval qui semblait tout animé par le feu.

La cantinière tourna à droite et prit un chemin de traverse au milieu des prairies; il y avait un pied de boue; la petite charrette fut sur le point d'y rester : Fabrice poussa à la roue. Son cheval tomba deux fois; bientôt le chemin, moins rempli d'eau, ne fut plus qu'un sentier au milieu du gazon. Fabrice n'avait pas fait cinq cents pas que sa rosse s'arrêta tout court : c'était un cadavre, posé en travers du sentier, qui faisait horreur au cheval et au cavalier.

La figure de Fabrice, très pâle naturellement, prit une teinte verte fort prononcée; la cantinière, après avoir regardé le mort, dit, comme se parlant à elle-même : ça n'est pas de notre division. Puis, levant les yeux sur notre héros, elle éclata de rire.

– Ha, ha! mon petit! s'écria-t-elle, en voilà du nanan! Fabrice restait glacé. Ce qui le frappait surtout c'était la saleté des pieds de ce cadavre qui déjà était dépouillé de ses souliers, et auquel on n'avait laissé qu'un mauvais pantalon tout souillé de sang.

– Approche, lui dit la cantinière; descends de cheval; il faut que tu t'y accoutumes; tiens, s'écria-t-elle, il en a eu par la tête.

Une balle, entrée à côté du nez, était sortie par la tempe opposée, et défigurait ce cadavre d'une façon hideuse ; il était resté avec un œil ouvert.

— Descends donc de cheval, petit, dit la cantinière, et donne-lui une poignée de main pour voir s'il te la rendra.

Sans hésiter, quoique prêt à rendre l'âme de dégoût, Fabrice se jeta à bas de cheval et prit la main du cadavre qu'il secoua ferme ; puis il resta comme anéanti ; il sentait qu'il n'avait pas la force de remonter à cheval. Ce qui lui faisait horreur surtout c'était cet œil ouvert.

La vivandière va me croire un lâche, se disait-il avec amertume ; mais il sentait l'impossibilité de faire un mouvement : il serait tombé. Ce moment fut affreux ; Fabrice fut sur le point de se trouver mal tout à fait. La vivandière s'en aperçut, sauta lestement à bas de sa petite voiture, et lui présenta, sans mot dire, un verre d'eau-de-vie qu'il avala d'un trait ; il put remonter sur sa rosse, et continua la route sans dire une parole. La vivandière le regardait de temps à autre du coin de l'œil.

— Tu te battras demain, mon petit, lui dit-elle enfin, aujourd'hui tu resteras avec moi. Tu vois bien qu'il faut que tu apprennes le métier de soldat.

— Au contraire, je veux me battre tout de suite, s'écria notre héros d'un air sombre, qui sembla de bon augure à la vivandière. Le bruit du canon redoublait et semblait s'approcher. Les coups commençaient à former comme une basse continue ; un coup n'était séparé du coup voisin par aucun intervalle, et sur cette basse continue, qui rappelait le bruit d'un torrent lointain, on distinguait fort bien les feux de peloton.

Dans ce moment la route s'enfonçait au milieu d'un bouquet de bois : la vivandière vit trois ou quatre soldats des nôtres qui venaient à elle courant à toutes jambes ; elle sauta lestement à bas de sa voiture et courut se cacher à quinze ou vingt pas du chemin. Elle se blottit dans un trou qui était resté au lieu où l'on venait d'arracher un grand arbre. Donc, se dit Fabrice, je vais voir si je suis un lâche ! Il s'arrêta auprès de la petite voiture abandonnée par la cantinière et tira son sabre. Les soldats ne firent pas attention à lui et passèrent en courant le long du bois, à gauche de la route.

— Ce sont des nôtres, dit tranquillement la vivandière en revenant tout essoufflée vers sa petite voiture... Si ton cheval était capable de galoper, je te dirais pousse en avant jusqu'au bout du bois, vois s'il y a quelqu'un dans la plaine. Fabrice ne se le fit pas dire deux fois, il arracha une branche à un peuplier, l'effeuilla et se mit à battre son cheval à tour de bras ; la rosse prit le galop un instant puis revint à son petit trot accoutumé. La vivandière avait mis son cheval au galop : – Arrête-toi donc, arrête! criait-elle à Fabrice. Bientôt tous les deux furent hors du bois; en arrivant au bord de la plaine, ils entendirent un tapage effroyable, le canon et la mousqueterie tonnaient de tous les côtés, à droite, à gauche, derrière. Et comme le bouquet de bois d'où ils sortaient occupait un tertre élevé de huit ou dix pieds au-dessus de la plaine, ils aperçurent assez bien un coin de la bataille; mais enfin il n'y avait personne dans le pré au delà du bois. Ce pré était bordé, à mille pas de distance, par une longue rangée de saules, très touffus; au-dessus des saules paraissait une fumée blanche qui quelquefois s'élevait dans le ciel en tournoyant.

– Si je savais seulement où est le régiment! disait la cantinière embarrassée. Il ne faut pas traverser ce grand pré tout droit. A propos, toi, dit-elle à Fabrice, si tu vois un soldat ennemi, pique-le avec la pointe de ton sabre, ne va pas t'amuser à le sabrer.

A ce moment, la cantinière aperçut les quatre soldats dont nous venons de parler, ils débouchaient du bois dans la plaine à gauche de la route. L'un d'eux était à cheval.

– Voilà ton affaire, dit-elle à Fabrice. Holà, ho! cria-t-elle à celui qui était à cheval, viens donc ici boire le verre d'eau-de-vie; les soldats s'approchèrent.

– Où est le 6ᵉ léger? cria-t-elle.

– Là-bas, à cinq minutes d'ici, en avant de ce canal qui est le long des saules; même que le colonel Macon vient d'être tué.

– Veux-tu cinq francs de ton cheval, toi?

– Cinq francs! tu ne plaisantes pas mal, petite mère, un cheval d'officier, que je vais vendre cinq napoléons avant un quart d'heure.

– Donne-m'en un de tes napoléons, dit la vivandière à Fabrice. Puis s'approchant du soldat à cheval : Descends vitement, lui dit-elle, voilà ton napoléon.

Le soldat descendit, Fabrice sauta en selle gaiement, la vivandière détachait le petit porte-manteau qui était sur la rosse.

– Aidez-moi donc, vous autres! dit-elle aux soldats, c'est comme ça que vous laissez travailler une dame!

Mais à peine le cheval de prise sentit le porte-manteau, qu'il se mit à se cabrer, et Fabrice, qui montait fort bien, eut besoin de toute sa force pour le contenir.

– Bon signe! dit la vivandière, le monsieur n'est pas accoutumé au chatouillement du porte-manteau.

– Un cheval de général, s'écriait le soldat qui l'avait vendu, un cheval qui vaut dix napoléons comme un liard!

– Voilà vingt francs, lui dit Fabrice, qui ne se sentait pas de joie de se trouver entre les jambes un cheval qui eût du mouvement.

A ce moment, un boulet donna dans la ligne de saules, qu'il prit de biais, et Fabrice eut le curieux spectacle de toutes ces petites branches volant de côté et d'autre comme rasées par un coup de faux.

– Tiens, voilà le brutal qui s'avance, lui dit le soldat en prenant ses vingt francs. Il pouvait être deux heures.

Fabrice était encore dans l'enchantement de ce spectacle curieux, lorsqu'une troupe de généraux, suivis d'une vingtaine de hussards, traversèrent au galop un des angles de la vaste prairie au bord de laquelle il était arrêté : son cheval hennit, se cabra deux ou trois fois de suite, puis donna des coups de tête violents contre la bride qui le retenait. Hé bien, soit! se dit Fabrice.

Le cheval laissé à lui-même partit ventre à terre et alla rejoindre l'escorte qui suivait les généraux. Fabrice compta quatre chapeaux bordés. Un quart d'heure après, par quelques mots que dit un hussard son voisin, Fabrice comprit qu'un de ces généraux était le célèbre maréchal Ney. Son bonheur fut au comble; toutefois il ne put deviner lequel des quatre généraux était le maréchal Ney; il eût donné tout au monde pour le savoir, mais il se rappela qu'il ne fallait pas parler. L'escorte s'arrêta pour passer un large fossé rempli d'eau par la pluie de la veille; il était bordé de grands arbres et terminait sur la gauche la prairie à l'entrée de laquelle Fabrice avait acheté le cheval. Presque tous les hussards avaient mis pied à terre; le bord du fossé était à pic et fort glissant, et l'eau se trouvait bien à trois ou quatre pieds en contre-bas au-dessous de la prairie. Fabrice, distrait par sa joie, songeait plus au maréchal Ney et à la gloire qu'à son cheval, lequel, étant fort animé, sauta dans le canal; ce qui fit rejaillir l'eau à une hauteur considérable. Un des généraux fut entièrement mouillé par la nappe d'eau, et s'écria en jurant : Au diable la f... bête! Fabrice se sentit profondément blessé de cette injure. Puis-je en demander raison? se dit-il. En attendant, pour prouver qu'il n'était pas si gauche, il entreprit de faire monter à son cheval la rive opposée du fossé; mais elle était à pic et haute de cinq à six pieds. Il fallut y renoncer; alors il remonta le courant, son cheval ayant de l'eau jusqu'à la tête, et enfin trouva une sorte d'abreuvoir; par cette pente douce il gagna facilement le

champ de l'autre côté du canal. Il fut le premier homme de l'escorte qui y parut; il se mit à trotter fièrement le long du bord : au fond du canal les hussards se démenaient, assez embarrassés de leur position; car en beaucoup d'endroits l'eau avait cinq pieds de profondeur. Deux ou trois chevaux prirent peur et voulurent nager, ce qui fit un barbotement épouvantable. Un maréchal-des-logis s'aperçut de la manœuvre que venait de faire ce blanc-bec, qui avait l'air si peu militaire.
– Remontez! il y a un abreuvoir à gauche! s'écria-t-il, et peu à peu tous passèrent.

En arrivant sur l'autre rive, Fabrice y avait trouvé les généraux tout seuls; le bruit du canon lui sembla redoubler; ce fut à peine s'il entendit le général, par lui si bien mouillé, qui criait à son oreille :
– Où as-tu pris ce cheval?

Fabrice était tellement troublé qu'il répondit en italien :
– *L'ho comprato poco fa.* (Je viens de l'acheter à l'instant.)
– Que dis-tu? lui cria le général.

Mais le tapage devint tellement fort en ce moment, que Fabrice ne put lui répondre. Nous avouerons que notre héros était fort peu héros en ce moment. Toutefois, la peur ne venait chez lui qu'en seconde ligne; il était surtout scandalisé de ce bruit qui lui faisait mal aux oreilles. L'escorte prit le galop; on traversait une grande pièce de terre labourée, située au delà du canal, et ce champ était jonché de cadavres.
– Les habits rouges! les habits rouges! criaient avec joie les hussards de l'escorte, et d'abord Fabrice ne comprenait pas; enfin il remarqua qu'en effet presque tous les cadavres étaient vêtus de rouge. Une circonstance lui donna un frisson d'horreur; il remarqua que beaucoup de ces malheureux habits rouges vivaient encore; ils criaient évidemment pour demander du secours, et personne ne s'arrêtait pour leur en donner. Notre héros, fort humain, se donnait toutes les peines du monde pour que son cheval ne mît les pieds sur aucun habit rouge. L'escorte s'arrêta; Fabrice, qui ne faisait pas assez d'attention à son devoir de soldat, galopait toujours en regardant un malheureux blessé.
– Veux-tu bien t'arrêter, blanc-bec! lui cria le maréchal-des-logis. Fabrice s'aperçut qu'il était à vingt pas sur la droite en avant des généraux, et précisément du côté où ils regardaient avec leurs lorgnettes. En revenant se ranger à la queue des autres hussards restés à quelques pas en arrière, il vit le plus gros de ces généraux qui parlait à son voisin, général aussi, d'un air d'autorité et presque de réprimande; il jurait. Fabrice

ne put retenir sa curiosité; et, malgré le conseil de ne point parler, à lui donné par son amie la geôlière, il arrangea une petite phrase bien française, bien correcte, et dit à son voisin :

— Quel est-il, ce général qui *gourmande* son voisin?

— Pardi, c'est le maréchal!

— Quel maréchal?

— Le maréchal Ney, bêta! Ah ça! où as-tu servi jusqu'ici?

Fabrice, quoique fort susceptible, ne songea point à se fâcher de l'injure; il contemplait, perdu dans une admiration enfantine, ce fameux prince de la Moskowa, le brave des braves.

Tout à coup on partit au grand galop. Quelques instants après, Fabrice vit, à vingt pas en avant, une terre labourée qui était remuée d'une façon singulière. Le fond des sillons était plein d'eau, et la terre fort humide, qui formait la crête de ces sillons, volait en petits fragments noirs lancés à trois ou quatre pieds de haut. Fabrice remarqua en passant cet effet singulier; puis sa pensée se mit à songer à la gloire du maréchal. Il entendit un cri sec auprès de lui; c'étaient deux hussards qui tombaient atteints par des boulets; et, lorsqu'il les regarda, ils étaient déjà à vingt pas de l'escorte. Ce qui lui sembla horrible, ce fut un cheval tout sanglant qui se débattait sur la terre labourée, en engageant ses pieds dans ses propres entrailles; il voulait suivre les autres : le sang coulait dans la boue.

Ah! m'y voilà donc enfin au feu! se dit-il. J'ai vu le feu! se répétait-il avec satisfaction. Me voici un vrai militaire. A ce moment, l'escorte allait ventre à terre, et notre héros comprit que c'étaient des boulets qui faisaient voler la terre de toutes parts. Il avait beau regarder du côté d'où venaient les boulets, il voyait la fumée blanche de la batterie à une distance énorme, et, au milieu du ronflement égal et continu produit par les coups de canon, il lui semblait entendre des décharges beaucoup plus voisines; il n'y comprenait rien du tout.

A ce moment, les généraux et l'escorte descendirent dans un petit chemin plein d'eau, qui était à cinq pieds en contre-bas.

Le maréchal s'arrêta, et regarda de nouveau avec sa lorgnette. Fabrice, cette fois, put le voir tout à son aise; il le trouva très-blond, avec une grosse tête rouge. Nous n'avons point des figures comme celle-là en Italie, se dit-il. Jamais, moi qui suis si pâle et qui ai des cheveux châtains, je ne serai comme ça, ajoutait-il avec tristesse. Pour lui ces paroles voulaient dire : Jamais je ne serai un héros. Il regarda les hussards; à l'exception d'un seul, tous avaient des moustaches jaunes. Si Fabrice regardait les hussards de l'escorte, tous le regardaient aussi. Ce regard le fit rougir, et, pour finir son embarras, il tourna la tête vers l'ennemi. C'étaient des lignes fort étendues d'hommes rouges; mais, ce qui l'étonna fort, ces hommes lui semblaient tout petits. Leurs longues files, qui étaient des régiments ou des divisions, ne lui paraissaient pas plus hautes que des haies. Une ligne de cavaliers rouges trottait pour se rapprocher du chemin en contre-bas que le maréchal et l'escorte s'étaient mis à suivre au petit pas, pataugeant dans la boue. La fumée empêchait de rien distinguer du côté vers lequel on s'avançait; l'on voyait quelquefois des hommes au galop se détacher de cette fumée blanche.

Tout à coup, du côté de l'ennemi, Fabrice vit quatre hommes qui arrivaient ventre à terre. Ah! nous sommes attaqués, se dit-il; puis il vit deux de ces hommes parler au maréchal. Un des généraux de la suite de ce dernier partit au galop du côté de l'ennemi, suivi de deux hussards de l'escorte et des quatre hommes qui venaient d'arriver. Après un petit canal que tout le monde passa, Fabrice se trouva à côté d'un maréchal-des-logis qui avait l'air fort bon enfant. Il faut que je parle à celui-là, se dit-il, peut-être ils cesseront de me regarder. Il médita longtemps.

– Monsieur, c'est la première fois que j'assiste à la bataille, dit-il enfin au maréchal-des-logis; mais ceci est-il une véritable bataille?

– Un peu. Mais vous, qui êtes-vous?

– Je suis frère de la femme d'un capitaine.

– Et comment l'appelez-vous, ce capitaine?

Notre héros fut terriblement embarrassé; il n'avait point prévu cette question. Par bonheur, le maréchal et l'escorte repartaient au galop. Quel nom français dirai-je? pensait-il. Enfin il se rappela le nom du maître de l'hôtel où il avait logé à Paris; il rapprocha son cheval de celui du maréchal-des-logis, et lui cria de toutes ses forces :

– Le capitaine Meunier! L'autre, entendant mal à cause du roulement du canon, lui répondit : – Ah! le capitaine Teulier? Eh bien! il a été tué. Bravo! se dit Fabrice. Le capitaine Teulier; il faut faire l'affligé. – Ah, mon Dieu! cria-t-il; et il prit une mine piteuse. On était sorti du chemin en contre-bas, on traversait un petit pré, on allait ventre à terre, les boulets arrivaient de nouveau, le maréchal se porta vers une division de cavalerie. L'escorte se trouvait au milieu de cadavres et de blessés; mais ce spectacle ne faisait déjà plus autant d'impression sur notre héros; il avait autre chose à penser.

Pendant que l'escorte était arrêtée, il aperçut la petite voiture d'une cantinière, et sa tendresse pour ce corps respectable l'emportant sur tout, il partit au galop pour la rejoindre.

– Restez donc, s..., lui cria le maréchal-des-logis. Que peut-il me faire ici? pensa Fabrice, et il continua de galoper vers la cantinière. En donnant de l'éperon à son cheval, il avait eu quelque espoir que c'était sa bonne cantinière du matin; les chevaux et les petites charrettes se ressemblaient fort, mais la propriétaire était tout autre, et notre héros lui trouva l'air fort méchant. Comme il l'abordait, Fabrice l'entendit qui disait : Il était pourtant bien bel homme! Un fort vilain spectacle attendait là le nouveau soldat; on coupait la cuisse à un cuirassier, beau jeune homme de cinq pieds dix pouces. Fabrice ferma les yeux et but coup sur coup quatre verres d'eau-de-vie.

– Comme tu y vas, gringalet! s'écria la cantinière. L'eau-de-vie lui donna une idée : Il faut que j'achète la bienveillance de mes camarades les hussards de l'escorte.

– Donnez-moi le reste de la bouteille, dit-il à la vivandière.

– Mais sais-tu, répondit-elle, que ce reste-là coûte dix francs, un jour comme aujourd'hui?

Comme il regagnait l'escorte au galop,

– Ah! tu nous apportes la goutte, s'écria le maréchal-deslogis, c'est pour ça que tu désertais? Donne.

La bouteille circula; le dernier qui la prit la jeta en l'air après avoir bu. – Merci, camarade! cria-t-il à Fabrice. Tous les yeux le regardèrent avec bienveillance. Ces regards ôtèrent un poids de cent livres de dessus le cœur de Fabrice : c'était un de ces cœurs de fabrique trop fine qui ont besoin de l'amitié de ce qui les entoure. Enfin il n'était plus mal vu de ses compagnons, il y avait liaison entre eux! Fabrice respira profondément, puis d'une voix libre, il dit au maréchal-des-logis :

– Et si le capitaine Teulier a été tué, où pourrai-je rejoindre ma sœur? Il se croyait un petit Machiavel, de dire si bien Teulier au lieu de Meunier.

– C'est ce que vous saurez ce soir, lui répondit le maréchaldes-logis.

L'escorte repartit et se porta vers des divisions d'infanterie. Fabrice se sentait tout à fait enivré; il avait bu trop d'eau-de-vie, il roulait un peu sur sa selle : il se souvint fort à propos d'un mot que répétait le cocher de sa mère : Quand on a levé le coude, il faut regarder entre les oreilles de son cheval, et faire comme fait le voisin. Le maréchal s'arrêta longtemps auprès de plusieurs corps de cavalerie qu'il fit charger; mais pendant une heure ou deux notre héros n'eut guère la conscience de ce qui se passait autour de lui. Il se sentait fort las, et quand son cheval galopait il retombait sur la selle comme un morceau de plomb.

Tout à coup le maréchal-des-logis cria à ses hommes :
– Vous ne voyez donc pas l'Empereur, s...! Sur-le-champ l'escorte cria : *Vive l'Empereur!* à tue-tête. On peut penser si notre héros regarda de tous ses yeux, mais il ne vit que des généraux qui galopaient, suivis, eux aussi, d'une escorte. Les longues crinières pendantes que portaient à leurs casques les dragons de la suite l'empêchèrent de distinguer les figures. Ainsi, je n'ai pu voir l'Empereur sur un champ de bataille, à cause de ces maudits verres d'eau-de-vie! Cette réflexion le réveilla tout à fait.

On redescendit dans un chemin rempli d'eau, les chevaux voulurent boire.

– C'est donc l'Empereur qui a passé là? dit-il à son voisin.
– Eh! certainement, celui qui n'avait pas d'habit brodé. Comment ne l'avez-vous pas vu? lui répondit le camarade avec bienveillance. Fabrice eut grande envie de galoper après l'escorte de l'Empereur et de s'y incorporer. Quel bonheur de faire réellement la guerre à la suite de ce héros! C'était pour cela qu'il était venu en France. J'en suis parfaitement le maître, se dit-il, car enfin je n'ai d'autre raison pour faire le service que je fais, que la volonté de mon cheval qui s'est mis à galoper pour suivre ces généraux.

Ce qui détermina Fabrice à rester, c'est que les hussards ses nouveaux camarades lui faisaient bonne mine; il commençait à se croire l'ami intime de tous les soldats avec lesquels il galopait depuis quelques heures. Il voyait entre eux et lui cette noble amitié des héros du Tasse et de l'Arioste. S'il se joignait à l'escorte de l'Empereur, il y aurait une nouvelle connaissance à faire; peut-être même on lui ferait la mine, car ces autres cavaliers étaient des dragons, et lui portait l'uniforme de hussard ainsi que tout ce qui suivait le maréchal. La façon dont on le regardait maintenant mit notre héros au comble du bonheur; il eût fait tout au monde pour ses camarades; son âme et son esprit étaient dans les nues. Tout lui semblait avoir changé de face depuis qu'il était avec des amis, il mourait d'envie de faire des questions. Mais je suis encore un peu ivre, se dit-il, il faut que je me souvienne de la geôlière. Il remarqua en sortant du chemin creux que l'escorte n'était plus avec le maréchal Ney; le général qu'ils suivaient était grand, mince, et avait la figure sèche et l'œil terrible.

Ce général n'était autre que le comte d'A***, le lieutenant Robert du 15 mai 1796. Quel bonheur il eût trouvé à voir Fabrice del Dongo!

Il y avait déjà longtemps que Fabrice n'apercevait plus la terre volant en miettes noires sous l'action des boulets; on arriva derrière un régiment de cuirassiers, il entendit distinctement les biscaïens frapper sur les cuirasses et il vit tomber plusieurs hommes.

Le soleil était déjà fort bas et il allait se coucher lorsque l'escorte, sortant d'un chemin creux, monta une petite pente de trois ou quatre pieds pour entrer dans une terre labourée. Fabrice entendit un petit bruit singulier tout près de lui : il tourna la tête, quatre hommes étaient tombés avec leurs chevaux; le général lui-même avait été renversé, mais il se relevait tout couvert de sang. Fabrice regardait les hussards jetés par terre : trois faisaient encore quelques mouvements convulsifs, le quatrième criait : Tirez-moi de dessous. Le maréchal-deslogis et deux ou trois hommes avaient mis pied à terre pour secourir le général qui, s'appuyant sur son aide de camp, essayait de faire quelques pas; il cherchait à s'éloigner de son cheval, qui se débattait renversé par terre et lançait des coups de pied furibonds.

Le maréchal-des-logis s'approcha de Fabrice. A ce moment notre héros entendit dire derrière lui et tout près de son oreille : C'est le seul qui puisse encore galoper. Il se sentit saisir par les pieds; on les élevait en même temps qu'on lui soutenait le corps par-dessous les bras; on le fit passer par-dessus la croupe de son cheval, puis on le laissa glisser jusqu'à terre, où il tomba assis.

L'aide de camp prit le cheval de Fabrice par la bride; le général, aidé par le maréchal-des-logis, monta et partit au galop; il fut suivi rapidement par les six hommes qui restaient. Fabrice se releva furieux, et se mit à courir après eux en criant : *Ladri! ladri!* (voleurs! voleurs!). Il était plaisant de courir après des voleurs au milieu d'un champ de bataille.

L'escorte et le général, comte d'A***, disparurent bientôt derrière une rangée de saules. Fabrice, ivre de colère, arriva aussi à cette ligne de saules; il se trouva tout contre un canal fort profond qu'il traversa. Puis, arrivé de l'autre côté, il se remit à jurer en apercevant de nouveau, mais à une très-grande distance, le général et l'escorte qui se perdaient dans les arbres. Voleurs! voleurs! criait-il maintenant en français. Désespéré, bien moins de la perte de son cheval que de la trahison, il se laissa tomber au bord du fossé, fatigué et mourant de faim. Si son beau cheval lui eût été enlevé par l'ennemi, il n'y eût pas songé; mais se voir trahir et voler par ce maréchal-des-logis qu'il aimait tant et par ces hussards qu'il regardait comme des frères! c'est ce qui lui brisait le cœur. Il ne pouvait se consoler de tant d'infamie, et, le dos appuyé contre un saule, il se mit à pleurer à chaudes larmes. Il défaisait un à un tous ces beaux rêves d'amitié chevaleresque et sublime, comme celle des héros de la *Jérusalem délivrée*. Voir arriver la mort n'était rien, entouré d'âmes héroïques et tendres, de nobles amis qui vous serrent la main au moment du dernier soupir! mais garder son enthousiasme entouré de vils fripons!!! Fabrice exagérait comme tout homme indigné. Au bout d'un quart d'heure d'attendrissement, il remarqua que les boulets commençaient à arriver jusqu'à la rangée d'arbres à l'ombre desquels il méditait. Il se leva et chercha à s'orienter. Il regardait ces prairies bordées par un large canal et la rangée de saules touffus : il crut se reconnaître. Il aperçut un corps d'infanterie qui passait le fossé et entrait dans les prairies, à un quart de lieue en avant de lui. J'allais m'endormir, se dit-il; il s'agit de n'être pas prisonnier; et il se mit à marcher très-vite. En avançant il fut rassuré, il reconnut l'uniforme, les régiments par lesquels il craignait d'être coupé étaient français. Il obliqua à droite pour les rejoindre.

Après la douleur morale d'avoir été si indignement trahi et volé, il en était une autre qui, à chaque instant, se faisait sentir plus vivement : il mourait de faim. Ce fut donc avec une joie extrême qu'après avoir marché, ou plutôt couru pendant dix minutes, il aperçut que le corps d'infanterie, qui allait très-vite aussi, s'arrêtait comme pour prendre position. Quelques minutes plus tard, il se trouvait au milieu des premiers soldats.

– Camarades, pourriez-vous me vendre un morceau de pain?

– Tiens! cet autre qui nous prend pour des boulangers!

Ce mot dur et le ricanement général qui le suivit accablèrent Fabrice. La guerre n'était donc plus ce noble et commun élan d'âmes amantes de la gloire qu'il s'était figuré d'après les proclamations de Napoléon! Il s'assit, ou plutôt se laissa tomber sur le gazon; il devint très-pâle. Le soldat qui lui avait parlé, et qui s'était arrêté à dix pas pour nettoyer la batterie de son fusil avec son mouchoir, s'approcha et lui jeta un morceau de pain; puis, voyant qu'il ne le ramassait pas, le soldat lui mit un morceau de ce pain dans la bouche. Fabrice ouvrit les yeux, et mangea ce pain sans avoir la force de parler. Quand enfin il chercha des yeux le soldat pour le payer, il se trouva seul, les soldats les plus voisins de lui étaient éloignés

de cent pas et marchaient. Il se leva machinalement et les suivit. Il entra dans un bois; il allait tomber de fatigue, et cherchait déjà de l'œil une place commode; mais quelle ne fut pas
sa joie en reconnaissant d'abord le cheval, puis la voiture, et
enfin la cantinière du matin! Elle accourut à lui et fut
effrayée de sa mine.

– Marche encore, mon petit, lui dit-elle; tu es donc blessé?
et ton beau cheval? En parlant ainsi elle le conduisait vers sa
voiture, où elle le fit monter, en le soutenant par-dessous les
bras. A peine dans la voiture, notre héros, excédé de fatigue,
s'endormit profondément.

CHAPITRE 4

R ien ne put le réveiller, ni les coups de fusil tirés fort près de la petite charrette, ni le trot du cheval que la cantinière fouettait à tour de bras. Le régiment, attaqué à l'improviste par des nuées de cavalerie prussienne, après avoir cru à la victoire toute la journée, battait en retraite, ou plutôt s'enfuyait du côté de la France. Le colonel, beau jeune homme, bien *ficelé*, qui venait de succéder à Macon, fut sabré; le chef de bataillon qui le remplaça dans le commandement, vieillard à cheveux blancs, fit faire halte au régiment. – F..., dit-il aux soldats, du temps de la république on attendait pour filer d'y être forcé par l'ennemi... Défendez chaque pouce de terrain, et faites-vous tuer, s'écriait-il en jurant; c'est maintenant le sol de la patrie que ces Prussiens veulent envahir!

La petite charrette s'arrêta, Fabrice se réveilla tout à coup. Le soleil était couché depuis longtemps; il fut tout étonné de voir qu'il était presque nuit. Les soldats couraient de côté et d'autre dans une confusion qui surprit fort notre héros; il trouva qu'ils avaient l'air penaud.

– Qu'est-ce donc? dit-il à la cantinière.

– Rien du tout. C'est que nous sommes flambés, mon petit; c'est la cavalerie des Prussiens qui nous sabre, rien que ça. Le bêta de général a d'abord cru que c'était la nôtre. Allons, vivement, aide-moi à réparer le trait de Cocotte qui s'est cassé.

Quelques coups de fusil partirent à dix pas de distance: notre héros, frais et dispos, se dit : mais réellement pendant toute la journée je ne me suis pas battu, j'ai seulement escorté un général. – Il faut que je me batte, dit-il à la cantinière.

– Sois tranquille, tu te battras, et plus que tu ne voudras! Nous sommes perdus.

Aubry, mon garçon, cria-t-elle à un caporal qui passait, regarde toujours de temps en temps où en est la petite voiture.
– Vous allez vous battre? dit Fabrice à Aubry.
– Non, je vais mettre mes escarpins pour aller à la danse!
– Je vous suis.
– Je te recommande le petit hussard, cria la cantinière, le jeune bourgeois a du cœur. Le caporal Aubry marchait sans dire mot. Huit ou dix soldats le rejoignirent en courant, il les conduisit derrière un gros chêne entouré de ronces. Arrivé là il les plaça au bord du bois, toujours sans mot dire, sur une ligne fort étendue; chacun était au moins à dix pas de son voisin.
– Ah ça! vous autres, dit le caporal, et c'était la première fois qu'il parlait, n'allez pas faire feu avant l'ordre, songez que vous n'avez plus que trois cartouches.
Mais que se passe-t-il donc? se demandait Fabrice. Enfin, quand il se trouva seul avec le caporal, il lui dit :
– Je n'ai pas de fusil.
– Tais-toi d'abord! Avance-toi là, à cinquante pas en avant du bois, tu trouveras quelqu'un des pauvres soldats du régiment qui viennent d'être sabrés; tu lui prendras sa giberne et son fusil. Ne va pas dépouiller un blessé, au moins; prends le fusil et la giberne d'un qui soit bien mort, et dépêche-toi, pour ne pas recevoir les coups de fusil de nos gens. Fabrice partit en courant et revint bien vite avec un fusil et une giberne.
– Charge ton fusil et mets-toi là derrière cet arbre, et surtout ne va pas tirer avant l'ordre que je t'en donnerai... Dieu de Dieu! dit le caporal en s'interrompant, il ne sait pas même charger son arme! Il aida Fabrice en continuant son discours. Si un cavalier ennemi galope sur toi pour te sabrer, tourne autour de ton arbre, et ne lâche ton coup qu'à bout portant, quand ton cavalier sera à trois pas de toi; il faut presque que ta baïonnette touche son uniforme.
– Jette donc ton grand sabre, s'écria le caporal, veux-tu qu'il te fasse tomber, nom de D...! Quels soldats on nous donne maintenant! En parlant ainsi, il prit lui-même le sabre, qu'il jeta au loin avec colère.
– Toi, essuie la pierre de ton fusil avec ton mouchoir. Mais as-tu jamais tiré un coup de fusil?
– Je suis chasseur.
– Dieu soit loué! reprit le caporal avec un gros soupir. Surtout ne tire pas avant l'ordre que je te donnerai; et il s'en alla.
Fabrice était tout joyeux. Enfin je vais me battre réellement, se disait-il, tuer un ennemi! Ce matin ils nous envoyaient des boulets, et moi je ne faisais rien que m'exposer à être tué;

métier de dupe. Il regardait de tous côtés avec une extrême curiosité. Au bout d'un moment, il entendit partir sept à huit coups de fusil tout près de lui. Mais, ne recevant point l'ordre de tirer, il se tenait tranquille derrière son arbre. Il était presque nuit; il lui semblait être à l'*espère*, à la chasse de l'ours, dans la montagne de la Tramezzina, au-dessus de Grianta. Il lui vint une idée de chasseur : il prit une cartouche dans sa giberne et en détacha la balle : si je le vois, dit-il, il ne faut pas que je le manque, et il fit couler cette seconde balle dans le canon de son fusil. Il entendit tirer deux coups de feu tout à côté de son arbre; en même temps il vit un cavalier vêtu de bleu qui passait au galop devant lui, se dirigeant de sa droite à sa gauche. Il n'est pas à trois pas, se dit-il, mais à cette distance je suis sûr de mon coup; il suivit bien le cavalier du bout de son fusil et enfin pressa la détente; le cavalier tomba avec son cheval. Notre héros se croyait à la chasse : il courut tout joyeux sur la pièce qu'il venait d'abattre. Il touchait déjà l'homme qui lui semblait mourant, lorsqu'avec une rapidité incroyable deux cavaliers prussiens arrivèrent sur lui pour le sabrer. Fabrice se sauva à toutes jambes vers le bois; pour mieux courir il jeta son fusil. Les cavaliers prussiens n'étaient plus qu'à trois pas de lui lorsqu'il atteignit une nouvelle plantation de petits chênes gros comme le bras et bien droits qui bordaient le bois. Ces petits chênes arrêtèrent un instant les cavaliers, mais ils passèrent et se remirent à poursuivre Fabrice dans une clairière. De nouveau ils étaient près de l'atteindre, lorsqu'il se glissa entre sept à huit gros arbres. A ce moment, il eut presque la figure brûlée par la flamme de cinq ou six coups de fusil qui partirent en avant de lui. Il baissa la tête; comme il la relevait, il se trouva vis-à-vis du caporal.

— Tu as tué le tien? lui dit le caporal Aubry.

— Oui, mais j'ai perdu mon fusil.

— Ce n'est pas les fusils qui nous manquent; tu es un bon b...; malgré ton air cornichon, tu as bien gagné ta journée, et ces soldats-ci viennent de manquer ces deux qui te poursuivaient et venaient droit à eux; moi, je ne les voyais pas. Il s'agit maintenant de filer rondement; le régiment doit être à un demi-quart de lieue, et, de plus, il y a un petit bout de prairie où nous pouvons être ramassés au demi-cercle.

Tout en parlant, le caporal marchait rapidement à la tête de ses dix hommes. A deux cents pas de là, en entrant dans la petite prairie dont il avait parlé, on rencontra un général blessé qui était porté par son aide de camp et par un domestique.

– Vous allez me donner quatre hommes, dit-il au caporal d'une voix éteinte, il s'agit de me transporter à l'ambulance ; j'ai la jambe fracassée.

– Va te faire f..., répondit le caporal, toi et tous les généraux. Vous avez tous trahi l'Empereur aujourd'hui.

– Comment, dit le général en fureur, vous méconnaissez mes ordres ! Savez-vous que je suis le général comte B***, commandant votre division, etc., etc. Il fit des phrases. L'aide de camp se jeta sur les soldats. Le caporal lui lança un coup de baïonnette dans le bras, puis fila avec ses hommes en doublant le pas. Puissent-ils être tous comme toi, répétait le caporal en jurant, les bras et les jambes fracassés ! Tas de freluquets ! Tous vendus aux Bourbons, et trahissant l'Empereur ! Fabrice écoutait avec saisissement cette affreuse accusation.

Vers les dix heures du soir, la petite troupe rejoignit le régiment à l'entrée d'un gros village qui formait plusieurs rues fort étroites, mais Fabrice remarqua que le caporal Aubry évitait de parler à aucun des officiers. Impossible d'avancer ! s'écria le caporal. Toutes ces rues étaient encombrées d'infanterie, de cavaliers et surtout de caissons d'artillerie et de fourgons. Le caporal se présenta à l'issue de trois de ces rues ; après avoir fait vingt pas, il fallait s'arrêter : tout le monde jurait et se fâchait.

Encore quelque traître qui commande ! s'écria le caporal ; si l'ennemi a l'esprit de tourner le village, nous sommes tous prisonniers comme des chiens. Suivez-moi, vous autres. Fabrice regarda ; il n'y avait plus que six soldats avec le caporal. Par une grande porte ouverte ils entrèrent dans une vaste basse-cour ; de la basse-cour ils passèrent dans une écurie, dont la petite porte leur donna entrée dans un jardin. Ils s'y perdirent un moment, errant de côté et d'autre. Mais enfin, en passant une haie, ils se trouvèrent dans une vaste pièce de blé noir. En moins d'une demi-heure, guidés par les cris et le bruit confus, ils eurent regagné la grande route au delà du village. Les fossés de cette route étaient remplis de fusils abandonnés ; Fabrice en choisit un : mais la route quoique fort large, était tellement encombrée de fuyards et de charrettes, qu'en une demi-heure de temps, à peine si le caporal et Fabrice avaient avancé de cinq cents pas ; on disait que cette route conduisait à Charleroi. Comme onze heures sonnaient à l'horloge du village :

– Prenons de nouveau à travers champs, s'écria le caporal. La petite troupe n'était plus composée que de trois soldats, le caporal et Fabrice. Quand on fut à un quart de lieue de la grande route :

– Je n'en puis plus, dit un des soldats.

– Et moi itou, dit un autre.

– Belle nouvelle! nous en sommes tous logés là, dit le caporal; mais obéissez-moi, et vous vous en trouverez bien. Il vit cinq ou six arbres le long d'un petit fossé au milieu d'une immense pièce de blé. Aux arbres! dit-il à ses hommes; couchez-vous là, ajouta-t-il quand on y fut arrivé, et surtout pas de bruit. Mais avant de s'endormir, qui est-ce qui a du pain?

– Moi, dit un des soldats.

– Donne, dit le caporal, d'un air magistral; il divisa le pain en cinq morceaux et prit le plus petit.

– Un quart d'heure avant le point du jour, dit-il en mangeant, vous allez avoir sur le dos la cavalerie ennemie. Il s'agit de ne pas se laisser sabrer. Un seul est flambé, avec de la cavalerie sur le dos, dans ces grandes plaines, cinq au contraire peuvent se sauver : restez avec moi bien unis, ne tirez qu'à bout portant, et demain soir je me fais fort de vous rendre à Charleroi. Le caporal les éveilla une heure avant le jour; il leur fit renouveler la charge de leurs armes, le tapage sur la grande route continuait, il avait duré toute la nuit : c'était comme le bruit d'un torrent entendu dans le lointain.

– Ce sont comme des moutons qui se sauvent, dit Fabrice au caporal, d'un air naïf.

– Veux-tu bien te taire, blanc-bec! dit le caporal indigné; et les trois soldats qui composaient toute son armée avec Fabrice regardèrent celui-ci d'un air de colère, comme s'il eût blasphémé. Il avait insulté la nation.

Voilà qui est fort! pensa notre héros; j'ai déjà remarqué cela chez le vice-roi à Milan; ils ne fuient pas, non! Avec ces Français il n'est pas permis de dire la vérité quand elle choque leur vanité. Mais quant à leur air méchant, je m'en moque, et il faut que je le leur fasse comprendre. On marchait toujours à cinq cents pas de ce torrent de fuyards qui couvrait la grande route. A une lieue de là, le caporal et sa troupe traversèrent un chemin qui allait rejoindre la route, et où beaucoup de soldats étaient couchés. Fabrice acheta un cheval assez bon, qui lui coûta quarante francs, et parmi tous les sabres jetés de côté et d'autre, il choisit avec soin un grand sabre droit. Puisqu'on dit qu'il faut piquer, pensa-t-il, celui-ci est le meilleur. Ainsi équipé, il mit son cheval au galop et rejoignit bientôt le caporal, qui avait pris les devants. Il s'affermit sur ses étriers, prit de la main gauche le fourreau de son sabre droit, et dit aux quatre Français :

– Ces gens qui se sauvent sur la grande route ont l'air d'un troupeau de moutons... ils marchent comme des moutons effrayés...

Fabrice avait beau appuyer sur le mot *moutons*, ses camarades ne se souvenaient plus d'avoir été fâchés par ce mot une heure auparavant. Ici se trahit un des contrastes des caractères italien et français; le Français est sans doute le plus heureux, il glisse sur les événements de la vie et ne garde pas rancune. Nous ne cacherons point que Fabrice fut très satisfait de sa personne après avoir parlé de *moutons*. On marchait en faisant la petite conversation. A deux lieues de là le caporal, toujours fort étonné de ne point voir la cavalerie ennemie, dit à Fabrice :

— Vous êtes notre cavalerie, galopez vers cette ferme sur ce petit tertre, demandez au paysan s'il veut nous *vendre* à déjeuner, dites bien que nous ne sommes que cinq. S'il hésite donnez-lui cinq francs d'avance de votre argent, mais soyez tranquille, nous reprendrons la pièce blanche après le déjeuner.

Fabrice regarda le caporal, il vit en lui une gravité imperturbable et vraiment l'air de la supériorité morale; il obéit. Tout se passa comme l'avait prévu le commandant en chef; seulement, Fabrice insista pour qu'on ne reprît pas de vive force les cinq francs qu'il avait donnés au paysan.

— L'argent est à moi, dit-il à ses camarades, je ne paie pas pour vous, je paie pour l'avoine qu'il a donnée à mon cheval.

Fabrice prononçait si mal le français que ses camarades crurent voir dans ses paroles un ton de supériorité; ils furent vivement choqués, et dès lors dans leur esprit un duel se prépara pour la fin de la journée. Ils le trouvaient fort différent d'eux-mêmes, ce qui les choquait; Fabrice au contraire commençait à se sentir beaucoup d'amitié pour eux.

On marchait sans rien dire depuis deux heures, lorsque le caporal regardant la grande route, s'écria avec un transport de joie : Voici le régiment! On fut bientôt sur la route; mais, hélas! autour de l'aigle il n'y avait pas deux cents hommes. L'œil de Fabrice eut bientôt aperçu la vivandière : elle marchait à pied, avait les yeux rouges et pleurait de temps à autre. Ce fut en vain que Fabrice chercha la petite charrette et Cocotte.

— Pillés, perdus, volés, s'écria la vivandière, répondant aux regards de notre héros. Celui-ci, sans mot dire, descendit de son cheval, le prit par la bride, et dit à la vivandière : Montez. Elle ne se le fit pas dire deux fois.

— Raccourcis-moi les étriers, fit-elle.

Une fois bien établie à cheval, elle se mit à raconter à

Fabrice tous les désastres de la nuit. Après un récit d'une longueur infinie, mais avidement écouté par notre héros qui, à vrai dire, ne comprenait rien à rien, mais avait une tendre amitié pour la vivandière, celle-ci ajouta :

– Et dire que ce sont des Français qui m'ont pillée, battue, abîmée...

– Comment! ce ne sont pas les ennemis? dit Fabrice d'un air naïf, qui rendait charmante sa belle figure grave et pâle.

– Que tu es bête, mon pauvre petit! dit la vivandière, souriant au milieu de ses larmes; et quoique ça, tu es bien gentil.

– Et tel que vous le voyez, il a fort bien descendu son Prussien, dit le caporal Aubry, qui, au milieu de la cohue générale, se trouvait par hasard de l'autre côté du cheval monté par la cantinière. Mais, il est fier, continua le caporal... Fabrice fit un mouvement. Et comment t'appelles-tu? continua le caporal, car enfin, s'il y a un rapport, je veux te nommer.

– Je m'appelle Vasi, répondit Fabrice, faisant une mine singulière, c'est-à-dire *Boulot*, ajouta-t-il se reprenant vivement.

Boulot avait été le nom du propriétaire de la feuille de route que la geôlière de B*** lui avait remise; l'avant-veille il l'avait étudiée avec soin, tout en marchant, car il commençait à réfléchir quelque peu et n'était plus si étonné des choses. Outre la feuille de route du hussard Boulot, il conservait précieusement le passe-port italien d'après lequel il pouvait prétendre au noble nom de Vasi, marchand de baromètres. Quand le caporal lui avait reproché d'être fier, il avait été sur le point de répondre : Moi fier! moi Fabrice Valserra, *marchesino* del Dungo, qui consens à porter le nom d'un Vasi, marchand de baromètres!

Pendant qu'il faisait des réflexions et qu'il se disait : il faut bien me rappeler que je m'appelle Boulot, ou, gare la prison dont le sort me menace, le caporal et la cantinière avaient échangé plusieurs mots sur son compte.

– Ne m'accusez pas d'être une curieuse, lui dit la cantinière en cessant de le tutoyer; c'est pour votre bien que je vous fais des questions. Qui êtes-vous, là, réellement?

Fabrice ne répondit pas d'abord; il considérait que jamais il ne pourrait trouver d'amis plus dévoués pour leur demander conseil, et il avait un pressant besoin de conseils. Nous allons entrer dans une place de guerre, le gouverneur voudra savoir qui je suis, et gare la prison si je fais voir par mes réponses que je ne connais personne au 4ᵉ régiment de hussards dont je porte l'uniforme! En sa qualité de sujet de l'Autriche, Fabrice savait toute l'importance qu'il faut attacher à un passe-port. Les membres de sa famille, quoique nobles et dévots, quoique appartenant au parti vainqueur, avaient été vexés plus de vingt fois à l'occasion de leurs passe-ports ; il ne fut donc nullement choqué de la question que lui adressait la cantinière. Mais comme, avant que de répondre, il cherchait les mots français les plus clairs, la cantinière, piquée d'une vive curiosité, ajouta pour l'engager à parler : Le caporal Aubry et moi, nous allons vous donner de bons avis pour vous conduire.

– Je n'en doute pas, répondit Fabrice. Je m'appelle Vasi et je suis de Gênes ; ma sœur, célèbre par sa beauté, a épousé un capitaine. Comme je n'ai que dix-sept ans, elle me faisait venir auprès d'elle pour me faire voir la France, et me former un peu ; ne la trouvant pas à Paris, et sachant qu'elle était à cette armée, j'y suis venu, je l'ai cherchée de tous les côtés sans pouvoir la trouver. Les soldats, étonnés de mon accent, m'ont fait arrêter. J'avais de l'argent alors, j'en ai donné au gendarme, qui m'a remis une feuille de route, un uniforme et m'a dit : File, et jure-moi de ne jamais prononcer mon nom.

– Comment s'appelait-il ? dit la cantinière.

– J'ai donné ma parole, dit Fabrice.

– Il a raison, reprit le caporal, le gendarme est un gredin, mais le camarade ne doit pas le nommer. Et comment s'appelle-t-il, ce capitaine, mari de votre sœur ? Si nous savons son nom, nous pourrons le chercher.

– Teulier, capitaine au 4ᵉ de hussards, répondit notre héros.

– Ainsi, dit le caporal avec assez de finesse, à votre accent étranger, les soldats vous prirent pour un espion ?

– C'est là le mot infâme ! s'écria Fabrice, les yeux brillants ; moi qui aime tant l'Empereur et les Français ! et c'est par cette insulte que je suis le plus vexé.

– Il n'y a pas d'insulte, voilà ce qui vous trompe ; l'erreur des soldats était fort naturelle, reprit gravement le caporal Aubry.

Alors il lui expliqua avec beaucoup de pédanterie qu'à l'armée il faut appartenir à un corps et porter un uniforme, faute de quoi il est toujours simple qu'on vous prenne pour un espion. L'ennemi nous en lâche beaucoup ; tout le monde trahit dans cette guerre. Les écailles tombèrent des yeux de Fabrice ; il comprit pour la première fois qu'il avait tort dans tout ce qui lui arrivait depuis deux mois.

– Mais il faut que le petit nous raconte tout, dit la cantinière, dont la curiosité était de plus en plus excitée. Fabrice obéit. Quand il eut fini,

– Au fait, dit la cantinière parlant d'un air grave au

caporal, cet enfant n'est point militaire; nous allons faire une vilaine guerre maintenant que nous sommes battus et trahis. Pourquoi se ferait-il casser les os *gratis pro Deo*?

– Et même, dit le caporal, qu'il ne sait pas charger son fusil, ni en douze temps, ni à volonté. C'est moi qui ai chargé le coup qui a descendu le Prussien.

– De plus, il montre son argent à tout le monde, ajouta la cantinière; il sera volé de tout dès qu'il ne sera plus avec nous.

– Le premier sous-officier de cavalerie qu'il rencontre, dit le caporal, le confisque à son profit pour se faire payer la goutte, et peut-être on le recrute pour l'ennemi, car tout le monde trahit. Le premier venu va lui ordonner de le suivre, et il le suivra; il ferait mieux d'entrer dans notre régiment.

– Non pas, s'il vous plaît, caporal! s'écria vivement Fabrice; il est plus commode d'aller à cheval, et d'ailleurs je ne sais pas charger un fusil, et vous avez vu que je manie un cheval.

Fabrice fut très-fier de ce petit discours. Nous ne rendrons pas compte de la longue discussion sur sa destinée future, qui eut lieu entre le caporal et la cantinière. Fabrice remarqua qu'en discutant ces gens répétaient trois ou quatre fois toutes les circonstances de son histoire : les soupçons des soldats, le gendarme lui vendant une feuille de route et un uniforme, la façon dont la veille il s'était trouvé faire partie de l'escorte du maréchal, l'Empereur vu au galop, le cheval *escofié*, etc., etc.

Avec une curiosité de femme, la cantinière revenait sans cesse sur la façon dont on l'avait dépossédé du bon cheval qu'elle lui avait fait acheter.

– Tu t'es senti saisir par les pieds, on t'a fait passer doucement par-dessus la queue de ton cheval, et l'on t'a assis par terre! Pourquoi répéter si souvent, se disait Fabrice, ce que nous connaissons tous trois parfaitement bien? Il ne savait pas encore que c'est ainsi qu'en France les gens du peuple vont à la recherche des idées.

– Combien as-tu d'argent? lui dit tout à coup la cantinière. Fabrice n'hésita pas à répondre; il était sûr de la noblesse d'âme de cette femme : c'est là le beau côté de la France.

– En tout, il peut me rester trente napoléons en or et huit ou dix écus de cinq francs.

– En ce cas, tu as le champ libre! s'écria la cantinière; tire-toi du milieu de cette armée en déroute; jette-toi de côté, prends la première route un peu frayée que tu trouveras là sur ta droite; pousse ton cheval ferme, toujours t'éloignant de l'armée. A la première occasion achète des habits de pékin. Quand tu seras à huit ou dix lieues, et que tu ne verras plus de soldats, prends la poste, et va te reposer huit jours et manger des biftecks dans quelque bonne ville. Ne dis jamais à personne que tu as été à l'armée; les gendarmes te ramasseraient comme déserteur; et, quoique tu sois bien gentil, mon petit, tu n'es pas encore assez fûté pour répondre à des gendarmes. Dès que tu auras sur le dos des habits de bourgeois, déchire ta feuille de route en mille morceaux et reprends ton nom véritable : dis que tu es Vasi. Et d'où devra-t-il dire qu'il vient? fit-elle au caporal.

— De Cambrai sur l'Escaut : c'est une bonne ville toute petite, entends-tu, et où il y a une cathédrale et Fénelon.

— C'est ça, dit la cantinière; ne dis jamais que tu as été à la bataille, ne souffle mot de B*** ni du gendarme qui t'a vendu la feuille de route. Quand tu voudras rentrer à Paris, rends-toi d'abord à Versailles, et passe la barrière de Paris de ce côté-là en flânant, en marchant à pied comme un promeneur. Couds tes napoléons dans ton pantalon; et surtout, quand tu as à payer quelque chose, ne montre tout juste que l'argent qu'il faut pour payer. Ce qui me chagrine, c'est qu'on va t'empaumer, on va te chiper tout ce que tu as; et que feras-tu une fois sans argent, toi qui ne sais pas te conduire? etc.

La bonne cantinière parla longtemps encore; le caporal appuyait ses avis par des signes de tête, ne pouvant trouver jour à saisir la parole. Tout à coup cette foule qui couvrait la grande route, d'abord doubla le pas; puis, en un clin d'œil, passa le petit fossé qui bordait la route à gauche, et se mit à fuir à toutes jambes. — Les Cosaques! les Cosaques! criait-on de tous les côtés.

— Reprends ton cheval! s'écria la cantinière.

— Dieu m'en garde! dit Fabrice. Galopez! fuyez! je vous le donne. Voulez-vous de quoi racheter une petite voiture? La moitié de ce que j'ai est à vous.

— Reprends ton cheval, te dis-je! s'écria la cantinière en colère; et elle se mettait en devoir de descendre. Fabrice tira son sabre : — Tenez-vous bien! lui cria-t-il; et il donna deux ou trois coups de plat de sabre au cheval, qui prit le galop et suivit les fuyards.

Notre héros regarda la grande route; naguère trois ou quatre mille individus s'y pressaient, serrés comme des paysans à la suite d'une procession. Après le mot *cosaques*, il n'y vit exactement plus personne; les fuyards avaient abandonné des schakos, des fusils, des sabres, etc. Fabrice, étonné, monta dans un champ à droite du chemin, et qui était élevé de vingt ou trente pieds; il regarda la grande route des deux côtés et la plaine, il ne vit pas trace de cosaques. Drôles de gens que ces Français! se dit-il. Puisque je dois aller sur la droite, pensa-t-il, autant vaut marcher tout de suite; il est possible que ces gens aient pour courir une raison que je ne connais pas. Il ramassa un fusil, vérifia qu'il était chargé, remua la poudre de l'amorce, nettoya la pierre, puis choisit une giberne bien garnie, et regarda encore de tous les côtés; il était absolument seul, au milieu de cette plaine naguère si couverte de monde. Dans l'extrême lointain, il voyait les fuyards qui commençaient à disparaître derrière les arbres, et couraient toujours. Voilà qui est bien singulier! se dit-il; et, se rappelant la manœuvre employée la veille par le caporal, il alla s'asseoir au milieu d'un champ de blé. Il ne s'éloignait pas, parce qu'il désirait revoir ses bons amis, la cantinière et le caporal Aubry.

Dans ce blé, il vérifia qu'il n'avait plus que dix-huit napoléons, au lieu de trente comme il le pensait; mais il lui restait de petits diamants qu'il avait placés dans la doublure des bottes du hussard, le matin, dans la chambre de la geôlière, à B***. Il cacha ses napoléons du mieux qu'il put, tout en réfléchissant profondément à cette disparition si soudaine. Cela est-il d'un mauvais présage pour moi? se disait-il. Son principal chagrin était de ne pas avoir adressé cette question au caporal Aubry : Ai-je réellement assisté à une bataille? Il lui semblait que oui, et il eût été au comble du bonheur s'il en eût été certain.

Toutefois, se dit-il, j'y ai assisté portant le nom d'un prisonnier, j'avais la feuille de route d'un prisonnier dans ma poche, et, bien plus, son habit sur moi! Voilà qui est fatal pour l'avenir : qu'en eût dit l'abbé Blanès? Et ce malheureux Boulot est mort en prison! Tout cela est de sinistre augure; le destin me conduira en prison. Fabrice eût donné tout au monde pour savoir si le hussard Boulot était réellement coupable; en rappelant ses souvenirs, il lui semblait que la geôlière de B*** lui avait dit que le hussard avait été ramassé non-seulement pour des couverts d'argent, mais encore pour avoir volé la vache d'un paysan, et battu le paysan à toute outrance : Fabrice ne doutait pas qu'il ne fût mis un jour en prison pour une faute qui aurait quelque rapport avec celle du hussard Boulot. Il pensait à son ami le curé Blanès; que n'eût-il pas donné pour pouvoir le consulter! Puis il se rappela qu'il n'avait pas écrit à sa tante depuis qu'il avait quitté Paris. Pauvre Gina! se dit-il; et il avait les larmes aux yeux, lorsque tout à coup il entendit un petit bruit tout près de lui; c'était un soldat qui faisait manger le blé par trois chevaux auxquels il avait ôté la bride, et qui semblaient morts de faim. Il les tenait par le bridon. Fabrice se leva comme un perdreau, le soldat eut peur. Notre héros le remarqua, et céda au plaisir de jouer un instant le rôle de hussard.

– Un de ces chevaux m'appartient, f...! s'écria-t-il, mais je veux bien te donner cinq francs pour la peine que tu as prise de me l'amener ici.

– Est-ce que tu te fiches de moi? dit le soldat. Fabrice le mit en joue à six pas de distance.

– Lâche le cheval ou je te brûle!

Le soldat avait son fusil en bandoulière, il donna un tour d'épaule pour le reprendre.

– Si tu fais le plus petit mouvement, tu es mort! s'écria Fabrice en lui courant dessus.

– Eh bien, donnez les cinq francs et prenez un des chevaux, dit le soldat confus, après avoir jeté un regard de regret sur la grande route, où il n'y avait absolument personne. Fabrice, tenant son fusil haut de la main gauche, de la droite lui jeta trois pièces de cinq francs.

– Descends, ou tu es mort... Bride le noir, et va-t'en plus loin avec les deux autres... Je te brûle si tu remues.

Le soldat obéit en rechignant. Fabrice s'approcha du cheval et passa la bride dans son bras gauche, sans perdre de vue le soldat, qui s'éloignait lentement; quand Fabrice le vit à une cinquantaine de pas, il sauta lestement sur le cheval. Il y était à peine et cherchait l'étrier de droite avec le pied, lorsqu'il entendit siffler une balle de fort près : c'était le soldat qui lui lâchait son coup de fusil. Fabrice, transporté de colère, se mit à galoper sur le soldat qui s'enfuit à toutes jambes, et bientôt Fabrice le vit monter sur un de ses deux chevaux et galopant. Bon, le voilà hors de portée! se dit-il. Le cheval qu'il venait d'acheter était magnifique, mais paraissait mourant de faim. Fabrice revint sur la grande route, où il n'y avait toujours âme qui vive. Il la traversa et mit son cheval au trot pour atteindre un petit pli de terrain sur la gauche où il espérait retrouver la cantinière; mais quand il fut au sommet de la petite montée il n'aperçut, à plus d'une lieue de distance, que quelques soldats isolés. Il est écrit que je ne la reverrai plus, se dit-il avec un soupir, brave et bonne femme! Il gagna une ferme qu'il apercevait dans le lointain et sur la droite de la route. Sans descendre de cheval, et après avoir payé d'avance, il fit donner de l'avoine à son pauvre cheval, tellement affamé qu'il mordait la mangeoire. Une heure plus tard, Fabrice trottait sur la grande route, toujours dans le vague espoir de retrouver la cantinière, ou du moins le caporal Aubry. Allant toujours et regardant de tous les côtés, il arriva à une rivière marécageuse traversée par un pont en bois assez étroit. Avant le pont, sur la droite de la route, était une maison isolée portant l'enseigne du Cheval-Blanc. Là je vais dîner, se dit Fabrice. Un officier de cavalerie, avec le bras en écharpe, se trouvait à l'entrée du pont, il était à cheval et avait l'air fort triste; à dix pas de lui, trois cavaliers à pied arrangeaient leurs pipes.

– Voilà des gens, se dit Fabrice, qui m'ont bien la mine de vouloir m'acheter mon cheval encore moins cher qu'il ne m'a coûté. L'officier blessé et les trois piétons le regardaient venir et semblaient l'attendre. Je devrais bien ne pas passer sur ce pont, et suivre le bord de la rivière à droite; ce serait la route conseillée par la cantinière pour sortir d'embarras... Oui, se dit notre héros; mais si je prends la fuite, demain j'en serai tout honteux : d'ailleurs mon cheval a de bonnes jambes, celui de l'officier est probablement fatigué; s'il entreprend de me démonter je galoperai. En faisant ces raisonnements, Fabrice *rassemblait* son cheval et s'avançait au plus petit pas possible.

– Avancez donc, hussard, lui cria l'officier d'un air d'autorité.

Fabrice avança de quelques pas et s'arrêta.

– Voulez-vous me prendre mon cheval? cria-t-il.

– Pas le moins du monde; avancez.

Fabrice regarda l'officier : il avait des moustaches blanches et l'air le plus honnête du monde; le mouchoir qui soutenait son bras gauche était plein de sang, et sa main droite aussi était enveloppée d'un linge sanglant. Ce sont les piétons qui vont sauter à la bride de mon cheval, se dit Fabrice; mais, en y regardant de près, il vit que les piétons aussi étaient blessés.

– Au nom de l'honneur, lui dit l'officier qui portait les épaulettes de colonel, restez ici en vedette, et dites à tous les dragons, chasseurs et hussards que vous verrez, que le colonel Le Baron est dans l'auberge que voilà, et que je leur ordonne de venir me joindre. Le vieux colonel avait l'air navré de douleur; dès le premier mot il avait fait la conquête de notre héros, qui lui répondit avec bon sens :

– Je suis bien jeune, monsieur, pour que l'on veuille m'écouter; il faudrait un ordre écrit de votre main.

– Il a raison, dit le colonel en le regardant beaucoup; écris l'ordre, La Rose, toi qui as une main droite.

Sans rien dire, La Rose tira de sa poche un petit livret de parchemin, écrivit quelques lignes, et déchirant une feuille, la remit à Fabrice; le colonel répéta l'ordre à celui-ci, ajoutant qu'après deux heures de faction, il serait relevé, comme de juste, par un des trois cavaliers blessés qui étaient avec lui. Cela dit, il entra dans l'auberge avec ses hommes. Fabrice les regardait marcher et restait immobile au bout de son pont de bois, tant il avait été frappé par la douleur morne et silencieuse de ces trois personnages. On dirait des génies enchantés, se dit-il. Enfin, il ouvrit le papier plié et lut l'ordre ainsi conçu :

« Le colonel Le Baron, du 6ᵉ dragons, commandant la seconde brigade de la première division de cavalerie du 14ᵉ corps, ordonne à tous cavaliers, dragons, chasseurs et hussards de ne point passer le pont, et de le rejoindre à l'auberge du Cheval-Blanc, près le pont, où est son quartier-général.

« Au quartier-général, près le pont de la *Sainte*, le 19 juin 1815.

Pour le colonel Le Baron, blessé au bras droit, et par son ordre,

Le maréchal-des-logis, LA ROSE. »

Il y avait à peine une demi-heure que Fabrice était en sentinelle au pont, quand il vit arriver six chasseurs montés et trois à pied; il leur communique l'ordre du colonel. – Nous allons revenir, disent quatre des chasseurs montés, et ils passent le pont au grand trot. Fabrice parlait alors aux deux autres. Durant la discussion qui s'animait, les trois hommes à pied passent le pont. Un des deux chasseurs montés qui restaient finit par demander à revoir l'ordre, et l'emporte en disant :

– Je vais le porter à mes camarades, qui ne manqueront pas de revenir; attends-les ferme. Et il part au galop, son camarade le suit. Tout cela fut fait en un clin d'œil.

Fabrice, furieux, appela un des soldats blessés, qui parut à une des fenêtres du Cheval-Blanc. Ce soldat, auquel Fabrice vit les galons de maréchal-des-logis, descendit et lui cria en s'approchant :

– Sabre à la main donc! vous êtes en faction.

Fabrice obéit, puis lui dit :

– Ils ont emporté l'ordre.

– Ils ont de l'humeur de l'affaire d'hier, reprit l'autre d'un air morne. Je vais vous donner un de mes pistolets; si l'on force de nouveau la consigne, tirez en l'air; je viendrai, ou le colonel lui-même paraîtra.

Fabrice avait fort bien vu un geste de surprise chez le maréchal-des-logis, à l'annonce de l'ordre enlevé; il comprit que c'était une insulte personnelle qu'on lui avait faite, et se promit bien de ne plus se laisser jouer.

Armé du pistolet d'arçon du maréchal-des-logis, Fabrice avait

repris fièrement sa faction lorsqu'il vit arriver à lui sept hussards montés : il s'était placé de façon à barrer le pont. Il leur communique l'ordre du colonel, ils en ont l'air fort contrariés, le plus hardi cherche à passer. Fabrice, suivant le sage précepte de son amie la vivandière, qui, la veille au matin, lui disait qu'il fallait piquer et non sabrer, abaisse la pointe de son sabre droit, et fait mine d'en porter un coup à celui qui veut forcer la consigne.
– Ah! il veut nous tuer, le blanc-bec! s'écrient les hussards, comme si nous n'avions pas été assez tués hier! Tous tirent leurs sabres à la fois et tombent sur Fabrice; il se crut mort; mais il songea à la surprise du maréchal-des-logis, et ne voulut pas être méprisé de nouveau. Tout en reculant sur son pont, il tâchait de donner des coups de pointe. Il avait une si drôle de mine en maniant ce grand sabre droit de grosse cavalerie, beaucoup trop lourd pour lui, que les hussards virent bientôt à qui ils avaient affaire; ils cherchèrent alors, non pas à le blesser, mais à lui couper son habit sur le corps. Fabrice reçut ainsi trois ou quatre petits coups de sabre sur les bras. Pour lui, toujours fidèle au précepte de la cantinière, il lançait de tout son cœur force coups de pointe. Par malheur un de ces coups de pointe blessa un hussard à la main : fort en colère d'être touché par un tel soldat, il riposta par un coup de pointe à fond qui atteignit Fabrice au haut de la cuisse. Ce qui fit porter le coup, c'est que le cheval de notre héros, loin de fuir la bagarre, semblait y prendre plaisir et se jeter sur les assaillants. Ceux-ci, voyant couler le sang de Fabrice le long de son bras droit, craignirent d'avoir poussé le jeu trop avant, et le poussant vers le parapet gauche du pont, partirent au galop. Dès que Fabrice eut un moment de loisir, il tira en l'air son coup de pistolet pour avertir le colonel.

Quatre hussards montés et deux à pied, du même régiment que les autres, venaient vers le pont et en étaient encore à deux cents pas lorsque le coup de pistolet partit. Ils regardaient fort attentivement ce qui se passait sur le pont, et s'imaginant que Fabrice avait tiré sur leurs camarades, les quatre à cheval fondirent au galop et le sabre haut; c'était une véritable charge. Le colonel Le Baron, averti par le coup de pistolet, ouvrit la porte de l'auberge et se précipita sur le pont au moment où les hussards au galop y arrivaient, et il leur intima lui-même l'ordre de s'arrêter.

– Il n'y a plus de colonel ici, s'écria l'un d'eux, et il poussa son cheval. Le colonel exaspéré interrompit la remontrance qu'il leur adressait, et, de sa main droite blessée, saisit la rêne de ce cheval du côté hors du montoir.

– Arrête! mauvais soldat, dit-il au hussard, je te connais, tu es de la compagnie du capitaine Henriet!

– Eh bien! que le capitaine lui-même me donne l'ordre! Le capitaine Henriet a été tué hier, ajouta-t-il en ricanant, et va te faire f...

En disant ces paroles, il veut forcer le passage et pousse le vieux colonel qui tombe assis sur le pavé du pont. Fabrice, qui était à deux pas plus loin sur le pont, mais faisant face du côté de l'auberge, pousse son cheval; et tandis que le poitrail du cheval de l'assaillant jette par terre le colonel qui ne lâche point la rêne hors du montoir, Fabrice, indigné, porte au hussard un coup de pointe à fond. Par bonheur le cheval du hussard, se sentant tiré vers la terre par la bride que tenait le colonel, fit un mouvement de côté, de façon que la longue lame du sabre de grosse cavalerie de Fabrice glissa le long du gilet du hussard et passa tout entière sous ses yeux. Furieux, le hussard se retourne et lance un coup de toutes ses forces, qui coupe la manche de Fabrice et entre profondément dans son bras : notre héros tombe.

Un des hussards démontés voyant les deux défenseurs du pont par terre, saisit l'à-propos, saute sur le cheval de Fabrice, et veut s'en emparer en le lançant au galop sur le pont.

Le maréchal-des-logis, en accourant de l'auberge, avait vu tomber son colonel, et le croyait gravement blessé. Il court après le cheval de Fabrice, et plonge la pointe de son sabre dans les reins du voleur; celui-ci tombe. Les hussards, ne voyant plus sur le pont que le maréchal-des-logis à pied, passent au galop et filent rapidement. Celui qui était à pied s'enfuit dans la campagne.

Le maréchal-des-logis s'approcha des blessés. Fabrice s'était déjà relevé; il souffrait peu, mais perdait beaucoup de sang. Le colonel se releva plus lentement; il était tout étourdi de sa chute, mais n'avait reçu aucune blessure.

– Je ne souffre, dit-il au maréchal-des-logis, que de mon ancienne blessure à la main.

Le hussard blessé par le maréchal-des-logis mourait.

– Le diable l'emporte! s'écria le colonel. Mais, dit-il au maréchal-des-logis et aux deux autres cavaliers qui accouraient, songez à ce petit jeune homme que j'ai exposé mal à propos. Je vais rester au pont moi-même pour tâcher d'arrêter ces enragés. Conduisez le petit jeune homme à l'auberge et pansez son bras; prenez une de mes chemises.

Résumé des chapitres 5 à 10

Fabrice, soigné, s'endort dans l'écurie de l'auberge. Le lendemain matin, l'auberge brûle, il n'a que le temps de s'enfuir à cheval. Faible, affamé, il trouve asile chez une hôtelière du bourg voisin où un chirurgien accepte de l'opérer, mais il doit fuir encore l'armée ennemie qui progresse. Il s'arrête à nouveau à Amiens pendant que les alliés envahissent la France, et attend de guérir tout à fait pour retourner à Paris.

Dans son hôtel parisien, l'attendent plusieurs lettres de sa mère et de sa tante, dont la dernière en date, signée de Gina, lui apprend que son frère l'a dénoncé comme traître à sa patrie ayant rallié l'ennemi, et qu'il est recherché par la police ! Pourtant il ne résiste pas à s'introduire à Grianta de nuit, où il n'a que le temps d'embrasser sa mère et ses sœurs avant de repartir en compagnie de Gina se réfugier à Milan. Mais ils sont arrêtés sur la route, et Fabrice ne doit son salut qu'à la confusion engendrée par le passage du chambellan du prince de Parme, le général Fabio Conti, qui se promenait là avec sa fille, la toute jeune Clélia...

Une fois Fabrice en lieu sûr, la comtesse cherche secours auprès d'un homme influent, le chanoine Borda, qui fut autrefois sensible à ses charmes et accepte de l'aider. Les conditions sont strictes : Fabrice, pour faire oublier sa folie, doit d'abord se faire oublier lui-même et partir en exil.

Sans Fabrice, Grianta perd tout intérêt pour la comtesse qui décide de s'établir, même modestement, à Milan. Sa seule distraction est l'opéra qu'elle adore, elle ne quitte plus la Scala, où elle rencontre le comte Mosca della Rovere Sorezana, ministre de la Guerre, de la Police et des Finances à la cour de Parme, sous le règne du prince despote Ranuce-Ernest IV. Il est difficile de ne pas s'attacher à cet homme magnifique, gai, simple, qui la fait rire et la distrait de l'absence de Fabrice. Une tendre amitié naît entre eux, que Mosca transforme très vite en véritable passion.

Pour ne plus la quitter jamais, il lui propose un arrangement assez original : elle pourrait épouser un vieil ami à lui, le duc Sanseverina-Taxis, « joli petit vieillard de soixante-huit ans, gris pommelé, bien poli, bien propre », *et s'installer ainsi dans son somptueux palais de Parme alors que le duc, qu'il ferait nommer ambassadeur, leur laisserait la place libre... C'est immoral, peut-être, mais honnête puisque le futur mari consent bien volontiers !*

Trois mois plus tard, la duchesse Sanseverina est présentée à la cour, fait grande impression sur le prince, et séduit aussitôt la princesse dont la vie cloîtrée au palais est sinistre. Mosca, « fou de bonheur *», se charge maintenant de Fabrice dont il s'engage à obtenir la grâce, si celui-ci veut bien rester trois ans à Naples pour étudier la théologie, la seule voie pour lui puisque, désormais, la carrière militaire lui est interdite. Gina prévient Fabrice, qui accepte.*

Les années que Fabrice passe à Naples sont légères et couronnées de succès. Abandonnant ses chevaux, il se découvre une passion nouvelle pour les fouilles archéologiques. Aimé beaucoup mais n'aimant pas, étudiant peu mais juste, il revient triomphant à Parme (avec le titre de Monsignore) pour se précipiter aussitôt chez la duchesse Sanseverina. Il est beau, charmant, mûri, « un diamant qui n'avait rien perdu à être poli *». Mosca, présent pour les retrouvailles, regarde sa duchesse et lui trouve «* des yeux singuliers *» ; soudain, son âge lui pèse...*

Fabrice est présenté au prince, s'applique autant qu'il peut, et ne réussit qu'à déplaire. Mosca, peu de temps après, reçoit une lettre qui dénonce le pouvoir du jeune homme sur Gina : il n'est pas difficile de reconnaître entre les lignes la malveillance de son « auguste maître *», mais le coup n'en est pas moins cruel... Fabrice lui-même sent le malaise qui s'insinue, et redoute de se fâcher avec ses meilleurs amis pour ce qu'il sait n'être qu'un malentendu :* « Elle croira que je manque d'amour pour elle, tandis que c'est l'amour qui manque en moi... » *Alors il sort, va au théâtre, y remarque une petite comédienne qui l'amuse ; elle s'appelle Marietta et a déjà un amant, l'irascible Giletti, acteur comme elle.* « Il sembla au comte Mosca revenir des portes du tombeau. »

Fabrice, apaisé, fait une fugue jusqu'au lac de son enfance et rêve d'y finir tranquillement ses jours. Dès qu'il rentre à Parme, Mosca l'envoie présenter ses respects au père Landriani, l'archevêque...

CHAPITRE 11

A u sortir de l'archevêché, Fabrice courut chez la petite Marietta ; il entendit de loin la grosse voix de Giletti qui avait fait venir du vin et se régalait avec le souffleur et les moucheurs de chandelle, ses amis. La *Mammacia*, qui faisait fonctions de mère, répondit seule à son signal.

– Il y a du nouveau depuis toi, s'écria-t-elle ; deux ou trois de nos acteurs sont accusés d'avoir célébré par une orgie la fête du grand Napoléon, et notre pauvre troupe, qu'on appelle jacobine, a reçu l'ordre de vider les états de Parme, et vive Napoléon ! Mais le ministre a, dit-on, craché au bassinet. Ce qu'il y a de sûr, c'est que Giletti a de l'argent, je ne sais pas combien, mais je lui ai vu une poignée d'écus. Marietta a reçu cinq écus de notre directeur pour frais de voyage jusqu'à Mantoue et Venise, et moi un. Elle est toujours bien amoureuse de toi, mais Giletti lui fait peur ; il y a trois jours, à la dernière représentation que nous avons donnée, il voulait absolument la tuer ; il lui a lancé deux fameux soufflets, et, ce qui est abominable, il lui a déchiré son châle bleu. Si tu voulais lui donner un châle bleu, tu serais bien bon enfant, et nous dirions que nous l'avons gagné à une loterie. Le tambour-maître des carabiniers donne un assaut demain, tu en trouveras l'heure affichée à tous les coins de rue. Viens nous voir ; s'il est parti pour l'assaut, de façon à nous faire espérer qu'il restera dehors un peu longtemps, je serai à la fenêtre et te ferai signe de monter. Tâche de nous apporter quelque chose de bien joli, et la Marietta t'aime à la passion.

En descendant l'escalier tournant de ce taudis infâme, Fabrice était plein de componction ; je ne suis point changé, se disait-il ; toutes mes belles résolutions prises au bord de notre lac quand je voyais la vie d'un œil si philosophique se sont envolées. Mon âme était hors de son assiette ordinaire, tout cela était un rêve et disparaît devant l'austère réalité. Ce serait le moment d'agir, se dit Fabrice en rentrant au palais Sanseverina sur les onze heures du soir. Mais ce fut en vain qu'il chercha dans son cœur le courage de parler avec cette sincérité sublime qui lui semblait si facile la nuit qu'il passa aux rives du lac de Côme. Je vais fâcher la personne que j'aime le mieux au monde; si je parle, j'aurai l'air d'un mauvais comédien; je ne vaux réellement quelque chose que dans de certains moments d'exaltation.

– Le comte est admirable pour moi, dit-il à la duchesse, après lui avoir rendu compte de sa visite à l'archevêché; j'apprécie d'autant plus sa conduite que je crois m'apercevoir que je ne lui plais que fort médiocrement; ma façon d'agir doit donc être correcte à son égard. Il a ses fouilles de *Sanguigna* dont il est toujours fou, à en juger du moins par son voyage d'avant-hier; il a fait douze lieues au galop pour passer deux heures avec ses ouvriers. Si l'on trouve des fragments de statues dans le temple antique dont il vient de découvrir les fondations, il craint qu'on ne les lui vole; j'ai envie de lui proposer d'aller passer trente-six heures à Sanguigna. Demain, vers les cinq heures, je dois revoir l'archevêque, je pourrai partir dans la soirée et profiter de la fraîcheur de la nuit pour faire la route.

La duchesse ne répondit pas d'abord.

– On dirait que tu cherches des prétextes pour t'éloigner de moi, lui dit-elle ensuite avec une extrême tendresse; à peine de retour de Belgirate, tu trouves une raison pour partir.

Voici une belle occasion de parler, se dit Fabrice. Mais sur le lac j'étais un peu fou, je ne me suis pas aperçu, dans mon enthousiasme de sincérité que mon compliment finit par une impertinence; il s'agirait de dire : Je t'aime de l'amitié la plus dévouée, etc., etc., mais mon âme n'est pas susceptible d'amour. N'est-ce pas dire : Je vois que vous avez de l'amour pour moi; mais prenez garde, je ne puis vous payer en même monnaie? Si elle a de l'amour, la duchesse peut se fâcher d'être devinée, et elle sera révoltée de mon imprudence si elle n'a pour moi qu'une amitié toute simple... Et ce sont de ces offenses qu'on ne pardonne point.

Pendant qu'il pesait ces idées importantes, Fabrice, sans s'en apercevoir, se promenait dans le salon, d'un air grave et plein de hauteur, en homme qui voit le malheur à dix pas de lui.

La duchesse le regardait avec admiration; ce n'était plus l'enfant qu'elle avait vu naître, ce n'était plus le neveu toujours prêt à lui obéir : c'était un homme grave et duquel il serait délicieux de se faire aimer. Elle se leva de l'ottomane où elle était assise, et, se jetant dans ses bras avec transport :

– Tu veux donc me fuir ? lui dit-elle.

– Non, répondit-il de l'air d'un empereur romain, mais je voudrais être sage.

Ce mot était susceptible de diverses interprétations ; Fabrice ne se sentit pas le courage d'aller plus loin et de courir le hasard de blesser cette femme adorable. Il était trop jeune, trop susceptible de prendre de l'émotion ; son esprit ne lui fournissait aucune tournure aimable pour faire entendre ce qu'il voulait dire. Par un transport naturel, et malgré tout raisonnement, il prit dans ses bras cette femme charmante et la couvrit de baisers. Au même instant, on entendit le bruit de la voiture du comte qui entrait dans la cour, et presque en même temps lui-même parut dans le salon ; il avait l'air tout ému.

– Vous inspirez des passions bien singulières, dit-il à Fabrice, qui resta presque confondu du mot.

L'archevêque avait ce soir l'audience que son altesse sérénissime lui accorde tous les jeudis ; le prince vient de me raconter que l'archevêque, d'un air tout troublé, a débuté par un discours appris par cœur et fort savant, auquel d'abord le prince ne comprenait rien. Landriani a fini par déclarer qu'il était important pour l'église de Parme que *Monsignore* Fabrice del Dongo fût nommé son premier vicaire-général, et par la suite, dès qu'il aurait vingt-quatre ans accomplis, son coadjuteur *avec future succession.*

Ce mot m'a effrayé, je l'avoue, dit le comte ; c'est aller un peu bien vite, et je craignais une boutade d'humeur chez le prince. Mais il m'a regardé en riant et m'a dit en français : Ce sont là de vos coups, monsieur !

– Je puis faire serment devant Dieu et devant votre altesse, me suis-je écrié avec toute l'onction possible, que j'ignorais parfaitement le mot de *future succession.* Alors j'ai dit la vérité, ce que nous répétions ici-même il y a quelques heures ; j'ai ajouté, avec entraînement, que, par la suite, je me serais regardé comme comblé des faveurs de son altesse, si elle daignait m'accorder un petit évêché pour commencer. Il faut que le prince m'ait cru, car il a jugé à propos de faire le gracieux ; il m'a dit, avec toute la simplicité possible : Ceci est une affaire officielle entre l'archevêque et moi, vous n'y entrez pour rien ; le bonhomme m'adresse une sorte de rapport fort long et passablement ennuyeux, à la suite duquel il arrive à une proposition officielle ; je lui ai répondu très froidement que le sujet était bien jeune, et surtout bien nouveau dans ma cour ; que j'aurais presque l'air de payer une lettre de change tirée sur moi par l'empereur, en donnant la perspective d'une si haute dignité au fils d'un des grands officiers de son royaume lombardo-vénitien. L'archevêque a protesté qu'aucune recommandation de ce genre n'avait eu lieu.

C'était une bonne sottise à me dire *à moi*; j'en ai été surpris de la part d'un homme aussi entendu; mais il est toujours désorienté quand il m'adresse la parole, et ce soir il était plus troublé que jamais, ce qui m'a donné l'idée qu'il désirait la chose avec passion.

Je lui ai dit que je savais mieux que lui qu'il n'y avait point eu de haute recommandation en faveur de del Dongo, que personne à ma cour ne lui refusait de la capacité, qu'on ne parlait point trop mal de ses mœurs, mais que je craignais qu'il ne fût susceptible *d'enthousiasme*, et que je m'étais promis de ne jamais élever aux places considérables les fous de cette espèce avec lesquels un prince n'est sûr de rien. Alors, a continué son altesse, j'ai dû subir un pathos presque aussi long que le premier; l'archevêque me faisait l'éloge de l'enthousiasme de la maison de Dieu. Maladroit, me disais-je, tu t'égares, tu compromets la nomination qui était presque accordée; il fallait couper court et me remercier avec effusion. Point : il continuait son homélie avec une intrépidité ridicule; je cherchais une réponse qui ne fût point trop défavorable au petit del Dongo; je l'ai trouvée, et assez heureuse, comme vous allez en juger : Monseigneur, lui ai-je dit, Pie VII fut un grand pape et un grand saint; parmi tous les souverains, lui seul osa dire *non* au tyran qui voyait l'Europe à ses pieds! eh bien! il était susceptible d'enthousiasme, ce qui l'a porté, lorsqu'il était évêque d'Imola, à écrire sa fameuse pastorale *du citoyen cardinal* Chiaramonti en faveur de la république cisalpine.

Mon pauvre archevêque est resté stupéfait, et, pour achever de le stupéfier, je lui ai dit d'un air fort sérieux : Adieu, monseigneur, je prendrai vingt-quatre heures pour réfléchir à votre proposition. Le pauvre homme a ajouté quelques supplications assez mal tournées et assez inopportunes après le mot *adieu* prononcé par moi. Maintenant, comte Mosca della Rovere, je vous charge de dire à la duchesse que je ne veux pas retarder de vingt-quatre heures une chose qui peut lui être agréable; asseyez-vous là et écrivez à l'archevêque le billet d'approbation qui termine toute cette affaire. J'ai écrit le billet, il l'a signé, il m'a dit : Portez-le à l'instant même à la duchesse. Voici le billet, madame, et c'est ce qui m'a donné un prétexte pour avoir le bonheur de vous revoir ce soir.

La duchesse lut le billet avec ravissement. Pendant le long récit du comte, Fabrice avait eu le temps de se remettre : il n'eut point l'air étonné de cet incident, il prit la chose en véritable grand seigneur qui naturellement a toujours cru qu'il avait droit à ces avancements extraordinaires, à ces coups de fortune qui mettraient un bourgeois hors des gonds; il parla de sa reconnaissance, mais en bons termes, et finit par dire au comte :

– Un bon courtisan doit flatter la passion dominante; hier vous témoigniez la crainte que vos ouvriers de Sanguigna ne volent les fragments de statues antiques qu'ils pourraient découvrir; j'aime beaucoup les fouilles, moi; si vous voulez bien le permettre, j'irai voir les ouvriers. Demain soir, après les remercîments convenables au palais et chez l'archevêque, je partirai pour Sanguigna.

– Mais devinez-vous, dit la duchesse au comte, d'où vient cette passion subite du bon archevêque pour Fabrice?

– Je n'ai pas besoin de deviner; le grand-vicaire dont le frère est capitaine me disait hier : Le père Landriani part de ce principe certain, que le titulaire est supérieur au coadjuteur, et il ne se sent pas de joie d'avoir sous ses ordres un del Dongo, et de l'avoir obligé. Tout ce qui met en lumière la haute naissance de Fabrice ajoute à son bonheur intime : il a un tel homme pour aide de camp! En second lieu, monseigneur Fabrice lui a plu, il ne se sent point timide devant lui; enfin il nourrit depuis dix ans une haine bien conditionnée pour l'évêque de Plaisance, qui affiche hautement la prétention de lui succéder sur le siège de Parme, et qui de plus est fils d'un meunier. C'est dans ce but de succession future que l'évêque de Plaisance a pris des relations fort étroites avec la marquise Raversi, et maintenant ces liaisons font trembler l'archevêque pour le succès de son dessein favori, avoir un del Dongo à son état-major, et lui donner des ordres.

Le surlendemain, de bonne heure, Fabrice dirigeait les travaux de la fouille de Sanguigna, vis-à-vis Colorno (c'est le Versailles des princes de Parme); ces fouilles s'étendaient dans la plaine tout près de la grande route qui conduit de Parme au pont de Casal-Maggiore, première ville de l'Autriche. Les ouvriers coupaient la plaine par une longue tranchée profonde de huit pieds et aussi étroite que possible; on était occupé à rechercher, le long de l'ancienne voie romaine, les ruines d'un second temple qui, disait-on dans le pays, existait encore au moyen âge. Malgré les ordres du prince, plusieurs paysans ne voyaient pas sans jalousie ces longs fossés traversant leurs propriétés. Quoi qu'on pût leur dire, ils s'imaginaient qu'on était à la recherche d'un trésor, et la présence de Fabrice était surtout convenable pour empêcher quelque petite émeute. Il ne s'ennuyait point, il suivait ces travaux avec passion; de temps à autre on trouvait quelque médaille, et il ne voulait pas laisser le temps aux ouvriers de s'accorder entre eux pour l'escamoter.

La journée était belle, il pouvait être six heures du matin : il avait emprunté un vieux fusil à un coup, il tira quelques alouettes; l'une d'elles blessée alla tomber sur la grande route; Fabrice en la poursuivant, aperçut de loin une voiture qui venait de Parme et se dirigeait vers la frontière de Casal-Maggiore. Il venait de recharger son fusil lorsque la voiture fort délabrée s'approchant au tout petit pas, il reconnut la petite Marietta; elle avait à ses côtés le grand escogriffe Giletti, et cette femme âgée qu'elle faisait passer pour sa mère.

Giletti s'imagina que Fabrice s'était placé ainsi au milieu de la route, et un fusil à la main, pour l'insulter et peut-être même pour lui enlever la petite Marietta. En homme de cœur il sauta à bas de la voiture; il avait dans la main gauche un grand pistolet fort rouillé, et tenait de la droite une épée encore dans son fourreau, dont il se servait lorsque les besoins de la troupe forçaient de lui confier quelque rôle de marquis.

– Ah, brigand! s'écria-t-il, je suis bien aise de te trouver ici à une lieue de la frontière; je vais te faire ton affaire; tu n'es plus protégé ici par tes bas violets.

Fabrice faisait des mines à la petite Marietta et ne s'occupait guère des cris jaloux du Giletti, lorsque tout à coup il vit à trois pieds de sa poitrine le bout du pistolet rouillé; il n'eut que le temps de donner un coup sur ce pistolet, en se servant de son fusil comme d'un bâton; le pistolet partit, mais ne blessa personne.

– Arrêtez donc, f..., cria Giletti au *vetturino* : en même temps il eut l'adresse de sauter sur le bout du fusil de son adversaire et de le tenir éloigné de la direction de son corps; Fabrice et lui tiraient le fusil chacun de toutes ses forces. Giletti, beaucoup plus vigoureux, plaçant une main devant l'autre, avançait toujours vers la batterie, et était sur le point de s'emparer du fusil, lorsque Fabrice, pour l'empêcher d'en faire usage, fit partir le coup. Il avait bien observé auparavant que l'extrémité du fusil était à plus de trois pouces au-dessus de l'épaule de Giletti : la détonation eut lieu tout près de l'oreille de ce dernier. Il resta un peu étonné, mais se remit en un clin d'œil.

– Ah! tu veux me faire sauter le crâne, canaille! je vais te faire ton compte. Giletti jeta le fourreau de son épée de marquis, et fondit sur Fabrice avec une rapidité admirable. Celui-ci n'avait point d'arme et se vit perdu.

Il se sauva vers la voiture, qui était arrêtée à une dizaine de pas derrière Giletti; il passa à gauche, et, saisissant de la main le ressort de la voiture, il tourna rapidement tout autour et repassa tout près de la portière droite qui était ouverte. Giletti, lancé avec ses grandes jambes et qui n'avait pas eu l'idée de se retenir au ressort de la voiture, fit plusieurs pas dans sa première direction avant de pouvoir s'arrêter. Au moment où Fabrice passait auprès de la portière ouverte, il entendit Marietta qui lui disait à demi-voix :

– Prends-garde à toi; il te tuera. Tiens!

Au même instant, Fabrice vit tomber de la portière une sorte de grand couteau de chasse; il se baissa pour le ramasser, mais, au même instant, il fut touché à l'épaule par un coup d'épée que lui lançait Giletti. Fabrice, en se relevant, se trouva à six pouces de Giletti qui lui donna dans la figure un coup furieux avec le pommeau de son épée; ce coup était lancé avec une telle force qu'il ébranla tout à fait la raison de Fabrice; en ce moment il fut sur le point d'être tué. Heureusement pour lui, Giletti était encore trop près pour pouvoir lui donner un coup de pointe. Fabrice, quand il revint à soi, prit la fuite en courant de toutes ses forces; en courant, il jeta le fourreau du couteau de chasse, et ensuite, se retournant vivement, il se trouva à trois pas de Giletti qui le poursuivait. Giletti était lancé, Fabrice lui porta un coup de pointe; Giletti avec son épée eut le temps de relever un peu le couteau de chasse, mais il reçut le coup de pointe en plein dans la joue gauche. Il passa tout près de Fabrice qui se sentit percer la cuisse, c'était le couteau de Giletti que celui-ci avait eu le temps d'ouvrir. Fabrice fit un saut à droite; il se retourna, et enfin les deux adversaires se trouvèrent à une juste distance de combat.

Giletti jurait comme un damné. Ah! je vais te couper la gorge, gredin de prêtre, répétait-il à chaque instant. Fabrice était tout essoufflé et ne pouvait parler; le coup de pommeau d'épée dans la figure le faisait beaucoup souffrir, et son nez saignait abondamment; il para plusieurs coups avec son couteau de chasse et porta plusieurs bottes sans trop savoir ce qu'il faisait; il lui semblait vaguement être à un assaut public. Cette idée lui avait été suggérée par la présence de ses ouvriers, qui, au nombre de vingt-cinq ou trente, formaient cercle autour des combattants, mais à distance fort respectueuse; car on voyait ceux-ci courir à tout moment et s'élancer l'un sur l'autre.

Le combat semblait se ralentir un peu; les coups ne se suivaient plus avec la même rapidité, lorsque Fabrice se dit : à la douleur que je ressens au visage, il faut qu'il m'ait défiguré. Saisi de rage à cette idée, il sauta sur son ennemi la pointe du couteau de chasse en avant. Cette pointe entra dans le côté droit de la poitrine de Giletti et sortit vers l'épaule gauche; au même instant l'épée de Giletti pénétrait de toute sa longueur dans le haut du bras de Fabrice, mais l'épée glissa sous la peau, et ce fut une blessure insignifiante.

Giletti était tombé; au moment où Fabrice s'avançait vers lui, regardant sa main gauche qui tenait un couteau, cette main s'ouvrait machinalement et laissait échapper son arme. Le gredin est mort, se dit Fabrice. Il le regarda au visage, Giletti rendait beaucoup de sang par la bouche. Fabrice courut à la voiture.

– Avez-vous un miroir? cria-t-il à Marietta. Marietta le regardait très pâle et ne répondait pas. La vieille femme ouvrit d'un grand sang-froid un sac à ouvrage vert, et présenta à Fabrice un petit miroir à manche grand comme la main. Fabrice, en se regardant, se maniait la figure : les yeux sont sains, se disait-il, c'est déjà beaucoup. Il regarda les dents, elles n'étaient point cassées. D'où vient donc que je souffre tant? se disait-il à demi-voix.

La vieille femme lui répondit :

– C'est que le haut de votre joue a été pilé entre le pommeau de l'épée de Giletti et l'os que nous avons là. Votre joue est horriblement enflée et bleue : mettez-y des sangsues à l'instant, et ce ne sera rien.

– Ah! des sangsues à l'instant, dit Fabrice en riant, et il reprit tout son sang-froid. Il vit que les ouvriers entouraient Giletti et le regardaient sans oser le toucher.

– Secourez donc cet homme, leur cria-t-il; ôtez-lui son habit...

Il allait continuer, mais en levant les yeux, il vit cinq ou six hommes à trois cents pas sur la grande route, qui s'avançaient à pied et d'un pas mesuré vers le lieu de la scène.

Ce sont des gendarmes, pensa-t-il, et comme il y a un homme de tué, ils vont m'arrêter, et j'aurai l'honneur de faire une entrée solennelle dans la ville de Parme. Quelle anecdote pour les courtisans amis de la Raversi et qui détestent ma tante!

Aussitôt, et avec la rapidité de l'éclair, il jette aux ouvriers ébahis tout l'argent qu'il avait dans ses poches, et s'élance dans la voiture.

– Empêchez les gendarmes de me poursuivre, crie-t-il à ses ouvriers, et je fais votre fortune; dites-leur que je suis innocent, que cet homme *m'a attaqué et voulait me tuer.*

– Et toi, dit-il au *vetturino*, mets tes chevaux au galop, tu auras quatre napoléons d'or si tu passes le Pô avant que ces gens là-bas puissent m'atteindre.

– Ça va! dit le *vetturino*; mais n'ayez donc pas peur, ces hommes là-bas sont à pied, et le trot seul de mes petits chevaux suffit pour les laisser fameusement derrière. Disant ces paroles, il les mit au galop.

Notre héros fut choqué de ce mot *peur* employé par le cocher : c'est que réellement il avait eu une peur extrême après le coup de pommeau d'épée qu'il avait reçu dans la figure.

— Nous pouvons contre-passer des gens à cheval venant vers nous, dit le *vetturino* prudent et qui songeait aux quatre napoléons, et les hommes qui nous suivent peuvent crier qu'on nous arrête. Ceci voulait dire : Rechargez vos armes...

— Ah! que tu es brave, mon petit abbé! s'écria la Marietta en embrassant Fabrice. La vieille femme regardait hors de la voiture par la portière; au bout d'un peu de temps elle rentra la tête.

— Personne ne vous poursuit, monsieur, dit-elle à Fabrice d'un grand sang-froid; et il n'y a personne sur la route devant vous. Vous savez combien les employés de la police autrichienne sont formalistes : s'ils vous voient arriver ainsi au galop, sur la digue au bord du Pô, ils vous arrêteront, n'en ayez aucun doute.

Fabrice regarda par la portière.

— Au trot, dit-il au cocher. Quel passe-port avez-vous? dit-il à la vieille femme.

— Trois au lieu d'un, répondit-elle, et qui nous ont coûté chacun quatre francs : n'est-ce pas une horreur pour de pauvres artistes dramatiques qui voyagent toute l'année! Voici le passeport de M. Giletti, artiste dramatique, ce sera vous; voici nos deux passe-ports à la Mariettina et à moi. Mais Giletti avait tout notre argent dans sa poche, qu'allons-nous devenir?

— Combien avait-il? dit Fabrice.

— Quarante beaux écus de cinq francs, dit la vieille femme.

— C'est-à-dire six et de la petite monnaie, dit la Marietta en riant; je ne veux pas que l'on trompe mon petit abbé.

— N'est-il pas tout naturel, monsieur, reprit la vieille femme d'un grand sang-froid, que je cherche à vous accrocher trente-quatre écus? Qu'est-ce que trente-quatre écus pour vous? et nous, nous avons perdu notre protecteur; qui est-ce qui se chargera de nous loger, de débattre les prix avec les *vetturini* quand nous voyageons, et de faire peur à tout le monde? Giletti n'était pas beau, mais il était bien commode, et si la petite que voilà n'était pas une sotte, qui d'abord s'est amourachée de vous, jamais Giletti ne se fût aperçu de rien, et vous nous auriez donné de beaux écus. Je vous assure que nous sommes bien pauvres.

Fabrice fut touché; il tira sa bourse et donna quelques napoléons à la vieille femme.

— Vous voyez, lui dit-il, qu'il ne m'en reste que quinze, ainsi il est inutile dorénavant de me tirer aux jambes.

La petite Marietta lui sauta au cou, et la vieille lui baisait les mains. La voiture avançait toujours au petit trot. Quand on vit de loin les barrières jaunes rayées de noir qui annoncent les possessions autrichiennes, la vieille femme dit à Fabrice :

– Vous feriez mieux d'entrer à pied avec le passe-port de Giletti dans votre poche ; nous, nous allons nous arrêter un instant, sous prétexte de faire un peu de toilette. Et d'ailleurs la douane visitera nos effets. Vous, si vous m'en croyez, traversez Casal-Maggiore d'un pas nonchalant ; entrez même au café et buvez le verre d'eau-de-vie ; une fois hors du village, filez ferme. La police est vigilante en diable en pays autrichien ; elle saura bientôt qu'il y a eu un homme de tué ; vous voyagez avec un passe-port qui n'est pas le vôtre, il n'en faut pas tant pour passer deux ans en prison. Gagnez le Pô à droite en sortant de la ville, louez une barque et réfugiez-vous à Ravenne ou à Ferrare ; sortez au plus vite des états autrichiens. Avec deux louis vous pourrez acheter un autre passe-port de quelque douanier, celui-ci vous serait fatal ; rappelez-vous que vous avez tué l'homme.

En approchant à pied du pont de bateau de Casal-Maggiore, Fabrice relisait attentivement le passe-port de Giletti. Notre héros avait grand'peur, il se rappelait vivement tout ce que le comte Mosca lui avait dit du danger qu'il y avait pour lui à rentrer dans les états autrichiens ; or, il voyait à deux cents pas devant lui le pont terrible qui allait lui donner accès en ce pays, dont la capitale à ses yeux était le Spielberg. Mais comment faire autrement ? Le duché de Modène qui borne au midi l'état de Parme lui rendait les fugitifs en vertu d'une convention expresse ; la frontière de l'état qui s'étend dans les montagnes du côté de Gênes était trop éloignée ; sa mésaventure serait connue à Parme bien avant qu'il·pût atteindre ces montagnes ; il ne restait donc que les états de l'Autriche sur la rive gauche du Pô. Avant qu'on eût le temps d'écrire aux autorités autrichiennes pour les engager à l'arrêter, il se passerait peut-être trente-six heures ou deux jours. Toutes réflexions faites, Fabrice brûla avec le feu de son cigare son propre passe-port ; il valait mieux pour lui en pays autrichien être un vagabond que d'être Fabrice del Dongo, et il était possible qu'on le fouillât.

Indépendamment de la répugnance bien naturelle qu'il avait à confier sa vie au passe-port du malheureux Giletti, ce document présentait des difficultés matérielles : la taille de Fabrice atteignait tout au plus à cinq pieds cinq pouces, et non pas à cinq pieds dix pouces comme l'énonçait le passe-port ; il avait près de vingt-quatre ans et paraissait plus jeune, Giletti en avait trente-neuf. Nous avouerons que notre héros se promena une grande demi-heure sur une contre-digue du Pô voisine du pont de barques, avant de se décider à y descendre. Que conseillerais-je à un autre qui se trouverait à ma place? se dit-il enfin. Évidemment de passer : il y a péril à rester dans l'état de Parme; un gendarme peut être envoyé à la poursuite de l'homme qui en a tué un autre, fût-ce même à son corps défendant. Fabrice fit la revue de ses poches, déchira tous les papiers et ne garda exactement que son mouchoir et sa boîte à cigares; il lui importait d'abréger l'examen qu'il allait subir. Il pensa à une terrible objection qu'on pourrait lui faire et à laquelle il ne trouvait que de mauvaises réponses : il allait dire qu'il s'appelait Giletti, et tout son linge était marqué F. D.

Comme on voit, Fabrice était un de ces malheureux tourmentés par leur imagination; c'est assez le défaut des gens d'esprit en Italie. Un soldat français d'un courage égal ou même inférieur se serait présenté pour passer sur le pont tout de suite, et sans songer d'avance à aucune difficulté; mais aussi il y aurait porté tout son sang-froid, et Fabrice était bien loin d'être de sang-froid, lorsqu'au bout du pont un petit homme, vêtu de gris, lui dit : Entrez au bureau de police pour votre passe-port.

Ce bureau avait des murs sales garnis de clous auxquels les pipes et les chapeaux sales des employés étaient suspendus. Le grand bureau de sapin derrière lequel ils étaient retranchés était tout taché d'encre et de vin; deux ou trois gros registres reliés en peau verte portaient des taches de toutes couleurs, et la tranche de leurs pages était noircie par les mains. Sur les registres placés en pile l'un sur l'autre il y avait trois magnifiques couronnes de laurier qui avaient servi l'avant-veille pour une des fêtes de l'Empereur.

Fabrice fut frappé de tous ces détails, ils lui serrèrent le cœur; il paya ainsi le luxe magnifique et plein de fraîcheur qui éclatait dans son joli appartement du palais Sanseverina. Il était obligé d'entrer dans ce sale bureau et d'y paraître comme inférieur; il allait subir un interrogatoire.

L'employé qui tendit une main jaune pour prendre son passe-port était petit et noir, il portait un bijou de laiton à sa cravate. Ceci est un bourgeois de mauvaise humeur, se dit Fabrice; le personnage parut excessivement surpris en lisant le passe-port, et cette lecture dura bien cinq minutes.

– Vous avez eu un accident, dit-il à l'étranger en indiquant sa joue du regard.

– Le *vetturino* nous a jetés en bas de la digue du Pô. Puis le silence recommença et l'employé lançait des regards farouches sur le voyageur.

J'y suis, se dit Fabrice, il va me dire qu'il est fâché d'avoir une mauvaise nouvelle à m'apprendre et que je suis arrêté. Toutes sortes d'idées folles arrivèrent à la tête de notre héros, qui dans ce moment n'était pas fort logique. Par exemple, il songea à s'enfuir par la porte du bureau qui était restée ouverte ; je me défais de mon habit, je me jette dans le Pô, et sans doute je pourrai le traverser à la nage. Tout vaut mieux que le Spielberg. L'employé de police le regardait fixement au moment où il calculait les chances de succès de cette équipée, cela faisait deux bonnes physionomies. La présence du danger donne du génie à l'homme raisonnable, elle le met, pour ainsi dire, au-dessus de lui-même ; à l'homme d'imagination elle inspire des romans, hardis il est vrai, mais souvent absurdes.

Il fallait voir l'air indigné de notre héros sous l'œil scrutateur de ce commis de police orné de ses bijoux de cuivre. Si je le tuais, se disait Fabrice, je serais condamné pour meurtre à vingt ans de galères ou à la mort, ce qui est bien moins affreux que le Spielberg avec une chaîne de cent vingt livres à chaque pied et huit onces de pain pour toute nourriture, et cela dure vingt ans ; ainsi je n'en sortirais qu'à quarante-quatre ans. La logique de Fabrice oubliait que puisqu'il avait brûlé son passe-port, rien n'indiquait à l'employé de police qu'il fût le rebelle Fabrice del Dongo.

Notre héros était suffisamment effrayé, comme on le voit ; il l'eût été bien davantage s'il eût connu les pensées qui agitaient le commis de police. Cet homme était ami de Giletti ; on peut juger de sa surprise lorsqu'il vit son passe-port entre les mains d'un autre ; son premier mouvement fut de faire arrêter cet autre, puis il songea que Giletti pouvait bien avoir vendu son passe-port à ce beau jeune homme qui apparemment venait de faire quelque mauvais coup à Parme. Si je l'arrête, se dit-il, Giletti sera compromis ; on découvrira facilement qu'il a vendu son passe-port ; d'un autre côté, que diront mes chefs si l'on vient à vérifier que moi, ami de Giletti, j'ai visé son passe-port porté par un autre ? L'employé se leva en bâillant et dit à Fabrice : – Attendez, monsieur ; puis, par une habitude de police, il ajouta : il s'élève une difficulté. Fabrice dit à part soi : il va s'élever ma fuite.

En effet, l'employé quittait le bureau dont il laissait la porte ouverte, et le passe-port était resté sur la table de sapin. Le danger est évident, pensa Fabrice ; je vais prendre mon passe-port et repasser le pont au petit pas, je dirai au gendarme, s'il m'interroge, que j'ai oublié de faire viser mon passe-port par le commissaire de police du dernier village des états de Parme. Fabrice avait déjà son passe-port à la main, lorsque, à son inexprimable étonnement, il entendit le commis aux bijoux de cuivre qui disait :

– Ma foi, je n'en puis plus; la chaleur m'étouffe; je vais au café prendre la demi-tasse. Entrez au bureau quand vous aurez fini votre pipe, il y a un passe-port à viser; l'étranger est là.

Fabrice, qui sortait à pas de loup, se trouva face à face avec un beau jeune homme qui se disait en chantonnant : Hé bien, visons donc ce passe-port, je vais leur faire mon paraphe.

– Où monsieur veut-il aller?

– A Mantoue, Venise et Ferrare.

– Ferrare soit, répondit l'employé en sifflant; il prit une griffe, imprima le visa en encre bleue sur le passe-port, écrivit rapidement les mots : Mantoue, Venise et Ferrare dans l'espace laissé en blanc par la griffe, puis il fit plusieurs tours en l'air avec la main, signa et reprit de l'encre pour son paraphe qu'il exécuta avec lenteur et en se donnant des soins infinis. Fabrice suivait tous les mouvements de cette plume; le commis regarda son paraphe avec complaisance, il y ajouta cinq ou six points, enfin il remit le passe-port à Fabrice en disant d'un air léger : Bon voyage, monsieur.

Fabrice s'éloignait d'un pas dont il cherchait à dissimuler la rapidité, lorsqu'il se sentit arrêté par le bras gauche : instinctivement il mit la main sur le manche de son poignard, et s'il ne se fût vu entouré de maisons, il fût peut-être tombé dans une étourderie. L'homme qui lui touchait le bras gauche, lui voyant l'air tout effaré, lui dit en forme d'excuse :

– Mais j'ai appelé monsieur trois fois, sans qu'il répondît; monsieur a-t-il quelque chose à déclarer à la douane?

– Je n'ai sur moi que mon mouchoir; je vais ici tout près chasser chez un de mes parents.

Il eût été bien embarrassé si on l'eût prié de nommer ce parent. Par la grande chaleur qu'il faisait et avec ces émotions, Fabrice était mouillé comme s'il eût tombé dans le Pô. Je ne manque pas de courage contre les comédiens, mais les commis ornés de bijoux de cuivre me mettent hors de moi; avec cette idée je ferai un sonnet comique pour la duchesse.

A peine entré dans Casal-Maggiore, Fabrice prit à droite une mauvaise rue qui descend vers le Pô. J'ai grand besoin, se dit-il, des secours de Bacchus et de Cérès, et il entra dans une boutique au dehors de laquelle pendait un torchon gris attaché à un bâton; sur le torchon était écrit le mot *Trattoria*. Un mauvais drap de lit soutenu par deux cerceaux de bois fort minces, et pendant jusqu'à trois pieds de terre, mettait la porte de la *Trattoria* à l'abri des rayons directs du soleil. Là, une femme à demi nue et fort jolie reçut notre héros avec respect, ce qui lui fit le plus vif plaisir; il se hâta de lui dire qu'il mourait de faim. Pendant que la femme préparait le déjeuner, entra un homme d'une trentaine d'années, il n'avait pas salué en entrant ; tout à coup il se releva du banc où il s'était jeté d'un air familier, et dit à Fabrice : *Eccellenza, la riverisco* (Je salue votre excellence). Fabrice était très-gai en ce moment, et au lieu de former des projets sinistres, il répondit en riant :

– Et d'où diable connais-tu mon excellence ?

– Comment ! votre excellence ne reconnaît pas Ludovic, l'un des cochers de madame la duchesse Sanseverina ? A *Sacca*, la maison de campagne où nous allions tous les ans, je prenais toujours la fièvre, j'ai demandé la pension à madame et me suis retiré. Me voici riche ; au lieu de la pension de douze écus par an à laquelle tout au plus je pouvais avoir droit, madame m'a dit que pour me donner le loisir de faire des sonnets, car je suis poëte en *langue vulgaire*, elle m'accordait vingt-quatre écus, et monsieur le comte m'a dit que si jamais j'étais malheureux, je n'avais qu'à venir lui parler. J'ai eu l'honneur de mener monsignore pendant un relais lorsqu'il est allé faire sa retraite comme un bon chrétien à la chartreuse de Velleja.

Fabrice regarda cet homme et le reconnut un peu. C'était un des cochers les plus coquets de la casa Sanseverina : maintenant qu'il était riche, disait-il, il avait pour tout vêtement une grosse chemise déchirée et une culotte de toile, jadis teinte en noir, qui lui arrivait à peine aux genoux ; une paire de souliers et un mauvais chapeau complétaient l'équipage. De plus il ne s'était pas fait la barbe depuis quinze jours. En mangeant son omelette, Fabrice fit la conversation avec lui absolument comme d'égal à égal ; il crut voir que Ludovic était l'amant de l'hôtesse. Il termina rapidement son déjeuner, puis dit à demi-voix à Ludovic : J'ai un mot pour vous.

– Votre excellence peut parler librement devant elle, c'est une femme réellement bonne, dit Ludovic d'un air tendre.

– Hé bien, mes amis, reprit Fabrice sans hésiter, je suis malheureux et j'ai besoin de votre secours. D'abord il n'y a rien de politique dans mon affaire ; j'ai tout simplement tué un homme qui voulait m'assassiner parce que je parlais à sa maîtresse.

– Pauvre jeune homme ! dit l'hôtesse.

– Que votre excellence compte sur moi ! s'écria le cocher avec des yeux enflammés par le dévouement le plus vif ; où son excellence veut-elle aller ?

– A Ferrare. J'ai un passe-port, mais j'aimerais mieux ne pas parler aux gendarmes, qui peuvent avoir connaissance du fait.

– Quand avez-vous expédié cet autre ?

– Ce matin à six heures.

– Votre excellence n'a-t-elle point de sang sur ses vêtements?
dit l'hôtesse.

– J'y pensais, reprit le cocher, et d'ailleurs le drap de ces vêtements est trop fin; on n'en voit pas beaucoup de semblable dans
nos campagnes, cela nous attirerait les regards; je vais acheter
des habits chez le juif. Votre excellence est à peu près de ma
taille, mais plus mince.

– De grâce, ne m'appelez plus excellence, cela peut attirer
l'attention.

– Oui, excellence, répondit le cocher en sortant de la boutique.

– Hé bien! hé bien! cria Fabrice, et l'argent! revenez donc!

– Que parlez-vous d'argent! dit l'hôtesse, il a soixante-sept
écus qui sont fort à votre service. Moi-même, ajouta-t-elle en
baissant la voix, j'ai une quarantaine d'écus que je vous offre de
bien bon cœur, on n'a pas toujours de l'argent sur soi lorsqu'il
arrive de ces accidents:

Fabrice avait ôté son habit à cause de la chaleur en entrant
dans la *Trattoria*:

– Vous avez là un gilet qui pourrait nous causer de l'embarras
s'il entrait quelqu'un: cette belle *toile anglaise* attirerait l'attention. Elle donna à notre fugitif un gilet de toile teinte en noir,
appartenant à son mari. Un grand jeune homme entra dans la
boutique par une porte intérieure, il était mis avec une certaine
élégance.

– C'est mon mari, dit l'hôtesse. Pierre-Antoine, dit-elle au
mari, monsieur est un ami de Ludovic; il lui est arrivé un
accident ce matin de l'autre côté du fleuve, il désire se sauver à
Ferrare.

– Hé! nous le passerons, dit le mari d'un air fort poli, nous
avons la barque de Charles-Joseph.

Par une autre faiblesse de notre héros, que nous avouerons
aussi naturellement que nous avons raconté sa peur dans le
bureau de police au bout du pont, il avait les larmes aux yeux; il
était profondément attendri par le dévouement parfait qu'il rencontrait chez ces paysans: il pensait aussi à la bonté caractéris-
tique de sa tante; il eût voulu pouvoir faire la fortune de ces
gens. Ludovic rentra chargé d'un paquet.

– Adieu cet autre, lui dit le mari d'un air de bonne amitié.

– Il ne s'agit pas de ça, reprit Ludovic d'un ton fort alarmé, on
commence à parler de vous, on a remarqué que vous avez hésité
en entrant dans notre *vicolo* et quittant la belle rue comme un
homme qui chercherait à se cacher.

– Montez vite à la chambre, dit le mari.

Cette chambre, fort grande et fort belle, avait de la toile grise au lieu de vitres aux deux fenêtres ; on y voyait quatre lits larges chacun de six pieds et hauts de cinq.

– Et vite, et vite ! dit Ludovic ; il y a un fat de gendarme nouvellement arrivé qui voulait faire la cour à la jolie femme d'en bas, et auquel j'ai prédit que quand il va en correspondance sur la route, il pourrait bien se rencontrer avec une balle ; si ce chien-là entend parler de votre excellence, il voudra nous jouer un tour, il cherchera à vous arrêter ici afin de faire mal noter la *Trattoria* de la Théodolinde.

Hé quoi ! continua Ludovic en voyant sa chemise toute tachée de sang et des blessures serrées avec des mouchoirs, le *porco* s'est donc défendu ? En voilà cent fois plus qu'il n'en faut pour vous faire arrêter : je n'ai point acheté de chemise. Il ouvrit sans façon l'armoire du mari et donna une de ses chemises à Fabrice qui bientôt fut habillé en riche bourgeois de campagne. Ludovic décrocha un filet suspendu à la muraille, plaça les habits de Fabrice dans le panier où l'on met le poisson, descendit en courant et sortit rapidement par une porte de derrière ; Fabrice le suivait.

– Théodolinde, cria-t-il en passant près de la boutique, cache ce qui est en haut, nous allons attendre dans les saules ; et toi, Pierre-Antoine, envoie-nous bien vite une barque, on paie bien.

Ludovic fit passer plus de vingt fossés à Fabrice. Il y avait des planches fort longues et fort élastiques qui servaient de ponts sur les plus larges de ces fossés ; Ludovic retirait ces planches après avoir passé. Arrivé au dernier canal, il tira la planche avec empressement. – Respirons maintenant, dit-il ; ce chien de gendarme aurait plus de deux lieues à faire pour atteindre votre excellence. Vous voilà tout pâle, dit-il à Fabrice ; je n'ai point oublié la petite bouteille d'eau-de-vie.

– Elle vient fort à propos : la blessure à la cuisse commence à se faire sentir ; et d'ailleurs j'ai eu une fière peur dans le bureau de la police au bout du pont.

– Je le crois bien, dit Ludovic ; avec une chemise remplie de sang comme était la vôtre, je ne conçois pas seulement comment vous avez osé entrer en un tel lieu. Quant aux blessures, je m'y connais : je vais vous mettre dans un endroit bien frais où vous pourrez dormir une heure ; la barque viendra nous y chercher, s'il y a moyen d'obtenir une barque. Sinon, quand vous serez un peu reposé nous ferons encore deux petites lieues, et je vous mènerai à un moulin où je prendrai moi-même une barque. Votre excellence a bien plus de connaissances que moi : madame va être au désespoir quand elle apprendra l'accident ; on lui dira que vous êtes blessé à mort, peut-être même que vous avez tué l'autre en traître. La marquise Raversi ne manquera pas de faire courir tous les mauvais bruits qui peuvent chagriner madame. Votre excellence pourrait écrire.

— Et comment faire parvenir la lettre?

— Les garçons du moulin où nous allons gagnent douze sous par jour; en un jour et demi ils sont à Parme, donc quatre francs pour le voyage; deux francs pour l'usure des souliers : si la course était faite pour un pauvre homme tel que moi ce serait six francs; comme elle est pour le service d'un seigneur, j'en donnerai douze.

Quand on fut arrivé au lieu du repos dans un bois de vernes et de saules, bien touffu et bien frais, Ludovic alla à plus d'une heure de là chercher de l'encre et du papier. Grand Dieu, que je suis bien ici! s'écria Fabrice. Fortune! adieu, je ne serai jamais archevêque!

A son retour, Ludovic le trouva profondément endormi et ne voulut pas l'éveiller. La barque n'arriva que vers le coucher du soleil; aussitôt que Ludovic la vit paraître au loin, il appela Fabrice qui écrivit deux lettres.

— Votre excellence a bien plus de connaissances que moi, dit Ludovic d'un air peiné, et je crains bien de lui déplaire au fond du cœur, quoi qu'elle en dise, si j'ajoute une certaine chose.

— Je ne suis pas aussi nigaud que vous le pensez, répondit Fabrice, et, quoi que vous puissiez dire, vous serez toujours à mes yeux un serviteur fidèle de ma tante, et un homme qui a fait tout au monde pour me tirer d'un fort vilain pas.

Il fallut bien d'autres protestations encore pour décider Ludovic à parler, et quand enfin il en eut pris la résolution, il commença par une préface qui dura bien cinq minutes. Fabrice s'impatienta, puis il se dit : A qui la faute? à notre vanité que cet homme a fort bien vue du haut de son siège. Le dévouement de Ludovic le porta enfin à courir le risque de parler net.

— Combien la marquise Raversi ne donnerait-elle pas au piéton que vous allez expédier à Parme pour avoir ces deux lettres! Elles sont de votre écriture, et par conséquent font preuves judiciaires contre vous. Votre excellence va me prendre pour un curieux indiscret; en second lieu, elle aura peut-être honte de mettre sous les yeux de madame la duchesse ma pauvre écriture de cocher; mais enfin votre sûreté m'ouvre la bouche, quoique vous puissiez me croire un impertinent. Votre excellence ne pourrait-elle pas me dicter ces deux lettres? Alors je suis le seul compromis, et encore bien peu, je dirais au besoin que vous m'êtes apparu au milieu d'un champ avec une écritoire de corne dans une main et un pistolet dans l'autre, et que vous m'avez ordonné d'écrire.

– Donnez-moi la main, mon cher Ludovic, s'écria Fabrice, et pour vous prouver que je ne veux point avoir de secret pour un ami tel que vous, copiez ces deux lettres telles qu'elles sont, Ludovic comprit toute l'étendue de cette marque de confiance et y fut extrêmement sensible, mais au bout de quelques lignes, comme il voyait la barque s'avancer rapidement sur le fleuve :

– Les lettres seront plus tôt terminées, dit-il à Fabrice, si votre excellence veut prendre la peine de me les dicter. Les lettres finies, Fabrice écrivit un A et un B à la dernière ligne, et sur une petite rognure de papier qu'ensuite il chiffonna, il mit en français : *Croyez A et B.* Le piéton devait cacher ce papier froissé dans ses vêtements.

La barque arrivant à portée de la voix, Ludovic appela les bateliers par des noms qui n'étaient pas les leurs : ils ne répondirent point et abordèrent cinq cents toises plus bas, regardant de tous les côtés pour voir s'ils n'étaient point aperçus par quelque douanier.

– Je suis à vos ordres, dit Ludovic à Fabrice ; voulez-vous que je porte moi-même les lettres à Parme ? voulez-vous que je vous accompagne à Ferrare ?

– M'accompagner à Ferrare est un service que je n'osais presque vous demander. Il faudra débarquer, et tâcher d'entrer dans la ville sans montrer le passe-port. Je vous dirai que j'ai la plus grande répugnance à voyager sous le nom de Giletti, et je ne vois que vous qui puissiez m'acheter un autre passe-port.

– Que ne parliez-vous à Casal-Maggiore ! Je sais un espion qui m'aurait vendu un excellent passe-port, et pas cher, pour quarante ou cinquante francs.

L'un des deux mariniers qui était né sur la rive droite du Pô, et par conséquent n'avait pas besoin de passe-port à l'étranger pour aller à Parme, se chargea de porter les lettres. Ludovic, qui savait manier la rame, se fit fort de conduire la barque avec l'autre.

– Nous allons trouver sur le bas Pô, dit-il, plusieurs barques armées appartenant à la police, et je saurai les éviter. Plus de dix fois on fut obligé de se cacher au milieu de petites îles à fleur d'eau, chargées de saules. Trois fois on mit pied à terre pour laisser passer les barques vides devant les embarcations de la police. Ludovic profita de ces longs moments de loisir pour réciter à Fabrice plusieurs de ses sonnets. Les sentiments étaient assez justes, mais commme émoussés par l'expression, et ne valaient pas la peine d'être écrits ; le singulier, c'est que cet ex-cocher avait des passions et des façons de voir vives et pittoresques ; il devenait froid et commun dès qu'il écrivait. C'est le contraire de ce que nous voyons dans le monde, se dit Fabrice ; l'on sait maintenant tout exprimer avec grâce, mais les cœurs n'ont rien à dire. Il comprit que le plus grand plaisir qu'il pût faire à ce serviteur fidèle, ce serait de corriger les fautes d'orthographe de ses sonnets.

– On se moque de moi quand je prête mon cahier, disait Ludovic ; mais si votre excellence daignait me dicter l'orthographe des mots lettre à lettre, les envieux ne sauraient plus que dire : l'orthographe ne fait pas le génie. Ce ne fut que le surlendemain dans la nuit que Fabrice put débarquer en toute sûreté dans un bois de vernes, une lieue avant que d'arriver à *Ponte Lago Oscuro*. Toute la journée il resta caché dans une chenevière, et Ludovic le précéda à Ferrare ; il y loua un petit logement chez un juif pauvre, qui comprit tout de suite qu'il y avait de l'argent à gagner si l'on savait se taire. Le soir, à la chute du jour. Fabrice entra dans Ferrare monté sur un petit cheval ; il avait bon besoin de ce secours, la chaleur l'avait frappé sur le fleuve ; le coup de couteau qu'il avait à la cuisse, et le coup d'épée que Giletti lui avait donné dans l'épaule, au commencement du combat, s'étaient enflammés et lui donnaient de la fièvre.

Résumé des chapitres 12 et 13

Ludovic s'applique à emmener sans encombre Fabrice jusqu'à Bologne, et brûle le passeport compromettant de Giletti. Ce fidèle compagnon parvient même à trouver un logement au fuyard et des amis sûrs, pour lui permettre d'attendre là un meilleur sort. Le hasard mettant un autre valet de la duchesse sur le chemin de Fabrice, ce dernier y voit « un signe », va gaiement prier Dieu dans une église pour le remercier de ses bienfaits et confie un certain nombre de lettres au nouveau valet pour dire sa vérité à Parme et clamer son innocence auprès des personnes qui lui sont chères, dont l'archevêque. En vérité, la mort du petit acteur fait grand bruit dans la ville et la plaidoirie de l'abbé Landriani met le feu aux poudres. La principale rivale politique de Mosca, la marquise Raversi, voit enfin le moyen de gagner les bonnes grâces du prince en dénonçant son pire ennemi comme le principal protecteur de Fabrice. Cette fois, Landriani voit juste : « Cette affaire n'est rien moins qu'une tentative de changement de ministère ! » *Pour l'heure, Fabrice est à peu près en sécurité à Bologne, sous le nom fabriqué de Joseph Bossi. Quand le hasard encore lui fait rencontrer Marietta, sans emploi depuis le duel et qui s'offre à lui le plus simplement du monde, il se croit heureux. Mais il n'aime toujours pas, et s'ennuie assez vite. Pour se distraire, il entre dans un théâtre et entend là un rossignol, dénommée La Fausta, dont la beauté l'enflamme. Il oublie aussitôt toute sagesse, la suit jusqu'à Parme où, incognito, il poursuit sa cour sous les fenêtres de la cantatrice. L'amant de la dame, heureusement, ne le reconnaît pas et croit avoir pour rival le fils du prince ! L'affaire se termine par un duel à la lueur des flambeaux dans un coin perdu de la montagne qui surplombe Florence, et personne n'est tué. Moins de deux mois après, Fabrice réapparaît à Bologne...*

LIVRE SECOND

« Par ses cris continuels, cette république
nous empêcherait de jouir de la meilleure
des monarchies. »
LA CHARTREUSE DE PARME, ch. XXIII

CHAPITRE 14

P endant que Fabrice était à la chasse de l'amour dans un village voisin de Parme, le fiscal général Rassi, qui ne le savait pas si près de lui, continuait à traiter son affaire comme s'il eût été un libéral : il feignit de ne pouvoir trouver, ou plutôt intimida les témoins à décharge; et enfin, après un travail fort savant de près d'une année, et environ deux mois après le dernier retour de Fabrice à Bologne, un certain vendredi, la marquise Raversi, ivre de joie, dit publiquement dans son salon que, le lendemain, la sentence qui venait d'être rendue depuis une heure contre le petit del Dongo serait présentée à la signature du prince et approuvée par lui. Quelques minutes plus tard la duchesse sut ce propos de son ennemie.

Il faut que le comte soit bien mal servi par ses agents ! se dit-elle; encore ce matin il croyait que la sentence ne pouvait être rendue avant huit jours. Peut-être ne serait-il pas fâché d'éloigner de Parme mon jeune grand-vicaire; mais, ajouta-t-elle en chantant, nous le verrons revenir, et un jour il sera notre archevêque. La duchesse sonna :

– Réunissez tous les domestiques dans la salle d'attente, dit-elle à son valet de chambre, même les cuisiniers; allez prendre chez le commandant de la place le permis nécessaire pour avoir quatre chevaux de poste, et enfin, qu'avant une demi-heure ces chevaux soient attelés à mon landau. Toutes les femmes de la maison furent occupées à faire des malles, la duchesse prit à la hâte un habit de voyage, le tout sans rien faire dire au comte; l'idée de se moquer un peu de lui la transportait de joie.

« Mes amis, dit-elle aux domestiques rassemblés, j'apprends

que mon pauvre neveu va être condamné par contumace pour avoir eu l'audace de défendre sa vie contre un furieux; c'était Giletti qui voulait le tuer. Chacun de vous a pu voir combien le caractère de Fabrice est doux et inoffensif. Justement indignée de cette injure atroce, je pars pour Florence : je laisse à chacun de vous ses gages pendant dix ans; si vous êtes malheureux, écrivez-moi, et tant que j'aurai un sequin, il y aura quelque chose pour vous.»

La duchesse pensait exactement ce qu'elle disait, et, à ses derniers mots, les domestiques fondirent en larmes; elle aussi avait les yeux humides; elle ajouta d'une voix émue : – « Priez Dieu pour moi et pour monseigneur Fabrice del Dongo, premier grand-vicaire du diocèse, qui demain matin va être condamné aux galères, ou, ce qui serait moins bête, à la peine de mort.»

Les larmes des domestiques redoublèrent et peu à peu se changèrent en cris à peu près séditieux; la duchesse monta dans son carrosse et se fit conduire au palais du prince. Malgré l'heure indue, elle fit solliciter une audience par le général Fontana, aide de camp de service; elle n'était point en grand habit de cour, ce qui jeta cet aide de camp dans une stupeur profonde. Quant au prince, il ne fut point surpris, et encore moins fâché de cette demande d'audience. Nous allons voir des larmes répandues par de beaux yeux, se dit-il en se frottant les mains. Elle vient demander grâce; enfin cette fière beauté va s'humilier! elle était aussi trop insupportable avec ses petits airs d'indépendance! Ces yeux si parlants semblaient toujours me dire, à la moindre chose qui la choquait : Naples ou Milan seraient un séjour bien autrement aimable que votre petite ville de Parme. A la vérité je ne règne pas sur Naples ou sur Milan; mais enfin cette grande dame vient me demander quelque chose qui dépend de moi uniquement, et qu'elle brûle d'obtenir; j'ai toujours pensé que l'arrivée de ce neveu m'en ferait tirer pied ou aile.

Pendant que le prince souriait à ses pensées et se livrait à toutes ces prévisions agréables, il se promenait dans son cabinet, à la porte duquel le général Fontana était resté debout et raide comme un soldat au port d'armes. Voyant les yeux brillants du prince, et se rappelant l'habit de voyage de la duchesse, il crut à la dissolution de la monarchie. Son ébahissement n'eut plus de bornes quand il entendit le prince lui dire : – Priez madame la duchesse d'attendre un petit quart d'heure. Le général aide de camp fit son demi-tour comme un soldat à la parade; le prince sourit encore : Fontana n'est pas accoutumé, se dit-il, à voir attendre cette fière duchesse : la figure étonnée avec laquelle il va lui parler *du petit quart d'heure d'attente* préparera le passage aux larmes touchantes que ce cabinet va voir répandre. Ce petit quart d'heure fut délicieux pour le prince; il se promenait d'un pas ferme et égal, il *régnait*. Il s'agit ici de ne rien dire qui ne soit parfaitement à sa place; quels que soient mes sentiments envers la duchesse, il ne faut point oublier que c'est une des plus grandes dames de ma cour. Comment Louis XIV parlait-il aux princesses ses filles quand il avait lieu d'en être mécontent? et ses yeux s'arrêtèrent sur le portrait du grand roi.

Le plaisant de la chose c'est que le prince ne songea point à se demander s'il ferait grâce à Fabrice et quelle serait cette grâce. Enfin, au bout de vingt minutes, le fidèle Fontana se présenta de nouveau à la porte, mais sans rien dire. – La duchesse Sanseverina peut entrer, cria le prince d'un air théâtral. Les larmes vont commencer, se dit-il, et, comme pour se préparer à un tel spectacle, il tira son mouchoir.

Jamais la duchesse n'avait été aussi leste et aussi jolie; elle n'avait pas vingt-cinq ans. En voyant son petit pas léger et rapide effleurer à peine le tapis, le pauvre aide de camp fut sur le point de perdre tout à fait la raison.

– J'ai bien des pardons à demander à votre altesse sérénissime, dit la duchesse de sa petite voix légère et gaie, j'ai pris la liberté de me présenter devant elle avec un habit qui n'est pas précisément convenable, mais votre altesse m'a tellement accoutumée à ses bontés que j'ai osé espérer qu'elle voudrait bien m'accorder encore cette grâce.

La duchesse parlait assez lentement, afin de se donner le temps de jouir de la figure du prince; elle était délicieuse à cause de l'étonnement profond et du reste de grands airs que la position de la tête et des bras accusait encore. Le prince était resté comme frappé de la foudre; de sa petite voix aigre et troublée il s'écriait de temps à autre en articulant à peine : *Comment! comment!* la duchesse, comme par respect, après avoir fini son compliment, lui laissa tout le temps de répondre; puis elle ajouta :

– J'ose espérer que votre altesse sérénissime daigne me pardonner l'incongruité de mon costume; mais, en parlant ainsi, ses yeux moqueurs brillaient d'un si vif éclat que le prince ne put le supporter; il regarda au plafond, ce qui chez lui était le dernier signe du plus extrême embarras.

– *Comment! comment!* dit-il encore; puis il eut le bonheur de trouver une phrase : – Madame la duchesse, asseyez-vous donc; il avança lui-même un fauteuil et avec assez de grâce. La duchesse ne fut point insensible à cette politesse, elle modéra la pétulance de son regard.

– *Comment! comment!* répéta encore le prince en s'agitant dans son fauteuil, sur lequel on eût dit qu'il ne pouvait trouver de position solide.

– Je vais profiter de la fraîcheur de la nuit pour courir la poste, reprit la duchesse, et, comme mon absence peut être de quelque durée, je n'ai point voulu sortir des états de son altesse sérénissime sans la remercier de toutes les bontés que depuis cinq années elle a daigné avoir pour moi. A ces mots le prince comprit enfin; il devint pâle : c'était l'homme du monde qui souffrait le plus de se voir trompé dans ses prévisions; puis il prit un air de grandeur tout à fait digne du portrait de Louis XIV qui était sous ses yeux. A la bonne heure, se dit la duchesse, voilà un homme.

– Et quel est le motif de ce départ subit? dit le prince d'un ton assez ferme.

– J'avais ce projet depuis longtemps, répondit la duchesse, et une petite insulte que l'on a faite à *monsignore* del Dongo que demain l'on va condamner à mort ou aux galères, me fait hâter mon départ.

– Et dans quelle ville allez-vous?

– A Naples, je pense. Elle ajouta en se levant : Il ne me reste plus qu'à prendre congé de votre altesse sérénissime et à la remercier très-humblement de ses *anciennes* bontés. A son tour, elle partait d'un air si ferme que le prince vit bien que dans deux secondes tout serait fini; l'éclat du départ ayant eu lieu, il savait que tout arrangement était impossible; elle n'était pas femme à revenir sur ses démarches. Il courut après elle.

– Mais vous savez bien, madame la duchesse, lui dit-il en lui prenant la main, que toujours je vous ai aimée, et d'une amitié à laquelle il ne tenait qu'à vous de donner un autre nom. Un meurtre a été commis, c'est ce qu'on ne saurait nier; j'ai confié l'instruction du procès à mes meilleurs juges...

A ces mots, la duchesse se releva de toute sa hauteur; toute apparence de respect et même d'urbanité disparut en un clin d'œil : la femme outragée parut clairement, et la femme outragée s'adressant à un être qu'elle sait de mauvaise foi. Ce fut avec l'expression de la colère la plus vive et même du mépris, qu'elle dit au prince en pesant sur tous les mots :

– Je quitte à jamais les états de votre altesse sérénissime, pour ne jamais entendre parler du fiscal Rassi, et des autres infâmes assassins qui ont condamné à mort mon neveu et tant d'autres; si votre altesse sérénissime ne veut pas mêler un sentiment d'amertume aux derniers instants que je passe auprès d'un prince poli et spirituel quand il n'est pas trompé, je la prie très-humblement de ne pas me rappeler l'idée de ces juges infâmes qui se vendent pour mille écus ou une croix.

L'accent admirable et surtout vrai avec lequel furent prononcées ces paroles fit tressaillir le prince; il craignit un instant de voir sa dignité compromise par une accusation encore plus directe, mais au total sa sensation finit bientôt par être du plaisir : il admirait la duchesse; l'ensemble de sa personne atteignit en ce moment une beauté sublime. Grand Dieu! qu'elle est belle, se dit le prince; on doit passer quelque chose à une femme unique et telle que peut-être il n'en existe pas une seconde dans toute l'Italie... Eh bien! avec un peu de bonne politique il ne serait peut-être pas impossible d'en faire un jour ma maîtresse; il y a loin d'un tel être à cette poupée de marquise Balbi, et qui encore chaque année vole au moins trois cent mille francs à mes pauvres sujets... Mais l'ai-je bien entendu? pensa-t-il tout à coup; elle a dit : condamné mon neveu et tant d'autres; alors la colère surnagea, et ce fut avec une hauteur digne du rang suprême que le prince dit après un silence : – Et que faudrait-il faire pour que madame ne partît point?

– Quelque chose dont vous n'êtes pas capable, répliqua la duchesse avec l'accent de l'ironie la plus amère et du mépris le moins déguisé.

Le prince était hors de lui, mais il devait, à l'habitude de son métier de souverain absolu la force de résister à un premier mouvement. Il faut avoir cette femme, se dit-il, c'est ce que je me dois, puis il faut la faire mourir par le mépris... Si elle sort de ce cabinet, je ne la revois jamais. Mais, ivre de colère et de haine comme il l'était en ce moment, où trouver un mot qui pût satisfaire à la fois à ce qu'il se devait à lui-même et porter la duchesse à ne pas déserter sa cour à l'instant? On ne peut, se dit-il, ni répéter ni tourner en ridicule un geste, et il alla se placer entre la duchesse et la porte de son cabinet. Peu après il entendit gratter à cette porte.

– Quel est le jean sucre, s'écria-t-il en jurant de toute la force de ses poumons, quel est le jean sucre qui vient ici m'apporter sa sotte présence? Le pauvre général Fontana montra sa figure pâle et totalement renversée, et ce fut avec l'air d'un homme à l'agonie qu'il prononça ces mots mal articulés : « Son excellence le comte Mosca sollicite l'honneur d'être introduit. »

— Qu'il entre! dit le prince en criant; et comme Mosca saluait :

— Hé bien! lui dit-il, voici madame la duchesse Sanseverina qui prétend quitter Parme à l'instant pour aller s'établir à Naples, et qui par-dessus le marché me dit des impertinences.

— Comment! dit Mosca en pâlissant.

— Quoi! vous ne saviez pas ce projet de départ?

— Pas la première parole; j'ai quitté madame à six heures, joyeuse et contente.

Ce mot produisit sur le prince un effet incroyable. D'abord il regarda Mosca; sa pâleur croissante lui montra qu'il disait vrai et n'était point complice du coup de tête de la duchesse. En ce cas, se dit-il, je la perds pour toujours; plaisir et vengeance tout s'envole en même temps. A Naples elle fera des épigrammes avec son neveu Fabrice sur la grande colère du petit prince de Parme. Il regarda la duchesse; le plus violent mépris et la colère se disputaient son cœur; ses yeux étaient fixés en ce moment sur le comte Mosca, et les contours si fins de cette belle bouche exprimaient le dédain le plus amer. Toute cette figure disait : vil courtisan! Ainsi, pensa le prince, après l'avoir examinée, je perds ce moyen de la rappeler en ce pays. Encore en ce moment, si elle sort de ce cabinet elle est perdue pour moi, Dieu sait ce qu'elle dira de mes juges à Naples... Et avec cet esprit et cette force de persuasion divine que le Ciel lui a donnés, elle se fera croire de tout le monde. Je lui devrai la réputation d'un tyran ridicule qui se lève la nuit pour regarder sous son lit... Alors, par une manœuvre adroite et comme cherchant à se promener pour diminuer son agitation, le prince se plaça de nouveau devant la porte du cabinet; le comte était à sa droite à trois pas de distance, pâle, défait et tellement tremblant, qu'il fut obligé de chercher un appui sur le dos du fauteuil que la duchesse avait occupé au commencement de l'audience, et que le prince dans un moment de colère avait poussé au loin. Le comte était amoureux. Si la duchesse part je la suis, se disait-il; mais voudrat-elle de moi à sa suite? voilà la question.

A la gauche du prince, la duchesse debout, les bras croisés et serrés contre la poitrine, le regardait avec une impertinence admirable; une pâleur complète et profonde avait succédé aux vives couleurs qui naguère animaient cette tête sublime.

Le prince, au contraire des deux autres personnages, avait la figure rouge et l'air inquiet; sa main gauche jouait d'une façon convulsive avec la croix attachée au grand cordon de son ordre qu'il portait sous l'habit; de la main droite il se caressait le menton.

– Que faut-il faire? dit-il au comte, sans trop savoir ce qu'il faisait lui-même, et entraîné par l'habitude de le consulter sur tout.

– Je n'en sais rien, en vérité, altesse sérénissime, répondit le comte de l'air d'un homme qui rend le dernier soupir. Il pouvait à peine prononcer les mots de sa réponse. Le ton de cette voix donna au prince la première consolation que son orgueil blessé eût trouvée dans cette audience, et ce petit bonheur lui fournit une phrase heureuse pour son amour-propre.

– Eh bien, dit-il, je suis le plus raisonnable des trois; je veux bien faire abstraction complète de ma position dans le monde. Je vais parler *comme un ami*, et il ajouta, avec un beau sourire de condescendance bien imité des temps heureux de Louis XIV, *comme un ami parlant à des amis* : Madame la duchesse, ajouta-t-il, que faut-il faire pour vous faire oublier une résolution intempestive?

– En vérité, je n'en sais rien, répondit la duchesse avec un grand soupir, en vérité, je n'en sais rien, tant j'ai Parme en horreur. Il n'y avait nulle intention d'épigramme dans ce mot, on voyait que la sincérité parlait par sa bouche.

Le comte se tourna vivement de son côté; l'âme du courtisan était scandalisée : puis il adressa au prince un regard suppliant. Avec beaucoup de dignité et de sang-froid le prince laissa passer un moment; puis s'adressant au comte :

– Je vois, dit-il, que votre charmante amie est tout à fait hors d'elle-même; c'est tout simple, elle *adore* son neveu. Et, se tournant vers la duchesse, il ajouta, avec le regard le plus galant et en même temps de l'air que l'on prend pour citer le mot d'une comédie : *Que faut-il faire pour plaire à ces beaux yeux?*

La duchesse avait eu le temps de réfléchir; d'un ton ferme et lent, et comme si elle eût dicté son *ultimatum*, elle répondit :

– Son altesse m'écrirait une lettre gracieuse, comme elle sait si bien les faire; elle me dirait que, n'étant point convaincue de la culpabilité de Fabrice del Dongo, premier grand-vicaire de l'archevêque, elle ne signera point la sentence quand on viendra la lui présenter, et que cette procédure injuste n'aura aucune suite à l'avenir.

– Comment *injuste!* s'écria le prince en rougissant jusqu'au blanc des yeux, et reprenant sa colère.

– Ce n'est pas tout! répliqua la duchesse avec une fierté romaine; *dès ce soir*, et, ajouta-t-elle en regardant la pendule, il est déjà onze heures et un quart, dès ce soir son altesse sérénissime enverra dire à la marquise Raversi qu'elle lui conseille d'aller à la campagne pour se délasser des fatigues qu'a dû lui causer un certain procès dont elle parlait dans son salon au commencement de la soirée. Le duc se promenait dans son cabinet comme un homme furieux.

– Vit-on jamais une telle femme?... s'écria-t-il; elle me manque de respect.

La duchesse répondit avec une grâce parfaite :

– De la vie je n'ai eu l'idée de manquer de respect à son altesse sérénissime; son altesse a eu l'extrême condescendance de dire qu'elle parlait *comme un ami à des amis*. Je n'ai, du reste, aucune envie de rester à Parme, ajouta-t-elle en regardant le comte avec le dernier mépris. Ce regard décida le prince, jusqu'ici fort incertain, quoique ses paroles eussent semblé annoncer un engagement; il se moquait fort des paroles.

Il y eut encore quelques mots d'échangés, mais enfin le comte Mosca reçut l'ordre d'écrire le billet gracieux sollicité par la duchesse. Il omit la phrase : *cette procédure injuste n'aura aucune suite à l'avenir.* Il suffit, se dit le comte, que le prince promette de ne point signer la sentence qui lui sera présentée. Le prince le remercia d'un coup d'œil en signant.

Le comte eut grand tort, le prince était fatigué et eût tout signé; il croyait se bien tirer de la scène, et toute l'affaire était dominée à ses yeux par ces mots : « Si la duchesse part, je trouverai ma cour ennuyeuse avant huit jours.» Le comte remarqua que le maître corrigeait la date et mettait celle du lendemain. Il regarda la pendule, elle marquait près de minuit. Le ministre ne vit dans cette date corrigée que l'envie pédantesque de faire preuve d'exactitude et de bon gouvernement. Quant à l'exil de la marquise Raversi, il ne fit pas un pli; le prince avait un plaisir particulier à exiler les gens.

– Général Fontana! s'écria-t-il en entr'ouvrant la porte.

Le général parut avec une figure tellement étonnée et tellement curieuse, qu'il y eut échange d'un regard gai entre la duchesse et le comte, et ce regard fit la paix.

– Général Fontana, dit le prince, vous allez monter dans ma voiture qui attend sous la colonnade; vous irez chez la marquise Raversi, vous vous ferez annoncer; si elle est au lit, vous ajouterez que vous venez de ma part, et, arrivé dans sa chambre, vous direz ces précises paroles, et non d'autres : « Madama le marquise Raversi, son altesse sérénissime vous engage à partir demain, avant huit heures du matin, pour votre château de Velleja; son altesse vous fera connaître quand vous pourrez revenir à Parme.»

Le prince chercha des yeux ceux de la duchesse, laquelle, sans le remercier comme il s'y attendait, lui fit une révérence extrêmement respectueuse et sortit rapidement.

— Quelle femme! dit le prince en se tournant vers le comte Mosca. Celui-ci, ravi de l'exil de la marquise Raversi qui facilitait toutes ses actions comme ministre, parla pendant une grosse demi-heure en courtisan consommé; il voulait consoler l'amour-propre du souverain, et ne prit congé que lorsqu'il le vit bien convaincu que l'histoire anecdotique de Louis XIV n'avait pas de page plus belle que celle qu'il venait de fournir à ses historiens futurs.

En rentrant chez elle, la duchesse ferma sa porte et dit qu'on n'admît personne, pas même le comte. Elle voulait se trouver seule avec elle-même, et voir un peu quelle idée elle devait se former de la scène qui venait d'avoir lieu. Elle avait agi au hasard et pour se faire plaisir au moment même; mais à quelque démarche qu'elle se fût laissée entraîner, elle y eût tenu avec fermeté. Elle ne se fût point blâmée en revenant au sang-froid, encore moins repentie : tel était le caractère auquel elle devait d'être encore à trente-six ans la plus jolie femme de la cour.

Elle rêvait en ce moment à ce que Parme pouvait offrir d'agréable, comme elle eût fait au retour d'un long voyage, tant de neuf heures à onze elle avait cru fermement quitter ce pays pour toujours.

Ce pauvre comte a fait une plaisante figure lorsqu'il a connu mon départ en présence du prince... Au fait, c'est un homme aimable et d'un cœur bien rare! Il eût quitté ses ministères pour me suivre... Mais aussi pendant cinq années entières il n'a pas eu une distraction à me reprocher. Quelles femmes mariées à l'autel pourraient en dire autant à leur seigneur et maître? Il faut convenir qu'il n'est point important, point pédant; il ne donne nullement l'envie de le tromper; devant moi il semble toujours avoir honte de sa puissance... Il faisait une drôle de figure en présence de son seigneur et maître; s'il était là je l'embrasserais... Mais pour rien au monde je ne me chargerais d'amuser un ministre qui a perdu son portefeuille, c'est une maladie dont on ne guérit qu'à la mort, et... qui fait mourir. Quel malheur ce serait d'être ministre jeune! Il faut que je le lui écrive, c'est une de ces choses qu'il doit savoir officiellement avant de se brouiller avec son prince... Mais j'oubliais mes bons domestiques.

La duchesse sonna. Ses femmes étaient toujours occupées à

faire des malles ; la voiture était avancée sous le portique et on la chargeait ; tous les domestiques qui n'avaient pas de travail à faire entouraient cette voiture, les larmes aux yeux. La Chékina, qui dans les grandes occasions entrait seule chez la duchesse, lui apprit tous ces détails.

– Fais-les monter, dit la duchesse ; un instant après elle passa dans la salle d'attente.

– On m'a promis, leur dit-elle, que la sentence contre mon neveu ne serait pas signée par le *souverain* (c'est ainsi qu'on parle en Italie) ; je suspens mon départ ; nous verrons si mes ennemis auront le crédit de faire changer cette résolution. Après un petit silence, les domestiques se mirent à crier Vive madame la duchesse ! et applaudirent avec fureur. La duchesse, qui était dans la pièce voisine, reparut comme une actrice applaudie, fit une petite révérence pleine de grâce à ses gens et leur dit : *Mes amis, je vous remercie.* Si elle eût dit un mot, tous, en ce moment eussent marché contre le palais pour l'attaquer. Elle fit un signe à un postillon, ancien contrebandier et homme dévoué, qui la suivit.

– Tu vas t'habiller en paysan aisé, tu sortiras de Parme comme tu pourras, tu loueras une sediola et tu iras aussi vite que possible à Bologne. Tu entreras à Bologne en promeneur et par la porte de Florence, et tu remettras à Fabrice, qui est au *Pelegrino*, un paquet que Chékina va te donner. Fabrice se cache et s'appelle là-bas M. Joseph Bossi ; ne va pas le trahir par étourderie, n'aie pas l'air de le connaître ; mes ennemis mettront peut-être des espions à tes trousses. Fabrice te renverra ici au bout de quelques heures ou de quelques jours : c'est surtout en revenant qu'il faut redoubler de précautions pour ne pas le trahir.

– Ah ! les gens de la marquise Raversi ! s'écria le postillon ; nous les attendons, et si madame voulait ils seraient bientôt exterminés.

– Un jour, peut-être ! mais gardez-vous sur votre tête de rien faire sans mon ordre.

C'était la copie du billet du prince que la duchesse voulait envoyer à Fabrice ; elle ne put résister au plaisir de l'amuser, et ajouta un mot sur la scène qui avait amené le billet ; ce mot devint une lettre de dix pages. Elle fit rappeler le postillon.

– Tu ne peux partir, lui dit-elle, qu'à quatre heures, à porte ouvrante.

– Je comptais passer par le grand égout ; j'aurais de l'eau jusqu'au menton, mais je passerais...

– Non, dit la duchesse, je ne veux pas exposer à prendre la

fièvre un de mes plus fidèles serviteurs. Connais-tu quelqu'un chez monseigneur l'archevêque?

– Le second cocher est mon ami.

– Voici une lettre pour ce saint prélat : introduis-toi sans bruit dans son palais, fais-toi conduire chez le valet de chambre; je ne voudrais pas qu'on réveillât monseigneur. S'il est déjà renfermé dans sa chambre, passe la nuit dans le palais, et, comme il est dans l'usage de se lever avec le jour, demain matin, à quatre heures, fais-toi annoncer de ma part, demande sa bénédiction au saint archevêque, remets-lui le paquet que voici, et prends les lettres qu'il te donnera peut-être pour Bologne.

La duchesse adressait à l'archevêque l'original même du billet du prince; comme ce billet était relatif à son premier grand-vicaire, elle le priait de le déposer aux archives de l'archevêché, où elle espérait que messieurs les grands-vicaires et les chanoines, collègues de son neveu, voudraient bien en prendre connaissance; le tout sous la condition du plus profond secret.

La duchesse écrivait à monseigneur Landriani avec une familiarité qui devait charmer ce bon bourgeois; la signature seule avait trois lignes; la lettre fort amicale était suivie de ces mots : *Angelina-Cornelia-Isota Valserra del Dongo, duchesse Sanseverina.*

Je n'en ai pas tant écrit, je pense, se dit la duchesse en riant, depuis mon contrat de mariage avec le pauvre duc; mais on ne mène ces gens-là que par ces choses, et aux yeux des bourgeois la caricature fait beauté. Elle ne put pas finir la soirée sans céder à la tentation d'écrire une lettre de persiflage au pauvre comte; elle lui annonçait officiellement, pour sa *gouverne,* disait-elle, *dans ses rapports avec les têtes couronnées,* qu'elle ne se sentait pas capable d'amuser un ministre disgracié. « Le prince vous fait peur; quand vous ne pourrez plus le voir, ce serait donc à moi à vous faire peur? » Elle fit porter sur-le-champ cette lettre.

De son côté, le lendemain dès sept heures du matin, le prince manda le comte Zurla, ministre de l'intérieur. – De nouveau, lui dit-il, donnez les ordres les plus sévères à tous les podestats pour qu'ils fassent arrêter le sieur Fabrice del Dongo. On nous annonce que peut-être il osera reparaître dans nos états. Ce fugitif se trouvant à Bologne, où il semble braver les poursuites de nos tribunaux, placez des sbires qui le connaissent personnellement, 1° dans les villages sur la route de Bologne à Parme; 2° aux environs du château de la duchesse Sanseverina, à Sacca, et de sa maison de Castelnovo ; 3° autour du château du comte Mosca. J'ose espérer de votre haute sagesse, monsieur le comte, que vous saurez dérober la connaissance de ces ordres de votre souverain à la pénétration du comte Mosca. Sachez que je veux que l'on arrête le sieur Fabrice del Dongo.

Dès que ce ministre fut sorti, une porte secrète introduisit chez le prince le fiscal général Rassi, qui s'avança plié en deux et saluant à chaque pas. La mine de ce coquin-là était à peindre ; elle rendait justice à toute l'infamie de son rôle, et, tandis que les mouvements rapides et désordonnés de ses yeux trahissaient la connaissance qu'il avait de ses mérites, l'assurance arrogante et grimaçante de sa bouche montrait qu'il savait lutter contre le mépris.

Comme ce personnage va prendre une assez grande influence sur la destinée de Fabrice, on peut en dire un mot. Il était grand, il avait de beaux yeux fort intelligents, mais un visage abîmé par la petite vérole ; pour de l'esprit, il en avait, et beaucoup et du plus fin ; on lui accordait de posséder parfaitement la science du droit, mais c'était surtout par l'esprit de ressource qu'il brillait. De quelque sens que pût se présenter une affaire, il trouvait facilement, et en peu d'instants, les moyens fort bien fondés en droit d'arriver à une condamnation ou à un acquittement ; il était surtout le roi des finesses de procureur.

A cet homme, que de grandes monarchies eussent envié au prince de Parme, on ne connaissait qu'une passion : être en conversation intime avec de grands personnages et leur plaire par des bouffonneries. Peu lui importait que l'homme puissant rît de ce qu'il disait, ou de sa propre personne, ou fît des plaisanteries révoltantes sur madame Rassi ; pourvu qu'il le vît rire et qu'on le traitât avec familiarité, il était content. Quelquefois le prince, ne sachant plus comment abuser de la dignité de ce grand-juge, lui donnait des coups de pied ; si les coups de pied lui faisaient mal, il se mettait à pleurer. Mais l'instinct de bouffonnerie était si puissant chez lui, qu'on le voyait tous les jours préférer le salon d'un ministre, qui le bafouait, à son propre salon, où il régnait despotiquement sur toutes les robes noires du pays. Le Rassi s'était surtout fait une position à part, en ce qu'il était impossible au noble le plus insolent de pouvoir l'humilier ; sa façon de se venger des injures qu'il essuyait toute la journée était de les raconter au prince, auquel il s'était acquis le privilège de tout dire ; il est vrai que souvent la réponse était un soufflet bien appliqué et qui faisait mal, mais il ne s'en formalisait aucunement. La présence de ce grand-juge distrayait le prince dans ses moments de mauvaise humeur, alors il s'amusait à l'outrager. On voit que Rassi était à peu près l'homme parfait à la cour : sans honneur et sans humeur.

– Il faut du secret avant tout, lui cria le prince sans le saluer, et le traitant tout à fait comme un cuistre, lui qui était si poli avec tout le monde. De quand votre sentence est-elle datée?

– Altesse sérénissime, d'hier matin.

– De combien de juges est-elle signée?

– De tous les cinq.

– Et la peine?

– De vingt ans de forteresse, comme votre altesse sérénissime me l'avait dit.

– La peine de mort eût révolté, dit le prince comme se parlant à soi-même, c'est dommage! Quel effet sur cette femme! Mais c'est un del Dongo, et ce nom est révéré dans Parme, à cause des trois archevêques presque successifs...

Vous me dites vingt ans de forteresse?

– Oui, altesse sérénissime, reprit le fiscal Rassi toujours debout et plié en deux, avec, au préalable, excuse publique devant le portrait de son altesse sérénissime; de plus, jeûne au pain et à l'eau tous les vendredis et toutes les veilles de fêtes principales, *le sujet étant d'une impiété notoire*. Ceci pour l'avenir et pour casser le cou à sa fortune.

– Écrivez, dit le prince : « Son altesse sérénissime ayant daigné écouter avec bonté les très-humbles supplications de la marquise del Dongo, mère du coupable, et de la duchesse Sanseverina, sa tante, lesquelles ont représenté qu'à l'époque du crime leur fils et neveu était fort jeune et d'ailleurs égaré par une folle passion conçue pour la femme du malheureux Giletti, a bien voulu, malgré l'horreur inspirée par un tel meurtre, commuer la peine à laquelle Fabrice del Dongo a été condamné, en celle de douze années de forteresse. »

– Donnez que je signe.

Le prince signa et data de la veille; puis, rendant la sentence à Rassi, il lui dit : Écrivez immédiatement au-dessous de ma signature : « La duchesse Sanseverina s'étant derechef jetée aux genoux de son altesse, le prince a permis que tous les jeudis le coupable ait une heure de promenade sur la plate-forme de la tour carrée vulgairement appelée tour Farnèse. »

– Signez cela, dit le prince, et surtout bouche close, quoi que vous puissiez entendre annoncer par la ville. Vous direz au conseiller Dé Capitani, qui a voté pour deux ans de forteresse et qui a même péroré en faveur de cette opinion ridicule, que je l'engage à relire les lois et règlements. Derechef, silence, et bonsoir. Le fiscal Rassi fit avec beaucoup de lenteur trois profondes révérences que le prince ne regarda pas.

Ceci se passait à sept heures du matin. Quelques heures plus tard, la nouvelle de l'exil de la marquise Raversi se répandait dans la ville et dans les cafés; tout le monde parlait à la fois de ce grand événement. L'exil de la marquise chassa pour quelque temps de Parme cet implacable ennemi des petites villes et des petites cours, l'ennui. Le général Fabio Conti, qui s'était cru ministre, prétexta une attaque de goutte, et pendant plusieurs jours ne sortit point de sa forteresse. La bourgeoisie et par suite le petit peuple, conclurent, de ce qui se passait, qu'il était clair que le prince avait résolu de donner l'archevêché de Parme à monsignor del Dongo. Les fins politiques de café allèrent même jusqu'à prétendre qu'on avait engagé le père Landriani, l'archevêque actuel, à feindre une maladie et à présenter sa démission; on lui accorderait une grosse pension sur la ferme du tabac, ils en étaient sûrs. Ce bruit vint jusqu'à l'archevêque qui s'en alarma fort, et pendant quelques jours son zèle pour notre héros en fut grandement paralysé. Deux mois après, cette belle nouvelle se trouvait dans les journaux de Paris, avec ce petit changement, que c'était le comte de Mosca, neveu de la duchesse de Sanseverina, qui allait être fait archevêque.

La marquise Raversi était furibonde dans son château de *Velleja*; ce n'était point une femmelette, de celles qui croient se venger en lançant des propos outrageants contre leurs ennemis. Dès le lendemain de sa disgrâce, le chevalier Riscara et trois autres de ses amis se présentèrent au prince, par son ordre, et lui demandèrent la permission d'aller la voir à son château. L'altesse reçut ces messieurs avec une grâce parfaite, et leur arrivée à Velleja fut une grande consolation pour la marquise. Avant la fin de la seconde semaine, elle avait trente personnes dans son château, tous ceux que le ministère libéral devait porter aux places. Chaque soir la marquise tenait un conseil régulier avec les mieux informés de ses amis. Un jour qu'elle avait reçu beaucoup de lettres de Parme et de Bologne, elle se retira de bonne heure : la femme de chambre favorite introduisit d'abord l'amant régnant, le comte Baldi, jeune homme d'une admirable figure et fort insignifiant; et plus tard, le chevalier Riscara, son prédécesseur : celui-ci était un petit homme noir au physique et au moral, qui, ayant commencé par être répétiteur de géométrie au collège des nobles à Parme, se voyait maintenant conseiller d'état et chevalier de plusieurs ordres.

– J'ai la bonne habitude, dit la marquise à ces deux hommes, de ne détruire jamais aucun papier, et bien m'en prend; voici neuf lettres que la Sanseverina m'a écrites en différentes occasions. Vous allez partir tous les deux pour Gênes, vous chercherez parmi les galériens un ex-notaire nommé Burati, comme le grand poëte de Venise, ou Durati. Vous, comte Baldi, placez-vous à mon bureau et écrivez ce que je vais vous dicter.

« Une idée me vient et je t'écris ce mot. Je vais à ma chaumière près de Castelnovo; si tu veux venir passer douze heures avec moi, je serai bien heureuse : il n'y a, ce me semble, pas grand danger après ce qui vient de se passer; les nuages s'éclaircissent. Cependant arrête-toi avant d'entrer dans Castelnovo; tu trouveras sur la route un de mes gens, ils t'aiment tous à la folie. Tu garderas, bien entendu, le nom de Bossi pour ce petit voyage. On dit que tu as de la barbe comme le plus admirable capucin, et l'on ne t'a vu à Parme qu'avec la figure décente d'un grand-vicaire.»

– Comprends-tu, Riscara?

– Parfaitement; mais le voyage à Gênes est un luxe inutile; je connais un homme dans Parme qui, à la vérité, n'est pas encore aux galères, mais qui ne peut manquer d'y arriver. Il contrefera admirablement l'écriture de la Sanseverina.

A ces mots, le comte Baldi ouvrit démesurément ses yeux si beaux; il comprenait seulement.

– Si tu connais ce digne personnage de Parme, pour lequel tu espères de l'avancement, dit la marquise à Riscara, apparemment qu'il te connaît aussi; sa maîtresse, son confesseur, son ami, peuvent être vendus à la Sanseverina; j'aime mieux différer cette petite plaisanterie de quelques jours, et ne m'exposer à aucun hasard. Partez dans deux heures comme de bons petits agneaux, ne voyez âme qui vive à Gênes, et revenez bien vite. Le chevalier Riscara s'enfuit en riant, et parlant du nez comme Polichinelle : *Il faut préparer les paquets*, disait-il en courant d'une façon burlesque. Il voulait laisser Baldi seul avec la dame. Cinq jours après, Riscara ramena à la marquise son comte Baldi tout écorché : pour abréger de six lieues, on lui avait fait passer une montagne à dos de mulet; il jurait qu'on ne le reprendrait plus à faire de *grands voyages*.

Baldi remit à la marquise trois exemplaires de la lettre qu'elle lui avait dictée, et cinq ou six autres lettres de la même écriture, composées par Riscara, et dont on pourrait peut-être tirer parti par la suite. L'une de ces lettres contenait de fort jolies plaisanteries sur les peurs que le prince avait la nuit et sur la déplorable maigreur de la marquise Balbi, sa maîtresse, laquelle laissait, dit-on, la marque d'une pincette sur le coussin des bergères après s'y être assise un instant. On eût juré que toutes ces lettres étaient écrites de la main de madame Sanseverina.

– Maintenant je sais à n'en pas douter, dit la marquise, que l'ami du cœur, que le Fabrice est à Bologne ou dans les environs...

– Je suis trop malade, s'écria le comte Baldi en l'interrompant; je demande en grâce d'être dispensé de ce second voyage, ou du moins je voudrais obtenir quelques jours de repos pour remettre ma santé.

– Je vais plaider votre cause, dit Riscara; il se leva et parla bas à la marquise.

– Eh bien! soit, j'y consens, répondit-elle en souriant.

– Rassurez-vous, vous ne partirez point, dit la marquise à Baldi d'un air assez dédaigneux.

– Merci, s'écria celui-ci avec l'accent du cœur. En effet, Riscara monta seul en chaise de poste. Il était à peine à Bologne depuis deux jours, lorsqu'il aperçut dans une calèche Fabrice et la petite Marietta. Diable! se dit-il, il paraît que notre futur archevêque ne se gêne point; il faudra faire connaître ceci à la duchesse, qui en sera charmée. Riscara n'eut que la peine de suivre Fabrice pour savoir son logement; le lendemain matin, celui-ci reçut par un courrier la lettre de fabrique génoise; il la trouva un peu courte, mais du reste n'eut aucun soupçon. L'idée de revoir la duchesse et le comte le rendit fou de bonheur, et quoi que pût dire Ludovic, il prit un cheval à la poste et partit au galop. Sans s'en douter, il était suivi à peu de distance par le chevalier Riscara, qui, en arrivant, à six lieues de Parme, à la poste avant Castelnovo, eut le plaisir de voir un grand attroupement dans la place devant la prison du lieu; on venait d'y conduire notre héros, reconnu à la poste, comme il changeait de cheval, par deux sbires choisis et envoyés par le comte Zurla.

Les petits yeux du chevalier Riscara brillèrent de joie; il vérifia avec une patience exemplaire tout ce qui venait d'arriver dans ce petit village, puis expédia un courrier à la marquise Raversi. Après quoi, courant les rues comme pour voir l'église fort curieuse, et ensuite pour chercher un tableau du Parmésan qu'on lui avait dit exister dans le pays, il rencontra enfin le podestat, qui s'empressa de rendre ses hommages à un conseiller d'état. Riscara eut l'air étonné qu'il n'eût pas envoyé sur-le-champ à la citadelle de Parme le conspirateur qu'il avait eu le bonheur de faire arrêter.

– On pourrait craindre, ajouta Riscara d'un air froid, que ses nombreux amis, qui le cherchaient avant-hier pour favoriser son passage à travers les états de son altesse sérénissime, ne rencontrent les gendarmes ; ces rebelles étaient bien douze ou quinze à cheval.

– *Intelligenti pauca !* s'écria le podestat d'un air malin.

Résumé des chapitres 15 à 19

« Deux heures plus tard, le pauvre Fabrice, garni de menottes et attaché par une longue chaîne », *est conduit entre deux rangées de gendarmes à la citadelle de Parme. Juste à ce moment, le gouverneur de ce sinistre endroit, le général Fabio Conti, s'apprêtait à sortir avec sa fille Clélia pour se rendre à la soirée du ministre de l'Intérieur. Clélia est atterrée par l'arrestation de Fabrice, et ne songe qu'à prévenir la duchesse du triste état de son neveu qui, de plus, vient de se battre avec les gardes dont un certain Barbone, le commis de la prison, qui va le poursuivre de sa haine.*

Fabrice est donc enfermé en haut de la tour Farnèse, après avoir gravi les trois cent-quatre-vingts marches obligatoires, mais son esprit a été distrait par le beau regard de Clélia qu'il espère revoir...

La duchesse, mise au fait par Clélia, passe une nuit de cauchemars. Elle craint le pire (qu'on empoisonne Fabrice), envisage même de s'offrir à l'infâme Rassi, pense quitter Mosca pour, au moins, ne pas l'entraîner dans ses folies futures. Quand celui-ci survient, le lendemain, elle le lui dit, et profite de cette intimité qu'elle croit dernière pour parler de ce qui la trouble : « Je vous jure devant Dieu, et sur la vie de Fabrice, que jamais il ne s'est passé entre lui et moi la plus petite chose que n'eût pas pu souffrir l'œil d'une tierce personne. Je ne vous dirai pas non plus que je l'aime comme ferait une sœur ; je l'aime d'instinct. » *Et elle ajoute :* « Enfin, s'il n'est heureux je ne puis être heureuse... »

Le comte, en quittant Gina, prend du fond de son désespoir deux décisions qui le consolent un peu : d'une part, abandonner une fois pour toutes son ministère pour avoir les mains libres ; d'autre part, faire évader Fabrice. Aussitôt, il convoque le fiscal général Rassi et achète sa complicité par la promesse d'un titre de noblesse.

Le jour suivant, Parme apprend coup sur coup que le jeune Del Dongo est condamné à mort, que le comte Mosca a démissionné, et que la duchesse Sanseverina, ayant rompu avec son amant, promène une joie nouvelle et surprenante dans les salons les plus courus. Cette joie-là cache une haine farouche pour tout ce qui brille à Parme et aura des conséquences inimaginables.

*Fabrice, lui, est bien loin du tapage de la cour et trouve un calme
nouveau à observer,* « à l'autre extrémité de l'horizon, au couchant, un brillant crépuscule rouge orangé [qui] dessinait parfaitement les contours du mont Viso et des autres pics des Alpes qui
remontent de Nice vers le mont Cenis et Turin ; sans songer
autrement à son malheur, [il] fut ému et ravi par ce spectacle
sublime... » *Dès le matin suivant, c'est Clélia qu'il cherche, qui
d'ailleurs viendra bientôt nourrir les oiseaux de sa volière placée
sous les fenêtres du cachot. Malheureusement, le gouverneur donne
l'ordre d'aveugler les fenêtres avec de larges planches de chêne.
Qu'importe ! Fabrice parvient à scier avec le ressort de sa montre
une petite ouverture et les deux jeunes gens commencent à communiquer. Après une tentative d'empoisonnement, tentée par Barbone
et heureusement avortée, les liens entre eux se resserrent...*

CHAPITRE 20

U ne nuit, vers une heure du matin, Fabrice, couché sur sa fenêtre, avait passé la tête par le guichet pratiqué dans l'abat-jour, et contemplait les étoiles et l'immense horizon dont on jouit du haut de la tour Farnèse. Ses yeux, errant dans la campagne du côté du bas Pô et de Ferrare, remarquèrent par hasard une lumière excessivement petite, mais assez vive, qui semblait partir du haut d'une tour. Cette lumière ne doit pas être aperçue de la plaine, se dit Fabrice, l'épaisseur de la tour l'empêche d'être vue d'en bas; ce sera quelque signal pour un point éloigné. Tout à coup il remarqua que cette lueur paraissait et disparaissait à des intervalles fort rapprochés. C'est quelque jeune fille qui parle à son amant du village voisin. Il compta neuf apparitions successives : Ceci est un I, dit-il : en effet, l'I est la neuvième lettre de l'alphabet. Il y eut ensuite, après un repos, quatorze apparitions : Ceci est un N; puis, encore après un repos, une seule apparition : C'est un A. Le mot est *Ina*.

Quelle ne fut pas sa joie et son étonnement, quand les apparitions successives, toujours séparées par de petits repos, vinrent compléter les mots suivants :

INA PENSA A TE

Évidemment : *Gina pense à toi!*

Il répondit à l'instant par des apparitions successives de sa lampe au vasistas par lui pratiqué :

FABRICE T'AIME!

La correspondance continua jusqu'au jour. Cette nuit était la cent soixante-treizième de sa captivité, et on lui apprit que depuis quatre mois on faisait ces signaux toutes les nuits. Mais tout le monde pouvait les voir et les comprendre; on commença dès cette première nuit à établir des abréviations : trois apparitions se suivant très-rapidement indiquaient la duchesse; quatre, le prince; deux, le comte Mosca; deux apparitions rapides suivies de deux lentes voulaient dire *évasion.* On convint de suivre à l'avenir l'ancien alphabet *alla Monaca,* qui, afin de n'être pas deviné par des indiscrets, change le numéro ordinaire des lettres et leur en donne d'arbitraires : A, par exemple, porte le numéro dix; le B, le numéro trois; c'est-à-dire que trois éclipses successives de la lampe veulent dire B, dix éclipses successives, l'A, etc.; un moment d'obscurité fait la séparation des mots. On prit rendez-vous pour le lendemain à une heure après minuit, et le lendemain la duchesse vint à cette tour qui était à un quart de lieue de la ville. Ses yeux se remplirent de larmes en voyant les signaux faits par ce Fabrice qu'elle avait cru mort si souvent. Elle lui dit elle-même par des apparitions de lampe : *Je t'aime, bon courage, santé, bon espoir! Exerce les forces dans la chambre, tu auras besoin de la force de tes bras.* Je ne l'ai pas vu, se disait la duchesse, depuis le concert de la Fausta, lorsqu'il parut à la porte de mon salon habillé en chasseur. Qui m'eût dit alors le sort qui nous attendait!

La duchesse fit faire des signaux qui annonçaient à Fabrice que bientôt il serait délivré, GRACES A LA BONTÉ DU PRINCE (ces signaux pouvaient être compris); puis elle revint à lui dire des tendresses; elle ne pouvait s'arracher d'auprès de lui. Les seules représentations de Ludovic, qui, parce qu'il avait été utile à Fabrice, était devenu son factotum, purent l'engager, lorsque le jour allait déjà paraître, à discontinuer des signaux qui pouvaient attirer les regards de quelque méchant. Cette annonce plusieurs fois répétée d'une délivrance prochaine jeta Fabrice dans une profonde tristesse. Clélia, la remarquant le lendemain, commit l'imprudence de lui en demander la cause.

– Je me vois sur le point de donner un grave sujet de mécontentement à la duchesse.

– Et que peut-elle exiger de vous que vous lui refusiez? s'écria Clélia transportée de la curiosité la plus vive.

– Elle veut que je sorte d'ici, lui répondit-il, et c'est à quoi je ne consentirai jamais.

Clélia ne put répondre, elle le regarda et fondit en larmes. S'il eût pu lui adresser la parole de près, peut-être alors eût-il obtenu l'aveu de sentiments dont l'incertitude le plongeait souvent dans un profond découragement; il sentait vivement que la vie, sans l'amour de Clélia, ne pouvait être pour lui qu'une suite de chagrins amers ou d'ennuis insupportables. Il lui semblait que ce n'était plus la peine de vivre pour retrouver ces mêmes bonheurs qui lui semblaient intéressants avant d'avoir connu l'amour, et quoique le suicide ne soit pas encore à la mode en Italie, il y avait songé comme à une ressource, si le destin le séparait de Clélia. Le lendemain il reçut d'elle une fort longue lettre.

« Il faut, mon ami, que vous sachiez la vérité : bien souvent, depuis que vous êtes ici, l'on a cru à Parme que votre dernier jour était arrivé. Il est vrai que vous n'êtes condamné qu'à douze années de forteresse ; mais il est, par malheur, impossible de douter qu'une haine toute-puissante ne s'attache à vous poursuivre, et vingt fois j'ai tremblé que le poison ne vînt mettre fin à vos jours : saisissez donc tous les moyens *possibles* de sortir d'ici. Vous voyez que pour vous je manque aux devoirs les plus saints ; jugez de l'imminence du danger par les choses que je me hasarde à vous dire et qui sont si déplacées dans ma bouche. S'il le faut absolument, s'il n'est aucun autre moyen de salut, fuyez. Chaque instant que vous passez dans cette forteresse peut mettre votre vie dans le plus grand péril ; songez qu'il est un parti à la cour que la perspective du crime n'arrêta jamais dans ses desseins. Et ne voyez-vous pas tous les projets de ce parti sans cesse déjoués par l'habileté supérieure du comte Mosca ? Or, on a trouvé un moyen certain de l'exiler de Parme, c'est le désespoir de la duchesse ; et n'est-on pas trop certain d'amener ce désespoir par la mort d'un jeune prisonnier ? Ce mot seul, qui est sans réponse, doit vous faire juger de votre situation. Vous dites que vous avez de l'amitié pour moi : songez d'abord que des obstacles insurmontables s'opposent à ce que ce sentiment prenne jamais une certaine fixité entre nous. Nous nous serons rencontrés dans notre jeunesse, nous nous serons tendu une main secourable dans une période malheureuse ; le destin m'aura placée en ce lieu de sévérité pour adoucir vos peines, mais je me ferais des reproches éternels si des illusions, que rien n'autorise et n'autorisera jamais, vous portaient à ne pas saisir toutes les occasions possibles de soustraire votre vie à un si affreux péril. J'ai perdu la paix de l'âme par la cruelle imprudence que j'ai commise en échangeant avec vous quelques signes de bonne amitié : si nos jeux d'enfant, avec des alphabets, vous conduisent à des illusions si peu fondées et qui peuvent vous être si fatales, ce serait en vain que pour me justifier je me rappellerais la tentative de Barbone. Je vous aurais jeté moi-même dans un péril bien plus affreux, bien plus certain, en croyant vous soustraire à un danger du moment ; et mes imprudences sont à jamais impardonnables si elles ont fait naître des sentiments qui puissent vous porter à résister aux conseils de la duchesse. Voyez ce que vous m'obligez à vous répéter ; sauvez-vous, je vous l'ordonne... »

Cette lettre était fort longue; certains passages, tels que le *je vous l'ordonne*, que nous venons de transcrire, donnèrent des moments d'espoir délicieux à l'amour de Fabrice. Il lui semblait que le fond des sentiments était assez tendre, si les expressions étaient remarquablement prudentes. Dans d'autres instants, il payait la peine de sa complète ignorance en ce genre de guerre; il ne voyait que de la simple amitié ou même de l'humanité fort ordinaire, dans cette lettre de Clélia.

Au reste, tout ce qu'elle lui apprenait ne lui fit pas changer un instant de dessein : en supposant que les périls qu'elle lui peignait fussent bien réels, était-ce trop que d'acheter, par quelques dangers du moment, le bonheur de la voir tous les jours? Quelle vie mènerait-il quand il serait de nouveau réfugié à Bologne ou à Florence? car, en se sauvant de la citadelle, il ne pouvait pas même espérer la permission de vivre à Parme. Et même, quand le prince changerait au point de le mettre en liberté (ce qui était si peu probable, puisque lui, Fabrice, était devenu, pour une faction puissante, un moyen de renverser le comte Mosca), quelle vie mènerait-il à Parme, séparé de Clélia par toute la haine qui divisait les deux partis? Une ou deux fois par mois, peut-être, le hasard les placerait dans les mêmes salons; mais, même alors, quelle sorte de conversation pourrait-il avoir avec elle? Comment retrouver cette intimité parfaite dont chaque jour maintenant il jouissait pendant plusieurs heures? que serait la conversation de salon, comparée à celle qu'ils faisaient avec des alphabets? Et, quand je devrais acheter cette vie de délices et cette chance unique de bonheur par quelques petits dangers, où serait le mal? Et ne serait-ce pas encore un bonheur que de trouver ainsi une faible occasion de lui donner une preuve de mon amour?

Fabrice ne vit dans la lettre de Clélia que l'occasion de lui demander une entrevue : c'était l'unique et constant objet de tous ses désirs; il ne lui avait parlé qu'une fois, et encore un instant, au moment de son entrée en prison, et il y avait alors de cela plus de deux cents jours.

Il se présentait un moyen facile de rencontrer Clélia : l'excellent abbé don Cesare accordait à Fabrice une demi-heure de promenade sur la terrasse de la tour Farnèse tous les jeudis, pendant le jour; mais les autres jours de la semaine, cette promenade, qui pouvait être remarquée par tous les habitants de Parme et des environs et compromettre gravement le gouverneur, n'avait lieu qu'à la tombée de la nuit. Pour monter sur la terrasse de la tour Farnèse il n'y avait pas d'autre escalier que celui du petit clocher dépendant de la chapelle si lugubrement décorée en marbre noir et blanc, et dont le lecteur se souvient peut-être.

Grillo conduisait Fabrice à cette chapelle, il lui ouvrait le petit escalier du clocher : son devoir eût été de l'y suivre, mais, comme les soirées commençaient à être fraîches, le geôlier le laissait monter seul, l'enfermait à clef dans ce clocher qui communiquait à la terrasse, et retournait se chauffer dans sa chambre. Eh bien ! un soir, Clélia ne pourrait-elle pas se trouver, escortée par sa femme de chambre, dans la chapelle de marbre noir ?

Toute la longue lettre par laquelle Fabrice répondait à celle de Clélia était calculée pour obtenir cette entrevue. Du reste, il lui faisait confidence avec une sincérité parfaite, et comme s'il se fût agi d'une autre personne, de toutes les raisons qui le décidaient à ne pas quitter la citadelle.

Je m'exposerais chaque jour à la perspective de mille morts pour avoir le bonheur de vous parler à l'aide de nos alphabets, qui maintenant ne nous arrêtent pas un instant, et vous voulez que je fasse la duperie de m'exiler à Parme, ou peut-être à Bologne, ou même à Florence ! Vous voulez que je marche pour m'éloigner de vous ! sachez qu'un tel effort m'est impossible ; c'est en vain que je vous donnerais ma parole, je ne pourrais la tenir.

Le résultat de cette demande de rendez-vous fut une absence de Clélia, qui ne dura pas moins de cinq jours ; pendant cinq jours elle ne vint à la volière que dans les instants où elle savait que Fabrice ne pouvait pas faire usage de la petite ouverture pratiquée à l'abat-jour. Fabrice fut au désespoir ; il conclut de cette absence que, malgré certains regards qui lui avaient fait concevoir de folles espérances, jamais il n'avait inspiré à Clélia d'autres sentiments que ceux d'une simple amitié. En ce cas, se disait-il, que m'importe la vie ? que le prince me la fasse perdre, il sera le bien-venu ; raison de plus pour ne pas quitter la forteresse. Et c'était avec un profond sentiment de dégoût que, toutes les nuits, il répondait aux signaux de la petite lampe. La duchesse le crut tout à fait fou quand elle lut, sur le bulletin des signaux que Ludovic lui apportait tous les matins, ces mots étranges : *je ne veux pas me sauver, je veux mourir ici !*

Pendant ces cinq journées, si cruelles pour Fabrice, Clélia était plus malheureuse que lui ; elle avait eu cette idée, si poignante pour une âme généreuse : mon devoir est de m'enfuir dans un couvent, loin de la citadelle ; quand Fabrice saura que je ne suis plus ici, et je le lui ferai dire par Grillo et par tous les geôliers, alors il se déterminera à une tentative d'évasion. Mais aller au couvent, c'était renoncer à jamais revoir Fabrice ; et renoncer à le voir quand il donnait une preuve si évidente que les sentiments qui avaient pu autrefois le lier à la duchesse n'existaient plus maintenant! Quelle preuve d'amour plus touchante un jeune homme pouvait-il donner? Après sept longs mois de prison, qui avaient gravement altéré sa santé, il refusait de reprendre sa liberté. Un être léger, tel que les discours des courtisans avaient dépeint Fabrice aux yeux de Clélia, eût sacrifié vingt maîtresses pour sortir un jour plus tôt de la citadelle; et que n'eût-il pas fait pour sortir d'une prison où chaque jour le poison pouvait mettre fin à sa vie!

Clélia manqua de courage, elle commit la faute insigne de ne pas chercher un refuge dans un couvent, ce qui en même temps lui eût donné un moyen tout naturel de rompre avec le marquis Crescenzi. Une fois cette faute commise, comment résister à ce jeune homme si aimable, si naturel, si tendre, qui exposait sa vie à des périls affreux pour obtenir le simple bonheur de l'apercevoir d'une fenêtre à l'autre? Après cinq jours de combats affreux, entremêlés de moments de mépris pour elle-même, Clélia se détermina à répondre à la lettre par laquelle Fabrice sollicitait le bonheur de lui parler dans la chapelle de marbre noir. A la vérité elle refusait, et en termes assez durs; mais de ce moment toute tranquillité fut perdue pour elle, à chaque instant son imagination lui peignait Fabrice succombant aux atteintes du poison; elle venait six ou huit fois par jour à la volière, elle éprouvait le besoin passionné de s'assurer par ses yeux que Fabrice vivait.

S'il est encore à la forteresse, se disait-elle, s'il est exposé à toutes les horreurs que la faction Raversi trame peut-être contre lui dans le but de chasser le comte Mosca, c'est uniquement parce que j'ai eu la lâcheté de ne pas m'enfuir au couvent! Quel prétexte pour rester ici une fois qu'il eût été certain que je m'en étais éloignée à jamais?

Cette fille si timide à la fois et si hautaine en vint à courir la chance d'un refus de la part du geôlier Grillo; bien plus, elle s'exposa à tous les commentaires que cet homme pourrait se permettre sur la singularité de sa conduite. Elle descendit à ce degré d'humiliation de le faire appeler, et de lui dire d'une voix tremblante et qui trahissait tout son secret, que sous peu de jours Fabrice allait obtenir sa liberté, que la duchesse Sanseverina se livrait dans cet espoir aux démarches les plus actives, que souvent il était nécessaire d'avoir à l'instant même la réponse du prisonnier à de certaines propositions qui étaient faites, et qu'elle l'engageait, lui Grillo, à permettre à Fabrice de pratiquer une ouverture dans l'abat-jour qui masquait sa fenêtre, afin qu'elle pût lui communiquer par signes les avis qu'elle recevait plusieurs fois la journée de madame Sanseverina.

Grillo sourit et lui donna l'assurance de son respect et de son obéissance. Clélia lui sut un gré infini de ce qu'il n'ajoutait aucune parole; il était évident qu'il savait fort bien tout ce qui se passait depuis plusieurs mois.

A peine ce geôlier fut-il hors de chez elle que Clélia fit le signal dont elle était convenue pour appeler Fabrice dans les grandes occasions; elle lui avoua tout ce qu'elle venait de faire. Vous voulez périr par le poison, ajouta-t-elle : j'espère avoir le courage un de ces jours de quitter mon père, et de m'enfuir dans quelque couvent lointain. Voilà l'obligation que je vous aurai; alors j'espère que vous ne résisterez plus aux plans qui peuvent vous être proposés pour vous tirer d'ici. Tant que vous y êtes, j'ai des moments affreux et déraisonnables; de la vie je n'ai contribué au malheur de personne, et il me semble que je suis cause que vous mourrez. Une pareille idée que j'aurais au sujet d'un parfait inconnu me mettrait au désespoir; jugez de ce que j'éprouve quand je viens à me figurer qu'un ami, dont la déraison me donne de graves sujets de plaintes, mais qu'enfin je vois tous les jours depuis si longtemps, est en proie dans ce moment même aux douleurs de la mort. Quelquefois je sens le besoin de savoir de vous-même que vous vivez.

C'est pour me soustraire à cette affreuse douleur que je viens de m'abaisser jusqu'à demander une grâce à un subalterne qui pouvait me la refuser, et qui peut encore me trahir. Au reste, je serais peut-être heureuse qu'il vînt me dénoncer à mon père, à l'instant je partirais pour le couvent, je ne serais plus la complice bien involontaire de vos cruelles folies. Mais, croyez-moi, ceci ne peut durer longtemps, vous obéirez aux ordres de la duchesse. Êtes-vous satisfait, ami cruel? c'est moi qui vous sollicite de trahir mon père! Appelez Grillo, et faites-lui un cadeau.

Fabrice était tellement amoureux, la plus simple expression de la volonté de Clélia le plongeait dans une telle crainte, que même cette étrange communication ne fut point pour lui la certitude d'être aimé. Il appela Grillo auquel il paya généreusement les complaisances passées, et quant à l'avenir, il lui dit que pour chaque jour qu'il lui permettrait de faire usage de l'ouverture pratiquée dans l'abat-jour, il recevrait un sequin. Grillo fut enchanté de ces conditions.

— Je vais vous parler le cœur sur la main, monseigneur : voulez-vous vous soumettre à manger votre dîner froid tous les jours? il est un moyen bien simple d'éviter le poison. Mais je vous demande la plus profonde discrétion, un geôlier doit tout voir et ne rien deviner, etc., etc. Au lieu d'un chien j'en aurai plusieurs, et vous-même vous leur ferez goûter de tous les plats dont vous aurez le projet de manger; quant au vin, je vous donnerai du mien, et vous ne toucherez qu'aux bouteilles dont j'aurai bu. Mais si votre excellence veut me perdre à jamais, il suffit qu'elle fasse confidence de ces détails même à mademoiselle Clélia; les femmes sont toujours femmes; si demain elle se brouille avec vous, après-demain, pour se venger, elle raconte toute cette invention à son père, dont la plus douce joie serait d'avoir de quoi faire pendre un geôlier. Après Barbone, c'est peut-être l'être le plus méchant de la forteresse, et c'est là ce qui fait le vrai danger de votre position; il sait manier le poison, soyez-en sûr, et il ne me pardonnerait pas cette idée d'avoir trois ou quatre petits chiens.

Il y eut une nouvelle sérénade. Maintenant Grillo répondait à toutes les questions de Fabrice; il s'était bien promis toutefois d'être prudent et de ne point trahir mademoiselle Clélia, qui, selon lui, tout en étant sur le point d'épouser le marquis Crescenzi, l'homme le plus riche des états de Parme, n'en faisait pas moins l'amour, autant que les murs de la prison le permettaient, avec l'aimable monsignor del Dongo. Il répondait aux dernières questions de celui-ci sur la sérénade, lorsqu'il eut l'étourderie d'ajouter : On pense qu'il l'épousera bientôt. On peut juger de l'effet de ce simple mot sur Fabrice. La nuit il ne répondit aux signaux de lampe que pour annoncer qu'il était malade. Le lendemain matin, dès les dix heures, Clélia ayant paru à la volière, il lui demanda, avec un ton de politesse cérémonieuse bien nouveau entre eux, pourquoi elle ne lui avait pas dit tout simplement qu'elle aimait le marquis Crescenzi, et qu'elle était sur le point de l'épouser.

– C'est que rien de tout cela n'est vrai, répondit Clélia avec impatience. Il est véritable aussi que le reste de sa réponse fut moins net : Fabrice le lui fit remarquer et profita de l'occasion pour renouveler la demande d'une entrevue. Clélia, qui voyait sa bonne foi mise en doute, l'accorda presque aussitôt, tout en lui faisant observer qu'elle se déshonorait à jamais aux yeux de Grillo. Le soir, quand la nuit fut faite, elle parut, accompagnée de sa femme de chambre, dans la chapelle de marbre noir; elle s'arrêta au milieu, à côté de la lampe de veille; la femme de chambre et Grillo retournèrent à trente pas auprès de la porte. Clélia, toute tremblante, avait préparé un beau discours : son but était de ne point faire d'aveu compromettant, mais la logique de la passion est pressante; le profond intérêt qu'elle met à savoir la vérité ne lui permet point de garder de vains ménagements, en même temps que l'extrême dévouement qu'elle sent pour ce qu'elle aime lui ôte la crainte d'offenser. Fabrice fut d'abord ébloui de la beauté de Clélia, depuis près de huit mois il n'avait vu d'aussi près que des geôliers. Mais le nom du marquis Crescenzi lui rendit toute sa fureur, elle augmenta quand il vit clairement que Clélia ne répondait qu'avec des ménagements prudents; Clélia elle-même comprit qu'elle augmentait les soupçons au lieu de les dissiper. Cette sensation fut trop cruelle pour elle.

– Serez-vous bienheureux, lui dit-elle avec une sorte de colère et les larmes aux yeux, de m'avoir fait passer par-dessus tout ce que je me dois à moi-même? Jusqu'au 3 août de l'année passée, je n'avais éprouvé que de l'éloignement pour les hommes qui avaient cherché à me plaire. J'avais un mépris sans bornes et probablement exagéré pour le caractère des courtisans, tout ce qui était heureux à cette cour me déplaisait. Je trouvai au contraire des qualités singulières à un prisonnier qui le 3 août fut amené dans cette citadelle. J'éprouvai, d'abord sans m'en rendre compte, tous les tourments de la jalousie. Les grâces d'une femme charmante, et de moi bien connue, étaient des coups de poignard pour mon cœur, parce que je croyais, et je crois encore un peu, que ce prisonnier lui était attaché. Bientôt les persécutions du marquis Crescenzi, qui avait demandé ma main, redoublèrent; il est fort riche et nous n'avons aucune fortune; je les repoussais avec une grande liberté d'esprit, lorsque mon père prononça le mot fatal de couvent; je compris que si je quittais la citadelle je ne pourrais plus veiller sur la vie du prisonnier dont le sort m'intéressait. Le chef-d'œuvre de mes précautions avait été que jusqu'à ce moment il ne se doutât en aucune façon des affreux dangers qui menaçaient sa vie. Je m'étais bien promis de ne jamais trahir ni mon père ni mon secret; mais cette femme d'une activité admirable, d'un esprit supérieur, d'une volonté terrible, qui protège ce prisonnier, lui offrit, à ce que je suppose, des moyens d'évasion, il les repoussa et voulut me persuader qu'il se refusait à quitter la citadelle pour ne pas s'éloigner de moi. Alors je fis une grande faute, je combattis pendant cinq jours, j'aurais dû à l'instant me réfugier au couvent et quitter la forteresse : cette démarche m'offrait un moyen bien simple de rompre avec le marquis Crescenzi. Je n'eus point le courage de quitter la forteresse et je suis une fille perdue; je me suis attachée à un homme léger : je sais quelle a été sa conduite à Naples; et quelle raison aurais-je de croire qu'il aura changé de caractère? Enfermé dans une prison sévère, il a fait la cour à la seule femme qu'il pût voir; elle a été une distraction pour son ennui. Comme il ne pouvait lui parler qu'avec de certaines difficultés, cet amusement a pris la fausse apparence d'une passion. Ce prisonnier s'étant fait un nom dans le monde par son courage, il s'imagine prouver que son amour est mieux qu'un simple goût passager, en s'exposant à d'assez grands périls pour continuer à voir la personne qu'il croit aimer. Mais dès qu'il sera dans une grande ville, entouré de nouveau des séductions de la société, il sera de nouveau ce qu'il a toujours été, un homme du monde adonné aux dissipations, à la galanterie, et sa pauvre compagne de prison finira ses jours dans un couvent, oubliée de cet être léger, et avec le mortel regret de lui avoir fait un aveu.

Ce discours historique, dont nous ne donnons que les principaux traits, fut, comme on le pense bien, vingt fois interrompu par Fabrice. Il était éperdument amoureux; aussi il était parfaitement convaincu qu'il n'avait jamais aimé avant d'avoir vu Clélia, et que la destinée de sa vie était de ne vivre que pour elle.

Le lecteur se figure sans doute les belles choses qu'il disait, lorsque la femme de chambre avertit sa maîtresse que onze heures et demie venaient de sonner, et que le général pouvait rentrer à tout moment; la séparation fut cruelle.

– Je vous vois peut-être pour la dernière fois, dit Clélia au prisonnier : une mesure qui est dans l'intérêt évident de la cabale Raversi peut vous fournir une cruelle façon de prouver que vous n'êtes pas inconstant. Clélia quitta Fabrice étouffée par ses sanglots, et mourant de honte de ne pouvoir les dérober entièrement à sa femme de chambre ni surtout au geôlier Grillo. Une seconde conversation n'était possible que lorsque le général annoncerait devoir passer la soirée dans le monde; et comme depuis la prison de Fabrice, et l'intérêt qu'elle inspirait à la curiosité du courtisan, il avait trouvé prudent de se donner un accès de goutte presque continuel, ses courses à la ville, soumises aux exigences d'une politique savante, ne se décidaient souvent qu'au moment de monter en voiture.

Depuis cette soirée dans la chapelle de marbre, la vie de Fabrice fut une suite de transports de joie. De grands obstacles, il est vrai, semblaient encore s'opposer à son bonheur; mais enfin il avait cette joie suprême et peu espérée d'être aimé par l'être divin qui occupait toutes ses pensées.

La troisième journée après cette entrevue, les signaux de la lampe finirent de fort bonne heure, à peu près sur le minuit; à l'instant où ils se terminaient, Fabrice eut presque la tête cassée, par une grosse balle de plomb qui, lancée dans la partie supérieure de l'abat-jour de sa fenêtre, vint briser ses vitres de papier et tomba dans sa chambre.

Cette fort grosse balle n'était point aussi pesante à beaucoup près que l'annonçait son volume; Fabrice réussit facilement à l'ouvrir et trouva une lettre de la duchesse. Par l'entremise de l'archevêque qu'elle flattait avec soin, elle avait gagné un soldat de la garnison de la citadelle. Cet homme, frondeur adroit, trompait les soldats placés en sentinelle aux angles et à la porte du palais du gouverneur ou s'arrangeait avec eux.

« Il faut te sauver avec des cordes : je frémis en te donnant cet avis étrange, j'hésite depuis plus de deux mois entiers à te dire cette parole ; mais l'avenir officiel se rembrunit chaque jour, et l'on peut s'attendre à ce qu'il y a de pis. A propos, recommence à l'instant les signaux avec ta lampe, pour nous prouver que tu as reçu cette lettre dangereuse ; marque P, B et G à la *monaca*, c'est-à-dire quatre, douze et deux, je ne respirerai pas jusqu'à ce que j'aie vu ce signal. Je suis à la tour, on répondra par N et O, sept et cinq. La réponse reçue, ne fais plus aucun signal, et occupe-toi uniquement à comprendre ma lettre. »

Fabrice se hâta d'obéir, et fit les signaux convenus, qui furent suivis des réponses annoncées, puis il continua la lecture de la lettre.

« On peut s'attendre à ce qu'il y a de pis ; c'est ce que m'ont déclaré les trois hommes dans lesquels j'ai le plus de confiance, après que je leur ai fait jurer sur l'Évangile de me dire la vérité, quelque cruelle qu'elle pût être pour moi. Le premier de ces hommes menaça le chirurgien dénonciateur à Ferrare de tomber sur lui avec un couteau ouvert à la main ; le second te dit, à ton retour de Belgirate, qu'il aurait été plus strictement prudent de donner un coup de pistolet au valet de chambre qui arrivait en chantant dans le bois et conduisant en laisse un beau cheval un peu maigre, tu ne connais pas le troisième, c'est un voleur de grand chemin de mes amis, homme d'exécution s'il en fut, et qui a autant de courage que toi ; c'est pourquoi surtout je lui ai demandé de me déclarer ce que tu devais faire. Tous les trois m'ont dit, sans savoir chacun que j'eusse consulté les deux autres, qu'il vaut mieux s'exposer à se casser le cou que de passer encore onze années et quatre mois dans la crainte continuelle d'un poison fort probable.
« Il faut pendant un mois t'exercer dans ta chambre à monter et descendre au moyen d'une corde nouée. Ensuite, un jour de fête où la garnison de la citadelle aura reçu une gratification de vin, tu tenteras la grande entreprise. Tu auras trois cordes en soie et chanvre, de la grosseur d'une plume de cygne, la première de quatre-vingts pieds, pour descendre les trente-cinq pieds qu'il y a de la fenêtre au bois d'orangers, la seconde de trois cents pieds,

et c'est là la difficulté à cause du poids, pour descendre les cent quatre-vingts pieds qu'a de hauteur le mur de la grosse tour ; une troisième de trente pieds te servira à descendre le rempart. Je passe ma vie à étudier le grand mur à l'orient, c'est-à-dire du côté de Ferrare : une fente causée par un tremblement de terre a été remplie au moyen d'un contre-fort qui forme *plan incliné*. Mon voleur de grand chemin m'assure qu'il se ferait fort de descendre de ce côté-là sans trop de difficulté et sous peine seulement de quelques écorchures, en se laissant glisser sur le plan incliné formé par ce contre-fort. L'espace vertical n'est que de vingt-huit pieds tout à fait au bas ; ce côté est le moins bien gardé.

« Cependant, à tout prendre, mon voleur, qui trois fois s'est sauvé de prison, et que tu aimerais si tu le connaissais, quoiqu'il exècre les gens de ta caste ; mon voleur de grand chemin, dis-je, agile et leste comme toi, pense qu'il aimerait mieux descendre par le côté du couchant, exactement vis-à-vis le petit palais occupé jadis par la Fausta, de vous bien connu. Ce qui le déciderait pour ce côté, c'est que la muraille, quoique très-peu inclinée, est presque constamment garnie de broussailles ; il y a des brins de bois, gros comme le petit doigt, qui peuvent fort bien écorcher si l'on n'y prend garde, mais qui, aussi, sont excellents pour se retenir. Encore ce matin, je regardais ce côté du couchant avec une excellente lunette ; la place à choisir, c'est précisément au-dessous d'une pierre neuve que l'on a placée à la balustrade d'en haut, il y a deux ou trois ans. Verticalement au-dessous de cette pierre, tu trouveras d'abord un espace nu d'une vingtaine de pieds ; il faut aller là très-lentement (tu sens si mon cœur frémit en te donnant ces instructions terribles, mais le courage consiste à savoir choisir le moindre mal, si affreux qu'il soit encore) ; après l'espace nu, tu trouveras quatre-vingts ou quatre-vingt-dix pieds de broussailles fort grandes, où l'on voit voler des oiseaux, puis un espace de trente pieds qui n'a que des herbes, des violiers et des pariétaires. Ensuite, en approchant de terre, vingt pieds de broussailles, et enfin vingt-cinq ou trente pieds récemment éparvérés.

« Ce qui me déciderait pour ce côté, c'est que là se trouve verticalement, au-dessous de la pierre neuve de la balustrade d'en haut, une cabane en bois bâtie par un soldat dans son jardin, et que le capitaine du génie employé à la forteresse veut le forcer à démolir ; elle a dix-sept pieds de haut, elle est couverte en chaume, et le toit touche au grand mur de la citadelle. C'est ce toit qui me tente ; dans le cas affreux d'un accident, il amortirait la chute. Une fois arrivé là, tu es dans l'enceinte des remparts assez négligemment gardés; si l'on t'arrêtait là, tire des coups de pistolet et défends-toi quelques minutes. Ton ami de Ferrare et un autre homme de cœur, celui que j'appelle le voleur de grand chemin, auront des échelles, et n'hésiteront pas à escalader ce rempart assez bas, et à voler à ton secours.

« Le rempart n'a que vingt-trois pieds de haut, et un fort grand talus. Je serai au pied de ce dernier mur avec bon nombre de gens armés.

« J'ai l'espoir de te faire parvenir cinq ou six lettres par la même voie que celle-ci. Je répéterai sans cesse les mêmes choses en d'autres termes, afin que nous soyons bien d'accord. Tu devines de quel cœur je te dis que l'homme *du coup de pistolet au valet de chambre,* qui, après tout, est le meilleur des êtres et se meurt de repentir, pense que tu en seras quitte pour un bras cassé. Le voleur de grand chemin, qui a plus d'expérience de ces sortes d'expéditions, pense que, si tu veux descendre fort lentement, et surtout sans te presser, ta liberté ne te coûtera que des écorchures. La grande difficulté, c'est d'avoir des cordes; c'est à quoi aussi je pense uniquement depuis quinze jours que cette grande idée occupe tous mes instants.

« Je ne réponds pas à cette folie, la seule chose sans esprit que tu aies dite de ta vie : « Je ne veux pas me sauver! » L'homme du coup de pistolet au valet de chambre s'écria que l'ennui t'avait rendu fou. Je ne te cacherai point que nous redoutons un fort imminent danger, qui peut-être fera hâter le jour de ta fuite. Pour t'annoncer ce danger, la lampe dira plusieurs fois de suite :

« *Le feu a pris au château!*
« Tu répondras :
« *Mes livres sont-ils brûlés?* »

Cette lettre contenait encore cinq ou six pages de détails; elle était écrite en caractères microscopiques sur du papier très-fin.

— Tout cela est fort beau et fort bien inventé, se dit Fabrice; je dois une reconnaissance éternelle au comte et à la duchesse; ils croiront peut-être que j'ai eu peur, mais je ne me sauverai point. Est-ce que jamais l'on se sauva d'un lieu où l'on est au comble du bonheur, pour aller se jeter dans un exil affreux où tout manquera, jusqu'à l'air pour respirer? Que ferais-je au bout d'un mois que je serais à Florence? je prendrais un déguisement pour venir rôder auprès de la porte de cette forteresse, et tâcher d'épier un regard!

Le lendemain, Fabrice eut peur; il était à sa fenêtre, vers les onze heures, regardant le magnifique paysage et attendant l'instant heureux où il pourrait voir Clélia, lorsque Grillo entra hors d'haleine dans sa chambre :

– Et vite ! vite ! monseigneur, jetez-vous sur votre lit, faites semblant d'être malade ; voici trois juges qui montent ! Ils vont vous interroger : réfléchissez bien avant de parler ; ils viennent pour vous *entortiller.*

En disant ces paroles Grillo se hâtait de fermer la petite trappe de l'abat-jour, poussait Fabrice sur son lit, et jetait sur lui deux ou trois manteaux.

– Dites que vous souffrez beaucoup et parlez peu, surtout faites répéter les questions, pour réfléchir.

Les trois juges entrèrent. Trois échappés des galères, se dit Fabrice en voyant ces physionomies basses, et non pas trois juges. Ils avaient de longues robes noires. Ils saluèrent gravement, et occupèrent, sans mot dire, les trois chaises qui étaient dans la chambre.

Monsieur Fabrice del Dongo, dit le plus âgé, nous sommes peinés de la triste mission que nous venons remplir auprès de vous. Nous sommes ici pour vous annoncer le décès de son excellence M. le marquis del Dongo, votre père, second grand majordome, major du royaume lombardo-vénitien, chevalier grand-croix des ordres de, etc., etc., etc. Fabrice fondit en larmes ; le juge continua.

– Madame la marquise del Dongo, votre mère, vous fait part de cette nouvelle par une lettre missive ; mais comme elle a joint au fait des réflexions inconvenantes, par un arrêt d'hier, la Cour de justice a décidé que sa lettre vous serait communiquée seulement par extrait, et c'est cet extrait que monsieur le greffier Bona va vous lire.

Cette lecture terminée, le juge s'approcha de Fabrice toujours couché, et lui fit suivre sur la lettre de sa mère les passages dont on venait de lire les copies. Fabrice vit dans la lettre les mots *emprisonnement injuste, punition cruelle pour un crime qui n'en est pas un*, et comprit ce qui avait motivé la visite des juges. Du reste dans son mépris pour des magistrats sans probité, il ne leur dit exactement que ces paroles :

– Je suis malade, messieurs, je me meurs de langueur, et vous m'excuserez si je ne puis me lever.

Les juges sortis, Fabrice pleura encore beaucoup, puis il se dit : Suis-je hypocrite ? il me semblait que je ne l'aimais point.

Ce jour-là et les suivants Clélia fut fort triste ; elle l'appela plusieurs fois, mais eut à peine le courage de lui dire quelques paroles. Le matin du cinquième jour qui suivit la première entrevue, elle lui dit que dans la soirée elle viendrait à la chapelle de marbre.

– Je ne puis vous adresser que peu de mots, lui dit-elle en entrant. Elle était tellement tremblante qu'elle avait besoin de s'appuyer sur sa femme de chambre. Après l'avoir renvoyée à l'entrée de la chapelle : – Vous allez me donner votre parole d'honneur, ajouta-t-elle d'une voix à peine intelligible, vous allez me donner votre parole d'honneur d'obéir à la duchesse, et de tenter de fuir le jour qu'elle vous l'ordonnera et de la façon qu'elle vous l'indiquera, ou demain matin je me réfugie dans un couvent, et je vous jure ici que de la vie je ne vous adresserai la parole.

Fabrice resta muet.

– Promettez, dit Clélia les larmes aux yeux et comme hors d'elle-même, ou bien nous nous parlons ici pour la dernière fois. La vie que vous m'avez faite est affreuse : vous êtes ici à cause de moi, et chaque jour peut être le dernier de votre existence. En ce moment Clélia était si faible qu'elle fut obligée de chercher un appui sur un énorme fauteuil placé jadis au milieu de la chapelle, pour l'usage du prince prisonnier ; elle était sur le point de se trouver mal.

– Que faut-il promettre ? dit Fabrice d'un air accablé.

– Vous le savez.

– Je jure donc de me précipiter sciemment dans un malheur affreux, et de me condamner à vivre loin de tout ce que j'aime au monde.

– Promettez des choses précises.

– Je jure d'obéir à la duchesse, et de prendre la fuite le jour qu'elle le voudra et comme elle le voudra. Et que deviendrai-je une fois loin de vous ?

– Jurez de vous sauver, quoi qu'il puisse arriver.

– Comment ! êtes-vous décidée à épouser le marquis Crescenzi dès que je n'y serai plus ?

– O Dieu ! quelle âme me croyez-vous ?... Mais jurez, ou je n'aurai plus un seul instant de paix dans l'âme.

– Eh bien ! je jure de me sauver d'ici le jour que madame San-severina l'ordonnera, et quoi qu'il puisse arriver d'ici là.

Ce serment obtenu, Clélia était si faible qu'elle fut obligée de se retirer après avoir remercié Fabrice.

– Tout était prêt pour ma fuite demain matin, lui dit-elle, si vous vous étiez obstiné à rester. Je vous aurais vu en cet instant pour la dernière fois de ma vie, j'en avais fait le vœu à la Madone. Maintenant, dès que je pourrai sortir de ma chambre, j'irai examiner le mur terrible au-dessous de la pierre neuve de la balustrade.

Le lendemain, il la trouva pâle au point de lui faire une vive peine. Elle lui dit de la fenêtre de la volière :

– Ne nous faisons point illusion, cher ami ; comme il y a du péché dans notre amitié, je ne doute pas qu'il ne nous arrive malheur. Vous serez découvert en cherchant à prendre la fuite, et perdu à jamais, si ce n'est pis ; toutefois il faut satisfaire à la prudence humaine, elle nous ordonne de tout tenter. Il vous faut pour descendre en dehors de la grosse tour une corde solide de plus de deux cents pieds de longueur. Quelques soins que je me donne depuis que je sais le projet de la duchesse, je n'ai pu me procurer que des cordes formant à peine ensemble une cinquantaine de pieds. Par un ordre du jour du gouverneur, toutes les cordes que l'on voit dans la forteresse sont brûlées, et tous les soirs on enlève les cordes des puits, si faibles d'ailleurs que souvent elles cassent en remontant leur léger fardeau. Mais priez Dieu qu'il me pardonne, je trahis mon père, et je travaille, fille dénaturée, à lui donner un chagrin mortel. Priez Dieu pour moi, et si votre vie est sauvée, faites le vœu d'en consacrer tous les instants à sa gloire.

Voici une idée qui m'est venue : dans huit jours je sortirai de la citadelle pour assister aux noces d'une des sœurs du marquis Crescenzi. Je rentrerai le soir comme il est convenable, mais je ferai tout au monde pour ne rentrer que fort tard, et peut-être Barbone n'osera-t-il pas m'examiner de trop près. A cette noce de la sœur du marquis se trouveront les plus grandes dames de la cour, et sans doute madame Sanseverina. Au nom de Dieu ! faites qu'une de ces dames me remette un paquet de cordes bien serrées, pas trop grosses, et réduites au plus petit volume. Dussé-je m'exposer à mille morts, j'emploierai les moyens même les plus dangereux pour introduire ce paquet de cordes dans la citadelle, au mépris, hélas ! de tous mes devoirs. Si mon père en a connaissance, je ne vous reverrai jamais ; mais quelle que soit la destinée qui m'attend, je serai heureuse dans les bornes d'une amitié de sœur si je puis contribuer à vous sauver.

Le soir même, par la correspondance de nuit au moyen de la lampe, Fabrice donna avis à la duchesse de l'occasion unique qu'il y aurait de faire entrer dans la citadelle une quantité de cordes suffisante. Mais il la suppliait de garder le secret même envers le comte, ce qui parut bizarre. Il est fou, pensa la duchesse, la prison l'a changé, il prend les choses au tragique. Le lendemain, une balle de plomb, lancée par le frondeur, apporta au prisonnier l'annonce du plus grand péril possible : la personne qui se chargeait de faire entrer les cordes, lui disait-on, lui sauvait positivement et exactement la vie. Fabrice se hâta de donner cette nouvelle à Clélia. Cette balle de plomb apportait aussi à Fabrice une vue fort exacte du mur du couchant par lequel il devait descendre du haut de la grosse tour dans l'espace compris entre les bastions; de ce lieu, il était assez facile ensuite de se sauver, les remparts n'ayant que vingt-trois pieds de haut et étant assez négligemment gardés. Sur le revers du plan était écrit d'une petite écriture fine un sonnet magnifique : une âme généreuse exhortait Fabrice à prendre la fuite, et à ne pas laisser avilir son âme et dépérir son corps par les onze années de captivité qu'il avait encore à subir.

Ici un détail nécessaire et qui explique en partie le courage qu'eut la duchesse de conseiller à Fabrice une fuite si dangereuse, nous oblige d'interrompre pour un instant l'histoire de cette entreprise hardie.

Comme tous les partis qui ne sont point au pouvoir, le parti Raversi n'était pas fort uni. Le chevalier Riscara détestait le fiscal Rassi qu'il accusait de lui avoir fait perdre un procès important dans lequel, à la vérité, lui Riscara avait tort. Par Riscara, le prince reçut un avis anonyme qui l'avertissait qu'une expédition de la sentence de Fabrice avait été adressée officiellement au gouverneur de la citadelle. La marquise Raversi, cet habile chef de parti, fut excessivement contrariée de cette fausse démarche, et en fit aussitôt donner avis à son ami, le fiscal-général; elle trouvait fort simple qu'il voulût tirer quelque chose du ministre Mosca, tant que Mosca était au pouvoir. Rassi se présenta intrépidement au palais, pensant bien qu'il en serait quitte pour quelques coups de pied; le prince ne pouvait se passer d'un jurisconsulte habile, et Rassi avait fait exiler comme libéraux un juge et un avocat, les seuls hommes du pays qui eussent pu prendre sa place.

Le prince hors de lui le chargea d'injures et avançait sur lui pour le battre.

— Eh bien! c'est une distraction de commis, répondit Rassi du plus grand sang-froid; la chose est prescrite par la loi, elle aurait dû être faite le lendemain de l'écrou du sieur del Dongo à la citadelle. Le commis plein de zèle a cru avoir fait un oubli, et m'aura fait signer la lettre d'envoi comme une chose de forme.

— Et tu prétends me faire croire des mensonges aussi mal bâtis? s'écria le prince furieux; dis plutôt que tu t'es vendu à ce fripon de Mosca, et c'est pour cela qu'il t'a donné la croix. Mais parbleu tu n'en seras pas quitte pour des coups : je te ferai mettre en jugement, je te révoquerai honteusement.

— Je vous défie de me faire mettre en jugement! répondit Rassi avec assurance; il savait que c'était un sûr moyen de calmer le prince : la loi est pour moi, et vous n'avez pas un second Rassi pour savoir l'éluder. Vous ne me révoquerez pas, parce qu'il est des moments où votre caractère est sévère ; vous avez soif de sang alors, mais en même temps vous tenez à conserver l'estime des Italiens raisonnables ; cette estime est un *sine qua non* pour votre ambition. Enfin, vous me rappellerez au premier acte de sévérité dont votre caractère vous fera un besoin, et, comme à l'ordinaire, je vous procurerai une sentence bien régulière rendue par des juges timides et assez honnêtes gens, et qui satisfera vos passions. Trouvez un autre homme dans vos états aussi utile que moi !

Cela dit, Rassi s'enfuit ; il en avait été quitte pour un coup de règle bien appliqué et cinq ou six coups de pied. En sortant du palais, il partit pour sa terre de Riva ; il avait quelque crainte d'un coup de poignard dans le premier mouvement de colère, mais il ne doutait pas non plus qu'avant quinze jours un courrier ne le rappelât dans la capitale. Il employa le temps qu'il passa à la campagne à organiser un moyen de correspondance sûr avec le comte Mosca ; il était amoureux fou du titre de baron, et pensait que le prince faisait trop de cas de cette chose jadis sublime, la noblesse, pour la lui conférer jamais ; tandis que le comte, très-fier de sa naissance, n'estimait que la noblesse prouvée par des titres avant l'an 1400.

Le fiscal-général ne s'était point trompé dans ses prévisions : il y avait à peine huit jours qu'il était à sa terre, lorsqu'un ami du prince, qui y vint par hasard, lui conseilla de retourner à Parme sans délai ; le prince le reçut en riant, prit ensuite un air fort sérieux, et lui fit jurer sur l'Évangile qu'il garderait le secret sur ce qu'il allait lui confier. Rassi jura d'un grand sérieux, et le prince, l'œil enflammé de haine, s'écria qu'il ne serait pas le maître chez lui tant que Fabrice del Dongo serait en vie.

— Je ne puis, ajouta-t-il, ni chasser la duchesse ni souffrir sa présence ; ses regards me bravent et m'empêchent de vivre.

Après avoir laissé le prince s'expliquer bien au long, lui, Rassi, jouant l'extrême embarras, s'écria enfin :

— Votre altesse sera obéie, sans doute, mais la chose est d'une horrible difficulté : il n'y a pas d'apparence de condamner un del Dongo à mort pour le meurtre d'un Giletti ; c'est déjà un tour de force étonnant que d'avoir tiré de cela douze années de citadelle. De plus, je soupçonne la duchesse d'avoir découvert trois des paysans qui travaillaient à la fouille de *Sanguigna*, et qui se trouvaient hors du fossé au moment où ce brigand de Giletti attaqua del Dongo.

— Et où sont ces témoins ? dit le prince irrité.

– Cachés en Piémont, je suppose. Il faudrait une conspiration contre la vie de votre altesse...

– Ce moyen a ses dangers, dit le prince, cela fait songer à la chose.

– Mais pourtant, dit Rassi avec une feinte innocence, voilà tout mon arsenal officiel.

– Reste le poison...

– Mais qui le donnera? Sera-ce cet imbécile de Conti?

– Mais, à ce qu'on dit, ce ne serait pas son coup d'essai...

– Il faudrait le mettre en colère, reprit Rassi; et d'ailleurs, lorsqu'il expédia le capitaine, il n'avait pas trente ans, et il était amoureux et infiniment moins pusillanime que de nos jours. Sans doute, tout doit céder à la raison d'État, mais, ainsi pris au dépourvu et à la première vue, je ne vois, pour exécuter les ordres du souverain, qu'un nommé Barbone, commis-greffier de la prison, et que le sieur del Dongo renversa d'un soufflet le jour qu'il y entra.

Une fois le prince mis à son aise, la conversation fut infinie; il la termina en accordant à son fiscal-général un délai d'un mois; le Rassi en voulait deux. Le lendemain, il reçut une gratification secrète de mille sequins. Pendant trois jours il réfléchit; le quatrième il revint à son raisonnement, qui lui semblait évident : Le seul comte Mosca aura le cœur de me tenir parole, parce que, en me faisant baron, il ne me donne pas ce qu'il estime; *secundo*, en l'avertissant, je me sauve probablement un crime pour lequel je suis à peu près payé d'avance; *tertio*, je venge les premiers coups humiliants qu'ait reçus le chevalier Rassi. La nuit suivante, il communiqua au comte Mosca toute sa conversation avec le prince.

Le comte faisait en secret la cour à la duchesse; il est bien vrai qu'il ne la voyait toujours chez elle qu'une ou deux fois par mois, mais presque toutes les semaines, et quand il savait faire naître les occasions de parler de Fabrice, la duchesse, accompagnée de *Chekina*, venait, dans la soirée avancée, passer quelques instants dans le jardin du comte. Elle savait tromper même son cocher, qui lui était dévoué et qui la croyait en visite dans une maison voisine.

On peut penser si le comte, ayant reçu la terrible confidence du fiscal, fit aussitôt à la duchesse le signal convenu. Quoique l'on fût au milieu de la nuit, elle le fit prier par la Chekina de passer à l'instant chez elle. Le comte, ravi comme un amoureux de cette apparence d'intimité, hésitait cependant à tout dire à la duchesse; il craignait de la voir devenir folle de douleur.

Après avoir cherché des demi-mots pour mitiger l'annonce

fatale, il finit cependant par lui tout dire; il n'était pas en son pouvoir de garder un secret qu'elle lui demandait. Depuis neuf mois le malheur extrême avait une grande influence sur cette âme ardente, elle l'avait fortifiée, et la duchesse ne s'emporta point en sanglots ou en plaintes.

Le lendemain soir elle fit faire à Fabrice le signal du grand péril.

Le feu a pris au château.

Il répondit fort bien.

Mes livres sont-ils brûlés?

La même nuit elle eut le bonheur de lui faire parvenir une lettre dans une balle de plomb. Ce fut huit jours après qu'eut lieu le mariage de la sœur du marquis Crescenzi, où la duchesse commit une énorme imprudence dont nous rendrons compte en son lieu.

Résumé du chapitre 21

Un an avant ces événements, la duchesse avait fait une rencontre singulière en se promenant seule, le soir, dans la propriété de Sacca. Un homme l'avait accostée dans l'ombre : « Je suis condamné à mort, je suis le médecin Ferrante Palla, je meurs de faim ainsi que mes cinq enfants.» Vêtu de haillons, atrocement maigre, l'homme s'était agenouillé à ses pieds lorsqu'elle lui avait tendu sa bourse, puis il lui avait raconté sa triste histoire : admirateur de Napoléon, il avait conspiré contre le prince, et depuis sa condamnation vivait de rapines pour nourrir ses enfants. La duchesse, attendrie, l'avait hébergé en secret, et depuis la fidélité de Palla lui était acquise.

Dans la situation actuelle, Gina n'hésite pas à faire appel à lui. Leurs causes sont devenues communes, et Palla n'a rien à perdre puisque ses enfants sont désormais à l'abri grâce à sa bienfaitrice. Quand cette dernière lui demande « d'empoisonner le meurtrier de Fabrice », sans hésiter il répond oui. Il lui suffit d'attendre maintenant le signal, un réservoir d'eau crevé dans son palais de Parme qui inondera la ville.

C'est à Palla aussi que la duchesse doit l'idée de l'évasion de Fabrice, c'est lui qui a préparé les cordes qu'elle va remettre discrètement à Clélia pendant la soirée donnée en l'honneur du mariage de la sœur du marquis Crescenzi. Et comme deux précautions valent mieux qu'une, Gina s'arrange également pour faire verser pendant ce bal un narcotique dans la boisson du père de la jeune fille, afin qu'il soit ramené dans la précipitation à la tour Farnèse, accompagné de ses gens.

L'opération fonctionne, le gouverneur est transporté inconscient dans ses appartements par Ludovic dans la panique la plus complète... et, dans le même temps, tout est prêt pour l'évasion de Fabrice !

Clélia, tout à la honte d'avoir été la complice sans le vouloir des ennemis de son père, fait le vœu de ne plus jamais revoir le jeune homme...

CHAPITRE 22

D ans la journée Fabrice fut attaqué par quelques réflexions sérieuses et désagréables, mais à mesure qu'il entendait sonner les heures qui le rapprochaient du moment de l'action, il se sentait allègre et dispos. La duchesse lui avait écrit qu'il serait surpris par le grand air, et qu'à peine hors de sa prison il se trouverait dans l'impossibilité de marcher; dans ce cas il valait mieux pourtant s'exposer à être repris que se précipiter du haut d'un mur de cent quatre-vingts pieds. Si ce malheur m'arrive, disait Fabrice, je me coucherai contre le parapet, je dormirai une heure, puis je recommencerai; puisque je l'ai juré à Clélia, j'aime mieux tomber du haut d'un rempart, si élevé qu'il soit, que d'être toujours à faire des réflexions sur le goût du pain que je mange. Quelle horribles douleurs ne doit-on pas éprouver avant la fin, quand on meurt empoisonné! Fabio Conti n'y cherchera pas de façon, il me fera donner de l'arsenic avec lequel il tue les rats de sa citadelle.

Vers le minuit un de ces brouillards épais et blancs que le Pô jette quelquefois sur ses rives s'étendit d'abord sur la ville, et ensuite gagna l'esplanade et les bastions au milieu desquels s'élève la grosse tour de la citadelle. Fabrice crut voir que du parapet de la plate-forme, on n'apercevait plus les petits acacias qui environnaient les jardins établis par les soldats au pied du mur de cent quatre-vingts pieds. Voilà qui est excellent, pensa-t-il.

Un peu après que minuit et demi eut sonné, le signal de la petite lampe parut à la fenêtre de la volière. Fabrice était prêt à agir; il fit un signe de croix, puis attacha à son lit la petite corde destinée à lui faire descendre les trente-cinq pieds qui le séparaient de la plate-forme où était le palais. Il arriva sans encombre sur le toit du corps-de-garde occupé depuis la veille par les deux cents hommes de renfort dont nous avons parlé. Par malheur les soldats, à minuit trois-quarts qu'il était alors, n'étaient pas encore endormis; pendant qu'il marchait à pas de loup sur le toit de grosses tuiles creuses, Fabrice les entendait qui disaient que le diable était sur leur toit, et qu'il fallait essayer de le tuer d'un coup de fusil. Quelques voix prétendaient que ce souhait était d'une grande impiété; d'autres disaient que si l'on tirait un coup de fusil sans tuer quelque chose, le gouverneur les mettrait tous en prison pour avoir alarmé la garnison inutilement. Toute cette belle discussion faisait que Fabrice se hâtait le plus possible en marchant sur le toit et qu'il faisait beaucoup plus de bruit. Le fait est qu'au moment où, pendu à sa corde, il passa devant les fenêtres, par bonheur à quatre ou cinq pieds de distance à cause de l'avance du toit, elles étaient hérissées de baïonnettes. Quelques-uns ont prétendu que Fabrice toujours fou eut l'idée de jouer le rôle du diable, et qu'il jeta à ces soldats une poignée de sequins. Ce qui est sûr, c'est qu'il avait semé des sequins sur le plancher de sa chambre, et qu'il en sema aussi sur la plate-forme dans son trajet de la tour Farnèse au parapet, afin de se donner la chance de distraire les soldats qui auraient pu se mettre à le poursuivre.

Arrivé sur la plate-forme et entouré de sentinelles qui ordinairement criaient tous les quarts d'heure une phrase entière : *Tout est bien autour de mon poste*, il dirigea ses pas vers le parapet du couchant, et chercha la pierre neuve.

Ce qui parut incroyable et pourrait faire douter du fait si le résultat n'avait eu pour témoin une ville entière, c'est que les sentinelles placées le long du parapet n'aient pas vu et arrêté Fabrice; à la vérité, le brouillard dont nous avons parlé commençait à monter, et Fabrice a dit que lorsqu'il était sur la plate-forme, le brouillard lui semblait arriver déjà jusqu'à moitié de la tour Farnèse. Mais ce brouillard n'était point épais, et il apercevait fort bien les sentinelles dont quelques-unes se promenaient. Il ajoutait que, poussé comme par une force surnaturelle, il alla se placer hardiment entre deux sentinelles assez voisines. Il défit tranquillement la grande corde qu'il avait autour du corps et qui s'embrouilla deux fois; il lui fallut beaucoup de temps pour la débrouiller et l'étendre sur le parapet. Il entendait les soldats parler de tous les côtés, bien résolu à poignarder le premier qui s'avancerait vers lui. Je n'étais nullement troublé, ajoutait-il, il me semblait que j'accomplissais une cérémonie.

Il attacha sa corde enfin débrouillée à une ouverture pratiquée dans le parapet pour l'écoulement des eaux, il monta sur
ce même parapet, et pria Dieu avec ferveur; puis, comme un
héros des temps de chevalerie, il pensa un instant à Clélia.
Combien je suis différent, se dit-il, du Fabrice léger et libertin
qui entra ici il y a neuf mois! Enfin il se mit à descendre cette
étonnante hauteur. Il agissait mécaniquement, dit-il, et comme
il eût fait en plein jour, descendant devant des amis, pour
gagner un pari. Vers le milieu de la hauteur, il sentit tout à
coup ses bras perdre leur force; il croit même qu'il lâcha la
corde un instant; mais bientôt il la reprit; peut-être, dit-il, il se
retint aux broussailles sur lesquelles il glissait et qui l'écorchaient. Il éprouvait de temps à autre une douleur atroce entre
les épaules; elle allait jusqu'à lui ôter la respiration. Il y avait
un mouvement d'ondulation fort incommode; il était renvoyé
sans cesse de la corde aux broussailles. Il fut touché par plusieurs oiseaux assez gros qu'il réveillait et qui se jetaient sur
lui en s'envolant. Les premières fois il crut être atteint par des
gens descendant de la citadelle par la même voie que lui pour
le poursuivre, et il s'apprêtait à se défendre. Enfin il arriva au
bas de la grosse tour sans autre inconvénient que d'avoir les
mains en sang. Il raconte que depuis le milieu de la tour, le
talus qu'elle forme lui fut fort utile; il frottait le mur en descendant, et les plantes qui croissaient entre les pierres le retenaient beaucoup. En arrivant en bas dans les jardins des soldats, il tomba sur un acacia qui, vu d'en haut, lui semblait
avoir quatre ou cinq pieds de hauteur, et qui en avait réellement quinze ou vingt. Un ivrogne qui se trouvait là endormi le
prit pour un voleur. En tombant de cet arbre, Fabrice se démit
presque le bras gauche. Il se mit à fuir vers le rempart, mais,
à ce qu'il dit, ses jambes lui semblaient comme du coton; il
n'avait plus aucune force. Malgré le péril, il s'assit et but un
peu d'eau-de-vie qui lui restait. Il s'endormit quelques minutes
au point de ne plus savoir où il était; en se réveillant il ne pouvait comprendre comment, se trouvant dans sa chambre, il
voyait des arbres. Enfin la terrible vérité revint à sa mémoire.
Aussitôt il marcha vers le rempart; il y monta par un grand
escalier. La sentinelle, qui était placée tout près, ronflait dans
sa guérite. Il trouva une pièce de canon gisant dans l'herbe : il
y attacha sa troisième corde; elle se trouva un peu trop courte,
et il tomba dans un fossé bourbeux où il pouvait y avoir un
pied d'eau. Pendant qu'il se relevait et cherchait à se
reconnaître, il se sentit saisi par deux hommes : il eut peur un
instant; mais bientôt il entendit prononcer près de son oreille

et à voix très basse : Ah! monsignor! monsignor! Il comprit vaguement que ces hommes appartenaient à la duchesse; aussitôt il s'évanouit profondément. Quelques instants après il sentit qu'il était porté par des hommes qui marchaient en silence et fort vite; puis on s'arrêta, ce qui lui donna beaucoup d'inquiétude. Mais il n'avait ni la force de parler ni celle d'ouvrir les yeux; il sentait qu'on le serrait, tout à coup il reconnut le parfum des vêtements de la duchesse. Ce parfum le ranima : il ouvrit les yeux; il put prononcer les mots : Ah! chère amie! puis il s'évanouit de nouveau profondément.

Le fidèle Bruno, avec une escouade de gens de police dévoués au comte, était en réserve à deux cents pas; le comte lui-même était caché dans une petite maison tout près du lieu où la duchesse attendait. Il n'eût pas hésité, s'il l'eût fallu, à mettre l'épée à la main avec quelques officiers à demi-solde, ses amis intimes; il se regardait comme obligé de sauver la vie à Fabrice, qui lui semblait grandement exposé, et qui jadis eût eu sa grâce signée du prince, si lui Mosca n'eût eu la sottise de vouloir éviter une sottise écrite au souverain.

Depuis minuit, la duchesse, entourée d'hommes armés jusqu'aux dents, errait dans un profond silence devant les remparts de la citadelle; elle ne pouvait rester en place, elle pensait qu'elle aurait à combattre pour enlever Fabrice à des gens qui le poursuivraient. Cette imagination ardente avait pris cent précautions, trop longues à détailler ici, et d'une imprudence incroyable. On a calculé que plus de quatre-vingts agents étaient sur pied cette nuit-là, s'attendant à se battre pour quelque chose d'extraordinaire. Par bonheur, Ferrante et Ludovic étaient à la tête de tout cela, et le ministre de la police n'était pas hostile; mais le comte lui-même remarqua que la duchesse ne fut trahie par personne, et qu'il ne sut rien comme ministre.

La duchesse perdit la tête absolument en revoyant Fabrice; elle le serrait convulsivement dans ses bras, puis fut au désespoir en se voyant couverte de sang : c'était celui des mains de Fabrice; elle le crut dangereusement blessé. Aidée d'un de ses gens, elle lui ôtait son habit pour le panser, lorsque Ludovic, qui, par bonheur, se trouvait là, mit d'autorité la duchesse et Fabrice dans une des petites voitures qui étaient cachées dans un jardin près de la porte de la ville, et l'on partit ventre à terre pour aller passer le Pô près de Sacca. Ferrante, avec vingt hommes bien armés, faisait l'arrière-garde, et avait promis sur sa tête d'arrêter la poursuite. Le comte, seul et à pied, ne quitta les environs de la citadelle que deux heures plus tard, quand il vit que rien ne bougeait. Me voici en haute trahison! se disait-il ivre de joie.

Ludovic eut l'idée excellente de placer dans une voiture un jeune chirurgien attaché à la maison de la duchesse, et qui avait beaucoup de la tournure de Fabrice.

– Prenez la fuite, lui dit-il, du côté de Bologne; soyez fort maladroit, tâchez de vous faire arrêter; alors coupez-vous dans vos réponses, et enfin avouez que vous êtes Fabrice del Dongo; surtout gagnez du temps. Mettez de l'adresse à être maladroit, vous en serez quitte pour un mois de prison, et madame vous donnera 50 sequins.

– Est-ce qu'on songe à l'argent quand on sert madame?

Il partit, et fut arrêté quelques heures plus tard, ce qui causa une joie bien plaisante au général Fabio Conti et à Rassi, qui, avec le danger de Fabrice, voyait s'envoler sa baronnie.

L'évasion ne fut connue à la citadelle que sur les six heures du matin, et ce ne fut qu'à dix qu'on osa en instruire le prince. La duchesse avait été si bien servie que, malgré le profond sommeil de Fabrice, qu'elle prenait pour un évanouissement mortel, ce qui fit que trois fois elle fit arrêter la voiture, elle passait le Pô dans une barque comme quatre heures sonnaient. Il y avait des relais sur la rive gauche; on fit encore deux lieues avec une extrême rapidité, puis on fut arrêté plus d'une heure pour la vérification des passe-ports. La duchesse en avait de toutes les sortes pour elle et pour Fabrice; mais elle était folle ce jour-là, elle s'avisa de donner dix napoléons au commis de la police autrichienne, et de lui prendre la main en fondant en larmes. Ce commis, fort effrayé, recommença l'examen. On prit la poste; la duchesse payait d'une façon si extravagante, que partout elle excitait les soupçons en ce pays où tout étranger est suspect. Ludovic lui vint encore en aide; il dit que madame la duchessse était folle de douleur, à cause de la fièvre continue du jeune comte Mosca, fils du premier ministre de Parme, qu'elle emmenait avec elle consulter les médecins de Pavie.

Ce ne fut qu'à dix lieues par delà le Pô que le prisonnier se réveilla tout à fait, il avait une épaule luxée et force écorchures. La duchesse avait encore des façons si extraordinaires, que le maître d'une auberge de village, où l'on dîna, crut avoir affaire à une princesse du sang impérial, et allait lui faire rendre les honneurs qu'il croyait lui être dus, lorsque Ludovic dit à cet homme que la princesse le ferait immanquablement mettre en prison s'il s'avisait de faire sonner les cloches.

Enfin, sur les six heures du soir, on arriva au territoire piémontais. Là seulement Fabrice était en toute sûreté; on le conduisit dans un petit village écarté de la grande route; on pansa ses mains, et il dormit encore quelques heures.

Ce fut dans ce village que la duchesse se livra à une action non seulement horrible aux yeux de la morale, mais qui fut encore bien funeste à la tranquillité du reste de sa vie. Quelques semaines avant l'évasion de Fabrice, et un jour que tout Parme était allé à la porte de la citadelle pour tâcher de voir dans la cour l'échafaud qu'on dressait en son honneur, la duchesse avait montré à Ludovic, devenu le factotum de sa maison, le secret au moyen duquel on faisait sortir d'un petit cadre de fer, fort bien caché, une des pierres formant le fond du fameux réservoir d'eau du palais Sanseverina, ouvrage du treizième siècle, et dont nous avons parlé. Pendant que Fabrice dormait dans la *trattoria* de ce petit village, la duchesse fit appeler Ludovic. Il la crut devenue folle, tant les regards qu'elle lui lançait étaient singuliers.

– Vous devez vous attendre, lui dit-elle, que je vais vous donner quelques milliers de francs : eh bien! non; je vous connais, vous êtes un poète, vous auriez bientôt mangé cet argent. Je vous donne la petite terre de la Ricciarda, à une lieue de Casal-Maggiore. Ludovic se jeta à ses pieds fou de joie, et protestant avec l'accent du cœur que ce n'était point pour gagner de l'argent qu'il avait contribué à sauver monsignor Fabrice; qu'il l'avait toujours aimé d'une affection particulière depuis qu'il avait eu l'honneur de le conduire une fois en sa qualité de troisième cocher de madame. Quand cet homme, qui réellement avait du cœur, crut avoir assez occupé de lui une aussi grande dame, il prit congé; mais elle, avec des yeux étincelants, lui dit :

– Restez!

Elle se promenait sans mot dire dans cette chambre de cabaret, regardant de temps à autre Ludovic avec des yeux incroyables. Enfin cet homme, voyant que cette étrange promenade ne prenait point de fin, crut devoir adresser la parole à sa maîtresse :

– Madame m'a fait un don tellement exagéré, tellement au-dessus de tout ce qu'un pauvre homme tel que moi pouvait s'imaginer, tellement supérieur surtout aux faibles services que j'ai eu l'honneur de rendre, que je crois en conscience ne pas pouvoir garder sa terre de la Ricciarda. J'ai l'honneur de rendre cette terre à madame, et de la prier de m'accorder une pension de quatre cents francs.

– Combien de fois en votre vie, lui dit-elle avec la hauteur la plus sombre, combien de fois avez-vous ouï dire que j'avais déserté un projet une fois énoncé par moi?

Après cette phrase, la duchesse se promena encore durant quelques minutes; puis, s'arrêtant tout à coup, elle s'écria :

– C'est par hasard et parce qu'il a su plaire à cette petite fille, que la vie de Fabrice a été sauvée! S'il n'avait été aimable, il mourait. Est-ce que vous pourrez me nier cela? dit-elle en marchant sur Ludovic avec des yeux où éclatait la plus sombre fureur. Ludovic recula de quelques pas et la crut folle, ce qui lui donna de vives inquiétudes pour la propriété de sa terre de la Ricciarda.

– Eh bien! reprit la duchesse du ton le plus doux et le plus gai, et changée du tout au tout, je veux que mes bons habitants de Sacca aient une journée folle et de laquelle ils se souviennent longtemps. Vous allez retourner à Sacca; avez-vous quelque objection? Pensez-vous courir quelque danger?

– Peu de chose, madame : aucun des habitants de Sacca ne dira jamais que j'étais de la suite de monsignore Fabrice. D'ailleurs, si j'ose le dire à madame, je brûle de voir *ma* terre de la Ricciarda : il me semble si drôle d'être propriétaire!

– Ta gaieté me plaît. Le fermier de la Ricciarda me doit, je pense, trois ou quatre ans de son fermage : je lui fais cadeau de la moitié de ce qu'il me doit, et l'autre moitié de tous ces arrérages, je te la donne, mais à cette condition : tu vas aller à Sacca, tu diras qu'après-demain est le jour de la fête d'une de mes patronnes, et, le soir qui suivra ton arrivée, tu feras illuminer mon château de la façon la plus splendide. N'épargne ni argent ni peine : songe qu'il s'agit du plus grand bonheur de ma vie. De longue main j'ai préparé cette illumination; depuis plus de trois mois j'ai réuni dans les caves du château tout ce qui peut servir à cette noble fête; j'ai donné en dépôt au jardinier toutes les pièces d'artifice nécessaires pour un feu magnifique : tu le feras tirer sur la terrasse qui regarde le Pô. J'ai quatre-vingt-neuf grands tonneaux de vin dans mes caves, tu feras établir quatre-vingt-neuf fontaines de vin dans mon parc. Si le lendemain il reste une bouteille de vin qui ne soit pas bue, je dirai que tu n'aimes pas Fabrice. Quand les fontaines de vin, l'illumination et le feu d'artifice seront bien en train, tu t'esquiveras prudemment, car il est possible, et c'est mon espoir, qu'à Parme toutes ces belles choses-là paraissent une insolence.

– C'est ce qui n'est pas possible, seulement c'est sûr; comme il est certain aussi que le fiscal Rassi, qui a signé la sentence de monsignor, en crèvera de rage. Et même... ajouta Ludovic avec timidité, si madame voulait faire plus de plaisir à son pauvre serviteur que de lui donner la moitié des arrérages de la Ricciarda, elle me permettrait de faire une petite plaisanterie à ce Rassi...

– Tu es un brave homme ! s'écria la duchesse avec transport, mais je te défends absolument de rien faire à Rassi : j'ai le projet de le faire pendre en public, plus tard. Quant à toi, tâche de ne pas te faire arrêter à Sacca, tout serait gâté si je te perdais.

– Moi, madame ! Quand j'aurai dit que je fête une des patronnes de madame, si la police envoyait trente gendarmes pour déranger quelque chose, soyez sûre qu'avant d'être arrivés à la croix rouge qui est au milieu du village, pas un d'eux ne serait à cheval. Ils ne se mouchent pas du coude, non, les habitants de Sacca ; tous contrebandiers finis et qui adorent madame.

– Enfin, reprit la duchesse d'un air singulièrement dégagé, si je donne du vin à mes braves gens de Sacca, je veux inonder les habitants de Parme ; le même soir où mon château sera illuminé, prends le meilleur cheval de mon écurie, cours à mon palais, à Parme, et ouvre le réservoir.

– Ah ! l'excellente idée qu'a madame ! s'écria Ludovic riant comme un fou, du vin aux braves gens de Sacca, de l'eau aux bourgeois de Parme qui étaient si sûrs, les misérables, que monsignor Fabrice allait être empoisonné comme le pauvre L...

La joie de Ludovic n'en finissait point ; la duchesse regardait avec complaisance ses rires fous ; il répétait sans cesse : Du vin aux gens de Sacca et de l'eau à ceux de Parme ! Madame sait sans doute mieux que moi que lorsqu'on vida imprudemment le réservoir, il y a une vingtaine d'années, il y eut jusqu'à un pied d'eau dans plusieurs des rues de Parme.

– Et de l'eau aux gens de Parme, répliqua la duchesse en riant. La promenade devant la citadelle eût été remplie de monde si l'on eût coupé le cou à Fabrice... Tout le monde l'appelle *le grand coupable*... Mais, surtout, fais cela avec adresse, que jamais personne vivante ne sache que cette inondation a été faite par toi, ni ordonnée par moi. Fabrice, le comte lui-même, doivent ignorer cette folle plaisanterie. Mais j'oubliais les pauvres de Sacca ; va-t'en écrire une lettre à mon homme d'affaires, que je signerai ; tu lui diras que pour la fête de ma sainte patronne il distribue cent sequins aux pauvres de Sacca, et qu'il t'obéisse en tout pour l'illumination, le feu d'artifice et le vin ; que le lendemain surtout il ne reste pas une bouteille pleine dans mes caves.

– L'homme d'affaires de madame ne se trouvera embarrassé qu'en un point : depuis cinq ans que madame a le château, elle n'a pas laissé dix pauvres dans Sacca.

– *Et de l'eau pour les gens de Parme!* reprit la duchesse en chantant. Comment exécuteras-tu cette plaisanterie?

– Mon plan est tout fait : je pars de Sacca sur les neuf heures, à dix et demie mon cheval est à l'auberge des *Trois-Ganaches*, sur la route de Casal-Maggiore et de *ma* terre de la Ricciarda; à onze heures je suis dans ma chambre au palais, et à onze heures et un quart de l'eau pour les gens de Parme, et plus qu'ils n'en voudront, pour boire à la santé du grand coupable. Dix minutes plus tard, je sors de la ville par la route de Bologne. Je fais, en passant, un profond salut à la citadelle, que le courage de monsignor et l'esprit de madame viennent de déshonorer; je prends un sentier dans la campagne, de moi bien connu, et je fais mon entrée à la Ricciarda.

Ludovic leva les yeux sur la duchesse et fut effrayé: elle regardait fixement la muraille nue à six pas d'elle, et, il faut en convenir, son regard était atroce. Ah! ma pauvre terre! pensa Ludovic; le fait est qu'elle est folle! La duchesse le regarda et devina sa pensée.

– Ah! monsieur Ludovic le grand poëte, vous voulez une donation par écrit : courez me chercher une feuille de papier. Ludovic ne se fit pas répéter cet ordre, et la duchesse écrivit de sa main une longue reconnaissance antidatée d'un an, et par laquelle elle déclarait avoir reçu, de Ludovic San-Micheli la somme de 80.000 francs, et lui avoir donné en gage la terre de la Ricciarda. Si après douze mois révolus la duchesse n'avait pas rendu lesdits 80.000 francs à Ludovic, la terre de la Ricciarda resterait sa propriété.

Il est beau, se disait la duchesse, de donner à un serviteur fidèle le tiers à peu près de ce qui me reste pour moi-même.

– Ah! çà! dit la duchesse à Ludovic, après la plaisanterie du réservoir, je ne te donne que deux jours pour te réjouir à Casal-Maggiore. Pour que la vente soit valable, dis que c'est une affaire qui remonte à plus d'un an. Reviens me rejoindre à Belgirate, et cela sans le moindre délai; Fabrice ira peut-être en Angleterre où tu le suivras.

Le lendemain de bonne heure la duchesse et Fabrice étaient à Belgirate.

On s'établit dans ce village enchanteur; mais un chagrin mortel attendait la duchesse sur ce beau lac. Fabrice était entièrement changé; dès les premiers moments où il s'était réveillé de son sommeil, en quelque sorte léthargique, après sa fuite, la duchesse s'était aperçue qu'il se passait en lui quelque chose d'extraordinaire. Le sentiment profond par lui caché avec beaucoup de soin était assez bizarre, ce n'était rien moins que ceci : il était au désespoir d'être hors de prison. Il se gardait bien d'avouer cette cause de sa tristesse, elle eût amené des questions auxquelles il ne voulait pas répondre.

– Mais quoi! lui disait la duchesse étonnée, cette horrible sensation lorsque la faim te forçait à te nourrir, pour ne pas tomber, d'un de ces mets détestables fournis par la cuisine de la prison, cette sensation, y a-t-il ici quelque goût singulier, est-ce que je m'empoisonne en cet instant, cette sensation ne te fait pas horreur?

– Je pensais à la mort, répondait Fabrice, comme je suppose qu'y pensent les soldats : c'était une chose possible que je pensais bien éviter par mon adresse.

Ainsi quelle inquiétude, quelle douleur pour la duchesse! Cet être adoré, singulier, vif, original, était désormais sous ses yeux en proie à une rêverie profonde; il préférait la solitude même au plaisir de parler de toutes choses, et à cœur ouvert, à la meilleure amie qu'il eût au monde. Toujours il était bon, empressé, reconnaissant auprès de la duchesse; il eût comme jadis donné cent fois sa vie pour elle; mais son âme était ailleurs. On faisait souvent quatre ou cinq lieues sur ce lac sublime sans se dire une parole. La conversation, l'échange de pensées froides désormais possible entre eux, eût peut-être semblé agréable à d'autres; mais eux se souvenaient encore, la duchesse surtout, de ce qu'était leur conversation avant ce fatal combat avec Giletti qui les avait séparés. Fabrice devait à la duchesse l'histoire des neuf mois passés dans une horrible prison, et il se trouvait que sur ce séjour il n'avait à dire que des paroles brèves et incomplètes.

Voilà ce qui devait arriver tôt ou tard, se disait la duchesse avec une tristesse sombre. Le chagrin m'a vieillie, ou bien il aime réellement, et je n'ai plus que la seconde place dans son cœur. Avilie, atterrée par ce plus grand des chagrins possibles, la duchesse se disait quelquefois : Si le Ciel voulait que Ferrante fût devenu tout à fait fou ou manquât de courage, il me semble que je serais moins malheureuse. Dès ce moment ce demi-remords empoisonna l'estime que la duchesse avait pour son propre caractère. Ainsi, se disait-elle avec amertume, je me repens d'une résolution prise : Je ne suis donc plus une del Dongo!

Le Ciel l'a voulu, reprenait-elle : Fabrice est amoureux, et de quel droit voudrais-je qu'il ne fût pas amoureux? Une seule parole d'amour véritable a-t-elle jamais été échangée entre nous?

Cette idée si raisonnable lui ôta le sommeil, et enfin ce qui montrait que la vieillesse et l'affaiblissement de l'âme étaient arrivés pour elle avec la perspective d'une illustre vengeance, elle était cent fois plus malheureuse à Belgirate qu'à Parme. Quant à la personne qui pouvait causer l'étrange rêverie de Fabrice, il n'était guère possible d'avoir des doutes raisonnables : Clélia Conti, cette fille si pieuse, avait trahi son père puisqu'elle avait consenti à enivrer la garnison, et jamais Fabrice ne parlait de Clélia ! Mais, ajoutait la duchesse se frappant la poitrine avec désespoir, si la garnison n'eût pas été enivrée, toutes mes inventions, tous mes soins devenaient inutiles : ainsi c'est elle qui l'a sauvé !

C'était avec une extrême difficulté que la duchesse obtenait de Fabrice des détails sur les événements de cette nuit, qui, se disait la duchesse, autrefois eût formé entre nous le sujet d'un entretien sans cesse renaissant ! Dans ces temps fortunés, il eût parlé tout un jour avec une verve et une gaieté sans cesse renaissantes sur la moindre bagatelle que je m'avisais de mettre en avant.

Comme il fallait tout prévoir, la duchesse avait établi Fabrice au port de Locarno, ville suisse à l'extrémité du lac Majeur. Tous les jours elle allait le prendre en bateau pour de longues promenades sur le lac. Eh bien ! une fois qu'elle s'avisa de monter chez lui, elle trouva sa chambre tapissée d'une quantité de vues de la ville de Parme qu'il avait fait venir de Milan ou de Parme même, pays qu'il aurait dû tenir en abomination. Son petit salon, changé en atelier, était encombré de tout l'appareil d'un peintre à l'aquarelle, et elle le trouva finissant une troisième vue de la tour Farnèse et du palais du gouverneur.

— Il ne te manque plus, lui dit-elle d'un air piqué, que de faire de souvenir le portrait de cet aimable gouverneur qui voulait seulement t'empoisonner. Mais j'y songe, continua la duchesse, tu devrais lui écrire une lettre d'excuses d'avoir pris la liberté de te sauver et de donner un ridicule à sa citadelle.

La pauvre femme ne croyait pas dire si vrai : à peine arrivé en lieu de sûreté, le premier soin de Fabrice avait été d'écrire au général Fabio Conti une lettre parfaitement polie et dans un certain sens bien ridicule ; il lui demandait pardon de s'être sauvé, alléguant pour excuse qu'il avait pu croire que certain subalterne de la prison avait été chargé de lui administrer du poison. Peu lui importait ce qu'il écrivait, Fabrice espérait que les yeux de Clélia verraient cette lettre, et sa figure était couverte de larmes en l'écrivant. Il la termina par une phrase bien plaisante : il osait dire que, se trouvant en liberté, souvent il lui arrivait de regretter sa petite chambre de la tour Farnèse. C'était là la pensée capitale de sa lettre, il espérait que Clélia la comprendrait. Dans son humeur écrivante, et toujours dans l'espoir d'être lu par quelqu'un, Fabrice adressa des remerciements à don Cesare, ce bon aumônier qui lui avait prêté des livres de théologie. Quelques jours plus tard, Fabrice engagea le petit libraire de Locarno à faire le voyage de Milan, où ce libraire, ami du célèbre bibliomane Reina, acheta les plus magnifiques éditions qu'il put trouver des ouvrages prêtés par don Cesare. Le bon aumônier reçut ces livres et une belle lettre qui lui disait que, dans des moments d'impatience, peut-être pardonnables à un pauvre prisonnier, on avait chargé les marges de ses livres de notes ridicules. On le suppliait en conséquence de les remplacer dans sa bibliothèque par les volumes que la plus vive reconnaissance se permettait de lui présenter.

Fabrice était bien bon de donner le simple nom de notes aux griffonnages infinis dont il avait chargé les marges d'un exemplaire in-folio des œuvres de saint Jérôme. Dans l'espoir qu'il pourrait renvoyer ce livre au bon aumônier, et l'échanger contre un autre, il avait écrit jour par jour sur les marges un journal fort exact de tout ce qui lui arrivait en prison; les grands événements n'étaient autre chose que des extases d'*amour divin* (ce mot divin en remplaçait un autre qu'on n'osait écrire). Tantôt cet amour divin conduisait le prisonnier à un profond désespoir, d'autres fois une voix entendue à travers les airs rendait quelque espérance et causait des transports de bonheur. Tout cela, heureusement, était écrit dans une encre de prison, formée de vin, de chocolat et de suie, et don Cesare n'avait fait qu'y jeter un coup d'œil en replaçant dans sa bibliothèque le volume de saint Jérôme. S'il en avait suivi les marges, il aurait vu qu'un jour le prisonnier, se croyant empoisonné, se félicitait de mourir à moins de quarante pas de distance de ce qu'il avait aimé le mieux dans ce monde. Mais un autre œil que celui du bon aumônier avait lu cette page depuis la fuite. Cette belle idée : *Mourir près de ce qu'on aime!* exprimée de cent façons différentes, était suivie d'un sonnet où l'on voyait que l'âme séparée, après des tourments atroces, de ce corps fragile qu'elle avait habité pendant vingt-trois ans, poussée par cet instinct de bonheur naturel à tout ce qui exista une fois, ne remonterait pas au ciel se mêler aux chœurs des anges aussitôt qu'elle serait libre et dans le cas où le jugement terrible lui accorderait le pardon de ses péchés; mais que, plus heureuse après la mort qu'elle n'avait été durant la vie, elle irait à quelques pas de la prison, où si long-temps elle avait gémi, se réunir à tout ce qu'elle avait aimé au monde. Et ainsi, disait le dernier vers du sonnet, j'aurais trouvé mon paradis sur la terre.

Quoiqu'on ne parlât de Fabrice à la citadelle de Parme que comme d'un traître infâme qui avait violé les devoirs les plus sacrés, toutefois le bon prêtre don Cesare fut ravi par la vue des beaux livres qu'un inconnu lui faisait parvenir; car Fabrice avait eu l'attention de n'écrire que quelques jours après l'envoi, de peur que son nom ne fît renvoyer tout le paquet avec indignation. Don Cesare ne parla point de cette attention à son frère, qui entrait en fureur au seul nom de Fabrice; mais depuis la fuite de ce dernier, il avait repris toute son ancienne intimité avec son aimable nièce; et comme il lui avait enseigné jadis quelques mots de latin, il lui fit voir les beaux ouvrages qu'il recevait. Tel avait été l'espoir du voyageur. Tout à coup Clélia rougit extrêmement, elle venait de reconnaître l'écriture de Fabrice. De grands morceaux fort étroits de papier jaune étaient placés en guise de signets en divers endroits du volume. Et comme il est vrai de dire qu'au milieu des plats intérêts d'argent, et de la froideur décolorée des pensées vulgaires qui remplissent notre vie, les démarches inspirées par une vraie passion manquent rarement de produire leur effet; comme si une divinité propice prenait le soin de les conduire par la main, Clélia, guidée par cet instinct et par la pensée d'une seule chose au monde, demanda à son oncle de comparer l'ancien exemplaire de saint Jérôme avec celui qu'il venait de recevoir. Comment dire son ravissement au milieu de la sombre tristesse où l'absence de Fabrice l'avait plongée, lorsqu'elle trouva sur les marges de l'ancien saint Jérôme le sonnet dont nous avons parlé, et les mémoires, jour par jour, de l'amour qu'on avait senti pour elle!

Dès le premier jour elle sut le sonnet par cœur; elle le chantait, appuyée sur sa fenêtre, devant la fenêtre, désormais solitaire, où elle avait vu si souvent une petite ouverture se démasquer dans l'abat-jour. Cet abat-jour avait été démonté pour être placé sur le bureau du tribunal et servir de pièce de conviction dans un procès ridicule que Rassi instruisait contre Fabrice, accusé du crime de s'être sauvé, ou, comme disait le fiscal en en riant lui-même, *de s'être dérobé à la clémence d'un prince magnanime!*

Chacune des démarches de Clélia était pour elle l'objet d'un vif remords, et depuis qu'elle était malheureuse les remords étaient plus vifs. Elle cherchait à apaiser un peu les reproches qu'elle s'adressait, en se rappelant le vœu *de ne jamais revoir Fabrice*, fait par elle à la Madone lors du demi-empoisonnement du général, et depuis chaque jour renouvelé.

Son père avait été malade de l'évasion de Fabrice, et, de plus, il avait été sur le point de perdre sa place, lorsque le prince, dans sa colère, destitua tous les geôliers de la tour Farnèse, et les fit passer comme prisonniers dans la prison de la ville. Le général avait été sauvé en partie par l'intercession du comte Mosca, qui aimait mieux le voir enfermé au sommet de sa citadelle, que rival actif et intrigant dans les cercles de la cour.

Ce fut pendant les quinze jours que dura l'incertitude relativement à la disgrâce du général Fabio Conti, réellement malade, que Clélia eut le courage d'exécuter le sacrifice qu'elle avait annoncé à Fabrice. Elle avait eu l'esprit d'être malade le jour des réjouissances générales, qui fut aussi celui de la fuite du prisonnier, comme le lecteur s'en souvient peut-être; elle fut malade aussi le lendemain, et, en un mot, sut si bien se conduire, qu'à l'exception du geôlier Grillo, chargé spécialement de la garde de Fabrice, personne n'eut de soupçons sur sa complicité, et Grillo se tut.

Mais aussitôt que Clélia n'eut plus d'inquiétudes de ce côté, elle fut plus cruellement agitée encore par ses justes remords. Quelle raison au monde, se disait-elle, peut diminuer le crime d'une fille qui trahit son père?

Un soir, après une journée passée presque tout entière à la chapelle et dans les larmes, elle pria son oncle, don Cesare, de l'accompagner chez le général, dont les accès de fureur l'effrayaient d'autant plus, qu'à tout propos il y mêlait des imprécations contre Fabrice, cet abominable traître.

Arrivée en présence de son père, elle eut le courage de lui dire que si toujours elle avait refusé de donner la main au marquis Crescenzi, c'est qu'elle ne sentait aucune inclination pour lui, et qu'elle était assurée de ne point trouver le bonheur dans cette union. A ces mots, le général entra en fureur; et Clélia eut assez de peine à reprendre la parole. Elle ajouta que si son père, séduit par la grande fortune du marquis, croyait devoir lui donner l'ordre précis de l'épouser, elle était prête à obéir. Le général fut tout étonné de cette conclusion, à laquelle il était loin de s'attendre; il finit pourtant par s'en réjouir. Ainsi, dit-il à son frère, je ne serai pas réduit à loger dans un second étage, si ce polisson de Fabrice me fait perdre ma place par son mauvais procédé.

Le comte Mosca ne manquait pas de se montrer profondément

scandalisé de l'évasion de ce *mauvais sujet* de Fabrice, et répétait dans l'occasion la phrase inventée par Rassi sur le plat procédé de ce jeune homme, fort vulgaire d'ailleurs, qui s'était soustrait à la clémence du prince. Cette phrase spirituelle, consacrée par la bonne compagnie, ne prit point dans le peuple. Laissé à son bon sens, et tout en croyant Fabrice fort coupable, il admirait la résolution qu'il avait fallu pour se lancer d'un mur si haut. Pas un être de la cour n'admira ce courage. Quant à la police, fort humiliée de cet échec, elle avait découvert officiellement qu'une troupe de vingt soldats gagnés par les distributions d'argent de la duchesse, cette femme si atrocement ingrate, et dont on ne prononçait plus le nom qu'avec un soupir, avaient tendu à Fabrice quatre échelles liées ensemble, et de quarante-cinq pieds de longueur chacune : Fabrice ayant tendu une corde qu'on avait liée aux échelles, n'avait eu que le mérite fort vulgaire d'attirer ces échelles à lui. Quelques libéraux connus par leur imprudence, et entre autres le médecin C***, agent payé directement par le prince, ajoutaient, mais en se compromettant, que cette police atroce avait eu la barbarie de faire fusiller huit des malheureux soldats qui avaient facilité la fuite de cet ingrat de Fabrice. Alors il fut blâmé même des libéraux véritables, comme ayant causé par son imprudence la mort de huit pauvres soldats. C'est ainsi que les petits despotismes réduisent à rien la valeur de l'opinion.

Résumé des chapitres 23 à 27

L'illumination du château de Sacca organisée par la duchesse fait scandale à la cour du prince mais enchante le peuple de Parme et des environs. Le mariage de Clélia se prépare dans les fastes, et Gina y met la note finale en obtenant de la princesse, qui est restée son amie, une place de chevalier d'honneur pour le marquis Crescenzi.

Soudain tombe l'incroyable nouvelle : « Le prince de Parme est mort ! » *Ainsi, Palla avait frappé et la Sanseverina tenait enfin sa vengeance ! Mais elle n'avait plus le cœur à se réjouir ; elle avait monté ce complot pour Fabrice sans prévoir que la prison lui fournirait une rivale. Pourtant, il fallait encore agir pour lui rendre définitivement la liberté.*

Pendant que la duchesse envisage de retourner à la cour, le comte Mosca parvient à juguler une émeute dans la ville et reprend l'avantage auprès du nouveau prince régnant, le jeune Ranuce-Ernest V. Celui-ci envoie un courrier à Gina pour la rappeler à Parme. Laissant Fabrice derrière elle, Gina retrouve Mosca, nommé Premier ministre, qui lui annonce que l'ennemi d'hier, Rassi, est devenu ministre de la Justice et que le sort de son neveu est encore incertain : la sentence de douze ans d'emprisonnement n'a pas été détruite.

Ferrante Palla, fidèle à sa promesse, a réussi à se cacher en France, mais Rassi est sur sa trace et la duchesse pourrait également être en danger. Cependant, deux éléments nouveaux changent le cours des choses : d'une part, le jeune prince est amoureux fou de la duchesse ; d'autre part, et c'est à peine croyable, Fabrice est retourné en prison de son plein gré...

Clélia, en l'apercevant, croit à un fantôme, mais c'est bien lui, très pâle, qui la regarde du haut de sa fenêtre. Pour le coup, il est condamné : le général Conti ne lui a pas pardonné son évasion et compte bien se venger. D'ailleurs, Rassi a donné des ordres, et Clélia affolée monte précipitamment rejoindre le prisonnier pour l'empêcher de manger son repas qui est empoisonné. « Elle est si belle, à demi vêtue, et dans cet état d'extrême passion, que Fabrice ne peut résister à un mouvement bien involontaire. Aucune résistance ne fut opposée. ... »

La malheureuse duchesse, de son côté, accepte de se donner au prince s'il s'engage à délivrer Fabrice, et ce dernier l'envoie chercher, organise quelques jours après un nouveau procès qui, cette fois, aboutit à un acquittement. Rassi et le général Conti sont provisoirement exilés, et Fabrice est nommé coadjuteur auprès de l'archevêque.

Clélia, elle, va se réfugier chez une vieille tante en attendant sans joie la date de son mariage. Ne plus revoir Fabrice est une torture quotidienne, mais elle en a fait le vœu à la Madone et s'acharne à s'y tenir, jusqu'au jour où Fabrice se présente, déguisé, à la porte de son palais. Ils se jettent dans les bras l'un de l'autre et vivent quelques jours de bonheur bien caché, mais sont de nouveau séparés. Et Clélia se marie.

Fabrice se retire peu à peu du monde, alors que sa réputation d'homme de foi grandit à la cour de Parme. La duchesse, sentant qu'il est définitivement perdu pour elle, accepte d'épouser Mosca. Pourtant, il lui reste une promesse à tenir, elle doit une nuit au jeune prince en paiement de la réhabilitation de son cher protégé ! Elle ne lui accorde qu'une demi-heure et quitte aussitôt Parme. Son mariage a lieu huit jours plus tard, à Pérouse.

Un an après, Fabrice n'a toujours pas revu Clélia, et sa nouvelle occupation est le prêche. Il est d'une maigreur effrayante, extrêmement pâle, et son habit râpé fait impression sur les foules. Le peuple se presse pour l'entendre, et la noblesse commence à retenir des places dans les églises. Mais la plus assidue est une jeune fille, Anetta Marini, fille de drapier, qui ne rate jamais un sermon de son « cher » coadjuteur dont elle a fait faire le portrait par un peintre célèbre, Hayez.

Bientôt, la seule à Parme à ne pas participer à cette mode est la marquise Crescenzi...

CHAPITRE 28

E ntraînés par les événements, nous n'avons pas eu le temps d'esquisser la race comique de courtisans qui pullulent à la cour de Parme et faisaient de drôles de commentaires sur les événements par nous racontés. Ce qui rend en ce pays-là un petit noble, garni de ses trois ou quatre mille livres de rente, digne de figurer en bas noirs, aux *levers* du prince, c'est d'abord de n'avoir jamais lu Voltaire et Rousseau : cette condition est peu difficile à remplir. Il fallait ensuite savoir parler avec attendrissement du rhume du souverain, ou de la dernière caisse de minéralogie qu'il avait reçue de Saxe. Si après cela on ne manquait pas à la messe un seul jour de l'année, si l'on pouvait compter au nombre de ses amis intimes deux ou trois gros moines, le prince daignait vous adresser une fois la parole tous les ans, quinze jours avant ou quinze jours après le premier janvier, ce qui vous donnait un grand relief dans votre paroisse, et le percepteur des contributions n'osait pas trop vous vexer si vous étiez en retard sur la somme annuelle de cent francs à laquelle étaient imposées vos petites propriétés.

M. Gonzo était un pauvre hère de cette sorte, fort noble, qui, outre qu'il possédait quelque petit bien, avait obtenu par le crédit du marquis Crescenzi une place magnifique, rapportant 1 150 francs par an. Cet homme eût pu dîner chez lui, mais il avait une passion : il n'était à son aise et heureux que lorsqu'il se trouvait dans le salon de quelque grand personnage qui lui dît de temps à autre : *Taisez-vous, Gonzo, vous n'êtes qu'un sot.* Ce jugement était dicté par l'humeur, car Gonzo avait presque toujours plus d'esprit que le grand personnage. Il parlait à propos de tout et avec assez de grâce : de plus, il était prêt à changer d'opinion sur une grimace du maître de la maison. A vrai dire, quoique d'une adresse profonde pour ses intérêts, il n'avait pas une idée, et quand le prince n'était pas enrhumé, il était quelquefois embarrassé au moment d'entrer dans un salon.

Ce qui dans Parme avait valu une réputation à Gonzo, c'était un magnifique chapeau à trois cornes, garni d'une plume noire un peu délabrée, qu'il mettait, même en frac ; mais il fallait voir la façon dont il portait cette plume, soit sur la tête, soit à la main ; là étaient le talent et l'importance. Il s'informait avec une anxiété véritable de l'état de santé du petit chien de la marquise, et si le feu eût pris au palais Crescenzi, il eût exposé sa vie pour sauver un de ces beaux fauteuils de brocart d'or, qui depuis tant d'années accrochaient sa culotte de soie noire, quand par hasard il osait s'y asseoir un instant.

Sept ou huit personnages de cette espèce arrivaient tous les soirs à sept heures dans le salon de la marquise Crescenzi. A peine assis, un laquais magnifiquement vêtu d'une livée jonquille toute couverte de galon d'argent, ainsi que la veste rouge qui en complétait la magnificence, venait prendre les chapeaux et les cannes des pauvres diables. Il était immédiatement suivi d'un valet de chambre apportant une tasse de café infiniment petite, soutenue par un pied d'argent en filigrane ; et toutes les demi-heures un maître-d'hôtel, portant épée et habit magnifique à la française, venait offrir des glaces.

Une demi-heure après les petits courtisans râpés, on voyait arriver cinq ou six officiers parlant haut et d'un air tout militaire et discutant habituellement sur le nombre et l'espèce des boutons que doit porter l'habit du soldat pour que le général en chef puisse remporter des victoires. Il n'eût pas été prudent de citer dans ce salon un journal français ; car, quand même la nouvelle se fût trouvée des plus agréables, par exemple cinquante libéraux fusillés en Espagne, le narrateur n'en fût pas moins resté convaincu d'avoir lu un journal français. Le chef-d'œuvre de l'habileté de tous ces gens-là était d'obtenir tous les dix ans une augmentation de pension de 150 francs. C'est ainsi que le prince partage avec sa noblesse le plaisir de régner sur tous les paysans et sur les bourgeois.

Le principal personnage, sans contredit, du salon Crescenzi, était le chevalier Foscarini, parfaitement honnête homme ; aussi avait-il été un peu en prison sous tous les régimes. Il était membre de cette fameuse chambre des députés qui, à Milan, rejeta la loi de l'enregistrement présentée par Napoléon, trait peu fréquent dans l'histoire. Le chevalier Foscarini, après avoir été vingt ans l'ami de la mère du marquis, était resté l'homme influent dans la maison. Il avait toujours quelque conte plaisant à faire, mais rien n'échappait à sa finesse ; et la jeune marquise, qui se sentait coupable au fond du cœur, tremblait devant lui.

Comme Gonzo avait une véritable passion pour le grand seigneur, qui lui disait des grossièretés et le faisait pleurer une ou deux fois par an, sa manie était de chercher à lui rendre de petits services ; et, s'il n'eût été paralysé par les habitudes d'une extrême pauvreté, il eût pu réussir quelquefois, car il n'était pas sans une certaine dose de finesse et une beaucoup plus grande d'effronterie.

Le Gonzo, tel que nous le connaissons, méprisait assez la marquise Crescenzi, car de sa vie elle ne lui avait adressé une parole peu polie ; mais enfin elle était la femme de ce fameux marquis Crescenzi, chevalier d'honneur de la princesse, et qui, une fois ou deux par mois, disait à Gonzo : – Tais-toi, Gonzo, tu n'es qu'une bête.

Le Gonzo remarqua que tout ce qu'on disait de la petite Anetta Marini faisait sortir la marquise, pour un instant, de l'état de rêverie et d'incurie où elle restait habituellement plongée jusqu'au moment où onze heures sonnaient, alors elle faisait le thé, et en offrait à chaque homme présent, en l'appelant par son nom. Après quoi, au moment de rentrer chez elle, elle semblait trouver un moment de gaieté, c'était l'instant qu'on choisissait pour lui réciter les sonnets satiriques.

On en fait d'excellents en Italie : c'est le seul genre de littérature qui ait encore un peu de vie ; à la vérité il n'est pas soumis à la censure, et les courtisans de la *casa* Crescenzi annonçaient toujours leur sonnet par ces mots : Madame la marquise veut-elle permettre que l'on récite devant elle un bien mauvais sonnet ? et quand le sonnet avait fait rire et avait été répété deux ou trois fois, l'un des officiers ne manquait pas de s'écrier : Monsieur le ministre de la police devrait bien s'occuper de faire un peu pendre les auteurs de telles infamies. Les sociétés bourgeoises, au contraire, accueillent ces sonnets avec l'admiration la plus franche, et les clercs de procureurs en vendent des copies.

D'après la sorte de curiosité montrée par la marquise, Gonzo se figura qu'on avait trop vanté, devant elle, la beauté de la petite Marini, qui d'ailleurs avait un million de fortune, et qu'elle en était jalouse. Comme avec son sourire continu et son effronterie complète envers tout ce qui n'était pas noble, Gonzo pénétrait partout, dès le lendemain il arriva dans le salon de la marquise, portant son chapeau à plumes d'une certaine façon triomphante et qu'on ne lui voyait guère qu'une fois ou deux chaque année, lorsque le prince lui avait dit : *Adieu Gonzo.*

Après avoir salué respectueusement la marquise, Gonzo ne s'éloigna point comme de coutume pour aller prendre place sur le fauteuil qu'on venait de lui avancer. Il se plaça au milieu du cercle, et s'écria brutalement : – J'ai vu le portrait de monseigneur del Dongo. Clélia fut tellement surprise, qu'elle fut obligée de s'appuyer sur le bras de son fauteuil; elle essaya de faire tête à l'orage, mais bientôt elle fut obligée de déserter le salon.

– Il faut convenir, mon pauvre Gonzo, que vous êtes d'une maladresse rare, s'écria avec hauteur l'un des officiers qui finissait sa quatrième glace. Comment ne savez-vous pas que le coadjuteur, qui a été l'un des plus braves colonels de l'armée de Napoléon, a joué jadis un tour pendable au père de la marquise, en sortant de la citadelle où le général Conti commandait, comme il fût sorti de la *Steccata* (la principale église de Parme).

– J'ignore en effet bien des choses, mon cher capitaine, et je suis un pauvre imbécile qui fais des bévues toute la journée.

Cette réplique, tout à fait dans le goût italien, fit rire aux dépens du brillant officier. La marquise rentra bientôt; elle s'était armée de courage, et n'était pas sans quelque vague espérance de pouvoir elle-même admirer ce portrait de Fabrice, que l'on disait excellent. Elle parla avec éloges du talent de Hayez, qui l'avait fait. Sans le savoir elle adressait des sourires charmants au Gonzo qui regardait l'officier d'un air malin. Comme tous les autres courtisans de la maison se livraient au même plaisir, l'officier prit la fuite, non sans vouer une haine mortelle au Gonzo; celui-ci triomphait, et, le soir, en prenant congé, fut engagé à dîner pour le lendemain.

– En voici bien d'une autre! s'écria Gonzo, le lendemain, après le dîner, quand les domestiques furent sortis; n'arrive-t-il pas que notre coadjuteur est tombé amoureux de la petite Marini!...

On peut juger du trouble qui s'éleva dans le cœur de Clélia en entendant un mot aussi extraordinaire. Le marquis lui-même fut ému.

– Mais Gonzo, mon ami, vous battez la campagne comme à l'ordinaire! et vous devriez parler avec un peu plus de retenue d'un personnage qui a eu l'honneur de faire onze fois la partie de whist de son altesse!

– Eh bien! monsieur le marquis, répondit Gonzo avec la grossièreté des gens de cette espèce, je puis vous jurer qu'il voudrait bien aussi faire la partie de la petite Marini. Mais il suffit que ces détails vous déplaisent; ils n'existent plus pour moi, qui veux avant tout ne pas choquer mon adorable marquis.

Toujours, après le dîner, le marquis se retirait pour faire la sieste. Il n'eut garde, ce jour-là. Mais le Gonzo se serait plutôt coupé la langue que d'ajouter un mot sur la petite Marini; et, à chaque instant, il commençait un discours, calculé de façon à ce que le marquis pût espérer qu'il allait revenir aux amours de la petite bourgeoise. Le Gonzo avait supérieurement cet esprit italien qui consiste à différer avec délices de lancer le mot désiré. Le pauvre marquis, mourant de curiosité, fut obligé de faire des avances : il dit à Gonzo que, quand il avait le plaisir de dîner avec lui, il mangeait deux fois davantage. Gonzo ne comprit pas, il se mit à décrire une magnifique galerie de tableaux que formait la marquise Balbi, la maîtresse du feu prince; trois ou quatre fois il parla de Hayez, avec l'accent plein de lenteur de l'admiration la plus profonde. Le marquis se disait : Bon! il va arriver enfin au portrait commandé par la petite Marini! Mais c'est ce que Gonzo n'avait garde de faire. Cinq heures sonnèrent, ce qui donna beaucoup d'humeur au marquis, qui était accoutumé à monter en voiture à cinq heures et demie, après sa sieste, pour aller au *Corso*.

– Voilà comment vous êtes avec vos bêtises! dit-il grossièrement au Gonzo; vous me ferez arriver au *Corso* après la princesse, dont je suis le chevalier d'honneur, et qui peut avoir des ordres à me donner. Allons! dépêchez! dites-moi en peu de paroles, si vous le pouvez, ce que c'est que ces prétendus amours de monseigneur le coadjuteur!

Mais le Gonzo voulait réserver ce récit pour l'oreille de la marquise, qui l'avait invité à dîner; il *dépêcha* donc, en fort peu de mots, l'histoire réclamée, et le marquis, à moitié endormi, courut faire sa sieste. Le Gonzo prit une toute autre manière avec la pauvre marquise. Elle était restée tellement jeune et naïve au milieu de sa haute fortune, qu'elle crut devoir réparer la grossièreté avec laquelle le marquis venait d'adresser la parole au Gonzo. Charmé de ce succès, celui-ci retrouva toute son éloquence, et se fit un plaisir, non moins qu'un devoir, d'entrer avec elle dans des détails infinis.

La petite Anetta Marini donnait jusqu'à un sequin par place qu'on lui retenait au sermon; elle arrivait toujours avec deux de ses tantes et l'ancien caissier de son père. Ces places, qu'elle faisait garder dès la veille, étaient choisies en général presque vis-à-vis la chaire, mais un peu du côté du grand-autel, car elle avait remarqué que le coadjuteur se tournait souvent vers l'autel. Or, ce que le public avait remarqué aussi, c'est que *non rarement* les yeux si parlants du jeune prédicateur s'arrêtaient avec complaisance sur la jeune héritière, cette beauté si piquante ; et apparemment avec quelque intention, car, dès qu'il avait les yeux fixés sur elle, son sermon devenait savant ; les citations y abondaient, l'on n'y trouvait plus de ces mouvements qui partent du cœur ; et les dames, pour qui l'intérêt cessait presque aussitôt, se mettaient à regarder la Marini et à en médire.

Clélia se fit répéter jusqu'à trois fois tous ces détails singuliers. A la troisième elle devint fort rêveuse ; elle calculait qu'il y avait justement quatorze mois qu'elle n'avait vu Fabrice. Y aurait-il un bien grand mal, se disait-elle, à passer une heure dans une église, non pour voir Fabrice, mais pour entendre un prédicateur célèbre ? D'ailleurs, je me placerai loin de la chaire, et je ne regarderai Fabrice qu'une fois en entrant et une autre fois à la fin du sermon... Non, se disait Clélia, ce n'est pas Fabrice que je vais voir, je vais entendre le prédicateur étonnant ! Au milieu de tous ces raisonnements, la marquise avait des remords ; sa conduite avait été si belle depuis quatorze mois ! Enfin, se disait-elle pour trouver quelque paix avec elle-même, si la première femme qui viendra ce soir a été entendre prêcher monsignor del Dongo, j'irai aussi ; si elle n'y est point allée, je m'abstiendrai.

Une fois ce parti pris, la marquise fit le bonheur du Gonzo en lui disant :

— Tâchez de savoir quel jour le coadjuteur prêchera, et dans quelle église ? Ce soir, avant que vous ne sortiez, j'aurai peut-être une commission à vous donner.

A peine Gonzo parti pour le Corso, Clélia alla prendre l'air dans le jardin de son palais. Elle ne se fit pas l'objection que depuis dix mois elle n'y avait pas mis les pieds. Elle était vive, animée ; elle avait des couleurs. Le soir, à chaque ennuyeux qui entrait dans le salon, son cœur palpitait d'émotion. Enfin on annonça le Gonzo, qui, du premier coup d'œil, vit qu'il allait être l'homme nécessaire pendant huit jours ; la marquise est jalouse de la petite Marini, et ce serait, ma foi, une comédie bien montée, se dit-il, que celle dans laquelle la marquise jouerait le premier rôle, la petite Anetta la soubrette, et monsignor del Dongo l'amoureux ! Ma foi, le billet d'entrée ne serait pas trop payé à 2 francs. Il ne se sentait pas de joie, et pendant toute la soirée, il coupait la parole à tout le monde, et racontait les anecdotes les plus saugrenues (par exemple, la célèbre actrice et le marquis de Pequigny, qu'il avait apprise la veille d'un voyageur français). La marquise, de son côté, ne pouvait tenir en place ; elle se promenait dans le salon, elle passait dans une galerie voisine du salon, où le marquis n'avait admis que des tableaux coûtant chacun plus de 20.000 francs. Ces tableaux avaient un langage si clair ce soir-là qu'ils fatiguaient le cœur de la marquise à force d'émotion. Enfin, elle entendit ouvrir les deux battants, elle courut au salon : c'était la marquise Raversi! Mais en lui adressant les compliments d'usage, Clélia sentait que la voix lui manquait. La marquise lui fit répéter deux fois la question : – Que dites-vous du prédicateur à la mode? qu'elle n'avait point entendue d'abord.

– Je le regardais comme un petit intrigant, très-digne neveu de l'illustre comtesse Mosca; mais à la dernière fois qu'il a prêché, tenez, à l'église de la Visitation, vis-à-vis de chez vous, il a été tellement sublime, que, toute haine cessante, je le regarde comme l'homme le plus éloquent que j'aie jamais entendu.

– Ainsi vous avez assisté à ses sermons? dit Clélia toute tremblante de bonheur.

– Mais comment, dit la marquise en riant, vous ne m'écoutiez donc pas? Je n'y manquerais pas pour tout au monde. On dit qu'il est attaqué de la poitrine, et que bientôt il ne prêchera plus!

A peine la marquise sortie, Clélia appela le Gonzo dans la galerie.

– Je suis presque résolue, lui dit-elle, à entendre ce prédicateur si vanté. Quand prêchera-t-il?

– Lundi prochain, c'est-à-dire dans trois jours; et l'on dirait qu'il a deviné le projet de votre excellence, car il vient prêcher à l'église de la Visitation.

Tout n'était pas expliqué; mais Clélia ne trouvait plus de voix pour parler; elle fit cinq ou six tours dans la galerie, sans ajouter une parole. Gonzo se disait : Voilà la vengeance qui la travaille. Comment peut-on être assez insolent pour se sauver d'une prison, surtout quand on a l'honneur d'être gardé par un héros tel que le général Fabio Conti!

– Au reste, il faut se presser, ajouta-t-il avec une fine ironie; il est touché à la poitrine. J'ai entendu le docteur Rambo dire qu'il n'a pas un an de vie. Dieu le punit d'avoir rompu son ban en se sauvant traîtreusement de la citadelle.

La marquise s'assit sur le divan de la galerie, et fit signe à Gonzo de l'imiter. Après quelques instants, elle lui remit une petite bourse où elle avait préparé quelques sequins. – Faites-moi retenir quatre places.

– Sera-t-il permis au pauvre Gonzo de se glisser à la suite de votre excellence?

– Sans doute; faites retenir cinq places... Je ne tiens nullement, ajouta-t-elle, à être près de la chaire; mais j'aimerais à voir mademoiselle Marini, que l'on dit si jolie.

La marquise ne vécut pas pendant les trois jours qui la séparaient du fameux lundi, jour du sermon. Le Gonzo, pour qui c'était un insigne honneur d'être vu en public à la suite d'une aussi grande dame, avait endossé son habit français avec l'épée; ce n'est pas tout, profitant du voisinage du palais, il fit porter dans l'église un fauteuil doré magnifique destiné à la marquise, ce qui fut trouvé de la dernière insolence par les bourgeois. On peut penser ce que devint la pauvre marquise, lorsqu'elle aperçut le fauteuil, et qu'on l'avait placé précisément vis-à-vis la chaire. Clélia était si confuse, baissant les yeux, et réfugiée dans un coin de cet immense fauteuil, qu'elle n'eut pas même le courage de regarder la petite Marini, que le Gonzo lui indiquait de la main avec une effronterie, dont elle ne pouvait revenir. Tous les êtres non nobles n'étaient absolument rien aux yeux du courtisan.

Fabrice parut dans la chaire; il était si maigre, si pâle, tellement *consumé*, que les yeux de Clélia se remplirent de larmes à l'instant. Fabrice dit quelques paroles, puis s'arrêta, comme si la voix lui manquait tout à coup; il essaya vainement de commencer quelques phrases; il se retourna, et prit un papier écrit.

– Mes frères, dit-il, une âme malheureuse et bien digne de toute votre pitié, vous engage, par ma voix, à prier pour la fin de ses tourments, qui ne cesseront qu'avec sa vie.

Fabrice lut la suite de son papier fort lentement; mais l'expression de sa voix était telle, qu'avant le milieu de la prière tout le monde pleurait, même le Gonzo. – Au moins on ne me remarquera pas, se disait la marquise en fondant en larmes.

Tout en lisant le papier écrit, Fabrice trouva deux ou trois idées sur l'état de l'homme malheureux pour lequel il venait solliciter les prières des fidèles. Bientôt les pensées lui arrivèrent en foule. En ayant l'air de s'adresser au public, il ne parlait qu'à la marquise. Il termina son discours un peu plus tôt que de coutume, parce que, quoi qu'il pût faire, les larmes le gagnaient à un tel point qu'il ne pouvait plus prononcer d'une manière intelligible. Les bons juges trouvèrent ce sermon singulier, mais égal au moins, pour le pathétique, au fameux sermon prêché aux lumières. Quant à Clélia, à peine eut-elle entendu les dix premières lignes de la prière lue par Fabrice, qu'elle regarda comme un crime atroce d'avoir pu passer quatorze mois sans le voir. En rentrant chez elle, elle se mit au lit pour pouvoir penser à Fabrice en toute liberté; et le lendemain, d'assez bonne heure, Fabrice reçut un billet ainsi conçu :

« On compte sur votre honneur; cherchez quatre *braves* de la discrétion desquels vous soyez sûr, et demain, au moment où minuit sonnera à la *Steccata,* trouvez-vous près d'une petite porte qui porte le numéro 19, dans la rue Saint-Paul. Songez que vous pouvez être attaqué, ne venez pas seul. »

En reconnaissant ces caractères divins, Fabrice tomba à genoux et fondit en larmes : Enfin, s'écria-t-il, après quatorze mois et huit jours! Adieu les prédications.

Il serait bien long de décrire tous les genres de folies auxquels furent en proie, ce jour-là, les cœurs de Fabrice et de Clélia. La petite porte indiquée dans le billet n'était autre que celle de l'orangerie du palais Crescenzi, et dix fois dans la journée, Fabrice trouva le moyen de la voir. Il prit des armes, et seul, un peu avant minuit, d'un pas rapide, il passait près de cette porte lorsqu'à son inexprimable joie, il entendit une voix bien connue, dire d'un ton très bas :

– Entre ici, ami de mon cœur.

Fabrice entra avec précaution et se trouva à la vérité dans l'orangerie, mais vis-à-vis une fenêtre fortement grillée et élevée, au-dessus du sol, de trois ou quatre pieds. L'obscurité était profonde. Fabrice avait entendu quelque bruit dans cette fenêtre, et il en reconnaissait la grille avec la main, lorsqu'il sentit une main, passée à travers les barreaux, prendre la sienne et la porter à des lèvres qui lui donnèrent un baiser.

– C'est moi, lui dit une voix chérie, qui suis venue ici pour te dire que je t'aime, et pour te demander si tu veux m'obéir.

On peut juger de la réponse, de la joie, de l'étonnement de Fabrice; après les premiers transports, Clélia lui dit :

– J'ai fait vœu à la Madone, comme tu sais, de ne jamais te voir; c'est pourquoi je te reçois dans cette obscurité profonde. Je veux bien que tu saches que, si jamais tu me forçais à te regarder en plein jour, tout serait fini entre nous. Mais d'abord, je ne veux pas que tu prêches devant Anetta Marini, et ne va pas croire que c'est moi qui ai eu la sottise de faire porter un fauteuil dans la maison de Dieu.

– Mon cher ange, je ne prêcherai plus devant qui que ce soit; je n'ai prêché que dans l'espoir qu'un jour je te verrais.

– Ne parle pas ainsi, songe qu'il ne m'est pas permis, à moi, de te voir.

Ici, nous demandons la permission de passer, sans en dire un seul mot, sur un espace de trois années.

A l'époque où reprend notre récit, il y avait déjà longtemps que le comte Mosca était de retour à Parme, comme premier ministre, et plus puissant que jamais.

Après ces trois années de bonheur divin, l'âme de Fabrice eut un caprice de tendresse qui vint tout changer. La marquise avait un charmant petit garçon de deux ans, *Sandrino*, qui faisait la joie de sa mère ; il était toujours avec elle ou sur les genoux du marquis Crescenzi ; Fabrice, au contraire, ne le voyait presque jamais ; il ne voulut pas qu'il s'accoutumât à chérir un autre père. Il conçut le dessein d'enlever l'enfant avant que ses souvenirs fussent bien distincts.

Dans les longues heures de chaque journée où la marquise ne pouvait voir son ami, la présence de Sandrino la consolait ; car nous avons à avouer une chose qui semblera bizarre au nord des Alpes, malgré ses erreurs elle était restée fidèle à son vœu ; elle avait promis à la Madone, on se le rappelle peut-être, de ne *jamais voir* Fabrice ; telles avaient été ses paroles précises : en conséquence elle ne le recevait que de nuit, et jamais il n'y avait de lumières dans l'appartement.

Mais tous les soirs il était reçu par son amie ; et, ce qui est admirable, au milieu d'une cour dévorée par la curiosité et par l'ennui, les précautions de Fabrice avaient été si habilement calculées, que jamais cette *amicizia*, comme on dit en Lombardie, ne fut même soupçonnée. Cet amour était trop vif pour qu'il n'y eût pas des brouilles ; Clélia était fort sujette à la jalousie, mais presque toujours les querelles venaient d'une autre cause. Fabrice avait abusé de quelque cérémonie publique pour se trouver dans le même lieu que la marquise et la regarder, elle saisissait alors un prétexte pour sortir bien vite, et pour longtemps exilait son ami.

On était étonné à la cour de Parme de ne connaître aucune intrigue à une femme aussi remarquable par sa beauté et l'élévation de son esprit ; elle fit naître des passions qui inspirèrent bien des folies, et souvent Fabrice aussi fut jaloux.

Le bon archevêque Landriani était mort depuis longtemps ; la piété, les mœurs exemplaires, l'éloquence de Fabrice l'avaient fait oublier ; son frère aîné était mort, et tous les biens de la famille lui étaient arrivés. A partir de cette époque, il distribua chaque année aux vicaires et aux curés de son diocèse les cent et quelques mille francs que rapportait l'archevêché de Parme.

Il eût été difficile de rêver une vie plus honorée, plus honorable et plus utile que celle que Fabrice s'était faite, lorsque tout fut troublé par ce malheureux caprice de tendresse.

– D'après ce vœu que je respecte, et qui fait pourtant le malheur de ma vie puisque tu ne veux pas me voir de jour, dit-il un jour à Clélia, je suis obligé de vivre constamment seul, n'ayant d'autre distraction que le travail ; et encore le travail me manque.

Au milieu de cette façon sévère et triste de passer les longues heures de chaque journée, une idée s'est présentée, qui fait mon tourment et que je combats en vain depuis six mois : Mon fils ne m'aimera point; il ne m'entend jamais nommer. Élevé au milieu du luxe aimable du palais Crescenzi, à peine s'il me connaît. Le petit nombre de fois que je le vois, je songe à sa mère, dont il me rappelle la beauté céleste et que je ne puis regarder, et il doit me trouver une figure sérieuse; ce qui, pour les enfants, veut dire triste.

– Eh bien! dit la marquise, où tend tout ce discours qui m'effraie?

– A ravoir mon fils; je veux qu'il habite avec moi; je veux le voir tous les jours, je veux qu'il s'accoutume à m'aimer; je veux l'aimer moi-même à loisir. Puisqu'une fatalité unique au monde veut que je sois privé de ce bonheur dont jouissent tant d'âmes tendres, et que je ne passe pas ma vie avec tout ce que j'adore, je veux du moins avoir auprès de moi un être qui te rappelle à mon cœur, qui te remplace en quelque sorte. Les affaires et les hommes me sont à charge dans ma solitude forcée; tu sais que l'ambition a toujours été un mot vide pour moi, depuis l'instant où j'eus le bonheur d'être écroué par Barbone, et tout ce qui n'est pas sensation de l'âme me semble ridicule dans la mélancolie qui loin de toi m'accable.

On peut comprendre la vive douleur dont le chagrin de son ami remplit l'âme de la pauvre Clélia; sa tristesse fut d'autant plus profonde qu'elle sentait que Fabrice avait une sorte de raison. Elle alla jusqu'à mettre en doute si elle ne devait pas tenter de rompre son vœu. Alors elle eût reçu Fabrice de jour comme tout autre personnage de la société, et sa réputation de sagesse était trop bien établie pour qu'on en médît. Elle se disait qu'avec beaucoup d'argent elle pourrait se faire relever de son vœu; mais elle sentait aussi que cet arrangement tout mondain ne tranquilliserait pas sa conscience, et peut-être le Ciel irrité la punirait de ce nouveau crime.

D'un autre côté, si elle consentait à céder au désir si naturel de Fabrice, si elle cherchait à ne pas faire le malheur de cette âme tendre qu'elle connaissait si bien, et dont son vœu singulier compromettait si étrangement la tranquillité, quelle apparence d'enlever le fils unique d'un des plus grands seigneurs d'Italie sans que la fraude fût découverte? le marquis Crescenzi prodiguerait des sommes énormes, se mettrait lui-même à la tête des recherches, et tôt ou tard l'enlèvement serait connu. Il n'y avait qu'un moyen de parer à ce danger, il fallait envoyer l'enfant au loin, à Edimbourg, par exemple, ou à Paris; mais c'est à quoi la tendresse d'une mère ne pouvait se résoudre. L'autre moyen proposé par Fabrice, et en effet le plus raisonnable, avait quelque chose de sinistre augure et de presque encore plus affreux aux yeux de cette mère éperdue; il fallait, disait Fabrice, feindre une maladie; l'enfant serait de plus en plus mal, enfin il viendrait à mourir pendant une absence du marquis Crescenzi.

Une répugnance qui, chez Clélia, allait jusqu'à la terreur, causa une rupture qui ne put durer.

Clélia prétendait qu'il ne fallait pas tenter Dieu; que ce fils si chéri était le fruit d'un crime, et que, si encore l'on irritait la colère céleste, Dieu ne manquerait pas de le retirer à lui. Fabrice reparlait de sa destinée singulière : l'état que le hasard m'a donné, disait-il à Clélia, et mon amour m'obligent à une solitude éternelle, je ne puis, comme la plupart de mes confrères, avoir les douceurs d'une société intime, puisque vous ne voulez me recevoir que dans l'obscurité, ce qui réduit à des instants, pour ainsi dire, la partie de ma vie que je puis passer avec vous.

Il y eut bien des larmes répandues. Clélia tomba malade; mais elle aimait trop Fabrice pour se refuser constamment au sacrifice terrible qu'il lui demandait. En apparence, Sandrino tomba malade; le marquis se hâta de faire appeler les médecins les plus célèbres, et Clélia rencontra dès cet instant un embarras terrible qu'elle n'avait pas prévu; il fallait empêcher cet enfant adoré de prendre aucun des remèdes ordonnés par les médecins; ce n'était pas une petite affaire.

L'enfant, retenu au lit plus qu'il ne fallait pour sa santé, devint réellement malade. Comment dire au médecin la cause de ce mal? Déchirée par deux intérêts contraires et si chers, Clélia fut sur le point de perdre la raison. Fallait-il consentir à une guérison apparente, et sacrifier ainsi tout le fruit d'une feinte si longue et si pénible? Fabrice, de son côté, ne pouvait ni se pardonner la violence qu'il exerçait sur le cœur de son amie, ni renoncer à son projet. Il avait trouvé le moyen d'être introduit toutes les nuits auprès de l'enfant malade, ce qui avait amené une autre complication. La marquise venait soigner son fils, et quelquefois Fabrice était obligé de la voir à la clarté des bougies, ce qui semblait au pauvre cœur malade de Clélia un péché horrible et qui présageait la mort de Sandrino. C'était en vain que les casuistes les plus célèbres, consultés sur l'obéissance à un vœu, dans le cas où l'accomplissement en serait évidemment nuisible, avaient répondu que le vœu ne pouvait être considéré comme rompu d'une façon criminelle, tant que la personne engagée par une promesse envers la Divinité s'abstenait non pour un vain plaisir des sens, mais pour ne pas causer un mal évident. La marquise n'en fut pas moins au désespoir, et Fabrice vit le moment où son idée bizarre allait amener la mort de Clélia et celle de son fils.

Il eut recours à son ami intime, le comte Mosca, qui, tout vieux ministre qu'il était, fut attendri de cette histoire d'amour qu'il ignorait en grande partie.

– Je vous procurerai l'absence du marquis pendant cinq ou six jours au moins : quand la voulez-vous ?

A quelque temps de là, Fabrice vint dire au comte que tout était préparé pour que l'on pût profiter de l'absence.

Deux jours après, comme le marquis revenait à cheval d'une de ses terres aux environs de Mantoue, des brigands, soldés apparemment par une vengeance particulière, l'enlevèrent, sans le maltraiter en aucune façon, et le placèrent dans une barque, qui employa trois jours à descendre le Pô et à faire le même voyage que Fabrice avait exécuté autrefois après la fameuse affaire Giletti. Le quatrième jour, les brigands déposèrent le marquis dans une île déserte du Pô, après avoir eu le soin de le voler complètement, et de ne lui laisser ni argent, ni aucun effet ayant la moindre valeur. Le marquis fut deux jours entiers avant de pouvoir regagner son palais à Parme ; il le trouva tendu de noir et tout son monde dans la désolation.

Cet enlèvement, fort adroitement exécuté, eut un résultat bien funeste : Sandrino, établi en secret dans une grande et belle maison où la marquise venait le voir presque tous les jours, mourut au bout de quelques mois. Clélia se figura qu'elle était frappée par une juste punition, pour avoir été infidèle à son vœu à la Madone : elle avait vu si souvent Fabrice aux lumières, et même deux fois en plein jour et avec des transports si tendres, durant la maladie de Sandrino ! Elle ne survécut que de quelques mois à ce fils si chéri, mais elle eut la douceur de mourir dans les bras de son ami.

Fabrice était trop amoureux et trop croyant pour avoir recours au suicide ; il espérait retrouver Clélia dans un meilleur monde, mais il avait trop d'esprit pour ne pas sentir qu'il avait beaucoup à réparer.

Peu de jours après la mort de Clélia, il signa plusieurs actes par lesquels il assurait une pension de mille francs à chacun de ses domestiques et se réservait, pour lui-même, une pension égale ; il donnait des terres, valant 100.000 livres de rente à peu près à la comtesse Mosca ; pareille somme à la marquise del Dongo, sa mère, et ce qui pouvait rester de la fortune paternelle, à l'une de ses sœurs mal mariée. Le lendemain après avoir adressé à qui de droit la démission de son archevêché et de toutes les places dont l'avaient successivement comblé la faveur d'Ernest V et l'amitié du premier ministre, il se retira à la *Chartreuse de Parme*, située dans les bois voisins du Pô, à deux lieues de Sacca.

La comtesse Mosca avait fort approuvé, dans le temps, que son mari reprît le ministère, mais jamais elle n'avait voulu consentir à rentrer dans les états d'Ernest V. Elle tenait sa cour à Vignano, à un quart de lieue de Casal-Maggiore, sur la rive gauche du Pô, et par conséquent dans les états de l'Autriche. Dans ce magnifique palais de Vignano, que le comte lui avait fait bâtir, elle recevait les jeudis toute la haute société de Parme, et tous les jours ses nombreux amis. Fabrice n'eût pas manqué un jour de venir à Vignano. La comtesse, en un mot, réunissait toutes les apparences du bonheur, mais elle ne survécut que fort peu de temps à Fabrice, qu'elle adorait, et qui ne passa qu'une année dans sa Chartreuse.

Les prisons de Parme étaient vides, le comte immensément riche, Ernest V adoré de ses sujets qui comparaient son gouvernement à celui des grands-ducs de Toscane.

TO THE HAPPY FEW

STENDHAL

SON ŒUVRE
AUTRES LECTURES
BIBLIOGRAPHIE
SON ÉPOQUE

SON ŒUVRE

Le premier tiers du XIXe siècle voit la naissance de deux générations de romantiques (la première de Chateaubriand à Hugo et la seconde de Nodier à Nerval) douées toutes deux d'une immense puissance d'innovation créatrice.

Les auteurs romantiques sont soucieux de transposer les acquis politiques et sociaux de la Révolution dans le domaine littéraire et réclament une littérature plus libre, plus énergique ; c'est-à-dire une littérature qui, selon Madame de Staël, serait « l'expérience de la société », une littérature différente des critères classiques jusqu'ici en vigueur. Parmi eux, émergent deux créateurs d'univers, Stendhal et Balzac, qui, les premiers, ont inauguré l'âge d'or du roman moderne.

Stendhal, comme Balzac, est en marge du mouvement romantique même si c'est dans le romantisme , sans doute, que l'on trouve certaines sources de l'égotisme stendhalien (regard exclusif dirigé vers soi-même), du mythe italien, de l'élaboration littéraire d'une obsession autobiographique, de l'exaltation de la relation amoureuse et du personnage clé chez Stendhal : le héros rebelle incarné par Julien Sorel. Héroïsme et modernité, peut-être, est-ce par cela que Stendhal se rattache quelque peu au romantisme ? Il n'en reste pas moins marginal. Il se déclarait anachronique en affirmant que tout en appartenant au XVIIIe siècle, il ne serait reconnu qu'à la fin du XIXe ou même au XXe siècle. Il ne peut pas non plus être classé chez les réalistes. En fait, le romantisme et le réalisme dans son œuvre lui sont propres ; ils ne sont que des ingrédients parmi tant d'autres de son œuvre romanesque. Même ses écrits autobiographiques, genre apparu au XIXe siècle, sont un modèle radicalement différent de ceux de Benjamin Constant, Chateaubriand ou George Sand et qui influencera un Barrès ou un Gide. On le voit, Stendhal n'est pas classifié, et l'on peut parler de son isolement et de son originalité.

Stendhal avant d'être romancier a été essayiste. Ses essais sont un prélude à sa création romanesque ; ils annoncent son individualisme, son isolement par rapport aux conceptions politiques, philosophiques et esthétiques de son époque. Tour à tour sociologue, philosophe, esthète, touriste éclairé, il y combat pour ses idées, pour enrichir sa vision du monde.

Dans *Racine et Shakespeare* se profile ce qui sera sa ligne de conduite aussi bien dans sa vie personnelle, dans sa vie politique que dans son œuvre : la sincérité, la loyauté dans le propos. C'est pour cela qu'il préfère au théâtre racinien, trop attaché aux canons d'un art poétique, le théâtre shakespearien, libre, naturel et passionné et qu'il déclare que « *de nos jours, le vers alexandrin n'est le plus souvent qu'un cache sottise* ». De même, sa position philosophique s'oppose à celle de son temps ; il refuse les préjugés répandus, les opinions en vogue, les passions régnantes qui indiquent à l'écrivain « *comment il doit ordonner ses compositions, sous quelles formes il doit présenter ses idées pour faire sur le public l'impression la plus vive et la plus agréable* ». Son projet est de faire refléter les images qui restituent le plus fidèlement possible son époque. De là sa définition du « romanticisme » (définition du romantisme propre à Stendhal qui emprunte aux Italiens ce terme désignant alors un mouvement idéologique qui inclut la révolution littéraire en la rattachant à la révolution libérale) : « *Le romanticisme est l'art de présenter aux peuples les œuvres littéraires qui, dans l'état actuel de leurs habitudes et de leurs croyances, sont susceptibles de donner le plus de plaisir possible.* » Il s'agit de considérer l'œuvre littéraire comme un témoignage vivant de la civilisation et seul le recul esthétique, que Stendhal a trouvé en Italie, permet de maîtriser les effets sur le lecteur. Ses romans sont le cadre de ce projet, ils mettent en œuvre toutes les querelles politiques et religieuses de la Restauration et de la monarchie de Juillet : trucages électoraux dans *Lucien Leuwen*, trucages religieux dans *Le Rouge et le Noir* et dans *La Chartreuse*.

Ce qui importe à Beyle, c'est la sincérité, le vrai. Son projet est de faire « *le tableau de la révolution d'un cœur* ». Mais le recours à l'autobiographie (*Vie de Henry Brulard*, *Souvenirs d'égotisme*, *Journal*) n'est pas pour lui un moyen de se justifier — à la différence de Rousseau (on y trouve plus d'anecdotes que d'analyses) —, il est seulement un moyen de se montrer tel qu'il était, « *on est ce qu'on peut, mais on sent ce qu'on est* ».

Henri Beyle aurait-il été Stendhal s'il n'avait pas été influencé par l'Italie ? s'il n'avait pas été «milanese» ? Sa chasse au bonheur, son amour pour les tempéraments ardents, originaux et passionnés ne sont-ils pas liés directement à cette Italie du Risorgimento et des *carbonari* où il a tant puisé ? Sans doute ce cadre italien lui permet de faire une satire de son époque — tout en maintenant une distance prudente — mais n'est-il pas non plus le reflet et le lieu de son égotisme ? Lorsque Stendhal emprunte à des vieux manuscrits italiens des faits réels pour écrire *Les Chroniques italiennes* ou *La Chartreuse de Parme* il l'annonce sincèrement ; en fait il nous donne l'illusion de sa sincérité en se cachant derrière des auteurs inconnus dont il ne serait que le traducteur : « *Malheureusement pour moi comme pour le lecteur, ceci n'est point un roman, mais la traduction fidèle d'un récit fort grave écrit à Padoue en décembre 1585* ». En réalité, si la première chronique qu'il ait écrite reste très proche du manuscrit dont elle s'inspire, les suivantes montrent de plus en plus de liberté par rapport aux textes originaux. En faisant semblant d'imiter le style italien, Stendhal ne cherche-t-il pas à sauvegarder une Italie mythique de spontanéité et de violence qui correspond plus à une Italie rêvée qu'à une Italie réelle ?

Henri Beyle, plus que tout autre écrivain de son siècle, est sans cesse omniprésent ; il est derrière ses œuvres, derrière ses personnages. Le roman selon sa propre définition est comme un miroir qui se promène sur une grande route ; le roman devient alors un jeu de regard, jeu de personnalité. Stendhal est derrière Julien dans *Le Rouge et le Noir*. Il est les yeux de Julien filtrant le monde, installant le lecteur dans l'âme même du héros, lui permettant d'accéder à sa conscience. La relation entre le narrateur et le lecteur met en jeu un tel nombre de facteurs qu'elle appartient à la création romanesque originale de Stendhal. Le lecteur est libre de se situer soit par rapport au narrateur-personnage, soit par rapport au personnage. Le rythme du roman suit celui de la création romanesque : improvisation, découverte, intrusion de l'auteur portant des jugements. La voix du romancier est « sa subsistance personnelle, sa présence comme individu, qui commandite l'imaginaire » (Georges Blin).

Avec Fabrice, héros de *La Chartreuse de Parme*, Stendhal sort des contingences de la vie en société : Fabrice est l'image de la quête du bonheur par essence, de l'égotisme stendhalien. Il est ce moi authentique dont les réactions sont indépendantes du milieu social, des habitudes ; sa passion et sa liberté ne font qu'une (la tour qui le sépare de Clélia ne peut freiner son amour passionné, sa sincérité). Le thème de la prison, de l'emprisonnement est très fréquent dans l'œuvre romanesque car les héros stendhaliens, parce qu'ils sont animés par la « virtù » (énergie) qui leur permet de multiplier les unes avec les autres les puissances de l'imagination et celle de la volonté, ne trouvent leur plénitude intérieure que dans l'isolement et le silence d'une chambre : Julien découvre le bonheur dans son cachot, Fabrice n'est jamais aussi heureux que dans le clocher de l'abbé Blanès.

La *Vie de Henry Brulard* et *Souvenirs d'égotisme* ont sans doute été écrits pour un lecteur futur — Stendhal pressentait qu'il ne serait pas compris de ses contemporains : « *Je mets un billet de loterie dont le gros lot se réduit à ceci : être lu en 1935.* » Il ne faudra pas attendre 1935, mais 1865 pour que Stendhal soit effectivement reconnu, date à laquelle Taine découvre Stendhal et s'enflamme pour son œuvre : « Stendhal est le plus grand psychologue du XIXe siècle. » Au-delà du bonheur de la lecture, nombreux sont ceux qui aujourd'hui trouvent dans l'œuvre de Stendhal une conception de la vie et un art de vivre très personnel que l'on nomme le « beylisme » : un individualisme qui va jusqu'à l'égotisme, exaltation extrême de soi dans la recherche des sensations nouvelles et des ivresses de la passion qui tendent vers l'allégresse, l'enthousiasme. Le héros stendhalien, même vaincu, est un conquérant car il est animé par la « virtù » qui le distingue du vulgaire, du médiocre, en le montrant tel qu'il est. Ce sont là les prémices du roman moderne. « Cette coïncidence entre le moment de l'action et celui du récit, [...] cette présence du présent : voilà ce que Stendhal révèle, et s'il demeure si étonnamment moderne, c'est sans doute que le roman le plus récent ne cesse de poursuivre ce présent pur, qui ne cesse de lui échapper. » (Gaëtan Picon). Pour Gide, Stendhal est l'écrivain qui s'est le plus approché de la pureté romanesque.

AUTRES LECTURES

ARMANCE

(roman)

Il venait d'avoir vingt ans et sortait de Polytechnique : « *Beaucoup d'esprit, une taille élevée, des manières nobles, de grands yeux noirs les plus beaux du monde auraient marqué la place d'Octave parmi les jeunes gens les plus distingués de la société, si quelque chose de sombre, empreint dans ces yeux si doux, n'eût porté à le plaindre plus qu'à l'envier. Il eût fait sensation s'il eût désiré parler ; mais Octave ne désirait rien, rien ne semblait lui causer ni peine ni plaisir...* »

Nous sommes à Paris, sous la Restauration. Octave, dont l'avenir semblait tout tracé dans la carrière militaire, a démissionné soudain de l'armée et promène depuis son visage triste et son caractère ombrageux dans les salons lambrissés de la haute société.

Il n'a qu'une seule amie, Armance, une ravissante jeune fille, orpheline, qui a été recueillie par une cousine de sa mère. Armance est amoureuse d'Octave mais ne le dit pas. D'ailleurs, Octave s'est juré de ne jamais aimer et se raccroche à l'amitié et à l'estime qu'il éprouve pour elle comme à une bouée. Car Octave a un secret...

Une pension de l'État consentie à sa famille vient inopinément compliquer les tendres rapports des deux jeunes gens : Armance est pauvre et choisit de s'écarter.

Octave, ne comprenant pas le sacrifice, croit que son amie a donné son cœur à un autre, et cet éloignement inhabituel le plonge dans un tel désespoir qu'il doit bien admettre qu'il ne peut pas se passer d'elle. Après quelques péripéties amoureuses, organisées traîtreusement par un oncle jaloux, et où chacun des deux jeunes gens s'imagine trompé par l'autre, Octave provoque un duel au cours duquel il est gravement blessé. Atteint du tétanos, il pense qu'il va mourir et ose enfin dire son amour à la jeune fille, dans une lettre qu'il écrit avec son sang. Armance est bouleversée, ne le quitte plus pendant toute sa convalescence, et la mère d'Octave, Mme de Malivert, parvient à les convaincre d'unir officiellement leurs vies. C'est alors qu'Octave reprend son méchant caractère, au désespoir de la jeune fiancée qui lui en demande la raison : « *Je t'adore, tu ne doutes pas de mon amour ; mais quel est l'homme qui t'adore ? C'est un monstre...* » Pourquoi ? Hélas, l'aveu qui pourrait sauver Octave est malencontreusement interrompu et une nouvelle machination de l'oncle le rend définitivement impossible.

Le mariage est malgré tout célébré, puis Octave entraîne sa jeune épouse jusqu'à Marseille où ils vivent huit jours de bonheur mitigé. Puis le jeune homme s'embarque vers la Grèce pour prêter son bras, tel le poète Byron, au combat pour son indépendance, « *et à minuit, le 3 de mars, comme la lune se levait derrière le mont Kalos, un mélange d'opium et de digitale préparé par lui délivra doucement Octave de cette vie qui avait été pour lui si agitée* ». Quand Armance apprend le suicide d'Octave, elle s'enferme dans un couvent.

Ce premier roman de Stendhal s'inspire d'une histoire écrite à l'époque par la duchesse de Duras (qui ne fut jamais publiée), intitulée *Olivier ou le Secret*, dont le thème principal est l'impuissance. Sans cette « clé » (« *Il y a plus d'impuissants qu'on ne croit...* », écrit-il à son ami Mérimée au sujet de ce livre), il est difficile de comprendre Octave, ses fuites, ses colères subites, sa haine de l'amour, parce que jamais Stendhal, dans les pages d'*Armance*, ne lui laisse l'occasion de confier à quiconque sa terrible infirmité.

DE L'AMOUR
(essai)

Quand Stendhal rencontre Matilde (sa Métilde) Dembrowski à Milan, en 1818, il sort d'un long chagrin d'amour, et la jeune femme, mariée à dix-sept ans à un officier polonais dont elle a eu deux enfants, vit séparée de cet époux plus que grossier qui lui a fait une vie impossible. Sans doute cette triste expérience, doublée des médisances d'usage à cette époque qui entourent une femme seule, rend Métilde plus soupçonneuse qu'il ne le faudrait, désarmant ainsi, plus que de coutume encore, le pauvre Stendhal fondant d'amour et pris au piège d'une histoire qui n'a même pas la chance de la durée...

Le malheur de la rupture, survenue à peine un an après, enlève toutes forces à l'écrivain, sauf heureusement celle d'écrire.

Il décrit d'abord son désespoir « *écrit au crayon à Milan* » sous une forme romanesque, puis, sentant bien ce qu'il y a de choquant dans ce travestissement révélateur, il abandonne définitivement le «récit» proprement dit pour prendre du recul et traiter de « l'amour » même, pour lui régler — à sa manière — son compte.

Qu'aurait écrit Stendhal heureux ? Bien malin qui pourrait répondre. *De l'Amour* tente d'expliquer l'inexplicable en le classant par genre et chapitres courts dans lesquels l'auteur, pensant légiférer, en fait se confesse. « *Je cherche à me rendre compte de cette passion dont tous les développements sincères ont un caractère de beauté. Il y a quatre amours différents...* » Et Stendhal de citer :« *l'amour-passion, l'amour-goût, l'amour-physique, l'amour de la vanité.* » Puis, quand l'amour est né (« *Aimer, c'est avoir du plaisir à voir, toucher, sentir par tous les sens...* »), alors « *la première cristallisation commence.* »

La fameuse « *cristallisation* » de Stendhal, sa théorie si chère dont on trouve ici la première apparition :

« *Aux mines de sel de Salzbourg, on jette, dans les profondeurs abandonnées de la mine, un rameau d'arbre effeuillé par l'hiver; deux ou trois mois après on le retire couvert de cristallisations brillantes : les plus petites branches, celles qui ne sont pas plus grosses que la patte d'une mésange, sont garnies d'une infinité de diamants, mobiles et éblouissants; on ne peut plus reconnaître le rameau primitif. Ce que j'appelle cristallisation, c'est l'opération de l'esprit, qui tire de tout ce qui se présente la découverte que l'objet aimé a de nouvelles perfections.* »

En se promenant de *l'Espérance* à *l'Engouement*, de *la Pudeur* à *l'Intimité* et de *la Jalousie* aux *Confidences*, chaque chapitre dit la complexité des passions humaines, auxquelles parfois Stendhal cherche des *Remèdes* qui n'aboutissent qu'à moitié :

«*S'il est si difficile d'oublier une femme auprès de laquelle on a trouvé le bonheur, c'est qu'il est certains moments que l'imagination ne peut se lasser de représenter ou d'embellir.* » Quels que soient ses efforts, le livre tourne autour de Métilde, cherchant des justifications à sa conduite, des distractions à sa douleur. « *Il faut que l'amour meure* », note-t-il discrètement au détour d'une page...

CHRONIQUES ITALIENNES
(nouvelles)

« *J'ai acheté très cher de vieux manuscrits en encre jaunie, qui datent du seizième et du dix-septième siècle. Ils contiennent en demi-patois, mais que j'entends fort bien, des historiettes de qua-tre-vingts pages chacune et presque tout à fait tragiques. J'appel-lerai cela* Historiettes Romaines... », écrit Stendhal à son éditeur Levavasseur en 1835.

Il a fait copier ces manuscrits afin de pouvoir les rapporter en France, les annote petit à petit, et se met au travail pendant le long congé qu'il a obtenu du comte Molé, qui durera trois ans.

Les premières nouvelles tirées de ces chroniques paraissent dans la *Revue des Deux-Mondes* alors qu'il vient d'abandonner momentanément *Lucien Leuwen*, qu'il commence, puis arrête, ses *Mémoires de Napoléon* tout en ayant entrepris la rédaction de la *Vie de Henry Brulard* (son autobiographie), et en se préparant à *La Chartreuse de Parme*, qu'il écrira au cours des deux derniers mois de l'année 1838 !

La première édition complète des *Chroniques Italiennes* fut donnée par le toujours précieux cousin Romain Colomb après la mort de Stendhal, en 1855. « *J'aime ce qui peint le cœur de l'homme* », dit l'auteur dans sa préface, qui continue ainsi : « *Pour moi, le récit de ces pièces et de ces supplices me fournit sur le cœur humain des données vraies et inattaquables, sur lesquelles on aime à méditer la nuit en courant la poste.* »

En ouverture vient *L'Abbesse de Castro*, l'histoire de la jeune Hélène de Campireali, dont « *l'extrême beauté et l'âme si tendre* » déclenchent probablement la funeste destinée. Hélène a dix-sept ans et aime passionnément Jules Branciforte, un jeune homme pauvre, un « brigand », malgré l'opposition de son père, « *qui passait pour le patricien le plus riche du pays* ». Quand un mauvais hasard pousse Branciforte à tuer le frère d'Hélène, c'en est fini de la romance déjà interdite, et la jeune fille se réfugie dans un couvent pendant que Jules s'engage, sous un faux nom, dans l'armée espagnole. Plus tard, on annonce à Hélène la mort de Branciforte et, devenue abbesse, elle doit maintenant faire face aux avances de son évêque, « *le plus bel homme de la cour du pape, monsignor Francisco Cittadini* », auquel elle cède finalement, avec un grand mépris. L'abbesse n'en est pas moins enceinte et accouche en secret d'un fils. Mais, bientôt, le scandale éclate, les témoins parlent sous la torture, et les deux amants coupables sont condamnés à la prison à vie. C'est alors le retour de Branciforte... vivant, qui est venu sauver la femme qu'il aime. Trop coupable vis-à-vis de lui, Hélène préfère mourir et se transperce le cœur d'une dague...

Suivent *Vittoria Accoramboni, Les Cenci, Vanina Vanini...*, sept autres histoires fabuleuses de princes et d'assassins, d'enlèvements, d'emprisonnements, de procès et de règlements de compte, histoires d'amour et de vengeance puisées aux mêmes sources : « *La vérité doit tenir lieu de tous les autres mérites* », dit encore Stendhal dans son texte de présentation, « *mais il est un âge où la vérité ne suffit pas, on ne la trouve pas assez piquante. Je conseillerais aux personnes qui se trouvent dans cette disposition d'esprit de ne lire qu'une de ces histoires tous les huit jours...* » !

VIE DE HENRY BRULARD
(autobiographie)

Sur un chemin solitaire de la campagne romaine, un homme se promène. Du bout ferré de sa canne, il trace dans la poussière de la route des initiales appartenant à des prénoms : Angela, Adèle, Mélanie, Métilde, Giulia... d'autres... « *et, imprudemment, hier, Amalia (B)* », le résumé d'une vie qui défile comme un rêve dans la tête du narrateur, Henry Brulard (nom emprunté à un cousin éloigné), alias Stendhal, qui se raconte à l'aube de la cinquantaine.

D'abord il y a l'enfance, sur fond de Révolution. Une enfance illuminée par la fragile tendresse d'une mère adorée, puis blessée par la mesquinerie d'un père dévot et par la douceureuse hypocrisie du précepteur, l'abbé Raillane. Puis l'adolescence ambitieuse, alors que se lève sur la France l'emblème triomphant du jeune Bonaparte, et l'appel de l'aventure avec l'expédition d'Italie... Avec la plus élégante des désinvoltures, Stendhal se souvient : « *On pourrait écrire, il est vrai, en se servant de la troisième personne* il *fit,* il *dit. Oui, mais comment rendre compte des mouvements intérieurs de l'âme ?* » Il a choisi, c'est « je ». « *Je passe, je crois, pour l'homme le plus gai et le plus insensible; il est vrai que je n'ai jamais dit un seul mot des femmes que j'aimais... »*

« *J'écris maintenant un livre qui peut être une grande sottise; c'est* Mes confessions, *au style près, comme Jean-Jacques Rousseau, avec plus de franchise* », confie-t-il à son éditeur juste avant de commencer, en novembre 1835, arrêtant du même coup la rédaction de *Lucien Leuwen*. En s'aidant de croquis, ne cherchant jamais à dissimuler ou à enjoliver, il dialogue avec lui-même et se confie au lecteur :

« *Ô lecteur froid, excusez ma mémoire, ou plutôt sautez cinquante pages.*

« *Voici le sommaire de ce que, à trente-six ans d'intervalle, je ne puis raconter sans le gâter horriblement.*

« *Je passerais dans d'horribles douleurs les cinq, dix, vingt ou trente ans qui me restent à vivre qu'en mourant je ne dirais pas : " Je ne veux pas recommencer." »*

Le 26 mars 1836, un congé lui est accordé, il plie bagage et se précipite à Paris ; la *Vie de Henry Brulard* est alors arrêté, et ne sera jamais retouché. Dans le testament qui s'y rapporte, il est demandé de « *n'imprimer qu'après mon décès* ». Ce sera fait, en 1890.

BIBLIOGRAPHIE

ROMANS ET NOUVELLES

1827 *Armance*. 1831 *Le Rouge et le Noir*. 1839 *L'Abbesse de Castro*. *Vittoria Accoramboni*. *Les Cenci (Chroniques italiennes)*. *La Chartreuse de Parme*. 1854 *La Duchesse de Palliano*. *Vanina Vanini*. *San Francisco a Ripa (Chroniques italiennes)*. *Souvenirs d'un gentilhomme italien*. *Philibert Lescale*. *Mina de Vanghel* (posthumes). 1855 *Le Juif*. *Le Philtre*. *Féder*. (posthumes). 1889 *Lamiel* (posthume ; inachevé). 1894 *Lucien Leuwen* (posthume ; inachevé). 1905 *Le Roman de Métilde* (posthume). 1912 *Trop de faveur tue (Chroniques italiennes)*. *Le Chevalier de Saint-Ismier* (posthumes). 1921 *Suora Scolastica (Chroniques italiennes ;* posthume). 1927 *Une Position sociale* (fragment ; posthume). *Le Rose et le Vert* (posthume). 1933 *Mélanges de littérature* (posthume).

THÉÂTRE, RÉCITS, ESSAIS, ŒUVRES INTIMES

1815 *Vies de Haydn, Mozart et Métastase*. 1817 *Histoire de la peinture en Italie*. *Rome, Naples et Florence*. 1822 *De l'Amour*. 1823 *Racine et Shakespeare*. *Vie de Rossini*. 1825 *D'un nouveau complot contre les industriels*. 1829 *Promenades dans Rome*. 1838 *Mémoires d'un touriste*. 1840 *Idées italiennes sur quelques tableaux célèbres*. 1855 *Correspondance*. 1867 *Mélanges d'art et de littérature* (posthume). 1888 *Journal* (posthume). 1890 *Vie de Henry Brulard* (posthume). 1892 *Souvenirs d'égotisme* (posthume). 1898 *Molière et Shakespeare* (posthume). 1911 *Journal d'Italie* (posthume). 1921 *Lettres à Pauline Beyle* (posthume). 1922 *Du romantisme dans les arts* (posthume). 1930 *Lettres à Sophie Duvaucel* (posthume). 1942 *Lettres aux âmes sensibles* (posthume). 1951 *Petit Guide d'Italie* (posthume). 1952 *Henri III* (théâtre, posthume). 1957 *Feuillets inédits* (posthume). 1976 *Vie de Napoléon* (posthume).

Date	Son temps	Stendhal	Et ses contemporains
1783	Louis XVI règne depuis neuf ans. Fin de la guerre d'Indépendance américaine.	Naît le 23 janvier à Grenoble sous le nom de Henri-Marie Beyle.	Première interdiction du *Mariage de Figaro*.
1789	Prise de la Bastille. Déclaration des Droits de l'Homme. George Washington, premier Président des États-Unis.		David, *Le Serment du Jeu de Paume*.
1790	Le comte de Sivrac invente le célérifère, ancêtre de la bicyclette.	Mort de sa mère	Mozart, *Cosi fan tutte*. Naissance de Lamartine.
1791	Fuite du roi à Varennes. Création du drapeau tricolore		Transfert des cendres de Voltaire au Panthéon.
1792	La France déclare la guerre à l'Autriche. Victoire de Valmy. Première exécution à la guillotine. Insurrection à Paris. Prise des Tuileries. Procès du roi.	Passe sous l'autorité de son précepteur Raillane jusqu'en 1794.	Rouget de Lisle compose *La Marseillaise*.
1793	Exécution de Louis XVI et de Marie-Antoinette.		Exil de Chateaubriand en Angleterre.
1795	Instauration du Directoire.		
1796	Campagne d'Italie de Bonaparte	Entre à l'École centrale (lycée) de Grenoble.	Naissance du peintre Corot.
1799	Fin de la campagne d'Égypte de Bonaparte, commencée en 1798. Coup d'État du 18 Brumaire : Bonaparte premier consul.	Part pour Paris.	Naissance de Balzac. Beethoven, *La Sonate pathétique*. Mort de Beaumarchais.
1800	Campagne de Bonaparte en Italie, prise de Milan, bataille de Marengo.	Suit l'armée française en Italie jusqu'à Milan. Est nommé sous-lieutenant de cavalerie.	Schiller, *Marie Stuart*. Sade, *Les Crimes de l'amour*.
1802	Paix d'Amiens signée entre la France, la Hollande, l'Angleterre et l'Espagne. Bonaparte devient consul à vie.	Séjour à Paris. Démission de l'armée. Passion platonique pour Victorine Mounier.	Chateaubriand, *Génie du christianisme*. Gérard, *Portrait de Madame Récamier*.
1805	Victoire française d'Austerlitz contre les Russes et les Autrichiens. Début de la crise financière en France.	Rencontre Mélanie Guilbert et part avec elle à Marseille.	
1806	Début de la construction de l'arc de Triomphe à l'Étoile.	Part à Brunswick où il est nommé intendant de département.	
1810	Mariage de Napoléon et de Marie-Louise d'Autriche.	Aventure avec l'actrice Angélina Béreyter. Nommé inspecteur du mobilier et des bâtiments. Auditeur au Conseil d'État.	Naissance de Chopin. Naissance de Musset.
1811	Début de la crise économique en Angleterre. Naissance du Roi de Rome.	Séjour à Milan. Liaison avec Angela Pietragrua.	Naissance de Théophile Gautier. Naissance de Liszt.
1812	Campagne de Russie de Napoléon, incendie de Moscou, retraite et passage de la Bérésina.	Suit la campagne de Russie en tant que courrier de Napoléon.	Les frères Grimm, *Contes*.

Date	Son temps	Stendhal	Et ses contemporains
1814	Disette en France. Abdication de Napoléon après la capitulation de Paris. Première Restauration.	Retourne à Milan.	Byron, *Le Corsaire*. Goya, *Dos de Mayo*. Mort du marquis de Sade.
1815	Seconde abdication de Napoléon après la défaite de Waterloo. Louis XVIII, roi de France.	*Vies de Haydn, Mozart et Métastase*. Rupture avec Angela.	Hoffmann, *Contes fantastiques*.
1816	Nicéphore Niepce réalise la première photo.	Fait la connaissance de Byron à Milan.	Rossini, *Le Barbier de Séville*. Benjamin Constant, *Adolphe*.
1817	Grave crise industrielle aux États-Unis.	Rencontre Mathilde Viscontini. Prend le pseudonyme de Stendhal.	
1819	Les États-Unis achètent la Floride à l'Espagne.	Mort de son père.	Walter Scott, *Ivanhoé*. Géricault, *Le Radeau de la Méduse*.
1821	Guerre d'indépendance grecque. Metternich, chancelier d'Autriche. Mort de Napoléon Ier.	Quitte Milan pour Paris.	Naissance de Flaubert. Naissance de Baudelaire.
1822	Famine en Irlande. Indépendance du Brésil.	*De l'Amour*.	Schubert, *La Symphonie inachevée*. Pouchkine, *Le Prisonnier du Caucase*.
1824	Mort de Louis XVIII. Charles X, roi de France.	Liaison avec la comtesse Clémentine Curial.	Mort du poète Byron.
1827		Voyage en Italie. *Armance*. Rencontre Gulia Riniéri.	Corot, *Le Pont de Narni*. Mort de Beethoven.
1829	Ministère du prince de Polignac.	Liaison avec Alberthe de Rubempré.	Hugo, *Les Orientales*.
1830	Les Trois Glorieuses. Abdication de Charles X. Louis-Philippe, roi des Français.	*Le Rouge et le Noir*. Liaison avec Gulia Riniéri.	Première représentation d'*Hernani* de Hugo.
1831	Les Russes prennent Varsovie. Indépendance de la Belgique. Révolte des Canuts à Lyon.	Consul à Civita Vecchia en Italie.	Balzac, *La Peau de chagrin*. Delacroix, *La Liberté guidant le peuple*.
1835	Attentat manqué de Fieschi contre Louis-Philippe : 18 tués.	Reçoit la légion d'honneur. Travaille à *Lucien Leuwen*.	Naissance de Mark Twain. Lamartine, *Jocelyn*.
1836	Tentative de soulèvement de Louis-Napoléon Bonaparte.	Part en congé à Paris.	Sand, *Mauprat*.
1839	Émeutes à Paris : arrestation de Blanqui et de Barbès.	*La Chartreuse de Parme*. Reprend son poste de consul.	Naissance de Cézanne. Naissance de Sully-Prudhomme.
1840	Deuxième tentative de Louis-Napoléon Bonaparte à Boulogne : est enfermé au fort de Ham. Transfert aux Invalides des cendres de Napoléon Ier.	Début de sa passion pour la mystérieuse « Earline ». Parution dans la *Revue parisienne* de l'article de Balzac sur *La Chartreuse de Parme*.	Mérimée, *Colomba*. Sainte-Beuve, *Port-Royal*. Naissance de Zola.
1842	Loi organisant les chemins de fer.	Travaille à *Lamiel*. Meurt le 23 mars.	Sue, *Les Mystères de Paris*. Naissance de Mallarmé.

TABLE DES MATIÈRES

Stendhal présenté par Michel Déon 9

Sa vie 17

Stendhal à l'écran 46

LE ROUGE ET LE NOIR 49

LIVRE PREMIER

Chapitre 1, Une petite ville 53

Résumé des chapitres 2 à 5 57

Chapitre 6, L'Ennui 58

Résumé des chapitres 7 et 8 65

Chapitre 9, Une soirée à la campagne 66

Résumé des chapitres 10 à 14 73

Chapitre 15, Le Chant du coq 74

Chapitre 16, Le Lendemain 78

Chapitre17, Le Premier Adjoint 82

Résumé du chapitre 18 87

Chapitre 19, Penser fait souffrir 88

Chapitre 20, Les Lettres anonymes 96

Résumé des chapitres 21 à 29 100

Chapitre 30, Un ambitieux 102

LIVRE SECOND

Résumé des chapitres 1 à 7 117

Chapitre 8, Quelle est la décoration qui distingue ? 118

Résumé des chapitres 9 à 18 127

Chapitre 19, L'Opéra Bouffe 129

Résumé des chapitres 20 à 28 137

Chapitre 29, L'Ennui 138

Chapitre 30, Une loge aux Bouffes 141

Chapitre 31, Lui faire peur 145

Résumé des chapitres 32 à 34 150

Chapitre 35, Un orage 151

Chapitre 36, Détails tristes 156

Résumé des chapitres 37 à 40 162

Chapitre 41, Le Jugement 163

Résumé du chapitre 42 170

Chapitre 43 171

Résumé du chapitre 44 176

Chapitre 45 177

LUCIEN LEUWEN   185

    (LE CHASSEUR VERT)   189

Première préface   189

Deuxième préface réelle   190

Troisième préface   191

Autre début. (Lettre au) Lecteur bénévole   192

    PREMIÈRE PARTIE

Chapitre 1   193

    Résumé des chapitres 2 et 3   198

Chapitre 4   199

    Résumé des chapitres 5 à 10   211

Chapitre 11   212

    Résumé des chapitres 12 à 16   223

Chapitre 17   224

    Résumé du chapitre 18   232

    (LUCIEN LEUWEN)   233

Chapitre 19   233

    Résumé des chapitres 20 à 25   240

Chapitre 26   241

    Résumé des chapitres 27 à 31   247

Chapitre 32   248

    Résumé des chapitres 33 à 35   254

Chapitre 36   255

    SECONDE PARTIE

(Lettre au) Lecteur bénévole   261

Chapitre 37   263

    Résumé des chapitres 38 à 45   269

Chapitre 46   270

    Résumé des chapitres 47 à 49   283

Chapitre 50   284

    Résumé du chapitre 51   296

Chapitre 52   297

    Résumé des chapitres 53 à 61   307

Chapitre 62, Scène avec le mari.
Mme Grandet, M. Grandet   308

    Résumé des chapitres 63 et 64   313

Chapitre 65   314

Chapitre 66   323

Épilogue   331

LA CHARTREUSE DE PARME 333

LIVRE PREMIER

Avertissement 337
Chapitre 1, Milan en 1796 339
Résumé du chapitre 2 351
Chapitre 3 352
Chapitre 4 366
Résumé des chapitres 5 à 10 382
Chapitre 11 384
Résumé des chapitres 12 et 13 403

LIVRE SECOND

Chapitre 14 405
Résumé des chapitres 15 à 19 422
Chapitre 20 424
Résumé du chapitre 21 444
Chapitre 22 445
Résumé des chapitres 23 à 27 460
Chapitre 28 462

ANNEXES

Son œuvre (analyse) 479
Autres lectures 483
Bibliographie 489
Son époque (tableau chronologique) 490